工程总承包政策精要

总包之声　编著

中国水利水电出版社
www.waterpub.com.cn
·北京·

内 容 提 要

本书是当前工程总承包领域最具影响力的公益平台——总包之声（原“工程总承包之家”）编著出版的第二本著作，是2017年《工程总承包政策梳理与解读》的升级版。

本书全面梳理了我国自1982年开始探索工程总承包37年来国家和地方的政策，展现了政策变化的脉络和工程总承包市场演进的路径；从实务的角度，提炼出了纷繁政策的核心内容，便于读者迅速了解和掌握政策要点；以“市场观察者”的视角呈现了不同省份工程总承包的热度及政策差异。对于广大工程总承包从业者来说，是一本难得的跟随政策脉搏、把握政策红利的案头工具书。

本书可作为工程总承包项目管理专业人士的重要参考书，也适合于政策制定部门、业主、处于转型中的传统设计院和施工企业、工程法律界人士以及广大建设者等不同类型的专业和非专业人士阅读，还可供高等学校相关专业师生参阅。

图书在版编目（CIP）数据

工程总承包政策精要 / 总包之声编著. -- 北京 : 中国水利水电出版社, 2020.2
ISBN 978-7-5170-8376-4

Ⅰ. ①工… Ⅱ. ①总… Ⅲ. ①基本建设项目－承包工程－政策－中国 Ⅳ. ①F284

中国版本图书馆CIP数据核字(2020)第021892号

书　　名	**工程总承包政策精要** GONGCHENG ZONGCHENGBAO ZHENGCE JINGYAO
作　　者	总包之声　编著
出版发行	中国水利水电出版社 （北京市海淀区玉渊潭南路1号D座　100038） 网址：www.waterpub.com.cn E-mail：sales@waterpub.com.cn 电话：（010）68367658（营销中心）
经　　售	北京科水图书销售中心（零售） 电话：（010）88383994、63202643、68545874 全国各地新华书店和相关出版物销售网点
排　　版	中国水利水电出版社微机排版中心
印　　刷	天津嘉恒印务有限公司
规　　格	184mm×260mm　16开本　24.5印张　596千字
版　　次	2020年2月第1版　2020年2月第1次印刷
印　　数	0001—5000册
定　　价	**88.00**元

《工程总承包政策精要》编写人员

主　编： 黄细丁

副主编： 黎宝贵　韩如波　江　涛

参　编： 杨　慧　生青杰　徐寅哲
郑冠红　张志国

致谢

从 2017 年 6 月伊始，总包之声（更名前名称为“工程总承包之家”，于 2019 年 8 月 22 日更现名）发起了一个名为“《工程总承包政策汇编》的共编共享”计划。截至目前，已连续发布 18 期《工程总承包政策汇编》电子书，被广大工程总承包从业者免费累计领取超过 1000000 份！！！

《工程总承包政策汇编》电子书持续更新的动力，源自全国各地热衷工程总承包的网友们。

2019 年 8 月，为了更加方便广大工程总承包从业者能随时随地查阅政策信息，总包之声发布了可动态持续更新的《总包政策小红书》网络版，促成了全国各地的热心网友们与总包之声更加紧密互动的交融。

为了能及时向广大工程总承包从业者充分共享、分享工程总承包相关的政策信息，总包之声通过这个共编共享计划，真正实现了“共编”然后“共享再分享”的初衷。正所谓：从人民群众中来，到人民群众中去。

《工程总承包政策精要》的顺利成稿，正是因为有这些基础工作作为前提。值此之际，总包之声对参与“共编共享”的所有公益参编者表示诚挚的感谢！

你们，做了一件非常有意义的事情！

总包政策“共编共享”计划

20 位公益参编者

（按参与时间排序）

刘磊磊	黎宝贵	杨尚华	聂常山	左旭军
黄培杰	杨　慧	冯增弟	孔亭亭	江　涛
李冬华	李云霞	翟　鑫	宋小平	邹代峰
张宝辉	陈国良	胡　珉	黄凯文	覃赛玉

前言

工程总承包加速推进势已起，既有生态重构渐加速；

市场、政策、技术共同发力，把握政策红利正当时。

根据中国勘察设计协会的统计数据，从2014年到2018年，全国工程勘察设计企业工程总承包新签合同额逐年增加，年均复合增长率为29.3%。工程总承包营业收入总体保持逐年递增，年均复合增长率为29.1%，其中2017年增长最快，增幅达到92.9%。工程总承包收入在总营业收入中的比重逐年递增，从2014年的34.6%上升到2018年的50.2%。

根据总包之声的统计数字，截至目前，国家及各地方发布的与工程总承包有关政策文件累计达247份。其中，2017年、2018年、2019年三年所发布的工程总承包政策数量，占到了政策总数的73.3%，超2/3！政策发布数量的急剧攀升，反映了政府层面推进工程总承包的决心和力度之大。

2014年之前，地方对国家层面出台的工程总承包政策的响应温和。自2015年起，各地紧随国家层面的相关政策要求，制定了相应的推动工程总承包发展的政策文件，政策自上而下的响应力度空前。

可以说，政策的持续推动及市场的迫切需求，促使工程总承包逐渐成为中国工程建设的主流模式之一。

工程总承包模式提倡的专业化管理、系统化集成、设计施工深度融合、资源整合，是其成为先进工程建设模式的生命力之所在。如果说BIM是工程建设信息层面的整合，工程总承包则是工程建设生产关系的重构。发挥工程总承包建设模式的优势，除了需要在不断探索、试点中持续改进，至关重要的另一极是：构建一个更为广泛、开放的交流共享平台，让来自一线的思考发生碰撞，让经验互相借鉴，让实践给出中国之工程总承包的答案。

2013年5月18日，工程总承包之家（总包之声前身）因公益而生。

目前，总包之声已成为工程总承包领域最具影响力的第三方公益交流平台，订阅读者近7万，已覆盖全国所有省（自治区、直辖市）。总包之声拥有一支近90名创作人组成的分享团队，他们因共同的公益目标而聚，不断分享自身实践的最新经历与感悟，累计发表原创文章近700篇，给广大工程总承包的从业者送上了宝贵的“精神食粮”。

2017年4月，总包之声以网络众筹的方式出版了国内第一本工程总承包政策读物——《工程总承包政策梳理与解读》，在业内引起强烈反响。本次出版的《工程总承包政策精要》除了对最近3年发布的工程总承包政策进行补充更新，还具有如下6大亮点：

（1）本书对自1982年以来37年的工程总承包政策进行了全面梳理，以史为鉴，可以知兴替。一本书把握政策脉搏和趋势。

（2）按省（自治区、直辖市）对各地方工程总承包政策进行了分类归集，结合地域热度及政策差异，便于研判区域市场的特点。

（3）提炼出了与工程总承包相关的政策精要内容。不用翻阅900页厚厚的《工程总承包政策汇编》，就能快速了解政策核心。

（4）采用“O2O”模式，手机扫描文中二维码，即可在线查阅政策全文和相关解读，实体书、电子书优势互补。

（5）联合水利工程总承包龙头企业、大型综合甲级设计院——黄河勘测规划设计有限公司总承包事业部同仁共同编著此书，筛选出实践中最值得关注的政策问题。

（6）联合工程建设领域享誉盛名的上海建纬律师事务所工程总承包业务部的律师们共同编著本书，多一个视角看工程总承包。

衷心希望这样一本书，能帮助大家从规则出发快速切入工程总承包。

黄细丁

“总包之声”创始人

“总包强国”微课堂创办人

2019年12月　于河南·郑州

目录

致谢
前言

第一部分　总 包 简 史

1　工程总承包的四个阶段 …… 3

2　工程总承包政策时间轴 …… 4
1982 年，设计单位率先试点并探索工程总承包 …… 4
1984 年，开始推行工程总承包 …… 4
1987 年，开展工程总承包试点 …… 5
1989 年，扩大工程总承包试点 …… 5
1992 年，试行工程总承包资格管理 …… 5
1998 年，工程总承包首次获得法律地位 …… 5
1999 年，勘察设计单位向国际工程公司改企建制 …… 6
2003 年，培育和发展工程总承包和工程项目管理企业 …… 6
2005 年，号召大力推行工程总承包建设方式 …… 6
2011 年，规范工程总承包市场行为 …… 7
2015 年，在城市工作中推广工程总承包模式 …… 7
2016 年，加快推进工程总承包制 …… 7
2017 年，工程总承包制度的“与时俱进” …… 8
2019 年，开启“设计施工深度融合”新时代 …… 8

3　工程总承包溯源与展望 …… 9
3.1　国内工程总承包的缘起 …… 10
3.2　工程总承包试点 …… 11
3.3　工程总承包试点推广发展 …… 12
3.4　设计单位工程总承包试点深化探索 …… 13
3.5　工程总承包资质取消 …… 14

3.6 取消总承包资质后，工程总承包再出发…… 14
3.7 对工程总承包认识的新探索…… 15
3.8 沉寂十年后工程总承包再出发…… 16
3.9 工程总承包历史发展的启示…… 17

第二部分 市 场 观 察

4 工程总承包业务的地域差异…… 23
5 地方政策重点差异性观察…… 26
5.1 近3年政策出台情况…… 27
5.2 热点问题各地政策差异…… 28
5.3 小结…… 37

第三部分 政 策 精 要

6 国家政策…… 41
7 地方政策 …… 107
浙江省…… 107
广东省…… 140
北京市…… 180
湖北省…… 188
江苏省…… 204
山东省…… 214
四川省…… 222
河南省…… 232
上海市…… 234
陕西省…… 242
福建省…… 244
湖南省…… 258
广西壮族自治区…… 282
河北省…… 307
天津市…… 319
江西省…… 323
辽宁省…… 328
安徽省…… 335
云南省…… 344
重庆市…… 349
贵州省…… 352

山西省…… 353
甘肃省…… 359
吉林省…… 360
内蒙古自治区…… 367
海南省…… 372
黑龙江省…… 373
宁夏回族自治区…… 374
青海省…… 376
西藏自治区…… 377

第一部分

总包简史

1

工程总承包的四个阶段

中国石油和化工勘察设计协会理事长、中国勘察设计协会副理事长、建设项目管理和工程总承包分会会长荣世立先生在他的《改革开放40年我国工程总承包发展回顾与思考》一文中，将我国推行工程总承包的发展历程大致划分为四个阶段：

(1) 试点阶段 (1982—1992年)，标志性事件是原化学工业部于1982年6月8日印发《关于改革现行基本建设管理体制，试行以设计为主体的工程总承包制的意见》，开始在化工行业筹划工程总承包试点。

(2) 推广阶段 (1992—2003年)，标志性事件是建设部于1999年8月26日印发《关于推进大型工程设计单位创建国际型工程公司的指导意见》、1999年11月26日印发《关于工程勘察设计单位体制改革的若干意见》两个文件。

(3) 规范阶段 (2003—2016年)，标志性事件是建设部于2005年5月9日发布我国首部工程总承包管理规范GB/T 50358—2005《建设项目工程总承包管理规范》，并于2008年8月1日起实施。

(4) 全面发展阶段 (2016年至今)，标志性事件是中共中央、国务院于2016年2月6日印发《关于进一步加强城市规划建设管理工作的若干意见》及住建部于2016年5月20日印发《关于进一步推进工程总承包发展的若干意见》。

以史为鉴，可以知兴替。深度研究某个事物，学习其发展历史是最佳的切入点。

下面，我们将以“时间轴”的方式，列出我国工程总承包在四个阶段、37年的发展历程中最为重要的里程碑事件。希望各位读者能触摸到政策变化的脉络。

2

工程总承包政策时间轴

1982 年，设计单位率先试点并探索工程总承包

20 世纪 80 年代初，化学工业部在化工行业设计单位率先探索推行工程总承包。

1982 年 6 月 8 日，化学工业部印发了《关于改革现行基本建设管理体制，试行以设计为主体的工程总承包制的意见》的通知。通知明确指出，“根据中央关于调整、改革、整顿、提高的方针，我们总结了过去的经验，研究了国外以工程公司的管理体制组织工程建设的具体方法，吸取了我们同国外工程公司进行合作设计的经验，为了探索化工基本建设管理体制改革的途径，决定进行以设计为主体的工程总承包管理体制的试点。”

1984 年，开始推行工程总承包

1984 年 9 月 18 日，国务院颁发《关于改革建筑业和基本建设管理体制若干问题的暂行规定》，标志着我国正式开始推行工程总承包。

> 三、建立工程承包公司，专门组织工业交通等生产性项目的建设。各部门、各地区都要组建若干个具有法人地位、独立经营、自负盈亏的工程承包公司，并使之逐步成为组织项目建设的主要形式。工程承包公司所需周转资金，由建设银行贷款。
>
> 工程承包公司接受建设项目主管部门（或建设单位）的委托，或投标中标，对项目建设的可行性研究、勘察设计、设备选购、材料订货、工程施工、生产准备直到竣工投产实行全过程的总承包，或部分承包。
>
> 工程承包公司可跨部门、跨地区承包建设任务。
>
> 工程承包公司要注意开发新技术，提高技术和经营管理水平，努力增强竞争实力。

1987 年，开展工程总承包试点

1987 年 4 月 20 日，国家计委、财政部、中国人民建设银行、国家物资局发出了《关于设计单位进行工程建设总承包试点有关问题的通知》（计设〔1987〕619 号），批准广东建设承包公司（广东省建筑设计院）、中国武汉化工工程公司等 12 家设计单位为总承包试点单位。

1989 年，扩大工程总承包试点

1989 年 4 月 1 日，建设部、国家计委、财政部、中国人民建设银行、物资部联合印发《关于扩大设计单位进行工程总承包试点及有关问题的补充通知》（〔89〕建设字第 122 号），批准北京钢铁设计研究总院等 31 家单位为工程建设总承包试点单位。

1992 年，试行工程总承包资格管理

1992 年 11 月 17 日，建设部印发《设计单位进行工程总承包资格管理的有关规定》（建设〔1992〕805 号），先后有 560 家设计单位领取了甲级工程总承包资格证书，2000 余家设计单位领取了乙级工程总承包资格证书。

1998 年，工程总承包首次获得法律地位

1997 年 11 月 1 日，第八届全国人民代表大会常务委员会第二十八次会议通过中华人民共和国主席令第 91 号《中华人民共和国建筑法》，上位法首次明确“提倡对建筑工程实行总承包”，该法自 1998 年 3 月 1 日起施行。

> **第二十四条　提倡对建筑工程实行总承包，禁止将建筑工程肢解发包。**
>
> 建筑工程的发包单位可以将建筑工程的勘察、设计、施工、设备采购一并发包给一个工程总承包单位，也可以将建筑工程勘察、设计、施工、设备采购的一项或者多项发包给一个工程总承包单位；但是，不得将应当由一个承包单位完成的建筑工程肢解成若干部分发包给几个承包单位。

2011 年 4 月 22 日，中华人民共和国第十一届全国人民代表大会常务委员会第二十次会议通过了“关于修改《中华人民共和国建筑法》的决定”，对第二十四条提倡工程总承包模式的表述没有变。

2019 年 4 月 23 日，中华人民共和国第十三届全国人民代表大会常务委员会第十次会议对《中华人民共和国建筑法》的修改，依然没有变动有关工程总承包的内容。

1999 年，勘察设计单位向国际工程公司改企建制

1999 年 8 月 26 日，建设部印发《大型设计单位创建国际型工程公司的指导意见》（建设〔1999〕218 号）。同年 12 月 18 日，国务院办公厅印发《国务院办公厅转发建设部等部门关于工程勘察设计单位体制改革的若干意见的通知》（国办发〔1999〕101 号），明确了建立与市场经济体制相适应、为固定资产投资全过程提供技术性、管理性工程咨询设计服务体系的总体改革目标，提出了勘察设计单位改企建制并向国际通行的工程公司、工程咨询设计公司、设计事务所、岩土工程公司转化的指导意见。

1999 年印发的两个文件对勘察设计单位深化体制、机制、功能性改革具有决定性作用。

2003 年，培育和发展工程总承包和工程项目管理企业

2003 年 2 月 13 日，建设部发布《关于培育和发展工程总承包和工程项目管理企业的指导意见》（建市〔2003〕30 号），为开展工程总承包指明了方向。该文件的发布被誉为推进工程总承包快速发展的标志性事件。

> 一、推行工程总承包和工程项目管理的重要性和必要性
>
> 工程总承包和工程项目管理是国际通行的工程建设项目组织实施方式。积极推行工程总承包和工程项目管理，是深化我国工程建设项目组织实施方式改革，提高工程建设管理水平，保证工程质量和投资效益，规范建筑市场秩序的重要措施；是勘察、设计、施工、监理企业调整经营结构，增强综合实力，加快与国际工程承包和管理方式接轨，适应社会主义市场经济发展和加入世界贸易组织后新形势的必然要求；是贯彻党的十六大关于“走出去”的发展战略，积极开拓国际承包市场，带动我国技术、机电设备及工程材料的出口，促进劳务输出，提高我国企业国际竞争力的有效途径。
>
> 各级建设行政主管部门要统一思想，提高认识，采取有效措施，切实加强对工程总承包和工程项目管理活动的指导，及时总结经验，促进我国工程总承包和工程项目管理的健康发展。

2005 年，号召大力推行工程总承包建设方式

2005 年 5 月 9 日，建设部发布我国首部工程总承包管理规范 GB/T 50358—2005《建设项目工程总承包管理规范》，于 2005 年 8 月 1 日起实施。

2005 年 7 月 12 日，建设部印发《关于加快建筑业改革与发展的若干意见》（建质〔2005〕119 号），号召大力推行工程总承包建设方式。

三、优化产业结构，适应市场发展需求

……

大力推行工程总承包建设方式。以工艺为主导的专业工程、大型公共建筑和基础设施等建设项目，要大力推行工程总承包建设方式。大型设计、施工企业要通过兼并重组等多种形式，拓展企业功能，完善项目管理体制，发展成为具有设计、采购、施工管理、试车考核等工程建设全过程服务能力的综合型工程公司。鼓励具有勘察、设计、施工总承包等资质的企业，在其资质等级许可的工程项目范围内开展工程总承包业务。工程总承包企业可以依照合同约定或经建设单位认可自主选择施工等分包商，并按照合同约定对工程质量、安全、进度、造价负总责。

2011年，规范工程总承包市场行为

为促进建设项目工程总承包的健康发展，规范工程总承包合同当事人的市场行为，2011年9月7日，住房和城乡建设部、国家工商行政管理总局于2011年9月7日发布《关于印发建设项目工程总承包合同示范文本（试行）》的通知（建市〔2011〕139号），自2011年11月1日起试行《建设项目工程总承包合同示范文本（试行）》（GF—2011—0216）。

2011年12月20日，国家发展改革委、工业和信息化部、财政部、住房和城乡建设部、交通运输部、铁道部、水利部、广电总局、中国民用航空局联合印发《关于印发简明标准施工招标文件和标准设计施工总承包招标文件的通知》（发改法规〔2011〕3018号），自2012年5月1日起实施《标准设计施工总承包招标文件》。

2015年，在城市工作中推广工程总承包模式

2015年12月20日，中央城市工作会议在北京举行。这是时隔37年后，“城市工作”再次上升到中央层面进行专门研究部署。根据会议精神，2016年2月6日，中共中央、国务院印发《关于进一步加强城市规划建设管理工作的若干意见》。要求：**严格实施建筑市场准入和清出，推广工程总承包模式。**

2016年，加快推进工程总承包制

2016年5月20日，住房和城乡建设部印发《关于进一步推进工程总承包发展的若干意见》（建市〔2016〕93号）。意见明确“深化建设项目组织实施方式改革，推广工程总承包制”，并提出20条意见推进工程总承包。

2016年5月31日，新华社刊发《我国将加快推进工程总承包制》的文章。

2016年8月23日，住房和城乡建设部印发《住房城乡建设事业“十三五”规划纲

要》，提出：

（二）优化建筑业组织结构

强化我国核电、高铁、超高层建筑等领域的工程建设优势，大力推行工程总承包，促进设计、采购、施工等各阶段的深度融合，提高工程建设效率和水平。

（三）提升工程勘察设计咨询服务业发展质量

鼓励促进大型企业向具有工程项目咨询、工程总承包、项目管理和融资能力的工程公司或工程设计咨询公司发展。

2016 年 9 月 30 日，国务院办公厅印发《关于大力发展装配式建筑的指导意见》（国办发〔2016〕71 号）。意见明确提出“装配式建筑原则上应采用工程总承包模式，可按照技术复杂类工程项目招投标。”。

2017 年，工程总承包制度的“与时俱进”

2017 年 2 月 21 日，国务院办公厅印发《关于促进建筑业持续健康发展的意见》（国办发〔2017〕19 号）。要求“加快推行工程总承包”，并明确“装配式建筑原则上应采用工程总承包模式。政府投资工程应完善建设管理模式要带头推行工程总承包。加快完善工程总承包相关的招标投标、施工许可、竣工验收等制度规定。”。

2017 年 12 月 26 日，住房和城乡建设部建筑市场监管司《关于征求房屋建筑和市政基础设施项目工程总承包管理办法（征求意见稿）意见的函》（建市设函〔2017〕65 号），发布《房屋建筑和市政基础设施项目工程总承包管理办法（征求意见稿）》。

工程总承包的全面发展，必然要求进一步提升标准化、规范化管理水平，工程总承包制度规定的新一轮修订完善将由此开启。

2019 年，开启“设计施工深度融合”新时代

2019 年 12 月 23 日，住建部和发改委联合发布了《房屋建筑和市政基础设施项目工程总承包管理办法》（建市规〔2019〕12 号）。管理办法第十条明确规定“工程总承包单位应当同时具有与工程规模相适应的工程设计资质和施工资质，或者由具有相应资质的设计单位和施工单位组成联合体”，由此确立了我国工程总承包新的设计和施工“双资质”制度。这也是这个办法备受关注的重大变化。

3

工程总承包溯源与展望

生青杰

工程总承包建设模式起源于欧洲，是对工程建设项目传统承发包模式的变革，是为了解决设计与施工分离的弊端而产生的一种新的工程项目管理模式。

工程总承包的基本出发点是借鉴工业生产组织的经验，实现建设生产过程的组织集成化，以克服由于设计与施工的分离致使投资增加，以及克服由于设计和施工的不协调而影响建设进度等弊端。工程总承包的核心是设计与施工的结合与集成。

众所周知，美国是发达国家中应用设计—建造（DB）模式的典型代表。美国第一个采用DB模式实施的公共项目是1968年的一个学校建筑。在该项目中，业主采用了绩效规程（Performance specification）进行招标，并不像传统项目那样提供完整的设计图纸，中标的单位也不是最低价。该项目的成功经验很快被附近的地区学习，几个小学和中学工程项目的招标都采用了DB模式的程序。

20世纪70年代，美国的教育设施和大学的宿舍项目，主要采用基于竞争的DB模式选择承包商。美国建筑师协会（AIA）从1968年开始对DB进行研究，并在1975年完成了研究报告。研究报告指出，业主对设计和施工的单一责任已经成为行业的需求，应该顺应这种要求并作出改变。报告对建筑师参与DB项目所承担的责任提出了很多建议。

针对这些分析和建议，AIA在1985年发行了第一版的DB合同文件，并在1996年修订再版。1993年，美国统包协会（Design - Build Institute of American，简称DBIA）成立，该协会是一个专属于建造师、设计师、业主和其他专业成员的DB组织，其主要致力于推广DB的运用，研究和总结DB应用的问题和经验。

在《住房城乡建设部关于进一步推进工程总承包发展的若干意见》中，将工程总承包的具体模式划分为两种：设计—采购—施工（EPC）/交钥匙总承包和设计—施工总承包（DB）模式。

由于经济文化条件的差异，DB在不同的国家和地区也有不同的名称。Chimay J. Anumba. Evbuomwan认为（1997）DB存在着诸多变体，包括EPC、Turnkey等，均是在DB的基础上进行了工作范围的扩充。DB的变体还有Novation Design - Build，Desing - Construct，Develop and Construct等。

AIA认为EPC就是DB的变形（AIA. AIAKnowledge Base. http：//www. aia. org/

knowledgebase/. 2007，5. 31)。

孙继德（2003）认为EPC与DB无本质区别，只是更强调“采购”在该项目中的重要性，主要应用于大型成套设备的采购及工艺设计占重要地位的工业建设领域，例如化工、冶金项目等；而DB主要用于房屋建筑工程与其他土木工程领域。

田威认为（2004）EPC“是‘设计＋施工（D＋B）’合同方式的一种延伸”，EPC所涵盖的内容更广。

现在国际上仅有国际咨询工程师联合会（FIDIC）将EPC字样列入正式合同范本中。FIDIC出版《设计—建造与交钥匙工程合同条件》（1995年版“橘皮书”），但无EPC合同条件；1999年FIDIC出版《设计采购施工（EPC）/交钥匙工程合同条件》（1999年第一版），这是FIDIC第一次编制出版的新型合同条件。

FIDIC“银皮书”（1999版）在序言写到，近些年来，已注意到很多建设市场需要一种固定最终价格、经常还有固定竣工日期的合同格式。这是一份为工业生产或电力项目提供交钥匙工程的合同条件。它可以用于整个工厂或与之类似的设施，或用于基础设施项目。很显然，EPC只是设计施工总承包浪潮中一朵小花，能够有固定最终价格和固定竣工日期的可以采用此种合同格式，而且有明确适用范围和条件，否则就不要用，也就是EPC是一个特例。

综上所述，EPC应起源于DB，本质就是设计施工总承包，属于DB的变体，就像BOOT、BOO、ROT等属于BOT变体一样。

DB和EPC没有本质的区别，都是设计—施工的整合模式，和设计与施工分离的DBB模式具有本质的区别。

工程总承包最先应用于20世纪60年代美国的石油化工行业。由于工程总承包将设计、采购与施工进行了整合管理，与传统建设模式相比，具有节约建设时间，优化建设过程，使投资人提前获得建设成果和商业收益等优点，在一些投资金额大、建设周期长、风险与不确定性因素相比更多的行业，工程总承包模式很快就受到了业主方的青睐。历经数十年的发展，工程总承包在美国国内的市场份额不断增长，并逐步向世界推广。

20世纪80年代，随着改革开放政策的实施，工程总承包管理方式被引入国内化工、石化行业。

3.1 国内工程总承包的缘起

1982年6月8日，化学工业部颁发《关于改革现行基本建设管理体制，试行以设计为主的工程总承包制的意见》，开始筹划工程总承包试点。

同年，化学工业部对江西氨厂改尿素工程实行第一个以设计为主体的工程总承包试点，中国武汉化工工程公司（现为五环科技股份有限公司）为工程总承包商，该项目建设工期28个月，有效地控制了工程进度、质量和费用，一次开车成功，生产出了合格尿素，受到了国家计委和化学工业部的表扬。1984年，国家计委在总结化学工业部工程总承包经验的基础上，将工程总承包纳入了国务院于1984年9月18日颁发的《国务院关于改革建筑业和基本建设管理体制若干问题的暂行规定》（国发〔1984〕123号）中。

《国务院关于改革建筑业和基本建设管理体制若干问题的暂行规定》是我国建筑业和基本建设改革的纲领性文件，拉开了建筑业改革大幕。该文件最早提出了工程承包公司的设想，工程承包公司是与勘察设计单位、建筑安装企业、城市综合开发公司、物资供应单位并列的一种新的企业类型。工程承包公司“接受建设项目主管部门（或建设单位）的委托，或投标中标，对项目建设的可行性研究、勘察设计、设备选购、材料订货、工程施工、生产准备直到竣工投产实行全过程的总承包，或部分承包”。这是我国全面开展工程总承包的源头。

3.2 工程总承包试点

（一）设计单位工程总承包试点

1984 年 11 月 10 日，国务院批转国家计委《关于工程设计改革的几点意见》（国发〔1984〕157 号），指出“承包公司可以从项目的可行性研究开始直到建成试车投产的建设全过程实行总承包，也可以实行单项承包。”

为了贯彻执行《国务院关于建筑业和基本建设管理体制改革的暂行规定》并做好工程承包公司的工作，1984 年 11 月 5 日，国家计委、建设部联合发出关于印发《工程承包公司暂行办法》的通知（计设〔1984〕2301 号）。该办法第五条规定“各部门、各地区组建工程承包公司，可以在所属企事业单位抽调具有工程建设经验的人员组成；可以依托设计单位，组成以设计为主体的工程承包公司；也可以依托工程指挥部进行组建。”第六条规定“工程承包公司是组织工程项目建设的一种主要形式，应该具有较高的组织管理水平和工作效率，人员要少而精。公司应配备熟悉业务的设计、计划、财务、经营、采购、施工监督等专业的技术经济人员，一般不应辖有直属的施工队伍。”第九条规定“工程承包公司接受工程项目总承包任务后，可将勘察设计、工程施工和材料设备供应等工作进行招标，择优选定勘察设计单位、施工单位、材料设备生产或供应单位，并签订分包经济合同。”

以上文件对工程总承包的表述相当清晰，即对从可行性研究、勘察设计、设备采购、施工管理、试车考核（或交付使用）进行承包（不包括施工的承包）。由此看出，设计单位的总承包不属于国内外公认的“设计施工总承包”，而是相当于国际上的“设计管理总承包”或“设计管理总咨询”。设计单位并不承担施工任务，也不需要有施工能力，而国际五大机构均认为设计施工工程总承包必须同时具有设计和施工能力。

例如，福斯特威勒（FOSTER WHEEIZR）、鲁姆斯（ABB LUMMIJS）、兰万灵（SNC LAVALIN）、福陆（FLUOR）休斯敦分公司就属于这个范围，他们没有自己的施工队伍，但有施工管理的能力，这几家公司由以设计人员为主体，包括设计、采购、施工、开车、报价及项目管理等各类技术、管理人员为骨干的专家群组成。

（二）施工单位工程总承包试点

1987 年 7 月 28 日，国家计委等五单位联合印发的《关于批准第一批推广鲁布革工程管理经验试点企业有关问题的通知》（计施〔1987〕2002 号）提出，要有步骤地调整改组施工企业，逐步建立以智力密集型的工程总承包公司（集团）为“龙头”，以专业施工企业和农村建筑队为依托，全民与集体，总包与分包，前方与后方，分工协作，互为补充，具有中国特色的工程建设企业组织结构。该通知批准了第一批 18 家试点企业。

1988 年 8 月 17 日，国家计委等五单位联合印发“（88）建施综字第 7 号”通知，确定了 15 个试点企业共 66 个项目。

1990 年 10 月 23 日，建设部和国家计委等五单位下发“（90）建施字第 511 号”《关于进一步做好推广鲁布革工程管理经验创建工程总承包企业进行综合改革试点工作的通知》，进一步提出了“试点企业可对工程项目实行设计、采购、施工全过程的总承包。对于设计能力不适应所承包工程需要的，可采取与设计单位联合或委托设计的方式，共同完成总承包业务”的要求，并将试点企业扩大到 50 家。

施工单位总承包试点主要是对工程项目实行设计、采购、施工全过程总承包，这相当于国内外公认的“设计施工总承包”。

例如，柏克德（BECHTEL）、凯洛格（KBR）公司就属于这个范围，他们除拥有设计、采购、施工、开车、报价及项目管理等各类技术、管理人员外，还带有自己的施工队伍。

3.3　工程总承包试点推广发展

（一）设计单位工程总承包推广发展

1987 年 4 月 20 日，国家计委、财政部、中国人民建设银行、国家物资局印发《关于设计单位进行工程建设总承包试点有关问题的通知》（计设〔1987〕619 号），成立 12 家试点单位，文件指出“各部门、各地区在基本建设管理体制的改革中，总结以往的经验，吸取国外的有益做法，组织一些设计单位对工程建设项目进行了从可行性研究、勘察设计、设备采购、施工管理、试车考核（或交付使用）全过程的总承包试点，发挥了设计在基本建设中的主导作用，对优化设计方案，缩短工期，控制工程投资，提高经济效益，起到了很好的作用。”1989 年 4 月 1 日，建设部、国家计委、财政部、建设银行、物资部联合印发《关于扩大设计单位进行工程总承包试点及有关问题的补充通知》（〔89〕建设字第 122 号），开始全面推广工程总承包。

1992 年 11 月 17 日，建设部印颁《设计单位进行工程总承包资格管理有关规定》（建设〔1992〕805 号），明确了设计单位进行工程总承包的资格，并进行资格管理。该规定提出设计单位要“拥有自己的勘察设计、项目管理、设备材料采购、试车考核等专门技术人员和必要的技术装备，能对工程项目建设进行组织、协调和管理，对工期、质量和费用进行有效的控制。”先后有 560 家设计单位领取了甲级工程总承包资格证书，2000 余家设计单位领取了乙级工程总承包资格证书。

此时，设计单位的工程总承包仍是相当于国际上的“设计管理总承包”或“设计管理总咨询”。

（二）施工企业工程总承包试点推广

1992 年 4 月 3 日，建设部印发《关于工程总承包企业资质管理暂行规定（试行）的通知》（建施字第 189 号），该规定提出“目前，随着施工管理体制改革的不断深入，许多企业增强了工程设计、施工管理、材料设备采购能力，并总承包了一批建设项目，取得了较好的社会效益和经济效益，同时，以实现工程项目总承包为宗旨的企业集团也相应地发展起来，并已开拓了国内外市场。为适应这类企业的发展，加快改革步伐，实现企业组织结构调整的第二步目标——就位一批工程总承包企业，特制定《工程总承包企业资质管理暂行规定》。本规定只适用于照章纳税、依法经营、具有法人资格的企业，不包括以设计院为主体的设计工程公司。”1993 年 6 月，建设部印发《关于开展工程总承包企业资质就位工作的通知》，1995 年 6 月，建设部印发《工程总承包企业资质等级标准》。上述文件成为开展工程总承包的重要依据。

此时，施工单位的工程总承包仍是相当于国际上的“设计施工总承包”。

3.4　设计单位工程总承包试点深化探索

FIDIC 出版的《设计采购施工（EPC）合同条件》（银皮书中文版，1999 第一版）进入中国，我国工程总承包公司开始走向国际。

1999 年 8 月 26 日，建设部印发《大型设计单位创建国际型工程公司的指导意见》（建设〔1999〕218 号），该意见提出：“为了贯彻落实《国务院关于工程勘察设计单位改建为企业问题的批复》精神，加快我国勘察设计单位深化体制改革的步伐，推进一批有条件的大型工程设计单位，用五年左右的时间，创建成为具有设计、采购、建设（简称 EPC）总承包能力的国际型工程公司，提高我国工程建设队伍的实力和水平，积极开拓国内、国际工程承包市场。”该条提出的“国际型工程公司”有一个明显导向，注重了承包能力，并提出要“具有较强的融资能力，既能为公司筹措实施国外承包项目的流动资金，又能帮助业主筹措建设资金，为业主联系获得政府贷款或国际金融组织的贷款提供服务。”

该意见调整了工程总承包的发展方向，提出的国际型工程公司和我们目前讨论的“设计施工总承包”具有更强的一致性，与 1989 年和 1992 年提出的试点“设计管理总承包“或”设计管理总咨询“显著不同。

1999 年 12 月 18 日，国务院办公厅颁发《国务院办公厅转发建设部等部门关于工程勘察设计单位体制改革若干意见的通知》（国办发〔1999〕101 号），明确提出我国勘察设计单位体制改革的指导思想、基本思路和改革目标。自此，不仅结束了勘察设计事业体制的历史，而且推动了勘察设计单位加快了与国际工程咨询业接轨的步伐，由单一功能设计院向为建设项目全过程提供各种咨询服务的工程公司、工程咨询公司转化。勘察设计单位要向工程公司、工程咨询公司、岩土工程公司、设计事务所转化，是与国际接轨的企业形式表现。

从上述意见和通知中可以得出初步结论，设计单位工程总承包开始出现两个分支：一个是相当于国际上“设计管理总承包“或”设计管理总咨询“；另一个是相当于国际上的“设计施工总承包”。设计单位有三个转型发展方向：一个是转型为“设计管理总承包商”或“设计管理总咨询公司”；另一个是转型为“设计施工工程总承包商”；再一个是发展成设计事务所或岩土工程公司等。

3.5　工程总承包资质取消

2002年11月1日，国务院发布《国务院关于取消第一批行政审批项目的决定》（国发〔2002〕24号），第239项取消了“工程总承包资格核准”，即《建设部关于印发〈设计单位进行工程总承包资格管理的有关规定〉的通知》（建设〔1992〕805号）。转换成现在的语言，可理解为真正取消了“全过程咨询资格核准”。

2003年2月13日，建设部印发《关于培育发展工程总承包和工程项目管理企业的指导意见》（建市〔2003〕30号），该意见第（九）项明确：“1992年11月17日建设部颁布的《设计单位进行工程总承包资格管理的有关规定》（建设〔1992〕805号）同时废止。”

上述决定和意见至今来看还是恰当的，且具有进步意义，说明工程咨询类企业实行资质核准不具有正当性，应当强化个人执业，而建筑业实行资质审批是正当的。工程建设企业资质的改革应分为两类，即工程咨询企业资质改革和工程承包企业资质改革。工程咨询企业资质应当取消，实行并强化个人执业资格管理，有序发展合伙制事务。工程承包企业资质应当完善行政许可制度，而不是淡化企业资质，强化个人执业。

许多人混淆了工程咨询业与建筑业，这是两个性质和本质上均不同的行业。国发〔2002〕24号文明确取消了设计单位总承包资质，但1992年4月3日建设部关于印发《工程总承包企业资质管理暂行规定》（试行）的通知（建施字第189号）并未明确取消，也就说明设计施工总承包资质未被取消。

但是《工程总承包企业资质管理暂行规定（试行）》是依据1989年6月28日发布的《施工企业资质管理规定》（建设部令第2号）制定，该规定被1995年10月6日发布的《建筑业企业资质管理规定》（建设部令第48号）代替，工程总承包资质无疾而终，成为历史的插曲。

3.6　取消总承包资质后，工程总承包再出发

建市〔2003〕30号文提出“鼓励大型设计、施工、监理等企业与国际大型工程公司以合资或合作的方式，组建国际型工程公司或项目管理公司，参加国际竞争”，第一次明确工程总承包的基本概念和主要方式。

〔2003〕30号文提出的工程总承包主要方式有：设计采购施工（EPC）/交钥匙总承包、设计—施工总承包（D－B），进一步厘清了与工程项目管理的关系，具有重大现实意义。但该文件提出的“根据工程项目的不同规模、类型和业主要求，工程总承包还可采用设计—采购总承包（E—P）、采购—施工总承包（P—C）等方式”，却未揭示工程总承包设计与施工集成的本质，E－P、P－C均未体现设计与施工的集成，不应属于设计施工工程总承包的范围。

建市〔2003〕30号文对工程总承包资质的规定相当模糊，仅提出“鼓励具有工程勘察、设计或施工总承包资质的勘察、设计和施工企业，通过改造和重组，建立与工程总承包业务相适应的组织机构、项目管理体系，充实项目管理专业人员，提高融资能力，发展

成为具有设计、采购、施工（施工管理）综合功能的工程公司，在其勘察、设计或施工总承包资质等级许可的工程项目范围内开展工程总承包业务。”

建市〔2003〕30号文希望工程总承包企业应具有设计或施工总承包资质的企业改造和重组成为一家企业，但是对工程总承包企业资质的规定尚不够明确。

建市〔2003〕30号文将项目管理分为以下两种：

（1）项目管理承包，即“项目管理承包是指工程项目管理企业按照合同约定，除完成项目管理服务（PM）的全部工作内容外，还可以负责完成合同约定的工程初步设计（基础工程设计）等工作。对于需要完成工程初步设计（基础工程设计）工作的工程项目管理企业，应当具有相应的工程设计资质。项目管理承包企业一般应当按照合同约定承担一定的管理风险和经济责任”。

（2）项目管理服务，即“项目管理服务是指工程项目管理企业按照合同约定，在工程项目决策阶段，为业主编制可行性研究报告，进行可行性分析和项目策划；在工程项目实施阶段，为业主提供招标代理、设计管理、采购管理、施工管理和试运行（竣工验收）等服务，代表业主对工程项目进行质量、安全、进度、费用、合同、信息等管理和控制。工程项目管理企业一般应按照合同约定承担相应的管理责任”。

2003年7月13日，《建设部关于工程总承包市场准入问题说明的函》（建市函〔2003〕161号）发布，函件全文为：“江苏省建设厅、上海市建委：在《国务院关于取消第一批行政审批项目的决定》（国发〔2002〕24号）取消了工程总承包资格核准的行政审批后，为加强对工程总承包工作的监督管理，我部今年印发了《关于培育发展工程总承包和工程项目管理企业的指导意见》（建市〔2003〕30号）。按照《指导意见》的规定，《工程总承包资格证书》废止之后，对从事工程总承包业务的企业不专门设立工程总承包资质。具有工程勘察、设计或施工总承包资质的企业可以在其资质等级许可的工程项目范围内开展工程总承包业务。因此，中国寰球工程公司可以在其工程设计资质证书许可的工程项目范围内开展工程总承包业务，但工程的施工应由具有相应施工承包资质的企业承担”。

这就带来一个问题，一方面把项目管理承包和工程总承包区分开，另一方面又明确中国寰球工程公司承担的是工程总承包业务，实际上由于中国寰球工程公司按建市〔2003〕30号文规定可归入管理承包范围，属于PM，不属于EPC或DB模式，由于这两者极其相似，很容易混淆。

3.7 对工程总承包认识的新探索

2005年7月12日，建设部、国家发展和改革委员会、财政部、劳动和社会保障部、商务部、国务院国有资产监督管理委员会发布《关于加快建筑业改革与发展的若干意见》（建质〔2005〕119号）。该意见提出“大力推行工程总承包建设方式。以工艺为主导的专业工程、大型公共建筑和基础设施等建设项目，要大力推行工程总承包建设方式”“积极发展工程咨询服务体系。培育发展为投资者提供技术性、管理性服务的工程咨询服务体系，是提高我国建筑业整体素质和建设项目投资效益的重要措施。要改进现行工程勘察、设计、咨询、监理、招标代理、造价咨询等企业资质管理办法和资质标准，支持有能力的企业拓宽服务领域。要统筹规划，建立健全工程建设领域专业人士注册执业制度，提高注册执业人员的素质。要坚持建设项目可行性研究报告的客观性和公正性，为投资决策提供科学依据。提倡对重要建设项目开展第三方设计咨询，切实优化建设方案。鼓励具有工程勘察、设计、施工、监理、造价咨询、招标代理等资质的企业，在其资质等级许可的工程项目范围内开展项目管理业务，提高建设项目管理的专业化和科学化水平”“加快建筑设计企业结构调整。努力建设一批设计理论和设计技术达到国际一流水准的大型综合性建筑设计企业，面向大型公共建筑，强化方案设计和扩大初步设计能力，拓展建设项目前期咨询和后期项目管理功能，逐步将施工图设计分离出去”“重组整合具有国际竞争力的大型建筑企业集团。按照市场需求、优势互补、企业自愿、政府引导的原则，鼓励具有较强海外竞争力和综合实力的大型建筑业企业为‘龙头’，联合、兼并科研、设计、施工等企业，实行跨专业、跨地区重组，形成一批资金雄厚、人才密集、技术先进，具有科研、设计、采购、施工管理和融资等能力的大型建筑企业集团”。

该意见提出“大型设计、施工企业要通过兼并重组等多种形式拓展企业功能，完善项目管理体制，发展成为具有设计、采购、施工管理、试车考核等工程建设全过程服务能力的综合型工程公司”“鼓励部分建筑设计企业与大型施工企业重组，发挥设计施工一体化优势，促进设计与施工技术的结合与发展”的意见，实质上明确了设计施工总承包企业的发展思路，必须同时具有设计和施工能力。

该意见提出的“强化建筑设计企业方案设计和扩大初步设计能力，拓展建设项目前期咨询和后期项目管理功能，逐步将施工图设计分离出去”，可以理解为建筑设计企业应重点发展管理总承包或设计管理总咨询。

现在看来，这个集中六部门智慧的文件仍是高瞻远瞩的。

3.8　沉寂十年后工程总承包再出发

经过 2005 年至 2016 年的十余年沉寂后，从上到国家，下至地方基层政府，陆续密集修订或新出台多项大力推进工程总承包的规范、规章及规范性文件。相关重大政策主要有以下内容：

(1) 中共中央国务院于 2016 年 2 月 6 日印发《关于进一步加强城市规划建设管理工作的若干意见》(中发〔2016〕6 号)：严格实施建筑市场准入和清出，推广工程总承包模式。

(2) 住建部于 2016 年 5 月 20 日印发《关于进一步推进工程总承包发展的若干意见》(建市〔2016〕93 号)：“大力推进工程总承包”。

(3) 住建部于 2016 年 7 月 6 日印发《住房城乡建设事业“十三五”规划纲要》：大力推行工程总承包，促进设计、采购、施工等各阶段的深度融合。

(4) 住建部于 2017 年 4 月 26 日印发《建筑业发展“十三五”规划》(建市〔2017〕98 号)：发展行业的融资建设、工程总承包、施工总承包管理能力，培育一批具有先进管理技术和国际竞争力的总承包企业。

(5) 住建部于 2017 年 3 月 23 日印发《“十三五”装配式建筑行动方案(建科〔2017〕

77 号)》：形成一批装配式建筑设计、施工、部品部件规模化生产企业和工程总承包企业。

(6) 国务院办公厅于 2017 年 2 月 21 日印发《关于促进建筑业持续健康发展的意见》(国办发〔2017〕19 号)：加快推行工程总承包。

(7) 住建部于 2017 年 5 月 4 日发布国家标准《建设项目工程总承包管理规范》(GB/T 50358—2017)。

(8) 住建部建筑市场监管司于 2017 年 12 月 26 日发布《房屋建筑和市政基础设施项目工程总承包管理办法》(征求意见稿)。

(9) 住建部办公厅 国家发展改革委办公厅于 2019 年 5 月 10 日印发《关于推进全过程工程咨询服务发展的指导意见》(征求意见稿)。

(10) 各省（自治区、直辖市）出台有关推进工程总承包的大量政策文件。

住建部办公厅于 2018 年 7 月 4 日发布《住房城乡建设部办公厅关于同意上海、深圳市开展工程总承包企业编制施工图设计文件试点的复函》(建办市函〔2018〕347 号)，该函提出的“同意在上海、深圳市开展工程总承包企业编制施工图设计文件试点，同步开展建筑师负责制和全过程工程咨询试点”的意见内容虽短，但具有标志意义，从该函中还隐约感到建质〔2005〕119 号文影响力的依然存在。意味着从事工程总承包企业必须同时具有施工图设计资质和施工资质，而不是施工图设计资质或施工资质。

3.9 工程总承包历史发展的启示

直到国办发〔2017〕19 号《关于促进建筑业持续健康发展的意见》出台，这是时隔 35 年国务院再次为建筑业改革发文。一眨眼，三十多年过去了；三十多年来我们一直在学习国际上的工程承包公司的经验，一直梦想建立中国的具有国际竞争力工程承包公司，虽然历经艰辛，但矢志不移，对国际工程承包公司的认知也越来越清晰。

经过艰难探索，工程总承包可以分为两类：一类是设计施工总承包，相当于 CIOB 的设计＋施工方式；另一类是设计管理总承包或设计管理总咨询，大致相当于 CIOB 的管理承包方式或管理咨询方式。

设计施工总承包、设计管理总承包或设计管理总咨询也可以统称为工程总承包，但是它们的交易风险、计价方式、合同关系、权利义务、分包关系、归责原则等均不同，这样好给它们匹配恰当的合同文本，从而定纷止争，有效沟通，促进合作，提高效率。如果采用同样的名称，但若无法选择同样或类似合同文本，不但没有必要，而且有潜在隐患。

CIOB 认为传统方式、设计＋施工方式、管理承包方式和管理咨询的几种方式之间的差别可能引起混淆的潜在根源，将会导致无法全面实现项目的目的。因此，务必把设计施工总承包、设计管理总承包与设计管理总咨询模式区分开，主要区别如下：

1. 形式上

国际上，设计施工总承包的形式有 DB、EPC/Turnkey。设计管理总承包主要是指“设计＋全过程管理总承包”(D＋PMC)。设计管理总咨询主要是指“设计＋全过程管理总咨询”(D＋PM)。

2. 业务范围

设计施工总承包商都必须至少承包设计和施工任务。设计管理总承包商，从事设计和施工管理承包等，但不从事工程施工。设计管理总咨询单位，从事设计咨询和管理咨询，同样不从事工程施工。

3. 能力要求

设计施工总承包商须同时具有设计和施工能力或设计、施工企业组成联合体。国际上五大机构及国内的交通运输部、铁道部、国家发改委等八部委以及北京、天津均作此要求。

设计管理总承包商需要有较强的设计能力、施工管控能力及承担较强经济责任能力，但不需要具备施工能力。

设计管理总咨询单位需要有设计能力和管理咨询能力，不需要较强的施工管控能力及承担较强经济责任能力，同样不需要具备施工能力。

4. 产业属性

设计施工总承包商是以提供建筑产品为最终成果的生产性企业。从设计施工总承包的各种表现形式上看，均包含了工程项目的施工阶段。因此，无论工程总承包采用何种形式，也无论是全过程承包还是若干阶段的承包，工程总承包企业最终向业主提供的交付物一定是合格的建筑产品。因为它是建筑产品的生产者。因此，无论采用何种工程总承包，也无论是否发包给分包企业，都改变不了工程总承包企业从事物质生产的特点。既然工程总承包企业是生产性企业，理所当然地应该划归为第二产业。

设计管理总承包商是代表业主对项目的实施提供管理和服务，虽然扮演总承包商的角色，具有承包商的某些属性，但其本质属于工程咨询性质，是一种管理型承包，要承担一定的经济责任。换句话说，项目管理承包企业为业主提供的是技术服务成果。因此，就其产业属性而言，设计管理总承包属于第三产业。

设计管理总咨询只是业主“代理人”身份，向业主提供“设计＋管理”专业咨询服务，属于管理型咨询的范畴，属于第三产业。需注意的是，按照国民经济行业分类标准，设计属于工程咨询业，不属于建筑业。

5. 项目分包问题

在设计施工总承包中，设计施工总承包商必须自行实施设计和施工，经业主书面同意或根据总承包合同约定，可以将工程中的非主体、非关键设计和非主体结构施工分包给相应资质的分包单位。

在设计管理总承包中，业主与设计管理承包商签订合同，设计管理承包商再与施工承包商签订施工合同，业主与设计管理承包商为合同关系，但业主与施工承包商不存在合同关系。但一般规定，设计管理承包商所选定的施工承包商要经过业主批准。

在设计管理总咨询中，设计管理咨询单位与业主有合同关系，但设计管理咨询单位与施工承包商不存在合同关系，也就不存在将施工分包的事宜。

6. 适用的项目环境

在设计施工总承包中，DB 模式、EPC/Turnkey 模式在 FIDIC 文本中有明确的适用条件。

设计管理总承包方式则主要适用于下列项目环境：

(1) 由于政治、预算或工程采购策略等方面的原因，项目的施工阶段需要尽早开始。

(2) 项目需要尽早完成，但项目的整体设计在开工前还不十分明确。在这种情况下，需要对设计和施工交叉部分进行周密计划和严格控制，对各个施工合同的工作范围进行仔细地划分。必须为设计和施工阶段建立一个明确和可操作的计划，让设计队伍理解和遵守，这一计划必须给出各个“工作包”的实施循序。

(3) 由于某种原因，在设计阶段需要考虑某一具体的施工方法。

(4) 项目的规模大，技术含量高。这是因为管理承包比传统的合同更能灵活地处理设计变更。

(5) 项目的组织结构十分复杂。一般来讲，项目组织的复杂性来自于需要管理和协调众多承包商、合同界面以及若干设计单位。

(6) 业主机构内部没有足够的管理项目的能力和资源。

(7) 项目对使用劳工等有特殊的要求，例如：工程所在国要求尽量使用业主所在国的公司和劳工。

当然，如果独立来看，上述情况并不是仅仅适用于设计管理总承包方式，也可能同样适用其他合同方式。但如果综合来看，业主则可能倾向使用设计管理总承包方式（张水波、何伯森，2002）。

设计管理总咨询几乎适用所有项目。

7. 价格或计费

设计施工总承包合同采用固定总价形式。

在设计管理总承包模式下，设计管理总承包商被雇来为业主提供管理服务，但它同时兼有总承包的特点。从实践和 JCT 和 ICE 的两个管理合同范本来看，业主对设计管理总承包商的支付均采用酬金加成本补偿的方式（该种方式也称为“保证最高成本加酬金合同”）。在英国，酬金比例通常为项目成本的 2%～6%。成本补偿又分两部分费用：第一部分费用是设计管理总承包商支付给施工承包商的费用；第二部分费用是设计管理总承包商雇佣现场管理人员的直接费和现场管理费，以及设计管理总承包商总部人员视察现场的费用。对于第二部分费用，有时也将其包括在设计管理总承包商的酬金中，而不单独作为成本补偿部分中的内容。但无论采用何种做法，在合同文件中必须予以明确规定。设计管理总承包商可以采用传统的合同方式来与工程承包商签订合同，既可以是单价合同也可以是总价包干合同，但这种合同在签订之前需得到业主的批准，主要为防止出现不合理的规定，且主要是工程合同价格方面（张水波、何伯森，2002）。

在设计管理总咨询合同中，咨询酬金是对设计＋管理咨询的基本服务和额外服务的补偿。

8. 风险与责任

在设计施工总承包合同中，总承包企业往往承担较大风险。在设计施工总承包合同中，总承包方承担的设计责任是严格责任，或称无过错责任，不管总承包商是否履行了尽责和谨慎义务，只要未达到预期目的，就要承担责任。设计施工总承包合同中，设计施工总承包商即使严格按照技术标准设计建造，也不一定能免除其违约责任，其完成工程还须同时满足工程预期目的或使用功能要求。

设计管理总承包商必须提出保证最高成本限额，以保证业主的投资控制，如最终结算超过最高限额，项目管理总承包商负责赔偿；如低于最高限额，节约的投资归业主所有，也就是承担了保证施工成本风险，当然也可以得到节约投资的奖励。此种归责实行严格责任或无过错责任，这是对结果负责，只要工程竣工结算超过最高限额，不管设计管理总承包商是否有过错，是否履行了尽责和谨慎义务，超额资金必须由其承担，反之则归业主，并按合同规定对项目设计管理总承包商进行奖励。

设计管理总咨询单位提供的只是设计＋管理咨询服务，决定了其只在其专业领域内活动并只承担过错责任或疏忽责任，且只对过程负责。一般情况下，只有在违反法律、严重疏忽和失职以及失误和直接错误指示导致的项目损失时，才承担经济责任，且最高不超过合同约定的咨询总酬金。如果设计管理总咨询单位履行了尽责和谨慎义务，则免除其责任。

9. 从初衷看

设计施工总承包的初衷是促进设计与施工深度融合，这种融合具有直接性，属于直接性融合。

设计管理总承包的初衷是促进设计和施工充分衔接，而不是深度融合，具有间接性融合的特性。

设计管理总咨询的初衷是促进设计和施工充分协同，也无法实现充分衔接，这种协同具有次间接融合特性。

10. 合同关系

设计施工总承包商与业主签订一份总价包干的工程总承包合同，负责实施工程设计与施工。

设计项目管理总承包商与业主签订保证最大工程费用合同，扮演总承包商角色，由其直接与施工承包商签订施工合同。但又与设计施工总承包不同，其不直接从事施工活动，工作实质仍属于工程咨询的范畴。

设计管理总咨询单位与业主签订咨询服务合同，与施工承包商不存在合同关系，只是协调关系。

11. 合同范本

设计施工总承包合同范本以 FIDIC 的“黄皮书”和“银皮书”较具有代表性。

设计管理总承包合同以 1995 年英国土木工程师学会（ICE）推出的管理承包标准合同范本较具有代表性。

设计管理总咨询合同可参考使用 FIDIC“白皮书”。

第二部分

市场观察

4

工程总承包业务的地域差异

黄细丁

自住建部于2016年5月20日发布《关于进一步推进工程总承包发展的若干意见》（建市〔2016〕93号）以来，工程建设行业掀起了又一波关注工程总承包的热浪，工程总承包正式进入全面发展阶段。

2017年，新发布的工程总承包政策达29项。2018年，新发布的工程总承包政策更是达到40余项!!! 2019年，截至本书印刷时，新发布的工程总承包政策数量除了达到了28项，更重要的变化是触及到了影响工程总承包推进的招投标、总价调整、风险分配等核心问题。

工程总承包的市场发展需要制度跟进，制度改革与政策调整也已进入深水区。

从市场的角度看，根据《2017年全国工程勘察设计企业统计资料汇编》的数据显示，2017年工程勘察设计行业工程总承包营业收入实现2.08万亿，较2016年1.08万亿翻了近一番!!!

2019年6月21日，住建部官网公布了《2018年全国工程勘察设计统计公报》。根据统计数据，2018年，全国勘察设计企业工程总承包收入2.60万亿，较2017年增长25%。而且，全国勘察设计企业工程总承包的收入已经占到了企业营业总收入的50.2%。

2014—2018年，全国勘察设计企业工程总承包新签合同额年均复合增长29.3%。

上海攀成德企业管理顾问有限公司董事长李福和说：工程行业王冠上的明珠是工程总承包和运营管理。工程总承包不仅市场大，也是相对容易突破、可复制的业务模式。

从全球市场看，经济发达国家采用工程总承包模式的建筑业务占比接近50%。国内市场，一是，因“一带一路”战略需要，建筑业商业模式逐步与国际接轨是必然要求；二是市场、政策与技术因素共同发力，工程总承包呈现加速推进之势；三是廉洁从业与反腐的持续深入，必将推动进一步“简政放权”，工程总承包商负总责正契合此要求。上述因素终将促使工程总承包正迅速成为工程建设的主流模式。

通过360搜索大数据分享平台（图2.4-1）的最新分析，“工程总承包”的关注趋势自2016年以来持续攀升，2018年年底后持续处于“高位震荡”。

百度的互联网用户搜索指数（图2.4-2），与此趋势基本一致。

总包之声自2013年5月18日创立以来，被大量工程总承包从业者关注，其后台也积

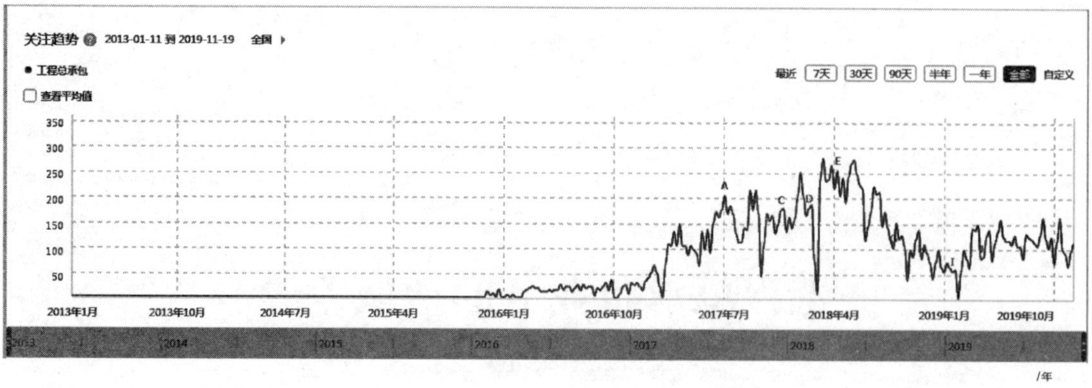

图 2.4－1 360 搜索大数据分享平台

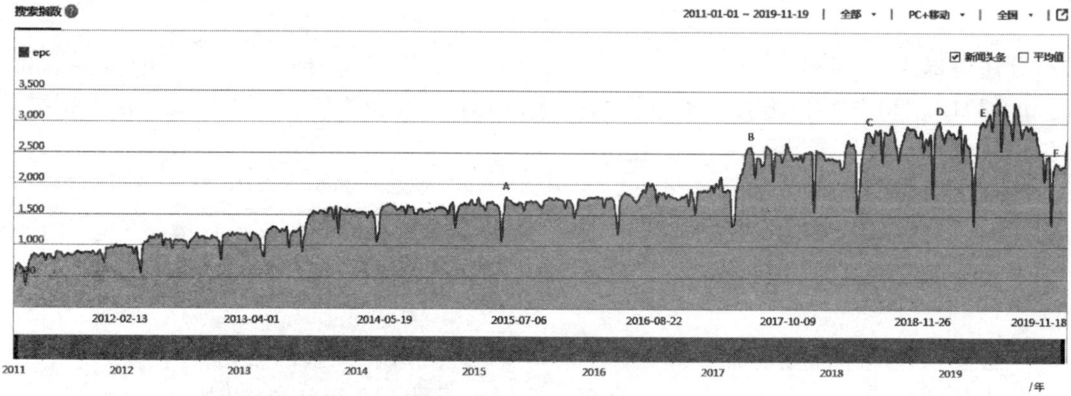

图 2.4－2 百度搜索指数

累了丰富的用户数据。特公布于此，以作为大家分析研判形势的参考（表 2.4－1）。

表 2.4－1　　地域关注统计

地域	用户数	占比/%	地域	用户数	占比/%
广东省	5982	9.96	河南省	3002	5.00
浙江省	5912	9.85	上海市	2903	4.84
北京市	5360	8.93	陕西省	2387	3.98
湖北省	3699	6.16	湖南省	1812	3.02
江苏省	3672	6.12	河北省	1811	3.02
山东省	3101	5.17	福建省	1799	3.00
四川省	3070	5.11	广西壮族自治区	1766	2.94

注　数据截至 2019 年 11 月 20 日。

各地工程总承包政策力度、热度的差异，相应引起各地工程总承包业务合同额及收入的差异。

根据中国勘察设计协会的统计数据，2018 年全国各省工程总承包企业营收规模分布呈现金字塔分布，百亿元以上规模的企业数量仅有 8 家，50 亿～100 亿元之间的企业为

20家，10亿～50亿元之间企业共有80家，10亿元以下的企业有71家。收入也呈现出巨大差异，收入最高的为北京市4376.3亿元，收入最低的为青海省7.5亿元。

工程总承包收入超过1000亿元的有8个省（直辖市），依次为北京、上海、江苏、广东、浙江、湖北、福建和山东；低于10亿元的只有青海省；10亿～100亿元的有7个省（自治区），从高到低依次为新疆、黑龙江、吉林、海南、西藏、内蒙古和宁夏。

如果说工程总承包收入代表的是该种业务模式的总量，那工程总承包收入占总营业收入的比重就可以理解为该种业务模式的普及程度。

从比重来看，工程总承包业务开展最广泛的为西藏，比重为74.7%，其次为福建，比重为74.5%；比重最低的为青海省，比重为25.1%。

工程总承包比重在50%以上的省（自治区、直辖市）有12个：北京、辽宁、福建、安徽、江西、上海、江苏、河南、湖北、西藏、贵州、陕西；比重为40%～50%的省（自治区、直辖市）有10个：河北、浙江、山东、海南、广东、四川、重庆、云南、新疆、宁夏；比重为30%～40%的省（自治区、直辖市）有8个：天津、山西、内蒙古、吉林、黑龙江、广西、湖南、甘肃；比重在30%以下的只有青海省。

5

地方政策重点差异性观察

上海市建纬律师事务所工程总承包业务部

自住建部于2016年5月20日发布《关于进一步推进工程总承包发展的若干意见》（建市〔2016〕93号）以及国务院办公厅于2017年2月24日印发《关于促进建筑业持续健康发展的意见》（国办发〔2017〕19号）确立大力发展工程总承包（以EPC为主）的基本路线之后，2017年成为了我国工程总承包事业进入高速发展期的起步年，国家和地方政府也出台了众多政策文件来规范和指导工程总承包的发展。

在国家政策层面，2017年12月26日，住建部建筑市场监管司发布《关于征求〈房屋建筑和市政基础设施项目工程总承包管理办法（征求意见稿）〉意见的函》（建市设函〔2017〕65号）；2019年5月10日，住建部办公厅与国家发展改革委办公厅联合发布《关于征求〈房屋建筑和市政基础设施项目工程总承包管理办法（征求意见稿）〉意见的函》（建办市函〔2019〕308号）。在地方政策层面，2017年共有28个省（自治区、直辖市）总计出台了41份与工程总承包有关的地方政策文件；2018年度新增省级工程总承包政策文件共计22件；2019年新增省级工程总承包政策文件共计12件。截至2019年11月底，全国31个省（自治区、直辖市）中（不含港澳台），除了新疆，其他地区均出台了有关工程总承包的地方性规范、指导文件。

2017—2019年工程总承包省级政策文件出台数量如图2.5-1所示。

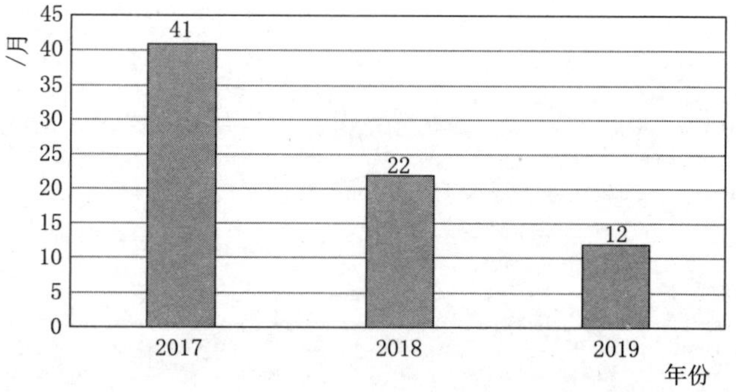

图2.5-1　省级工程总承包政策文件出台数量

注：关于文件统计口径的说明：本图旨在观察我国省级地方出台的政策文件，未收录中央部委文件，此外地方上也存在大量仅为各地工程总承包企业的试点名录、工作计划与安排等实际并不深入涉及“工程总承包法律政策”的文件，故而均未加以统计在内。

住建部分别于2017年和2019年，两度发布文件向全国各地住建部门和发改部门征求关于《房屋建筑和市政基础设施项目工程总承包管理办法（征求意见稿）》的意见，意味着工程总承包即将走入标准统一的规范化发展时期。有鉴于此，本书针对2017—2019年全国31个省（自治区、直辖市）（不含港澳台）颁布和制订或正对外征求意见的工程总承包法律政策要点进行简要梳理，以供共同学习、讨论与交流。

5.1　近3年政策出台情况

2017年国内（不含港澳台）的31个省（自治区、直辖市）中，有28个省（自治区、直辖市）出台了有关工程总承包或者涉及工程总承包的地方规范性文件、指导文件（含征求意见稿）等。这28省（自治区、直辖市）中，既有通过出台《推进建筑业改革发展实施意见》或《推进装配式建筑实施意见》等各类意见中的专项条款的形式对工程总承包加以规范的19个省（自治区、直辖市），包括：湖北、陕西、云南、安徽、海南、贵州、内蒙古、江苏、宁夏、甘肃、吉林、辽宁、山东、山西、江西、河南、西藏、黑龙江、重庆；也有另行出台针对工程总承包的专项规范性文件的9个省（自治区、直辖市），包括：福建、河北、浙江、上海、湖南、广东、北京、广西、天津。

2018年共有18个省级地方出台了工程总承包专项或相关文件。在这18个省（自治区、直辖市）中，共有10个省（自治区、直辖市）通过以出台《推进建筑业改革发展实施意见》或《推进装配式建筑实施意见》等各类意见中的专项条款的形式对工程总承包加以规范：四川、青海、湖南、湖北、吉林、海南、宁夏、重庆、甘肃、广西；另行出台针对工程总承包的专项规范性文件的有9个省（自治区、直辖市）：江苏、山东、江西、广西、浙江、安徽、陕西、福建、上海。以上省（自治区、直辖市）中，有的是在2018年首次出台涉及工程总承包的相关文件，如四川、青海、重庆等；有的则是在2017年的基础上，甚至是2016年、2017年连续两年的基础上，连续出台工程总承包相关政策文件，如浙江、广西、吉林、福建、上海等省（自治区、直辖市）。其中广西壮族自治区人民政府办公厅于2018年3月29日印发涉及工程总承包的《促进建筑业持续健康发展的实施意见》（桂政办发〔2018〕29号），还另行出台了工程总承包专项文件，堪称推广工程总承包最为活跃的省份。另需值得注意的是，江西省水利厅、广西壮族自治区水利厅分别于2018年6月1日、8月24日印发《江西省水利建设项目推行工程总承包办法（试行）》（赣水建管字〔2018〕35号）、《广西壮族自治区水利建设项目工程总承包指导意见》（桂水规范〔2018〕4号，针对水利工程项目的工程总承包政策文件，在全国各地尚属首次。

2019年共有6个省（自治区、直辖市）出台了工程总承包专项或相关文件。其中，浙江、山东、四川、福建4个省均是发布针对工程总承包的专项规范性文件；山东和四川在此基础上还发布了涉及工程总承包的指导性意见；河南省住建厅则是以《2019年全省建筑业工作要点》（豫建建〔2019〕44号）中专项条款的形式指导全省建筑业推行工程总承包模式；湖南省人民政府办公厅发布的《房屋建筑和市政基础设施工程招标投标管理办法》（湘政办发〔2019〕31号）虽然不是针对工程总承包的专项文件，但该办法中包括规范工程总承包的专项条款。另外，浙江省水利厅和山东省水利厅出台的工程总承包专项文件均是针对水利工程项目，这是继2018年广西、江西两地之后又有省份出台针对水利工程领域的工程总承包专项文件。

5.2　热点问题各地政策差异

本部分以工程总承包十大热点问题为索引，对各地出台的工程总承包政策重点差异做简要对比。

此外，考虑住建部办公厅与国家发展改革委办公厅于 2019 年 5 月 10 日联合发布了新的《房屋建筑和市政基础设施项目工程总承包管理办法（征求意见稿）》（建办市函〔2019〕308 号）（以下简称“住建部工程总承包管理办法（征求意见稿）”），我们将同时对比该征求意见稿与地方规定的差异，以供读者参考。

5.2.1　关于工程总承包在哪一阶段可以发包

实践中对于此问题的认识，总体来说是较为统一的。目前大部分地区明确了建设单位可在可行性研究、方案设计或者初步设计等三个阶段进行工程总承包项目的发包。

代表省（直辖市）：北京、浙江、湖北、河南、广东、安徽、吉林、江西、四川。

未涉及省（自治区、直辖市）：甘肃、贵州、河北、辽宁、山西、云南、内蒙古、宁夏、西藏、黑龙江、青海、重庆。

此外，还存在部分省（自治区、直辖市）有比较具体而特殊的规定：

（1）海南：工程总承包招标应于可行性研究报告批复后实施。

（2）江苏：工程总承包应当优先选择在可行性研究完成即开展工程总承包招标。可行性研究或者方案设计、初步设计应当履行审批手续的，经批准后方可进行下一阶段的工程总承包招标。

（3）陕西：建设单位可根据项目特点，自行决定在可研批复或者初步设计审批后，在项目范围、建设规模、建设标准、功能需求、投资限额、工程质量和进度要求确定后，采用工程总承包模式发包。

（4）山东：装配式建筑工程总承包发包，可以采用以下方式实施：

1）项目审批、核准或者备案手续完成，其中政府投资项目的发包方式已经项目审批部门审批，进行工程总承包发包。

2）方案设计或者初步设计完成，进行工程总承包发包。

采用第 1）项情形发包的，工程项目的建设规模、建设标准、功能需求、技术标准、工艺路线、投资限额及主要设备规格等均应确定。

（5）上海：2016 年《上海市工程总承包试点项目管理办法》规定：

1）项目审批、核准或者备案手续完成；其中政府投资项目的工程可行性研究报告已获得批准，进行工程总承包发包。

2）初步设计文件获得批准或者总体设计文件通过审查，并已完成依法必须进行的勘察和设计招标，进行工程总承包发包。但 2017 年上海市《关于促进本市建筑业持续健康发展的实施意见》则指出：“建设单位可在完成工程可行性研究报告或初步设计文件后进行工程总承包发包”。

（6）福建（征求意见稿）：建设单位可以根据项目特点，自行决定在可研批复或者初步设计审批后采用工程总承包模式发包。

（7）湖南：建设单位在工程总承包前应组织设计企业编制初步设计文件，并将初步设计文件报相关部门审查，取得初步设计批准文件。房屋建筑和市政基础设施工程实行总承包方式招标的，应当先取得初步设计或方案设计批复文件。政府投资项目，应根据初步设计文件（或方案设计文件）编制工程概算，报发改、财政部门审核批准后方可进行工程总承包。

（8）天津：项目依法履行审批制的，应在初步设计文件或总体设计文件获得批准后开展工程总承包招标。

（9）广西：除有特殊工期要求的项目及部分重点项目外，工程总承包项目宜从方案设计批复后或初步设计批复后再进行工程总承包招标。

（10）住建部工程总承包管理办法（征求意见稿）：建设单位应当在发包前完成项目审批、核准或备案程序。企业投资项目应当在核准或备案后，进行工程总承包项目发包。政府投资项目原则上应当在初步设计审批完成后进行工程总承包项目发包；按照国家有关规定简化报批文件和审批程序的政府投资项目，应当在完成投资决策审批后进行工程总承包项目发包。

不同省（自治区、直辖市）规定比例如图 2.5－2 所示。

5.2.2　前期设计服务企业是否可以参加工程总承包

明确规定允许的省（自治区）：浙江、湖北、吉林（征求意见稿）、广东（征求意见稿）、广西、湖南、江苏、山东、福建（征求意见稿）、四川。

明确规定不可以的直辖市：北京、上海。

未涉及的省（自治区、直辖市）：江西、辽宁、甘肃、贵州、海南、河北、山西、陕西、天津、云南、内蒙古、宁夏、河南、西藏、黑龙江、青海、安徽、重庆。

住建部工程总承包管理办法（征求意见稿）：政府投资项目的项目建议书、可行性研究报告、初步设计文件编制单位及其评估单位，不得成为该项目的工程总承包单位。

不同省（自治区、直辖市）规定比例如图 2.5－3 所示。

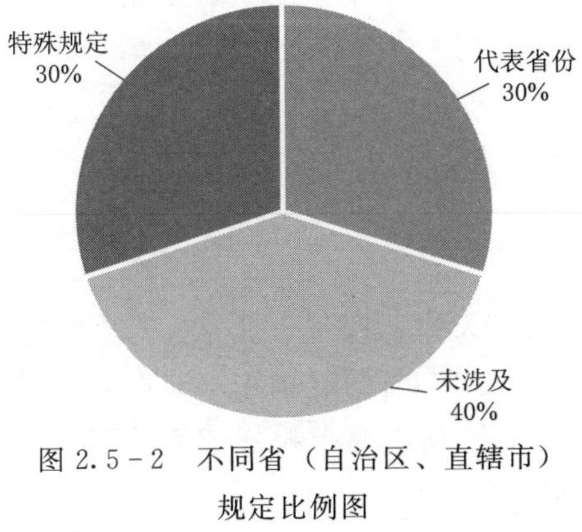

图 2.5－2　不同省（自治区、直辖市）规定比例图

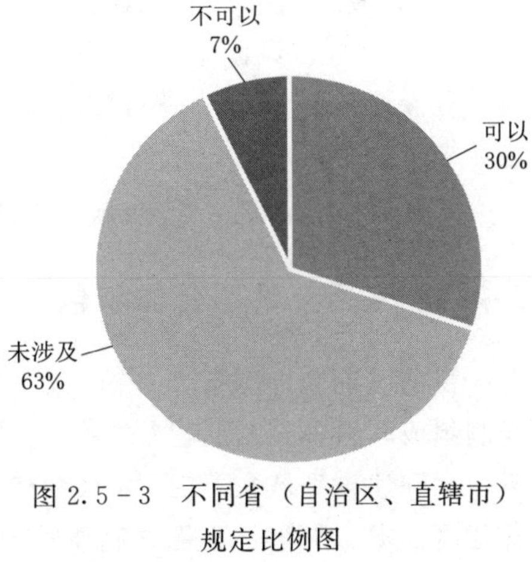

图 2.5－3　不同省（自治区、直辖市）规定比例图

5.2.3 工程总承包单位的资质要求

目前明确允许单一资质工程总承包商承接工程总承包项目的省（自治区、直辖市）：广西、广东、湖北、湖南、吉林、上海、浙江、江西（水利建设领域）、安徽（征求意见稿）、陕西、福建（征求意见稿）、四川。

明确要求需同时具备设计、施工资质的直辖市：北京（装配式建筑领域）、天津（但不禁止单一资质组成联合体）。

未涉及的省（自治区、直辖市）：甘肃、贵州、河北、江苏、海南、辽宁、山西、云南、宁夏、河南、西藏、黑龙江、青海、重庆。

山东（装配式建筑领域）在政策文件中将设置投标人资质的权利交给了招标人，招标人可以选择将投标人资质条件设置为具有与发包工程规模相适应的工程设计资质或者施工总承包资质的企业、具有与发包工程规模相适应的工程设计资质和施工总承包资质的联合体或者同时具有与发包工程规模相适应的工程设计资质和施工总承包资质的企业。

内蒙古虽然没有在文件中对于此问题进行明确阐述，但考虑到上述地区存在对于分包的规定，可以认为是允许单一资质的工程总承包商承接工程总承包项目的。

此外由于北京要求承接装配式建筑的工程总承包商需同时拥有设计与施工资质，天津则将此规定适用于整个工程总承包试点工作中，但实践中此类单位极少存在。故而，北京、天津地区应当注重设计和施工联合体总承包的适用。

住建部工程总承包管理办法（征求意见稿）观点：工程总承包单位应当具有与工程规模相适应的工程设计资质或者施工资质，具有相应的项目管理体系和项目管理能力，财务、风险承担能力，以及与发包工程相类似的设计、施工或者工程总承包业绩。

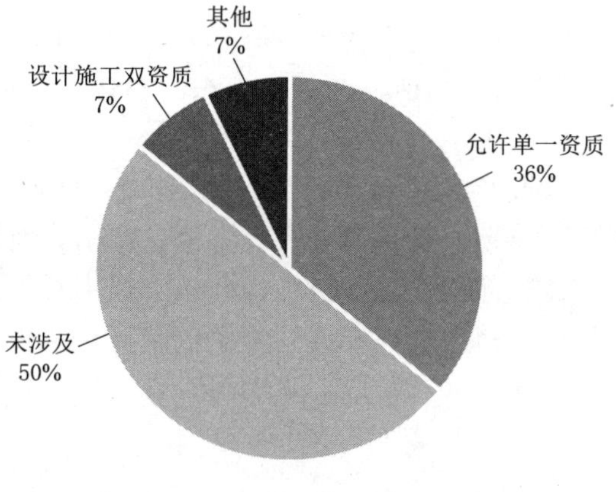

图 2.5-4　不同省（自治区、直辖市）规定比例图

不同省（自治区、直辖市）规定比例如图 2.5-4 所示。

5.2.4 是否允许联合体承包

目前明确允许的省（直辖市）：上海、辽宁、湖北、天津、四川、北京、广东（禁止强制组成联合体）、河北（在招标文件中供选择应当理解为允许）、山东（装配式建筑领域、水利建设领域）、江西（水利建设领域）、浙江（不得强制要求投标人组成联合体）、福建（征求意见稿：不得强制要求投标人组成联合体）。

明确予以禁止的省：吉林。

未涉及的省（自治区、直辖市）：甘肃、贵州、湖南、江苏、河南、山西、陕西、云南、内蒙古、宁夏、西藏、黑龙江、青海、安徽、重庆。

广西在《关于征求进一步完善房屋建筑和市政基础设施工程总承包管理的通知（第二次征求意见稿）》明确“工程总承包项目应由符合条件的设计或施工总承包企业中的一家承揽，不得采用联合体方式承揽”，而在2018年的正式稿则删除了关于不得采用联合体承揽的规定，改为“鼓励工程总承包项目由符合条件的一家设计或施工总承包企业承揽”。广西壮族自治区水利厅2018年出台的《广西壮族自治区水利建设项目工程总承包指导意见》（试行）中则允许工程总承包单位组成联合体。

海南鼓励省内企业以多种形式联合重组发展成为工程总承包企业。

湖北虽然在2017年并未出台实质性文件，但是湖北省住建厅于2016年11月30日发布的《关于推进房屋建筑和市政公用工程总承包发展的实施意见（试行）》（鄂建〔2016〕9号）中指出：“鼓励设计、施工以及材料、设备企业组建联合体参与工程总承包项目，建设单位在项目发包过程中，可优先选择联合体单位”。

住建部工程总承包管理办法（征求意见稿）未涉及此问题。

不同省（自治区、直辖市）规定比例如图2.5-5所示。

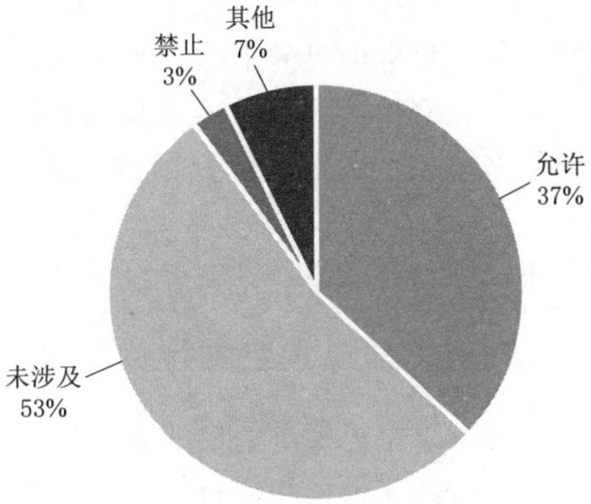

图2.5-5 不同省（自治区、直辖市）规定比例图

5.2.5 工程总承包合同的价格形式

目前绝大多数省（自治区、直辖市）均规定宜采取或主要采取固定总价合同，但同时也存在一定的差异：

浙江、上海、四川规定工程总承包合同宜采用总价包干的固定总价合同形式；江苏规定工程总承包项目应当采用固定总价合同；江西虽未直接规定，但从政策文件反映出强调固定总价模式。

广东规定一般应采用固定总价方式进行，根据项目特点也可采用固定单价、成本加酬金或概算总额承包的方式进行。

广西规定工程总承包项目原则上采用固定总价合同；政府和国有资金投资工程总承包推行固定总价合同。

吉林、湖北和湖南规定宜采用总价合同或者成本加酬金合同。

相对而言福建（征求意见稿）则采取了更为细化的方式：对于政府投资的工程项目，在可研批复后进行工程总承包发包的，宜采用预算后审方式并在招标文件或者发包合同中约定。在初步设计审批后进行工程总承包发包的，宜采用固定总价合同方式。

陕西对此也采取了细化的方式：对于政府投资的工程项目，在可研批复后进行工程总承包发包的，宜采用预算后审方式并在招标文件或者发包合同中约定。在初步设计审批后进行工程总承包发包的，宜采用固定总价合同方式。

而未明确涉及工程总承包合同计价方式的省（自治区、直辖市）：北京、甘肃、海南、河北、辽宁、山东、山西、云南、内蒙古、宁夏、贵州、天津、西藏、黑龙江、青海、安徽、河南、重庆。

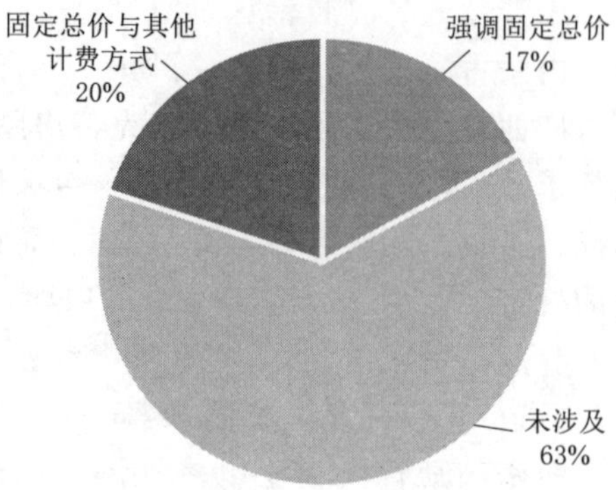

图 2.5－6 不同省（自治区、直辖市）规定比例图

住建部工程总承包管理办法（征求意见稿）观点：企业投资项目的工程总承包项目宜采用总价合同，政府投资项目的工程总承包应合理确定合同价格形式。采用总价合同的，除合同约定可以调整的情形外，合同总价一般不予调整。

不同省（自治区、直辖市）规定比例如图 2.5－6 所示。

5.2.6 对工程总承包进行优化设计和创新管理的激励机制

在各省推广工程总承包的政策文件中，有部分省份为鼓励工程总承包企业对工程总承包项目进行优化设计和创新管理，设置了效益激励措施，如广西、湖南、安徽、青海、江西，其中广西还创全国各地之先河，详细列明了项目结余分成的比例。

广西：工程总承包单位通过优化设计及科技创新管理后，工程竣工结算总价（不包括减少原施工图纸的规模、内容和降低装修标准）低于实际合同总价时，竣工结算总价与实际合同总价的差额为该工程总承包项目的结余资金。工程总承包单位可按分级累进法参与结余资金的分成。

（1）项目结余资金为实际合同价 10%以内的项目，项目结余资金的 40%为工程总承包单位所得，其余 60%为建设单位所得（若为政府投资项目应返还财政）。

（2）项目结余资金为实际合同价 10%～20%的项目，项目结余资金的 50%为工程总承包单位所得，其余 50%为建设单位所得（若为政府投资项目应返还财政）。

（3）项目结余资金为实际合同价 20%以上的项目，项目结余资金的 60%为工程总承包单位所得，其余 40%为建设单位所得（若为政府投资项目应返还财政）。

湖南：对优化方案有效提高工程质量、缩短工期、节省投资、降低运维费用及延长设计寿命的，建设单位可根据所产生效益给予奖励。

安徽（征求意见稿）：引导工程总承包企业建立以市场为导向、产学研相结合的技术创新体系，鼓励企业开发拥有自主知识产权的专利和专有技术。对优化方案有效提高工程质量、缩短工期、节省投资、降低运维费用以及延长设计寿命的，建设单位可根据所产生效益给予相应的奖励。

青海：在开展工程总承包试点的基础上，建立与工程总承包相适应的招标投标、施工许可、竣工验收等配套制度及总承包项目风险分担、结余分成奖励机制。

江西：完善总承包项目风险分担机制和结余分成奖励机制。

不同省（自治区、直辖市）规定比例如图 2.5－7 所示。

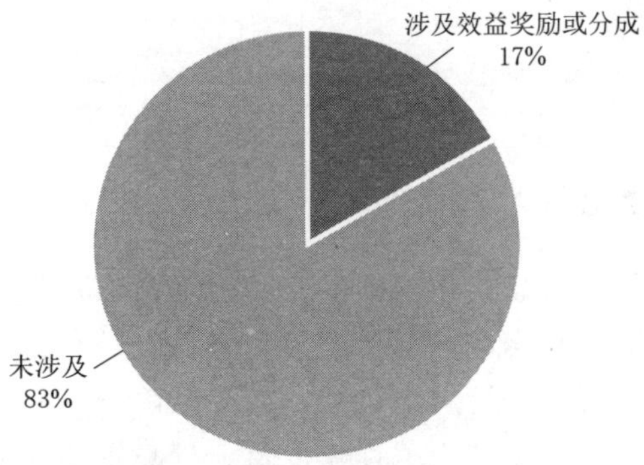

图 2.5－7 不同省（自治区、直辖市）规定比例图

5.2.7 工程总承包的配套政策：是否可以分阶段进行施工图审查和施工许可证申领

工程总承包项目落地顺利实施并实现其承包模式的优势关键在于能否分阶段进行施工图审查及施工许可证的办理，因此有赖于各地出台配套的行政管理措施，关于是否可以分阶段进行施工图审查以及是否可以分阶段申领施工许可证，各地工程总承包政策文件的规定有不一样的地方。

明确允许分阶段进行施工图审查和申领施工许可证的省（自治区、直辖市）：广西、广东、上海、浙江、四川。

有的省只对分阶段审查施工图做出了规定，如吉林；有的省只对分阶段申领施工许可证作出了规定，如陕西。

吉林：按照法规规定进行施工图设计文件审查的工程总承包项目，可以根据实际情况，按照单体工程进行施工图设计文件审查。

陕西：对于工程总承包项目的桩基工程先行施工的，符合施工许可条件的，住房城乡建设主管部门允许先行办理施工许可证。

还有的省则对施工图审查和施工许可证申领作了更加详细具体的规定，如福建、湖北。

福建（征求意见稿）：按照法规规定进行施工图设计审查的工程总承包项目，施工图审查机构可以根据实际情况按照桩基与主体结构两阶段进行施工图设计文件审查。

对于工程总承包项目的桩基工程先行施工的，符合施工许可条件的，建设主管部门允许先行办理施工许可证。

湖北：按照法规规定进行施工图设计文件审查的工程总承包项目，房屋建筑工程可以根据实际情况按照单体工程进行施工图设计文件审查，大型市政公用工程可以根据实际情况按照主体工程、配套工程分阶段或分标段进行施工图设计文件审查。建设单位可以一次性申请领取工程总承包项目的施工许可证，也可依法分阶段申请领取施工许可证。

而对此未涉及的省（自治区、直辖市）：江苏、湖南、北京、甘肃、海南、河北、辽宁、山东、山西、云南、内蒙古、宁夏、贵州、天津、西藏、黑龙江、青海、江西、安徽、河南、重庆。

住建部工程总承包管理办法（征求意见稿）：工程总承包项目按照法律法规规定应当进行施工图设计文件审查的，可以根据项目实际情况，按规定分阶段审查施工图设计文件。

工程总承包项目申请领取施工许可证时，可以提交以下文件确认相对应的办理条件：（二）按规定分阶段经审查合格的施工图设计文件，可作为申请领取施工许可证所需的施工图纸。

不同省（自治区、直辖市）规定比例如图 2.5－8 所示。

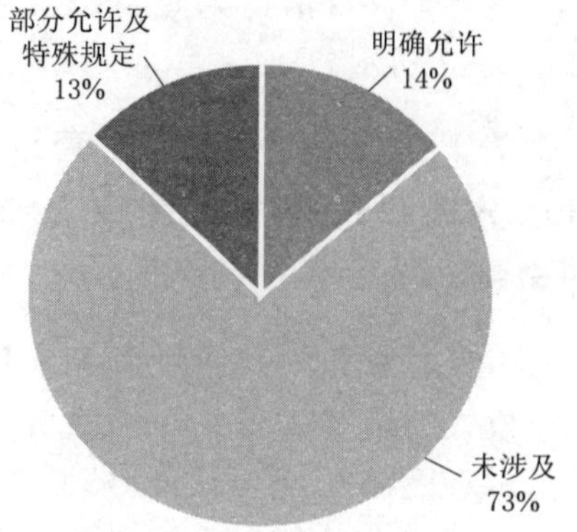

图 2.5－8　不同省（自治区、直辖市）规定比例图

5.2.8　发承包双方的风险分担

工程总承包模式下，虽然承包商承担着较大的管理责任和相应风险，但还应当根据项目的发包阶段和特定情况进行风险分担，如果风险分配存在较大不合理性，则不利于工程建设及工程总承包模式的市场推广。在各地发布的工程总承包政策文件中，部分省（自治区、直辖市）针对发包方和工程总承包单位之间的风险分配作出一定的规定，要求双方加强风险管理，在工程总承包合同中约定公平、合理的风险分担条款。需要说明的是，具体的风险分担可由发承包双方在合同中约定，该项规定仅是参照性规定。

这些省（自治区、直辖市）包括江苏、福建（征求意见稿）、广西、江西、广东、湖南、上海。

基于公平、合理的风险分担原则，上述省（自治区、直辖市）出台的政策文件列举了一些通常应由发包人承担的风险：

（1）发包人提出的建设范围、建设规模、建设标准、功能需求、工期或者质量要求的调整。

（2）主要工程材料价格和招标时基价相比，波动幅度超过合同约定幅度的部分。

（3）因国家法律法规政策变化引起的合同价格的变化。

（4）不可预见的地质条件造成的工程费用和工期的变化。

（5）不可抗力所造成的工程费用的增加。

除上述发包人承担的风险外，其他风险可在合同中约定由工程总承包单位承担。

其中湖南还对应由承包人承担的风险作了部分列举：

湖南：招标文件合同条款应当按照权利义务对等的原则，约定招标人和承包人双方承担的风险以及风险费用的计算方法。

招标人承担的风险至少包括以下内容：

（1）招标人提供的文件，包括环境保护、气象水文、地质条件，初步设计、方案设计等前期工作的相关文件不准确、不及时，造成费用增加和工期延误的风险。

（2）在经批复的初步设计或方案设计之外，提出增加建设内容；在初步设计或方案设计之内提出调整或改变工程功能，以及提高建设标准等要求，造成设备材料和人工费用增加的风险。

（3）招标人提出的工期调整要求，或其前期工作进度而影响的工程实施进度的风险。

（4）主要设备、材料市场价格波动超过合同约定幅度的风险。

承包人承担的风险至少包括以下内容：

（1）未充分理解招标文件要求而产生的人员、设备、费用和工期变化的风险。

（2）未充分认识和理解通过查勘现场及周边环境（除招标人提供文件和资料之外）取得的可能对项目实施产生不利影响或作用的风险。

（3）投标文件的遗漏和错误，以及含混不清等，引起的成本及工期增加的风险。

住建部工程总承包管理办法（征求意见稿）：建设单位和工程总承包单位应当加强风险管理，合理分担风险。

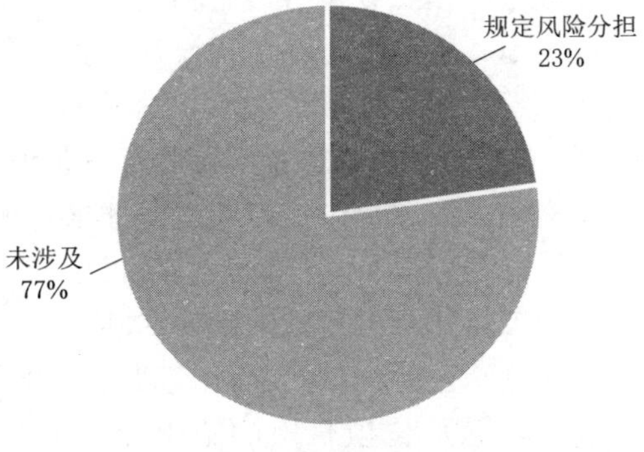

图 2.5－9　不同省（自治区、直辖市）规定比例图

建设单位承担的主要风险一般包括：主要工程材料、设备、人工费价格与招标时基期价相比，波动幅度超过合同约定幅度的部分；因国家法律法规政策变化引起的合同价格的变化；不可预见的地质条件造成的工程费用和工期的变化；因建设单位原因产生的工程费用和工期的变化；不可抗力造成的工程费用和工期的变化。具体风险分担内容由双方在合同中约定。

不同省（自治区、直辖市）规定比例如图 2.5－9 所示。

5.2.9　工程总承包单位是否可以分包

关于工程总承包单位是否可以进行分包，各地工程总承包政策文件涉及该问题的规定大同小异，且与住建部工程总承包管理办法（征求意见稿）的精神相统一。

工程总承包单位可根据合同约定或者经建设单位书面同意，将工程总承包合同中的设计或者施工业务分包给具有相应资质的单位。

工程总承包单位同时具有相应的设计和施工资质的，可以将工程的设计或者施工业务分包给具备相应资质的单位，但不得将工程总承包项目中设计和施工全部业务一并或者分别分包给其他单位。工程总承包单位自行实施施工的，不得将工程主体结构的施工分包给其他单位；自行实施设计的，不得将工程主体部分的设计分包给其他单位。

工程总承包单位仅具有相应设计资质的，应当将工程总承包项目中的全部施工业务分包给具有相应施工资质的单位，不得将主体部分的设计分包给其他单位。工程总承包单位仅具有相应施工资质的，应当将工程总承包项目中的全部设计业务分包给具有相应设计资质的单位，不得将工程主体结构的施工分包给其他单位。

这些省（自治区、直辖市）包括浙江、上海、吉林、广西、福建（征求意见稿）、湖北、湖南、江西、广东、安徽（征求意见稿）、陕西、四川。

还有一些省（自治区、直辖市）虽然规定了允许分包的内容，但其规定的具体详细程度仍然与上述省（自治区、直辖市）有一定差距，如河北、天津。

未涉及的省（自治区、直辖市）包括江苏、北京、山东、重庆、云南、贵州、海南、宁夏、甘肃、西藏、黑龙江、辽宁、河南、山西、青海、内蒙古。

另外，湖北还有区别于其他省（自治区、直辖市）的规定：工程总承包单位可以在其资质证书许可的工程项目范围内自行实施设计和施工，在工程总承包单位自有资质证书许可范围内的工程内容，原则上不得进行分包。如因特殊情况确需实施分包的内容，必须在投标文件中予以明确，并在工程总承包合同中明确约定。工程总承包单位仅自行实施设计的，应将施工作业分包给具有相应资质的施工企业承担，不得肢解发包。工程总承包单位仅自行实施施工的，应将工程设计业务分包给具有相应资质的设计单位，不得肢解发包。

浙江省住建厅在《关于工程总承包试点工作情况的通报》（浙建发〔2018〕195号）中提到："工程总承包企业不得肢解发包设计或施工业务。"

住建部工程总承包管理办法（征求意见稿）：工程总承包单位根据合同约定或者经建设单位同意，可以将工程总承包项目中的设计或者施工业务分包给具有相应资质的单位，但不得将工程总承包项目中设计和施工全部业务一并或者分别分包给其他单位。

工程总承包单位仅具有相应设计资质的，应当将工程总承包项目中的施工业务分包给具有相应施工资质的单位；仅具有相应施工资质的，应当将工程总承包项目中的设计业务分包给具有相应设计资质的单位。

工程总承包单位自行实施设计的，不得将工程主体部分的设计分包给其他单位；自行实施施工的，不得将工程主体结构的施工分包给其他单位。

不同省（自治区、直辖市）规定比例如图2.5-10所示。

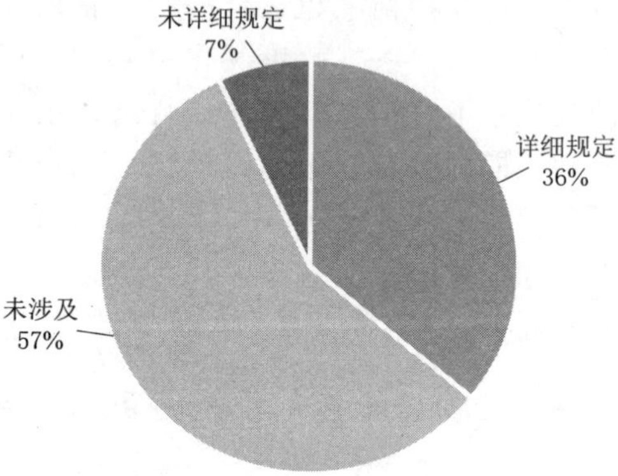

图2.5-10　不同省（自治区、直辖市）规定比例图

5.2.10　工程总承包的结算和审计

工程总承包的结算与审计与工程总承包合同所采用的价格形式有关，各省（自治区、直辖市）出台的工程总承包政策文件涉及工程总承包的结算与审计的，通常规定采用固定总价合同的工程总承包项目在结算和审计时，仅对符合合同约定的变更调整部分进行审核，对工程总承包合同中的固定总价包干部分不再另行审核或者对固定总价包干部分仅审核、审计其建设的规模、标准及所用的主要材料、设备等是否符合原设计方案和总承包合同条款要求。

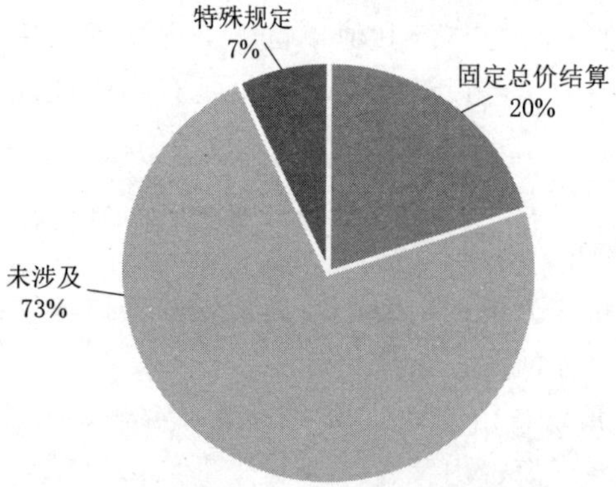

图2.5-11　不同省（自治区、直辖市）规定比例图

这些省（直辖市）包括上海、陕西、吉林、浙江、江西、福建。

此外，还存在部分省（自治区）有较为特殊的规定：

江苏：采用固定总价合同的工程总承包项目，在计价结算和审计时，重点对约定的变更调整部分和暂估价部分进行审核。

广西：在合同约定的范围内，工程结算价未超过财政部门审定的实际合同总价10%

（不含）的建设项目，不再进行工程竣工结算评审，建设单位按实际结算费用予以工程结算。工程结算价格最高不超过施工图预算评审价的10%（含），超过部分的费用由总承包单位自行承担（除招标文件或工程总承包合同中约定的调价原则外）。

住建部工程总承包管理办法（征求意见稿）：建设单位和工程总承包单位依据住房和城乡建设主管部门制定的工程总承包项目计价规则，在合同中约定工程总承包计量规则和计价方法。

不同省（自治区、直辖市）规定比例如图2.5-11所示。

5.3 小结

建筑业进一步深化体制改革，适应“新时代”高质量发展的顶层设计之要求，从传统单维度施工承包向集成式工程总承包模式进行转变，已是新形势下建筑业发展的必然趋势。与国外成熟的EPC、DB等工程总承包实践相比，我们的工程总承包模式才刚刚起步。市场本身的成熟度、各方参与主体的理念等，尚存在一定的欠缺。但是，随着国内工程总承包市场本身的不断孕育，以及国家“一带一路”战略之下所带来的发展机遇，工程总承包未来在中国一定会大有可为。本书也正是在此背景下产生，通过对近年来各地省级工程总承包政策的观察和分析，我们期待大家通过本文对工程总承包模式的实践与发展形成更多的共识。我们相信，中国工程总承包市场将会在各方合力之下，更为健康有序地不断向前发展！

第三部分

政策精要

6

国 家 政 策

国家工程总承包相关政策文件清单

序号	发布时间	文件名称	文号
1	1984年9月	《关于改革建筑业和基本建设管理体制若干问题的暂行规定》(已废止)	国发〔1984〕123号
2	1984年11月	关于印发《工程承包公司暂行办法》的通知	计施〔1984〕2301号
3	1987年4月	《关于设计单位进行工程建设总承包试点有关问题的通知》	计设〔1987〕619号
4	1989年4月	《关于扩大设计单位进行工程总承包试点及有关问题的补充通知》	〔89〕建设字第122号
5	1992年4月	关于印发《工程总承包企业资质管理暂行规定》(试行)的通知	建施字第189号
6	1992年11月	关于印发《设计单位进行工程总承包资格管理的有关规定》的通知	建设〔1992〕805号
7	1997年11月	《中华人民共和国建筑法》	中华人民共和国主席令第91号
8	1999年8月	《关于推进大型工程设计单位创建国际型工程公司的指导意见》的通知	建设〔1999〕218号
9	2003年2月	《关于培育发展工程总承包和工程项目管理企业的指导意见》	建市〔2003〕30号
10	2003年7月	《关于工程总承包市场准入问题说明的函》	建市函〔2003〕161号
11	2003年11月	《关于工程总承包市场准入问题的复函》	建办市函〔2003〕573号
12	2004年1月	《铁路建设项目工程总承包暂行办法》(已废止)	铁建设〔2004〕45号
13	2004年11月	关于印发《建设工程项目管理试行办法》的通知	建市〔2004〕第200号
14	2005年5月	关于发布国家标准《建设项目工程总承包管理规范》的公告	建设部公告第325号

续表

序号	发布时间	文　件　名　称	文　号
15	2005年7月	《关于加快建筑业改革与发展的若干意见》	建质〔2005〕119号
16	2006年11月	关于印发《王素卿司长和王早生副司长在推进工程总承包与对外工程承包高峰论坛上的讲话与总结》的通知	建市综函〔2006〕69号
17	2006年12月	关于印发《铁路建设项目工程总承包办法》的通知	铁建设〔2006〕221号
18	2011年4月	《中华人民共和国建筑法》	中华人民共和国主席令第46号
19	2011年9月	关于印发《建设项目工程总承包合同示范文本（试行）》的通知	建市〔2011〕139号
20	2011年12月	关于印发《简明标准施工招标文件和标准设计施工总承包招标文件》的通知	发改法规〔2011〕3018号
21	2011年12月	中华人民共和国招标投标法实施条例	国务院令第613号公布
22	2014年7月	《关于推进建筑业发展和改革的若干意见》	建市〔2014〕92号
23	2015年10月	关于征求《关于进一步推进工程总承包发展的若干意见（征求意见稿）》意见的函	建市设函〔2015〕10号
24	2015年6月	《公路工程设计施工总承包管理办法》	中华人民共和国交通运输部令2015年第10号
25	2016年5月	《关于同意上海等7省市开展总承包试点工作的函》	建办市函〔2016〕415号
26	2016年5月	《关于进一步推进工程总承包发展的若干意见》	建市〔2016〕93号
27	2016年7月	《关于开展铁路建设项目工程总承包试点工作的通知》	铁总建设〔2016〕169号
28	2017年2月	《关于促进建筑业持续健康发展的意见》	国办发〔2017〕19号
29	2017年2月	《关于印发住房城乡建设部建筑市场监管司2017年工作要点的通知》	建市综函〔2017〕12号
30	2017年5月	住房城乡建设部关于发布国家标准《建设项目工程总承包管理规范》的公告	中华人民共和国住房和城乡建设部公告第1535号
31	2017年5月	住房城乡建设部办公厅《关于定期报送加强建筑设计管理等有关工作进展情况的通知》	建办市函〔2017〕353号
32	2017年7月	《关于工程总承包项目和政府采购工程建设项目办理施工许可手续有关事项的通知》	建办市〔2017〕46号
33	2017年9月	住房城乡建设部办公厅关于征求《建设项目总投资费用项目组成》《建设项目工程总承包费用项目组成》意见的函	建办标函〔2017〕621号
34	2017年12月	住房城乡建设部建筑市场监管司《关于征求房屋建筑和市政基础设施项目工程总承包管理办法（征求意见稿）意见的函》	建市设函〔2017〕65号
35	2017年12月	《中华人民共和国招标投标法》	中华人民共和国主席令第86号

续表

序号	发布时间	文件名称	文号
36	2018年2月	住房城乡建设部关于印发《住房城乡建设部建筑市场监管司2018年工作要点的通知》	建市综函〔2018〕7号
37	2018年7月	住房城乡建设部办公厅关于《同意上海、深圳市开展工程总承包企业编制施工图设计文件试点的复函》	建办市函〔2018〕347号
38	2018年12月	《房屋建筑和市政基础设施项目工程总承包计价计量规范（征求意见稿）》	建办标函〔2018〕726号
39	2019年3月	《关于印发住房和城乡建设部建筑市场监管司2019年工作要点的通知》	建市综函〔2019〕9号
40	2019年5月	住房和城乡建设部办公厅　国家发展改革委办公厅《房屋建筑和市政基础设施项目工程总承包管理办法（征求意见稿）》	建办市函〔2019〕308号
41	2019年12月	住房和城乡建设部办公厅　国家发展改革委办公厅《房屋建筑和市政基础设施项目工程总承包管理办法》	建市规〔2019〕12号

扫码查看全部政策及解读

国家部分

工程承包公司暂行办法

计施〔1984〕2301号　1984年11月5日

为了贯彻执行国务院关于建筑业和基本建设管理体制改革的暂行规定，做好工程承包公司的工作，特制定本办法。

第一章　总　　则

第一条　工程承包公司是组织工程项目建设的企业单位，是具有法人地位的经济实体。公司实行独立核算，自负盈亏，有独立的经营自主权。

第二条　在现行基本建设领导体制未改革前，工程承包公司按隶属关系由各部门和各地区进行行政领导，但不要干预其正常的经济活动。主管部门同工程承包公司在工程项目建设方面，主要是经济合同关系。

第二章　工程承包公司的组建

第三条　工程承包公司由国务院各有关部门和各地区根据建设任务需要分别组建，按隶属关系由各部门、各地区进行资格审查、批准，向所在地工商行政管理部门申请发给营业执照。

第四条　为了鼓励竞争，防止垄断，各有关部门和地区，一般应组建两个以上的工程承包公司，并可跨部门、跨地区承包建设任务。

第五条　各部门、各地区组建工程承包公司，可以在所属企事业单位抽调具有工程建设经验的人员组成；可以依托设计单位，组成以设计为主体的工程承包公司；也可以依托工程指挥部进行组建。

第六条　工程承包公司是组织工程项目建设的一种主要形式，应该具有较高的组织管理水平和工作效率，人员要少而精。公司应配备熟悉业务的设计、计划、财务、经营、采购、施工监督等专业的技术经济人员，一般不应辖有直属的施工队伍。

第三章　工程承包公司的任务

第七条　工程承包公司的主要任务是，在国家计划指导下，接受建设项目主管部门或建设单位的委托，对建设项目的可行性研究、勘察设计、设备询价与选购、材料订货、工程施工和竣工投产，实行全过程的总承包或部分承包。并负责对各项分包任务进行综合协调管理和监督工作。

工程承包公司要与项目主管部门或建设单位密切配合，搞好工程建设和生产准备工作，必要时可吸收建设单位部分力量，在工程承包公司统一组织下，参加工程建设的有关工作，以利于建设和生产的衔接。

第八条　工程承包公司承接任务，应根据《中华人民共和国经济合同法》和其他有关条例，同项目主管部门或建设单位签订协议或合同，明确规定工程建设内容、建设条件和要求，以及双方的责任、权益和奖罚办法等事项。

第九条 工程承包公司接受工程项目总承包任务后，可将勘察设计、工程施工和材料设备供应等工作进行招标，择优选定勘察设计单位、施工单位、材料设备生产或供应单位，并签订分包经济合同。

第十条 工程承包公司所需周转资金，由建设银行贷款。实行投资包干责任制的，由于工期提前而少付的贷款利息，作为工程承包公司的收入；由于延误工期而多支付的利息，由工程承包公司以自有资金偿还。

第十一条 工程承包公司按建设项目设计文件中所提出的材料品种、规格、数量和分年度的材料需用计划，委托物资配套承包公司组织供应，或采取招标办法，择优选择物资供应单位。

第十二条 工程承包公司可以委托设备成套公司或采用招标办法，择优选定设备供应单位，组织设备供货；也可以按设备预算价格包给设备成套公司组织供应，盈亏由设备成套公司负责；也可以从国外采购。

第十三条 工程承包公司承包的工程项目，按工程项目隶属关系分别纳入各部门、各地区年度基本建设计划和年度物资分配计划。工程项目的主管部门和地区安排计划时，要按协议或合同办理。

第四章 工程承包公司的责、权、利

第十四条 工程承包公司必须遵守国家的法律、法令，执行国家的方针政策和国家计划，严格履行所签订的各项经济合同。

第十五条 工程承包公司要积极开发和采用新技术，新工艺，有权招聘国内外技术经济专家或购买专利，不断提高技术和管理水平，努力增强竞争实力。

第十六条 工程承包公司有以下权利：

1. 有权决定公司的业务范围和经营方式，改革企业内部工资奖励分配制度；

2. 在国家政策允许的范围内，可以自行支配公司的自有资金和结余资金；

3. 根据工程需要和设计工艺要求，有权自行选购材料、设备；

4. 工程承包公司实行经理负责制，经理由主管部门任命。副职由经理挑选并实行任期制，报主管部门任命，公司有权决定中层干部的任免、企业内部机构设置和职工的录用、辞退、开除。

第十七条 新组建的工程承包公司，由建设银行贷给一定数量的周转资金，并在建设银行开立账户。

第十八条 工程承包公司在按照合同规定完成或提前完成任务时，除根据合同规定应收的承包费用外，还可从投资包干结余和提前竣工的收益中分成。这些收益除按规定上交的部分外，其余均作为公司的自有资金。可用作生产发展基金、集体福利基金和奖励基金等方面。

工程承包公司承包工程的结余资金，用于建造职工住宅和集体福利设施，已包括在建设项目总投资内的，不计入自筹投资指标。新组建的工程承包公司，3 年内免交所得税。

第十九条　工程承包公司对勘察设计质量高、现场服务好的勘察设计单位和物资供应及时的物资部门，除按分包合同规定付给费用外，还可以酌情给予奖励。由于勘察设计单位、物资部门未按合同执行而造成经济损失，应予赔偿。

第二十条　工程承包公司由于组织管理不善，造成建设项目工期拖长、质量低劣、资金超出等，应负责赔偿全部损失。由于项目主管部门或建设单位未按合同规定提供建设条件等原因而造成的损失，由主管部门或建设单位负责赔偿工程承包公司的经济损失。双方经济惩罚均以合同规定为准。

第五章　附　　则

第二十一条　本办法自颁布之日起试行。

第二十二条　国务院各部门、各省、自治区、直辖市可根据本办法，结合具体情况制定实施细则，并报国家计委和城乡建设环境保护部备案。

国家计委、财政部、中国人民建设银行、国家物资局《关于设计单位进行工程建设总承包试点有关问题的通知》

计设〔1987〕619号 1987年4月20日

各部门、各地区在基本建设管理体制的改革中，总结以往的经验，吸取国外的有益做法，组织一些设计单位对工程建设项目进行了从可行性研究、勘察设计、设备采购、施工管理、试车考核（或交付使用）全过程的总承包试点，发挥了设计在基本建设中的主导作用，对优化设计方案，缩短工期，控制工程投资，提高经济效益，起到了很好的作用。同时，为设计单位实行企业化开辟了新的途径。

为进一步搞好试点，加快改革进程，特作如下通知：

一、设计单位对工程建设项目进行总承包试点，必须具有工程管理、设备采购、财务会计、试车考核等专门人才和必要的装备。各部门各地区根据上述条件，可选定少数设计单位进行承包工程任务的试点，并帮助这些单位充实必要的工程管理、设备采购、经济管理等专业人才。

这批试点单位在试点期间仍为事业单位，实行企业化管理。

二、主管部门应帮助试点单位安排1～2个建设条件比较好落实的项目进行工程总承包试点，并及时帮助试点单位解决承包过程中出现的问题。试点单位也可以自行承包任务。

三、试点单位对承包的工程项目，必须实行项目经理负责制，对承包工程的实施和管理全面负责。由于经营不善而造成的亏损，试点单位应承担一定的经济责任。

四、为了缩短建设工期，主管部门应允许试点单位依据批准的设计任务书，在开展初步设计的同时，对工程所需国内外设备进行询价及技术评审工作。

五、试点单位可不受部门、地区的限制，选择质优价廉的设备，可以自行订货，也可委托设备成套部门订货。如项目主管部门批准需引进专利技术、设备和材料时，应支持试点单位选派技术人员对外进行技术业务活动。

试点单位有权通过招标方式择优选定建筑安装单位承担施工任务。

六、试点单位承包的建设项目，为下年度储备的设备材料资金，在建设银行核定给该项目主管部门的设备储备贷款指标中统筹安排，具体手续按建设银行有关规定执行。

试点单位的主管部门，应拨给试点单位一定额度的钢材、木材、水泥指标，作为现场制作设备和工程串换、垫付之用。

七、试点单位应认真贯彻执行党和国家各项方针政策，遵纪守法，严格履行合同。按照国家计委、财政部、劳动人事部计设〔1983〕1022号文《关于勘察设计单位试行技术经济责任制的通知》及计设〔1986〕2562号文《关于勘察设计单位实行技术经济责任制若干问题的补充通知》执行。

八、为了搞好试点，及时了解情况和总结经验，国家计委与有关部门和地区商定，有计划有重点地抓好一批试点单位，名单如下：

1. 广东建设承包公司（广东省建筑设计院）

2. 华东建筑设计院

3. 中国武汉化工工程公司（化工部第四设计院）

4. 中国成都化工工程公司（化工部第八设计院）

5. 华东水电工程咨询公司（水电部华东勘测设计院）

6. 西北电力工程承包公司（西北电力设计院）

7. 华昆工程承包公司（昆明有色冶金设计院）

8. 洛阳石油化工工程公司（洛阳炼油设计院）

9. 北京石油化工工程公司（北京石化设计院）

10. 上海第九设计院工程技术承包公司（中国船舶工业总公司第九设计院）

11. 铁道部株洲工程承包公司（铁道部第一勘测设计院）

12. 山西古交屯兰矿井建设总承包（承包的设计单位待定）

《关于扩大设计单位进行工程总承包试点及有关问题的补充通知》

〔89〕建设字第122号 1989年4月1日

国务院各有关部门，各省、自治区、直辖市、各计划单列省辖市建委（计经委、建设厅）、财政厅（局）、建设银行分行：

自1987年国家计委、财政部、中国人民建设银行、国家物资局联合颁发计设〔1987〕619号《关于设计单位进行工程建设总承包试点有关问题的通知》以来，设计单位进行工程总承包工作又有了新的发展。从试点的情况看，设计单位负责管理整个工程项目的建设，普遍收到了缩短工期、保证质量、控制和节约投资的效果。各部门、各地区都要求扩大试点范围。现就扩大试点和有关问题作如下补充通知：

一、设计单位进行工程总承包时，设计单位的等级（设计证书等级）必须与所承包的工程项目的规模大小一致，即乙级设计单位不准总承包大型工程项目；丙级设计单位不准总承包中型工程项目；丁级设计单位不准总承包县以上单位小型工程项目。各设计单位均不准越级总承包工程项目。

二、设计单位不能辖有施工队伍，也不应与施工单位联合投标总承包工程项目。设计单位在进行工程总承包时，只负责勘探设计、设备采购、施工招标、发包、项目管理、质量监督和试车考核，不直接从事施工，不必领取施工执照。

三、设计单位进行工程总承包，必须有两个以上设计单位参加投标竞争，择优选定总承包单位。实行总承包的项目，其投资承包额必须控制在国家批准的设计任务书（可行性研究报告）规定的工程项目总投资额的范围内，并在招标评标时具体审定。根据国家计委计资〔1984〕1684号文的规定，如果工程项目的初步设计概算比批准的设计任务书（可行性研究报告）规定的投资额超出10%以上的，要报请有权单位重新审批设计任务书（可行性研究报告）。投资总承包额一般应低于同类型工程的平均造价。

四、设计单位在进行工程项目总承包时，应在建设银行开立账号，直接承办工程款项。

设计单位进行工程总承包时，可以把设计与设备订货有机地结合起来，这有利于缩短工期，防止设计返工。在拨款时，应考虑这些特点，以保证工程用款。

设计单位所需的周转资金、周转材料仍按原规定执行。请有关部门继续给予落实和支持。

五、工程总承包单位所需总承包管理费，在总承包投资内支出，不得从承包资金外收费。

六、建设项目由设计单位进行总承包节余投资的分配按国家计委、建设部、劳动人事部、中国人民建设银行联合颁发的计基（1984）2008号《基本建设项目投资包干责任制办法》中的有关规定执行。

七、总承包单位在确保质量的前提下，按合同工期提前竣工投产，所得利润按国家计委、财政部、中国人民建设银行联合颁发的计施（1987）1806号《关于改革国营施工企业经营机制的若干规定》中第四条执行。由于拖长工期而造成的损失，属于承包单位责任的，由该承包单位赔偿。

八、开展工程总承包的勘察设计单位暂时一律执行国家对勘察设计单位的各项财政、税收政策。

九、为了推进这项改革，拟扩大一批由设计单位进行工程总承包的试点单位（名单附后）。部门和地方的试点单位，由各部、各地自行确定。

十、本通知只适用于以设计为主体进行工程总承包的勘察设计单位。

附件：第二批试点单位名称（略）

《工程总承包企业资质管理暂行规定》(试行)

建施字第189号 1992年4月3日

根据1989年建设部二号令发布的《施工企业资质管理规定》，我们对全国施工企业进行了资质认证工作，将现有的施工企业划分为具有独立承包资格的施工企业和只能提供工程分包和劳务的非等级施工企业，实现了企业组织结构宏观调整的第一步目标。

目前，随着施工管理体制改革的不断深入，许多企业增强了工程设计、施工管理、材料设备采购能力，并总承包了一批建设项目，取得了较好的社会效益和经济效益，同时，以实现工程项目总承包为宗旨的企业集团也相应地发展起来，并已开拓了国内外市场。为适应这类企业的发展，加快改革步伐，实现企业组织结构调整的第二步目标——就位一批工程总承包企业，特制定《工程总承包企业资质管理暂行规定》，现印发，请试行。

本规定只适用于照章纳税、依法经营、具有法人资格的企业，不包括以设计院为主体的设计工程公司。

由于对工程总承包企业的资质管理缺乏经验，请你们在试行中发现问题及时反映，以便进一步完善本《规定》。

附件：工程总承包企业资质管理暂行规定（试行）

工程总承包企业资质管理暂行规定（试行）

第一章 总 则

第一条 为加强对工程总承包企业的资质管理，提高工程建设的社会经济效益，维护建设市场秩序，制定本规定。

第二条 本规定所称的工程总承包企业，是指对工程从立项到交付使用全过程承包的企业，不包括以设计院为主体的设计工程公司。

本规定所称企业资质，是指企业的人员素质、管理水平、资金数量、承包能力和建设业绩。

第二章 资 质 管 理

第三条 工程总承包企业按照资质条件分为三级。

第四条 各级工程总承包企业的资质应当符合以下条件：

一级工程总承包企业：

（一）近五年内承担过下列建设项目中两个以上工程项目的总承包：

1. 大型工业、能源、交通等建设项目；

2. 15万平方米以上的住宅区建设项目；

3. 投资二亿元以上的公用建设项目。

（二）企业自有资金一亿元以上，其中自有流动资金3000万元以上。

（三）企业经理必须具有大专以上文化程度和15年以上从事工程建设管理的经历。企业的总工程师、总经济师、总会计师必须具有相应的高级职称。

（四）企业具有技术经济职称的人员占企业管理人员总数的70%以上，并不得少于500人。其中，具有工程师、经济师、会计师等中级以上技术经济职称的人员占有职称人员总数的60%以上，并不得少于300人。

（五）企业能派出项目管理班子对大型建设项目的工程质量、建设进度、工程造价等进行直接管理及有效的控制。

（六）企业年总产值在三亿元以上。

二级工程总承包企业：

（一）企业近五年内承担过下列建设项目中两个以上工程建设项目的总承包：

1. 中型工业、能源、交通等建设项目；

2. 10万平方米以上的住宅区建设项目；

3. 投资一亿元以上的公用建设项目。

（二）企业自有资金3000万元以上，其中自有流动资金1000万元以上。

（三）企业经理具有大专以上文化程度和10年以上从事工程建设管理的经历。企业的总工程师、总会计师必须具有相应的高级职称，总经济师必须具有中级以上技术职称。

（四）具有技术经济职称的人员占企业管理人员总数的65%以上，并不得少于300人，其中，具有工程师、经济师、会计师等中级以上职称的人员占有职称人员总数的50%以上，并不得少于150人。

（五）能够派出项目管理班子对中型建设项目的工程质量、建设进度、工程造价等进行直接管理及有效的控制。

（六）年总产值在1.5亿元以上。

三级工程总承包企业：

（一）企业近五年内承担过下列建设项目中两个以上工程项目的总承包：

1. 中、小型工业、能源、交通等建设项目；

2. 5万平方米以上的住宅区建设项目；

3. 投资4000万元以上的公用建设项目。

（二）企业自有资金1000万元以上，其中自有流动资金500万元以上。

（三）企业经理具有大专以上文化程度和八年以上从事工程建设管理的经历。企业的总工程师必须是高级工程师，总会计师、总经济师必须具有中级以上职称。

（四）具有技术经济职称的人员占企业管理人员总数的60%以上，并不得少于80人。其中，具有工程师、经济师、会计师等中级以上职称的人员占有职称人员总数的50%以上，并不得少于40人。

（五）能派出项目管理班子对工程建设项目的工程质量、建设进度、工程造价等进行直接管理及有效的控制。

（六）年总产值在5000万元以上。

第五条　工程总承包企业的资质等级实行分级审批。一级工程总承包企业由建设部审批。二、三级工程总承包企业，属于国务院有关部门的，由国务院有关部门审批，并向企业所在地的省、自治区、直辖市人民政府建设行政主管部门备案；属于地方的，由省、自治区、直辖市人民政府建设行政主管部门审批。

第六条 申请资质等级的工程总承包企业，应当向审批部门提交下列文件和证件；

（一）资质等级申请书；

（二）企业章程；

（三）企业法定代表人和技术经济负责人的任职、职称证明；

（四）企业的机构设置和人员统计表；

（五）银行出具的资金证明；

（六）已承担的具有代表性的总承包建设项目概况；

（七）列举本企业两个以上项目管理班子的人员构成、工作职责及开展工作情况；

（八）企业所属科研单位和科研人员情况；

（九）反映企业年度经营情况的生产、财务、劳动统计报表；

（十）企业自有或联合的设计单位情况；

（十一）其他有关文件、证件。

第七条 经审查合格的工程总承包企业，由资质审批部门发给《工程总承包企业资质等级证书》（以下简称《资质等级证书》）。

新开办的工程总承包企业暂定资质等级的，两年后由该企业提出申请，由原资质审批部门核定其正式等级。

第八条 取得《工程总承包企业资质等级证书》的企业，应当按照《中华人民共和国企业法人登记管理条例》的有关规定，到工商行政管理部门办理注册登记手续。

第九条 工程总承包企业发生分立、合并、变更办公地址、营业范围、法定代表人和技术经济负责人的，应当在上级主管部门批准后三十日内，向原资质审批部门办理变更手续。

第十条 工程总承包企业的资质审批部门对工程总承包企业每隔两年进行一次资质复查，凡达不到原资质等级标准的，按照其实际达到的标准重新核定资质等级。二级以下总承包企业能够达到上一级资质等级标准的，可以根据本规定提出升级申请。

第三章 承 包 管 理

第十一条 各级工程总承包企业必须在其资质登记的营业范围内总承包。

一级工程总承包企业可以承担本专业及与其资质相适应的其他专业的大型建设项目的总承包；

二级工程总承包企业可以承包本专业及与其资质相适应的其他专业的中型建设项目的总承包；

三级工程总承包企业可以承担普通中小型工业与民用建设项目的总承包。

各级工程总承包企业具体承包工程的范围，由资质审批部门确定。

第十二条 一、二级工程总承包企业可以跨省、自治区、直辖市独立承包工程。跨省、自治区、直辖市承包工程时，应当持有省、自治区、直辖市人民政府建设行政主管部门或者国务院有关主管部门出具的外出承包证明，向当地建设行政主管部门登记备案。

第十三条　工程总承包企业可以通过投标承揽任务，也可以直接受建设行政主管部门或者建设单位的委托承揽任务；可以实行工程建设全过程的总承包，也可以进行分阶段的承包；可以独立进行总承包，也可以与其他单位联合总承包。

第十四条　工程总承包企业必须按照《资质等级证书》规定的承包范围从事总承包活动，不得无证或者越级总承包工程。

第十五条　工程总承包企业必须依法开展总承包活动，不得采用行贿、回扣等不正当手段获取建设任务。

第十六条　工程总承包企业不得倒手转包建设工程项目。前款所称倒手转包，是指将建设项目转包给其他单位承包，只收取管理费，不派项目管理班子对建设项目进行管理，不承担技术经济责任的行为。

第四章　罚　　则

第十七条　工程总承包企业有下列行为之一的，除按照国家有关规定处理外，由原资质审批部门给予警告、降低资质等级或者吊销《资质等级证书》的处罚：

（一）申请资质等级隐瞒真实情况、弄虚作假的；

（二）无证或者越级承包工程的；

（三）不按照规定的期限办理《资质等级证书》变更或者注销手续的；

（四）发生重大质量、安全事故的。

第十八条　擅自跨省、自治区、直辖市从事总承包活动的，由工程所在地的省、自治区、直辖市人民政府建设行政主管部门视情节轻重，予以警告、责令停止总承包活动、责令返回原驻地等处罚。

第十九条　违反本规定第十六条的规定，倒手转包工程的，由工程所在地人民政府建设行政主管部门没收其非法所得。因倒手转包发生的质量、安全事故，由转包单位承担责任，并赔偿经济损失；情节严重的，可以责令其停止以总承包企业名义承包建设工程一年以上、两年以下。

第二十条　工程总承包企业对行政处罚决定不服的，可以依照《中华人民共和国行政诉讼法》和《行政复议条例》的有关规定，申请复议或者直接向人民法院起诉。逾期不申请复议或者不向人民法院起诉，又不履行处罚决定的，由作出处罚决定的行政机关申请人民法院强制执行。

第五章　附　　则

第二十一条　在中国境内设立中外合资、中外合作工程总承包企业的，参照本规定执行。

第二十二条　本规定由建设部负责解释。

第二十三条　本规定自发布之日起施行。

设计单位进行工程总承包资格管理的有关规定

建设〔1992〕805号 1992年11月17日

国务院各有关部门，各省、自治区、直辖市建委（建设厅）、有关计委、各计划单列市建委：

现将《设计单位进行工程总承包资格管理的有关规定》印发给你们，请遵照执行。

附件：设计单位进行工程总承包资格管理的有关规定

设计单位进行工程总承包资格管理的有关规定

设计单位进行工程总承包试点以来，普遍收到了缩短工期、保证质量、控制和节约投资的效果。为了保障这项改革健康发展，提高工程效益，现就设计单位进行工程总承包资格问题做如下规定：

一、设计单位进行工程总承包，必须先提出申请，经有关勘察设计管理部门审查批准并取得《工程总承包资格证书》后，方可承担批准范围内的总承包任务。

二、《工程总承包资格证书》与工程设计资格等级相一致，分甲、乙、丙、丁四级，由建设部统一印制。

三、设计单位申请《工程总承包资格证书》必须具备以下条件：

1. 持有相应的《工程设计证书》和《工程设计收费资格证书》；

2. 拥有自己的勘察设计、项目管理、设备材料采购、试车考核等专门技术人员和必要的技术装备，能对工程项目建设进行组织、协调和管理，对工期、质量和费用进行有效的控制；

3. 有健全的组织机构、管理制度和开展工程总承包业务所必需的资金，其中注册资金甲级单位不得少于800万元，乙级单位不得少于600万元，丙、丁级单位不得少于500万元；

4. 具备对所承担建设项目全面负责的能力。

四、申请《工程总承包资格证书》的设计单位，须填写申请表（见附件）一式三份，按照下列要求办理：

1. 申请甲、乙级资格证书的单位，按隶属关系分别送国务院各有关部门或省、自治区、直辖市、计划单列市主管勘察设计工作的部门审查。经审查对符合乙级资格条件的可直接批准发证；对符合甲级资格条件的签署意见后报建设部批准发证。

2. 申请丙、丁级资格证书的单位，统一送所在地省级或计划单列市勘察设计主管部门审查并批准发证。

五、取得《工程总承包资格证书》的单位，经工商登记后，其证书适用范围和承担任务范围与持有的《工程设计证书》相一致。

六、进行工程总承包的单位在承接任务后，须持《工程总承包资格证书》和《工程设计证书》，到项目所在地的省级主管勘察设计工作的综合部门办理备案手续。

七、勘察设计主管部门要加强对工程总承包单位资格的管理，对所批准发给资格证书的单位至少每三年进行一次核查，不能维持原资格等级条件的单位应予以降级或吊销资格证书。

八、乙级以下（含乙级）工程总承包单位，如技术力量和业务水平明显提高，可以向发证部门提出升级申请，经发证部门审查批准，针对具体工程项目发给临时越级承担任务通知书，允许越一级承包两项工程。

九、工程总承包单位如发生分立、合并、改变隶属关系、迁移或者终止时，应向发证部门交回《工程总承包资格证书》，经重新审定资格或核定等级后，取得相应的《工程总承包资格证书》或办理歇业、注销手续。

十、工程总承包单位有下列行为之一的，有关主管部门应当根据情节轻重，分别给予通报批评、警告、降低资格等级直至收回资格证书：

1. 未经批准，超越资格等级或批准的承担任务范围承揽工程总承包任务；

2. 伪造、涂改、出租、出借、转让或出卖《工程总承包资格证书》；

3. 徇私舞弊、损害项目业主或者建设单位利益；

4. 因工程总承包单位过失造成重大事故。

十一、本规定由建设部设计管理司负责解释。过去有关规定凡与本规定不符的，按本规定施行。

十二、本规定自一九九三年二月一日起施行。

附件：工程总承包资格申请表（略）

中华人民共和国建筑法

中华人民共和国主席令第91号　1997年11月1日

《中华人民共和国建筑法》经1997年11月1日第八届全国人大常委会第28次会议通过，自1998年3月1日起施行。

第二十四条　提倡对建筑工程实行总承包，禁止将建筑工程肢解发包。

建筑工程的发包单位可以将建筑工程的勘察、设计、施工、设备采购一并发包给一个工程总承包单位，也可以将建筑工程勘察、设计、施工、设备采购的一项或者多项发包给一个工程总承包单位；但是，不得将应当由一个承包单位完成的建筑工程肢解成若干部分发包给几个承包单位。

第二十九条　建筑工程总承包单位可以将承包工程中的部分工程发包给具有相应资质条件的分包单位；但是，除总承包合同中约定的分包外，必须经建设单位认可。施工总承包的，建筑工程主体结构的施工必须由总承包单位自行完成。

建筑工程总承包单位按照总承包合同的约定对建设单位负责；分包单位按照分包合同的约定对总承包单位负责。总承包单位和分包单位就分包工程对建设单位承担连带责任。

禁止总承包单位将工程分包给不具备相应资质条件的单位。禁止分包单位将其承包的工程再分包。

关于推进大型工程设计单位创建国际型工程公司的指导意见

建设〔1999〕218 号　1999 年 8 月 26 日

各省、自治区、直辖市建委（建设厅），计划单列市建委，国务院各有关部门，总后营房部，新疆生产建设兵团：

现将《关于推进大型工程设计单位创建国际型工程公司的指导意见》印发给你们，请结合本地区、本部门情况贯彻落实。

关于推进大型工程设计单位创建国际型工程公司的指导意见

为了贯彻落实《国务院关于工程勘察设计单位改建为企业问题的批复》精神，加快我国勘察设计单位深化体制改革的步伐，推进一批有条件的大型工程设计单位，用五年左右的时间，创建成为具有设计、采购、建设（简称 EPC）总承包能力的国际型工程公司，提高我国工程建设队伍的实力和水平，积极开拓国内、国际工程承包市场，提出以下指导意见：

一、国际型工程公司的主要特征和基本条件

国际型工程公司是市场经济的产物。它以工程技术为基础，以工程建设为主业，具备工程项目 EPC 总承包能力，通过组织项目的实施，创造价值并获取合理利润，一般具有经营方式国际化、业务范围多元化、技术装备现代化、项目管理科学化等主要特征。其基本条件是：

（一）具备项目咨询、可行性研究、工程设计、设备采购、施工管理、开车服务（试运行）、培训、售后服务等工程项目总承包的全功能。

（二）具有与工程公司功能相适应的组织机构和科学的管理体系，在专业设置、设计程序、设计方法、项目管理、表达方式上符合国际惯例。公司管理以工程项目为中心，以专业部室为基础，实行项目经理负责制，通过矩阵式管理，有效实施建设工程进度、费用、质量控制。以质量、水平、信誉、服务赢得用户满意，保证项目成功和企业盈利。

（三）拥有先进的工艺技术和工程技术。具有获得专利技术并进行工程设计的能力。

（四）拥有一支数量相当、层次合理、各专业配套的技术人员和复合型管理人员构成的高素质队伍。按核心层、骨干层、工作层配备员工。核心层由具有领导才能和决策能力的高层次人才组成；骨干层由管理专家、营销专家、技术专家、安全专家、合同专家、法律专家组成；工作层由工作效率高、业务素质好的各类专业技术人员组成。各层次主要人员除精通业务以外，还应具备外语和运用计算机的能力。

（五）拥有先进的计算机系统、信息档案系统和现代化的通信办公设施。具有完备的工程数据库、标准库及软件系统。实现营销、设计、采购、施工一体化的科学管理和程序化的运作方式。

（六）建立了适应国内外工程建设需要的标准体系，包括本企业标准、行业标准、国家标准、国际通用标准和规范。

（七）具有国际上认可的质量保证体系。建立了符合 ISO—9000 族标准的企业质量体系、质量手册、质量体系程序文件，保持质量体系持续有效。

（八）具有健全的营销机制，形成辐射全球范围的营销网络，建立准确、及时、高效的营销决策机制。

（九）具有完善的服务体系，包括建设项目全过程的服务和售后服务。服务工作实现及时、周到、主动，使用户满意。

（十）具有较强的融资能力。既能为公司筹措实施国外承包项目的流动资金，又能帮助业主筹措建设资金，为业主联系获得政府贷款或国际金融组织的贷款提供服务。

（十一）全体职工具有良好的思想、技术、身体、心理素质和高尚的职业道德。

二、创建国际型工程公司的基本原则

（一）按照“三个有利于”的标准，实事求是地推进创建国际型工程公司的进程。

（二）按照当前国际通行的工程公司模式，进行生产经营模式的改革，逐步与国际接轨。

（三）把生产经营模式的改革与资产组织形式的改革结合起来，调整和完善所有制结构，把改革同改组、改造和加强管理结合起来，按照《公司法》进行规范改制，形成国家控股、参股或国有独资等有限责任公司和股份有限公司的体制，并按“产权清晰、权责明确、政企分开、管理科学”的要求，建立现代企业制度。

（四）参照执行 FIDIC 条款的原则，从规范合同管理入手，规范建设活动各方主体的行为，维护各方的利益。

三、创建国际型工程公司的措施

创建国际型工程公司是适应社会主义市场经济和与国际惯例接轨的需要，是大型设计单位深化改革和加快发展的需要。创建国际型工程公司的各单位要以国际型工程公司应具备的基本条件为目标，找出差距，制定规划，分步实施。

（一）加强领导，提高认识，制订规划，明确目标

在创建国际型工程公司过程中，各单位要加强领导，特别是领导班子要提高思想认识，转变观念，要充分认识到创建国际型工程公司是大型设计单位求得生存和发展的必由之路；工程总承包既是国际公认和普遍采用的一种承包方式，也是国家提倡的一种建设项目组织实施方式。各单位应结合自身的实际情况，明确目标，制订出创建国际型工程公司的实施规划。

（二）建立和完善国际型工程公司的组织机构，实行项目经理负责制

各单位要深化内部改革，按工程公司的功能设置企业营销、工程设计、设备采购、施工管理和项目管理等组织机构，建立国际型工程公司应具备的运行机制和管理体制。

公司的运行机制和管理体制要坚持以项目管理为中心，实施项目经理负责制。使项目管理走上科学化、规范化的轨道。今后项目经理、采购经理、质量工程师等主要人员必须经过培训、考核合格后，持证上岗。

（三）改革和完善设计程序、方法和制度

在工程设计中，要尽快调整专业设置，改革设计程序和设计方法，把采购工作纳入设计程序，使设计、采购、施工、开车（试运行）各环节科学合理地衔接起来，并逐步向国际通行的设计程序、设计方法转变。

（四）积极推进技术进步，提高技术水平

要加强与科研、制造、建设、生产单位的协作，尽快将成熟的科技成果转化为现实的生产力，开发出更多先进、成熟、可靠的工艺技术和工程技术。要发展和完善自己的拳头产品，形成自己的专利技术和专有技术，并逐步达到具有运用国内外专利技术进行工程设计的能力。

（五）增加投入，实现设计和管理现代化

要改善和充实支撑工程设计、项目管理的技术装备，建立覆盖工程公司全部设计技术和项目管理工作的计算机网络系统，引进或开发相应的应用软件，形成多功能的综合数据库。在工程设计、设备采购、施工管理过程中实现计算机一体化，对工程项目的进度、质量、费用实施有效控制。

（六）加强标准和规范建设

建立企业的技术标准、工作标准和管理标准，收集、整理并配备齐全国际、国内工程建设所需的标准和规范。

（七）加强全面质量管理

建立符合 ISO—9000 族国际标准的质量体系，编制符合 ISO—9000 族标准的企业质量手册，建立质量管理责任制度。

（八）培养一支德才兼备的技术和管理骨干队伍

各单位要制定人才培养计划。通过多种渠道、多种方式，有计划、有目的培养国际型工程公司所需要的各类人才，包括技术型、管理型的高级人才，专业技术带头人和具有实际工作能力的复合型人才等。要重视提高全员的业务、外语和计算机应用水平，培养职工的群体意识、团结协作和敬业精神。

四、创建国际型工程公司的有关政策

（一）对创建国际型工程公司的设计单位，赋予综合类工程设计资质，鼓励拓宽业务领域。

（二）各主管部门要选择一些建设项目，由创建国际型工程公司的设计单位，按 EPC 总承包的模式实施建设。国家重点建设项目的勘察设计及相关业务应首先在国际型工程公司范围内进行选择。

（三）各地要对创建国际型工程公司的设计单位在当地承担业务给予优先市场准入。

（四）鼓励大型设计单位与国际著名的工程公司合资，成立国际型工程公司，参加国际竞争。

（五）各单位在创建国际型工程公司时，要合理确定资本金规模，对在事业体制下拨改贷形成的债务，经有关部门批准可转为国家资本金。对因客观原因造成的各种资产损失和呆账、坏账损失，以及非经营性资产，经有关部门审核后可冲减企业公积金或资本金。

（六）从事高新技术开发、设计、应用和科学研究的设计单位，符合条件的经有关部门批准，享受国家对高新技术开发研究单位的有关政策。

（七）创建国际型工程公司的设计单位，经批准可通过国内外证券市场进行直接融资，筹措发展资金；开拓国际业务所需贷款、担保等，有关部门或地方建设主管部门要商请金融机构给予支持。

（八）创建国际型工程公司的设计单位，要按照国家有关规定对在职人员和离退休人员实行社会养老和医疗保险，充分发挥老专家和工程技术人员的作用。

大型设计单位创建国际型工程公司是一项复杂的系统工程，是由计划经济体制向社会主义市场经济体制转变的一场深刻变革，具有深远的意义。各部门、各地方的建设行政主管部门要加强对这项工作的指导，深入调查研究，制定有关政策，加强与政府其他有关部门的联系，及时协调解决实际问题。要重点抓好一批大型设计单位创建国际型工程公司的试点，树立典型，总结经验，及时组织交流和推广。通过各方面的努力和配合，扎扎实实地完成创建国际型工程公司的战略任务。

大型勘察单位创建岩土工程公司的指导意见另行制定。

关于培育发展工程总承包和工程项目管理企业的指导意见

建市〔2003〕30号　2003年2月13日

各省、自治区建设厅，直辖市建委（规委），国务院有关部门建设司，总后基建营房部，新疆生产建设兵团建设局，中央管理的有关企业：

为了深化我国工程建设项目组织实施方式改革，培育发展专业化的工程总承包和工程项目管理企业，现提出指导意见如下：

一、推行工程总承包和工程项目管理的重要性和必要性

工程总承包和工程项目管理是国际通行的工程建设项目组织实施方式。积极推行工程总承包和工程项目管理，是深化我国工程建设项目组织实施方式改革，提高工程建设管理水平，保证工程质量和投资效益，规范建筑市场秩序的重要措施；是勘察、设计、施工、监理企业调整经营结构，增强综合实力，加快与国际工程承包和管理方式接轨，适应社会主义市场经济发展和加入世界贸易组织后新形势的必然要求；是贯彻党的十六大关于“走出去”的发展战略，积极开拓国际承包市场，带动我国技术、机电设备及工程材料的出口，促进劳务输出，提高我国企业国际竞争力的有效途径。

各级建设行政主管部门要统一思想，提高认识，采取有效措施，切实加强对工程总承包和工程项目管理活动的指导，及时总结经验，促进我国工程总承包和工程项目管理的健康发展。

二、工程总承包的基本概念和主要方式

（一）工程总承包是指从事工程总承包的企业（以下简称工程总承包企业）受业主委托，按照合同约定对工程项目的勘察、设计、采购、施工、试运行（竣工验收）等实行全过程或若干阶段的承包。

（二）工程总承包企业按照合同约定对工程项目的质量、工期、造价等向业主负责。工程总承包企业可依法将所承包工程中的部分工作发包给具有相应资质的分包企业；分包企业按照分包合同的约定对总承包企业负责。

（三）工程总承包的具体方式、工作内容和责任等，由业主与工程总承包企业在合同中约定。工程总承包主要有如下方式：

1. 设计采购施工（EPC）/交钥匙总承包

设计采购施工总承包是指工程总承包企业按照合同约定，承担工程项目的设计、采购、施工、试运行服务等工作，并对承包工程的质量、安全、工期、造价全面负责。

交钥匙总承包是设计采购施工总承包业务和责任的延伸，最终是向业主提交一个满足使用功能、具备使用条件的工程项目。

2. 设计—施工总承包（D—B）

设计—施工总承包是指工程总承包企业按照合同约定，承担工程项目设计和施工，并对承包工程的质量、安全、工期、造价全面负责。

根据工程项目的不同规模、类型和业主要求，工程总承包还可采用设计—采购总承包（E—P）、采购—施工总承包（P—C）等方式。

三、工程项目管理的基本概念和主要方式

（一）工程项目管理是指从事工程项目管理的企业（以下简称工程项目管理企业）受业主委托，按照合同约定，代表业主对工程项目的组织实施进行全过程或若干阶段的管理和服务。

（二）工程项目管理企业不直接与该工程项目的总承包企业或勘察、设计、供货、施工等企业签订合同，但可以按合同约定，协助业主与工程项目的总承包企业或勘察、设计、供货、施工等企业签订合同，并受业主委托监督合同的履行。

（三）工程项目管理的具体方式及服务内容、权限、取费和责任等，由业主与工程项目管理企业在合同中约定。工程项目管理主要有如下方式：

1. 项目管理服务（PM）

项目管理服务是指工程项目管理企业按照合同约定，在工程项目决策阶段，为业主编制可行性研究报告，进行可行性分析和项目策划；在工程项目实施阶段，为业主提供招标代理、设计管理、采购管理、施工管理和试运行（竣工验收）等服务，代表业主对工程项目进行质量、安全、进度、费用、合同、信息等管理和控制。工程项目管理企业一般应按照合同约定承担相应的管理责任。

2. 项目管理承包（PMC）

项目管理承包是指工程项目管理企业按照合同约定，除完成项目管理服务（PM）的全部工作内容外，还可以负责完成合同约定的工程初步设计（基础工程设计）等工作。对于需要完成工程初步设计（基础工程设计）工作的工程项目管理企业，应当具有相应的工程设计资质。项目管理承包企业一般应当按照合同约定承担一定的管理风险和经济责任。

根据工程项目的不同规模、类型和业主要求，还可采用其他项目管理方式。

四、进一步推行工程总承包和工程项目管理的措施

（一）鼓励具有工程勘察、设计或施工总承包资质的勘察、设计和施工企业，通过改造和重组，建立与工程总承包业务相适应的组织机构、项目管理体系，充实项目管理专业人员，提高融资能力，发展成为具有设计、采购、施工（施工管理）综合功能的工程公司，在其勘察、设计或施工总承包资质等级许可的工程项目范围内开展工程总承包业务。

工程勘察、设计、施工企业也可以组成联合体对工程项目进行联合总承包。

（二）鼓励具有工程勘察、设计、施工、监理资质的企业，通过建立与工程项目管理业务相适应的组织机构、项目管理体系，充实项目管理专业人员，按照有关资质管理规定在其资质等级许可的工程项目范围内开展相应的工程项目管理业务。

（三）打破行业界限，允许工程勘察、设计、施工、监理等企业，按照有关规定申请取得其他相应资质。

（四）工程总承包企业可以接受业主委托，按照合同约定承担工程项目管理业务，但不应在同一个工程项目上同时承担工程总承包和工程项目管理业务，也不应与承担工程总承包或者工程项目管理业务的另一方企业有隶属关系或者其他利害关系。

（五）对于依法必须实行监理的工程项目，具有相应监理资质的工程项目管理企业受业主委托进行项目管理，业主可不再另行委托工程监理，该工程项目管理企业依法行使监理权利，承担监理责任；没有相应监理资质的工程项目管理企业受业主委托进行项目管理，业主应当委托监理。

（六）各级建设行政主管部门要加强与有关部门的协调，认真贯彻《国务院办公厅转发外经贸部等部门关于大力发展对外承包工程意见的通知》（国办发〔2000〕32号）精神，使有关融资、担保、税收等方面的政策落实到重点扶持发展的工程总承包企业和工程项目管理企业，增强其国际竞争实力，积极开拓国际市场。

鼓励大型设计、施工、监理等企业与国际大型工程公司以合资或合作的方式，组建国际型工程公司或项目管理公司，参加国际竞争。

（七）提倡具备条件的建设项目，采用工程总承包、工程项目管理方式组织建设。

鼓励有投融资能力的工程总承包企业，对具备条件的工程项目，根据业主的要求，按照建设—转让（BT）、建设—经营—转让（BOT）、建设—拥有—经营（BOO）、建设—拥有—经营—转让（BOOT）等方式组织实施。

（八）充分发挥行业协会和高等院校的作用，进一步开展工程总承包和工程项目管理的专业培训，培养工程总承包和工程项目管理的专业人才，适应国内外工程建设的市场需要。

有条件的行业协会、高等院校和企业等，要加强对工程总承包和工程项目管理的理论研究，开发工程项目管理软件，促进我国工程总承包和工程项目管理水平的提高。

（九）本指导意见自印发之日起实施。1992年11月17日建设部颁布的《设计单位进行工程总承包资格管理的有关规定》（建设〔1992〕805号）同时废止。

关于工程总承包市场准入问题说明的函

建市函〔2003〕161号 2003年7月13日

江苏省建设厅、上海市建委：

在《国务院关于取消第一批行政审批项目的决定》（国发〔2002〕24号）取消了工程总承包资格核准的行政审批后，为加强对工程总承包工作的监督管理，我部今年印发了《关于培育发展工程总承包和工程项目管理企业的指导意见》（建市〔2003〕30号）。按照《指导意见》的规定，《工程总承包资格证书》废止之后，对从事工程总承包业务的企业不专门设立工程总承包资质。具有工程勘察、设计或施工总承包资质的企业可以在其资质等级许可的工程项目范围内开展工程总承包业务。因此，中国寰球工程公司可以在其工程设计资质证书许可的工程项目范围内开展工程总承包业务，但工程的施工应由具有相应施工承包资质的企业承担。

关于工程总承包市场准入问题的复函

建办市函〔2003〕573号　2003年11月21日

北京国电华北电力工程有限公司：

你公司《关于工程总承包市场准入问题的请示》（华北电工企〔2003〕120号）收悉。关于工程总承包市场准入问题，我部曾在《关于工程总承包市场准入问题说明的函》（建市函〔2003〕161号）中做了说明，现重申如下：

按照我部《关于培育发展工程总承包和工程项目管理企业的指导意见》（建市〔2003〕30号）的规定，《工程总承包资格证书》废止之后，对从事工程总承包业务的企业不专门设立工程总承包资质。具有工程勘察、设计或施工总承包资质的企业可以在其资质等级许可的工程项目范围内开展工程总承包业务。因此，工程设计企业可以在其工程设计资质证书许可的工程项目范围内开展工程总承包业务，但工程的施工应由具有相应施工承包资质的企业承担。

建设项目工程总承包管理规范

建设部公告第 325 号　2005 年 5 月 9 日

现批准《建设项目工程总承总管理规范》为国家标准，编号为 GB/T 50358—2005，自 2005 年 8 月 1 日起实施。

本规范由建设部标准定额研究所组织中国建筑工业出版社出版发行。

关于印发《铁路建设项目工程总承包办法》的通知

铁建设〔2006〕221号　2006年12月10日

各铁路局，投资公司，集装箱公司，各铁路公司（筹备组）：

《铁路建设项目工程总承包办法》印发给你们，请相关单位认真组织学习并按照执行。铁道部原《铁路建设项目工程总承包暂行办法》（铁建设〔2004〕45号）同时废止。

铁路建设项目工程总承包办法

第一条　为提高铁路建设水平，规范铁路建设项目工程总承包工作，依据国家和铁道部有关规定，制定本办法。

第二条　本办法所称铁路建设项目工程总承包，是指建设单位（或业主，下同）通过招标将建设项目的施工图设计、采购和施工委托给具有相应资质的工程总承包单位（或联合体，下同），工程总承包单位按照合同约定，对施工图设计、物资设备采购、工程实施实行全过程承包，对工程的质量、安全、工期、投资、环保负责的建设组织方式。

第三条　本办法适用于采用成熟技术的铁路大中型建设项目。能够在工程总承包合同中明确技术标准、质量标准、交验标准，合理确定工程投资的其他铁路建设项目可参照执行。

第四条　建设项目可以整体实行工程总承包，也可以对其中相对完整独立的综合工程区段、专业或单项工程实行工程总承包。综合工程区段长度一般不小于50公里，专业工程标段长度一般不小于100公里。

第五条　建设项目必须按规定完成初步设计，初步设计文件达到要求并按初步设计批复修改、补充后，方可进行工程总承包招标。

第六条　实施工程总承包的建设项目，采用建设单位负责建设管理、监理单位实施监理、工程总承包单位实行总承包的建设管理方式。

第七条　建设单位对建设全过程实施管理，主要包括：负责征地拆迁及外部协调工作；招标选择工程总承包单位、监理单位，签订工程总承包、施工监理合同；办理工程质量安全监督手续；组织检查初步设计单位提交的勘察资料和初步设计文件，审核施工图，批准施工组织设计，审查变更设计；确定节点工程；组织验工计价并拨付工程款；组织工程交工验收；负责协调既有线改造项目建设、运输关系。

第八条　工程总承包单位对施工图设计、采购、施工全过程负责，主要包括：完成补充定测、施工图设计、采购、施工、工程调试、安全生产等工作；受建设单位委托，具体负责征地拆迁、环保水保、耕地保护、文物保护等外部协调工作，编写工程总结等。

第九条　监理单位对施工监理负责，主要包括：审查工程总承包单位编制的施工组织设计，督促工程总承包单位按照批准的施工组织设计实施；对建设项目工程质量和施工安全实施监理，对物资设备（包括地材）进行检查；协助建设单位合理确定计价的节点，提出节点计价意见。

第十条 承担建设项目初步设计的单位应向建设单位提交按初步设计批复修改和完善后的初步设计文件，主要包括：

1. 初步设计文件的纸质文件和可编辑的电子文件；

2. 初步设计的总体设计原则和专业设计原则；

3. 大型和特殊结构设计的计算资料，特殊平面布置的计算资料；

4. 定测资料（含完整的工程地质勘察资料）。

第十一条 承担初步设计的单位对初步设计文件质量负责，对定测阶段的勘察资料的完整性和勘察质量负责，对初步设计中因勘察设计单位原因导致的重大失误承担责任并按规定予以赔偿。

提供资料份数由建设单位与承担项目初步设计的单位商定。

第十二条 建设单位应对初步设计总体设计原则和专业设计原则、设计文件以及资料进行审查，因勘察设计单位原因未完成钻探、勘察设计深度不够或资料不完整的，应责成初步设计单位补充完善。

第十三条 因拆迁等非勘察设计单位原因未完成定测钻探工作的，承担初步设计的单位应提交未完定测钻探的资料和完成上述定测钻探所需费用的计算资料等。

建设单位必须对初步设计单位应提交的未完定测钻探资料和完成上述定测钻探所需费用的计算资料等进行审查，确定钻探工作量并从初步设计勘察设计费中扣除完成上述定测钻探工作所需的费用。

第十四条 建设单位应按照国家和铁道部有关规定，依法公开招标选择工程总承包单位。

建设单位应根据铁道部有关规定招标选择监理单位。

第十五条 工程总承包单位的基本条件

一、工程总承包单位必须具有与工程总承包建设项目相适应的资质；

二、工程总承包单位不得与建设单位有直接利益关系，也不得与项目施工监理单位有直接利益关系；

三、承担项目初步设计的单位不得参与工程总承包联合体，其下属分公司、子公司及其控股公司也不得参与工程总承包联合体；

四、招标文件规定的其他条件。

第十六条 工程总承包单位为联合体的，原则上以施工单位为牵头人。联合体应成立以牵头人为主的项目实施机构，代表联合体各方对施工设计、工期、投资、质量、安全、环保、验工计价、工程交接、协调配合等进行统一管理。所有联合体成员均应严格遵守联合体协议，并承担各自的直接责任和相关连带责任。

第十七条 监理单位的基本条件

一、监理单位必须具有与建设项目相适应的工程监理资质；

二、监理单位不得与工程总承包单位有直接利益关系；

三、招标文件规定的其他条件。

第十八条 实施工程总承包招标时，建设单位应将按初步设计鉴定意见修改完善并经审查后的初步设计纸质文件、相关勘察资料、未完定测钻探工作量等作为招标文件的组成部分，随招标文件一并提交给工程总承包的投标单位。

工程总承包投标单位在递交标书时应返还建设单位招标时提供的初步设计文件及相关资料，不按时返还的，没收工程总承包投标单位的投标保证金。

第十九条 建设单位应在工程总承包招标文件中明确甲供物资设备的品名、供货地点，甲控物资设备的品名、数量、技术参数，以及物资设备的供应商资格等。

第二十条 工程总承包投标文件编制时间不少于 45 天。工程总承包的招标评标办法，由建设单位提出初步方案，报铁道部建设与管理司批准后实施。

第二十一条 建设单位应在招标文件售出 10 个工作日内，组织项目初步设计单位向工程总承包投标单位介绍建设项目以及初步设计的有关情况。

第二十二条 工程总承包投标单位应认真研究和理解初步设计原则、勘察资料、初步设计文件，对初步设计文件中存在的问题应及时提出质疑，建设单位应抓紧研究并按规定对质疑进行解答。

第二十三条 工程总承包投标单位应在初步设计文件的基础上编制施工图设计大纲。施工图设计大纲作为投标文件的组成部分。

第二十四条 工程总承包投标单位应在现场调查和优化施工图设计的基础上，研究工程措施，拟订施工方案，核实主要工程数量，自主报价，并提出甲供物资设备的供应时间。

第二十五条 工程总承包投标单位提交的施工图设计大纲与初步设计鉴定意见有较大差异时，如评标委员会认为施工图设计大纲符合项目实际的，建设单位应及时向初步设计审批单位报告批准。

第二十六条 工程总承包合同总价中包括相关工程费、施工图设计阶段的勘察设计费和总承包风险费，除建设单位对建设标准、建设规模、建设工期作重大调整和不可抗力等原因造成重大损失外，合同总价不予调整。

因上述原因需要增加或调减费用的，按工程总承包合同约定的计费原则增加或调减费用，签订补充协议。

第二十七条 建设单位应及时向中标的工程总承包单位提交初步设计文件（包括电子文件）以及其他资料，同时组织项目初步设计单位向中标的工程总承包单位交接水准基点、中线桩、控制桩等，并会同中标单位进行复测。

第二十八条 工程总承包单位应尽快熟悉定测资料，完成定测剩余钻探工作和补充定测工作，全面系统掌握建设项目的工程地质资料，开展施工图设计。

工程总承包单位认为勘察资料不能满足施工图设计和施工需要的，应及时进行补充勘察工作。

第二十九条 工程总承包单位必须按初步设计批复、勘察资料、规程规范和相关规定进行施工图设计。

工程总承包单位在补充定测和施工图设计工作中，不得降低工程建设标准。

第三十条 工程总承包单位应在合同规定的时间内完成施工图设计，报建设单位审核，并按施工图审核意见补充勘察资料，修改设计文件。补充修改后的施工图重新送建设单位审核。

工程总承包单位必须按审核合格的施工图组织施工。施工图未经建设单位审核或审核不合格的，不得使用。

第三十一条 施工图审核不免除工程总承包单位应对施工图设计所承担的责任。工程总承包单位对审核意见有异议时，可以提请建设单位复议，建设单位应及时组织专家复议。工程总承包单位认为复议意见与国家技术政策或工程建设强制性标准不一致的，可以向铁道部申诉。

第三十二条 工程总承包单位应在合同规定的时间内完成施工组织设计，报建设单位审查，并按审查意见修改、实施。施工组织设计未经建设单位审查的，不得开工。

建设单位对施工组织设计审查，不免除工程总承包单位对施工组织设计所承担的责任。

第三十三条 工程总承包采用总价下的节点计价方式。计价节点一般按工点和工程类别设置，根据工点和工程类别的工作内容和工作量将总费用分劈到各节点，节点工程验收合格后，计价支付工程费。具体节点设定和相应费用根据项目实际在工程总承包合同中约定。

第三十四条 建设项目由联合体中标的，建设单位只对联合体的牵头人验工计价。

第三十五条 工程总承包单位应妥善保管建设单位提交的初步设计文件、勘察资料及其他资料，建设单位提供的上述资料只能用于本建设项目施工图设计，不得提供给第三方或用于其他建设项目。

建设单位应妥善保管工程总承包单位提供的施工图，不得提供给第三方或用于其他建设项目。

第三十六条 建设实施过程中发生变更设计的，依据铁道部规定的变更设计程序进行变更。涉及初步设计批复变更的，由建设单位组织初审后报铁道部批准；其他变更设计由建设单位组织审定；变更设计费用执行本办法第二十五条。

第三十七条 工程总承包单位必须独立完成补充定测和施工图设计等工作，除特殊勘察业务经建设单位批准外，不得分包勘察设计业务。

施工分包按铁道部有关规定办理。

第三十八条 铁路建设项目工程总承包执行《建设项目工程总承包管理规范》(GB/T 50358—2005，简称《规范》)，建设单位应将工程总承包单位执行《规范》的内容纳入工程总承包合同，并监督实施。

第三十九条 建设项目遇有不可抗力影响工程总承包合同继续执行的，由建设单位与工程总承包单位另行签订补充协议。

第四十条 本办法未尽事宜执行国家和铁道部有关规定。

第四十一条 本办法由铁道部建设与管理司负责解释。

第四十二条 本办法自 2007 年 1 月 1 日起施行。《铁路建设项目工程总承包暂行办法》(铁建设〔2004〕45 号) 同时废止。

中华人民共和国建筑法

中华人民共和国主席令第46号 2011年4月22日

第二十四条 提倡对建筑工程实行总承包，禁止将建筑工程肢解发包。

建筑工程的发包单位可以将建筑工程的勘察、设计、施工、设备采购一并发包给一个工程总承包单位，也可以将建筑工程勘察、设计、施工、设备采购的一项或者多项发包给一个工程总承包单位；但是，不得将应当由一个承包单位完成的建筑工程肢解成若干部分发包给几个承包单位。

第二十九条 建筑工程总承包单位可以将承包工程中的部分工程发包给具有相应资质条件的分包单位；但是，除总承包合同中约定的分包外，必须经建设单位认可。施工总承包的，建筑工程主体结构的施工必须由总承包单位自行完成。

建筑工程总承包单位按照总承包合同的约定对建设单位负责；分包单位按照分包合同的约定对总承包单位负责。总承包单位和分包单位就分包工程对建设单位承担连带责任。

禁止总承包单位将工程分包给不具备相应资质条件的单位。禁止分包单位将其承包的工程再分包。

关于印发《建设项目工程总承包合同示范文本（试行）》的通知

建市〔2011〕139号 2011年9月7日

各省、自治区住房和城乡建设厅、工商行政管理局，直辖市建委（建交委）、工商行政管理局，北京市规划委，新疆生产建设兵团建设局，国务院有关部门建设司，国资委管理的有关企业：

为促进建设项目工程总承包的健康发展，规范工程总承包合同当事人的市场行为，住房和城乡建设部、国家工商行政管理总局联合制定了《建设项目工程总承包合同示范文本（试行）》（GF—2011—0216），现印发给你们，自2011年11月1日起试行。在试行中有何问题，请及时与住房城乡建设部建筑市场监管司、国家工商行政管理总局市场规范管理司联系。

附件：《建设项目工程总承包合同示范文本（试行）》（GF—2011—0216）（略）

简明标准施工招标文件和标准设计施工总承包招标文件

发改法规〔2011〕3018号　2011年12月20日

国务院各部门、各直属机构，各省、自治区、直辖市及计划单列市、副省级省会城市、新疆生产建设兵团发展改革委、工业和信息化主管部门、通信管理局、财政厅（局）、住房城乡建设厅（建委、局）、交通厅（局）、水利厅（局）、广播影视局，各铁路局、各铁路公司（筹备组），民航各地区管理局：

为落实中央关于建立工程建设领域突出问题专项治理长效机制的要求，进一步完善招标文件编制规则，提高招标文件编制质量，促进招标投标活动的公开、公平和公正，国家发展改革委会同工业和信息化部、财政部、住房和城乡建设部、交通运输部、铁道部、水利部、广电总局、中国民用航空局，编制了《简明标准施工招标文件》和《标准设计施工总承包招标文件》（以下如无特别说明，统一简称为《标准文件》）。现将《标准文件》印发你们，并就有关事项通知如下：

一、适用范围

依法必须进行招标的工程建设项目，工期不超过12个月、技术相对简单、且设计和施工不是由同一承包人承担的小型项目，其施工招标文件应当根据《简明标准施工招标文件》编制；设计施工一体化的总承包项目，其招标文件应当根据《标准设计施工总承包招标文件》编制。

工程建设项目，是指工程以及与工程建设有关的货物和服务。工程，是指建设工程，包括建筑物和构筑物的新建、改建、扩建及其相关的装修、拆除、修缮等。与工程建设有关的货物，是指构成工程不可分割的组成部分，且为实现工程基本功能所必需的设备、材料等。与工程建设有关的服务，是指为完成工程所需的勘察、设计、监理等。

二、应当不加修改地引用《标准文件》的内容

《标准文件》中的“投标人须知”（投标人须知前附表和其他附表除外）“评标办法”（评标办法前附表除外）“通用合同条款”，应当不加修改地引用。

三、行业主管部门可以作出的补充规定

国务院有关行业主管部门可根据本行业招标特点和管理需要，对《简明标准施工招标文件》中的“专用合同条款”“工程量清单”“图纸”“技术标准和要求”《标准设计施工总承包招标文件》中的“专用合同条款”“发包人要求”“发包人提供的资料和条件”作出具体规定。其中，“专用合同条款”可对“通用合同条款”进行补充、细化，但除“通用合同条款”明确规定可以作出不同约定外，“专用合同条款”补充和细化的内容不得与“通用合同条款”相抵触，否则抵触内容无效。

四、招标人可以补充、细化和修改的内容

“投标人须知前附表”用于进一步明确“投标人须知”正文中的未尽事宜，招标人或者招标代理机构应结合招标项目具体特点和实际需要编制和填写，但不得与“投标人须知”正文内容相抵触，否则抵触内容无效。

“评标办法前附表”用于明确评标的方法、因素、标准和程序。招标人应根据招标项目具体特点和实际需要，详细列明全部审查或评审因素、标准，没有列明的因素和标准不得作为资格审查或者评标的依据。

招标人或者招标代理机构可根据招标项目的具体特点和实际需要，在“专用合同条款”中对《标准文件》中的“通用合同条款”进行补充、细化和修改，但不得违反法律、行政法规的强制性规定，以及平等、自愿、公平和诚实信用原则，否则相关内容无效。

五、实施时间、解释及修改

《标准文件》自2012年5月1日起实施。因出现新情况，需要对《标准文件》不加修改地引用的内容作出解释或修改的，由国家发展改革委会同国务院有关部门作出解释或修改。该解释和修改与《标准文件》具有同等效力。

请各级人民政府有关部门认真组织好《标准文件》的贯彻落实，及时总结经验和发现问题。各地在实施《标准文件》中的经验和问题，向上级主管部门报告；国务院各部门汇总本部门的经验和问题，报国家发展改革委。

特此通知。

附件：1.《中华人民共和国简明标准施工招标文件》(2012年版)(略)

2.《中华人民共和国标准设计施工总承包招标文件》(2012年版)(略)

中华人民共和国招标投标法实施条例

国务院令第 613 号公布　2011 年 12 月 20 日

第二十九条　招标人可以依法对工程以及与工程建设有关的货物、服务全部或者部分实行总承包招标。以暂估价形式包括在总承包范围内的工程、货物、服务属于依法必须进行招标的项目范围且达到国家规定规模标准的，应当依法进行招标。前款所称暂估价，是指总承包招标时不能确定价格而由招标人在招标文件中暂时估定的工程、货物、服务的金额。

第三十七条　招标人应当在资格预审公告、招标公告或者投标邀请书中载明是否接受联合体投标。招标人接受联合体投标并进行资格预审的，联合体应当在提交资格预审申请文件前组成。资格预审后联合体增减、更换成员的，其投标无效。联合体各方在同一招标项目中以自己名义单独投标或者参加其他联合体投标的，相关投标均无效。

关于推进建筑业发展和改革的若干意见

建市〔2014〕92号 2014年7月1日

各省、自治区住房城乡建设厅，直辖市建委（建设交通委），新疆生产建设兵团建设局：

为深入贯彻落实党的十八大和十八届三中全会精神，推进建筑业发展和改革，保障工程质量安全，提升工程建设水平，针对当前建筑市场和工程建设管理中存在的突出问题，提出如下意见：

四、促进建筑业发展方式转变

（十九）加大工程总承包推行力度。倡导工程建设项目采用工程总承包模式，鼓励有实力的工程设计和施工企业开展工程总承包业务。推动建立适合工程总承包发展的招标投标和工程建设管理机制，调整现行招标投标、施工许可、现场执法检查、竣工验收备案等环节管理制度，为推行工程总承包创造政策环境。工程总承包合同中涵盖的设计、施工业务可以不再通过公开招标方式确定分包单位。

关于进一步推进工程总承包发展的若干意见（征求意见稿）

建市设函〔2015〕10号　2015年1月21日

工程总承包是国际通行的建设项目组织实施方式。推进工程总承包发展，是深化我国工程建设项目组织实施方式改革的重要内容，是提高工程建设管理水平的重要措施，是增强企业综合实力和国际竞争力的重要途径。为充分发挥市场对资源配置的决定作用，进一步推进工程总承包更好地实施和发展，现提出以下意见。

一、充分认识推行工程总承包模式的重要意义

工程总承包是指从事工程总承包的企业（以下简称工程总承包企业）受建设单位委托，按照合同约定对工程项目的勘察、设计、采购、施工、试运行等实行全过程或若干阶段的承包，并对工程的质量、安全、工期、造价等全面负责。

推行工程总承包模式，有利于引导建设单位重视投资决策的科学性，提高可行性研究报告、工程初步设计的深度和有效性，降低投资风险；有利于明确建设责任主体，落实工程总承包企业责任，发挥工程总承包企业的技术优势和项目管理优势，提高工程建设水平；有利于实现设计、采购、施工、试运行等各阶段工作的深度融合，实现技术、人力、资金和管理资源的高效组合，提高工程建设效率，缩短工程建设周期；有利于加快培养从事工程总承包的专业人才，打造一批具有勘察、设计、采购、施工和试运行等工程总承包能力的国际型工程公司，推动产业转型升级；有利于规范建筑市场秩序，扼制违法发包和转包、违法分包、挂靠等违法违规行为；有利于加快与国际工程承包和管理方式接轨，开拓国际承包市场，带动我国技术、机电设备及工程材料的出口，促进劳务输出，提高我国企业国际竞争力。

二、积极推行工程总承包模式

建设单位在选择建设项目组织实施方式时，要打破传统分阶段发包的思维模式，本着质量可靠、效率优先的原则，进行多种建设项目组织实施方式比选，并优先采用工程总承包模式。倡导政府投资项目积极采用工程总承包模式。

工程总承包的方式可由建设单位根据项目实际需要自行确定，可以采用：设计采购施工（EPC）/交钥匙总承包、设计—施工总承包（D—B）、设计—采购总承包（E—P）、采购—施工总承包（P—C）等工程总承包方式。

在工程总承包项目中，建设单位可以根据自身资源和能力，自行或者委托第三方进行项目管理，并依照合同对工程总承包企业进行监督。

三、完善工程总承包管理制度

（一）推进以工程总承包方式进行发包

建设单位可以依据初步设计，以确定的建设规模、建设标准、投资限额及工程质量、进度要求为标的进行工程总承包项目发包。在设计方案、建设标准、投资限额确定的条件

下，建设单位也可以依据项目可行性研究报告进行工程总承包项目发包。

选择工程总承包单位宜采用综合评估法，综合评估因素主要包括工程总承包报价、项目管理组织方案、设计技术方案、设备采购方案、施工组织设计或施工计划、工程总承包项目业绩等。

工程总承包项目计价方式应在合同中明确规定，可以采用固定总价、固定单价或者成本加酬金等方式。

（二）明确工程总承包企业资质要求

承担工程总承包业务的企业，应具有相应的工程设计资质或施工总承包资质，并在其资质证书许可范围内开展工程总承包业务。工程总承包企业开展工程总承包业务时，应具有与工程总承包业务相适应的组织机构、项目管理体系和项目管理专业人员。

（三）明确工程总承包项目经理资格要求

工程总承包项目经理应当具有相应工程建设类注册执业资格（包括注册建筑师、勘察设计注册工程师、注册建造师或注册监理工程师），拥有与工程建设相关的专业技术知识，熟悉工程总承包项目管理知识和相关法律法规，具有工程总承包项目管理经验，并具备较强的组织协调能力和良好的职业道德。

（四）完善工程总承包项目分包管理制度

对于依法承揽的工程总承包项目，工程总承包企业可以在其资质证书许可范围内自行实施工程项目的勘察、设计、设备采购和施工，也可以根据合同约定或者经建设单位同意，不再通过招标方式将工程项目的勘察、设计或施工发包给具有相应资质的分包企业。

工程总承包企业按照工程总承包合同的约定对建设单位负责，分包企业按照分包合同的约定对工程总承包企业负责。工程分包不能解除工程总承包企业的合同义务和法律责任，工程总承包企业和分包企业应当就分包工程对建设单位承担连带责任。

工程总承包企业不得将工程总承包项目进行转包，不得将工程总承包项目中的设计、施工业务全部分包给其他单位承包。

（五）完善工程总承包监管制度

按照相关法规规定须进行施工图审查的工程项目，根据实际情况分阶段按单体工程领取施工许可证的，可以分阶段按单体工程进行施工图审查。

工程总承包项目所在地住房城乡建设主管部门可以根据工程总承包企业向分包企业发出的中标通知书或与勘察、设计、施工企业签订的分包合同办理建设工程质量、安全监督和施工许可等相关手续，并在相关表格中增加“工程总承包企业名称”和“工程总承包项目经理姓名”栏目。

工程总承包企业自行实施工程总承包项目施工的，应依法取得安全生产许可证，将工程总承包项目中的施工业务分包的，施工分包企业应依法取得安全生产许可证。

在工程实施过程中，需要工程总承包企业签署意见的相关工程管理术文件表格，应增加工程总承包企业栏目。工程总承包企业应当组织相关分包企业配合建设单位完成工程竣工验收，工程保修责任书由工程总承包企业签署。

四、提升企业工程总承包能力和水平

（一）完善企业组织机构

工程总承包企业应根据开展工程总承包业务的实际需要，及时调整和完善企业组织机构、专业设置、人员结构，形成集勘察、设计、采购、施工、试运行各阶段项目管理于一体，技术与管理密切结合，具有较强工程总承包能力的组织体系。

（二）加强人才队伍建设

工程总承包企业应当高度重视工程总承包项目经理、控制经理、设计经理、采购经理、施工经理、安全经理等工程项目管理人才的培养。加强项目管理业务培训，并在工程总承包项目实践中锻炼人才、培育人才，培养一批符合工程总承包业务需求的专业人才队伍，为开展工程总承包业务提供人才支撑。

（三）加强项目管理体系建设

工程总承包企业要不断建立完善包括技术标准、管理标准、编码体系、定额体系、QHSE管理体系在内的工程总承包项目管理标准体系。积极推广应用先进实用的项目管理软件，建立与工程总承包管理相适应的信息网络平台，提高数据统计、分析和项目管理能力。

五、加强推进工程总承包发展的组织和实施

（一）加强组织领导

各地住房城乡建设主管部门要高度重视推进工程总承包发展工作，加强领导，统筹安排。要加强宣传，积极推广工程总承包项目经验，提高工程建设项目各方主体对工程总承包的认识。要根据本地区实际情况，完善相关配套政策，明确管理部门，推进各项制度措施落实。要加强与财政、税务、审计等有关部门的沟通协调，积极解决制约工程总承包发展的有关问题。

（二）发挥行业组织作用

充分发挥行业组织桥梁和纽带作用，在推进工程总承包发展过程中，行业组织要积极反映企业诉求，协助政府开展相关政策研究，组织开展工程总承包项目管理人才培训，推动国内工程公司与国际接轨，开展工程总承包企业经验交流，促进各行业工程总承包全面发展。

公路工程设计施工总承包管理办法

交通运输部令2015年第10号 2015年6月26日

公路工程设计施工总承包管理办法

第一章 总 则

第一条 为促进公路工程设计与施工相融合，提高公路工程设计施工质量，推进现代工程管理，依据有关法律、行政法规，制定本办法。

第二条 公路新建、改建、扩建工程和独立桥梁、隧道（以下简称公路工程）的设计施工总承包，适用本办法。

本办法所称设计施工总承包（以下简称总承包），是指将公路工程的施工图勘察设计、工程施工等工程内容由总承包单位统一实施的承发包方式。

第三条 国家鼓励具备条件的公路工程实行总承包。

总承包可以实行项目整体总承包，也可以分路段实行总承包，或者对交通机电、房建及绿化工程等实行专业总承包。

项目法人可以根据项目实际情况，确定采用总承包的范围。

第四条 各级交通运输主管部门依据职责负责对公路工程总承包的监督管理。

交通运输主管部门应当对总承包合同相关当事方执行法律、法规、规章和强制性标准等情况进行督查，对初步设计、施工图设计、设计变更等进行管理。按照有关规定对总承包单位进行信用评价。

第二章 总承包单位选择及合同要求

第五条 总承包单位由项目法人依法通过招标方式确定。

项目法人负责组织公路工程总承包招标。

公路工程总承包招标应当在初步设计文件获得批准并落实建设资金后进行。

第六条 总承包单位应当具备以下要求：

（一）同时具备与招标工程相适应的勘察设计和施工资质，或者由具备相应资质的勘察设计和施工单位组成联合体；

（二）具有与招标工程相适应的财务能力，满足招标文件中提出的关于勘察设计、施工能力、业绩等方面的条件要求；

（三）以联合体投标的，应当根据项目的特点和复杂程度，合理确定牵头单位，并在联合体协议中明确联合体成员单位的责任和权利；

（四）总承包单位（包括总承包联合体成员单位，下同）不得是总承包项目的初步设计单位、代建单位、监理单位或以上单位的附属单位。

第七条 总承包招标文件的编制应当使用交通运输部统一制定的标准招标文件。

在总承包招标文件中，应当对招标内容、投标人的资格条件、报价组成、合同工期、分包的相关要求、勘察设计与施工技术要求、质量等级、缺陷责任期工程修复要求、保险要求、费用支付办法等作出明确规定。

第八条 总承包招标应当向投标人提供初步设计文件和相应的勘察资料，以及项目有关批复文件和前期咨询意见。

第九条 总承包投标文件应当结合工程地质条件和技术特点，按照招标文件要求编制。投标文件应当包括以下内容：

（一）初步设计的优化建议；

（二）项目实施与设计施工进度计划；

（三）拟分包专项工程；

（四）报价清单及说明；

（五）按招标人要求提供的施工图设计技术方案；

（六）以联合体投标的，还应当提交联合体协议；

（七）以项目法人和总承包单位的联合名义依法投保相关的工程保险的承诺。

第十条 招标人应当合理确定投标文件的编制时间，自招标文件开始发售之日起至投标人提交投标文件截止时间止，不得少于60天。

招标人应当根据项目实际情况，提出投标人在投标文件中提供施工图设计技术方案的具体要求。招标人在招标文件中明确中标人有权使用未中标人的技术方案的，一般应当同时明确给予相应的费用补偿。

第十一条 招标人应当根据工程地质条件、技术特点和施工难度确定评标方法。

评标专家抽取应当符合有关法律法规的规定。评标委员会应当包含勘察设计、施工等专家，总人数应当不少于9人。

第十二条 项目法人应当与中标单位签订总承包合同。

第十三条 项目法人和总承包单位应当在招标文件或者合同中约定总承包风险的合理分担。风险分担可以参照以下因素约定：

项目法人承担的风险一般包括：

（一）项目法人提出的工期调整、重大或者较大设计变更、建设标准或者工程规模的调整；

（二）因国家税收等政策调整引起的税费变化；

（三）钢材、水泥、沥青、燃油等主要工程材料价格与招标时基价相比，波动幅度超过合同约定幅度的部分；

（四）施工图勘察设计时发现的在初步设计阶段难以预见的滑坡、泥石流、突泥、涌水、溶洞、采空区、有毒气体等重大地质变化，其损失与处治费用可以约定由项目法人承担，或者约定项目法人和总承包单位的分担比例。工程实施中出现重大地质变化的，其损失与处治费用除保险公司赔付外，可以约定由总承包单位承担，或者约定项目法人与总承包单位的分担比例。因总承包单位施工组织、措施不当造成的上述问题，其损失与处治费用由总承包单位承担；

（五）其他不可抗力所造成的工程费用的增加。

除项目法人承担的风险外，其他风险可以约定由总承包单位承担。

第十四条　总承包费用或者投标报价应当包括相应工程的施工图勘察设计费、建筑安装工程费、设备购置费、缺陷责任期维修费、保险费等。总承包采用总价合同，除应当由项目法人承担的风险费用外，总承包合同总价一般不予调整。

项目法人应当在初步设计批准概算范围内确定最高投标限价。

第三章　总承包管理

第十五条　项目法人应当依据合同加强总承包管理，督促总承包单位履行合同义务，加强工程勘察设计管理和地质勘察验收，严格对工程质量、安全、进度、投资和环保等环节进行把关。

项目法人对总承包单位在合同履行中存在过失或偏差行为，可能造成重大损失或者严重影响合同目标实现的，应当对总承包单位法人代表进行约谈，必要时可以依据合同约定，终止总承包合同。

第十六条　采用总承包的项目，初步设计应当加大设计深度，加强地质勘察，明确重大技术方案，严格核定工程量和概算。

初步设计单位负责总承包项目初步设计阶段的勘察设计，按照项目法人要求对施工图设计或者设计变更进行咨询核查。

第十七条　总承包单位应当按照合同规定和工程施工需要，分阶段提交详勘资料和施工图设计文件，并按照审查意见进行修改完善。施工图设计应当符合经审批的初步设计文件要求，满足工程质量、耐久和安全的强制性标准和相关规定，经项目法人同意后，按照相关规定报交通运输主管部门审批。施工图设计经批准后方可组织实施。

第十八条　总承包单位依据总承包合同，对施工图设计及工程质量、安全、进度负总责。负责施工图勘察设计、工程施工和缺陷责任期工程修复工作，配合项目法人完成征地拆迁、地方协调、项目审计及交竣工验收等工作。

第十九条　项目法人根据建设项目的规模、技术复杂程度等要素，依据有关规定程序选择社会化的监理开展工程监理工作。监理单位应当依据有关规定和合同，对总承包施工图勘察设计、工程质量、施工安全、进度、环保、计量支付和缺陷责任期工程修复等进行监理，对总承包单位编制的勘察设计计划、采购与施工的组织实施计划、施工图设计文件、专项技术方案、项目实施进度计划、质量安全保障措施、计量支付、工程变更等进行审核。

第二十条　总承包工程应当按照批准的施工图设计组织施工。总承包单位应当根据工程特点和合同约定，细化设计施工组织计划，拟定设计施工进度安排、工程质量和施工安全目标、环境保护措施、投资完成计划。

第二十一条　总承包单位应当加强设计与施工的协调，建立工程管理与协调制度，根据工程实际及时完善、优化设计，改进施工方案，合理调配设计和施工力量，完善质量保证体系。

第二十二条　工程永久使用的大宗材料、关键设备和主要构件可由项目法人依法招标采购，也可由总承包单位按规定采购。招标人在招标文件中应当明确采购责任。由总承包单位采购的，应当采取集中采购的方式，采购方案应当经项目法人同意，并接受项目法人的监督。

第二十三条 总承包单位应当加强对分包工程的管理。选择的分包单位应当具备相应资格条件，并经项目法人同意，分包合同应当送项目法人。

第二十四条 总承包工程应当按照招标文件明确的计量支付办法与程序进行计量支付。

当采用工程量清单方式进行管理时，总承包单位应当依据交通运输主管部门批准的施工图设计文件，按照各分项工程合计总价与合同总价一致的原则，调整工程量清单，经项目法人审定后作为支付依据；工程实施中，按照清单及合同条款约定进行计量支付；项目完成后，总承包单位应当根据调整后最终的工程量清单编制竣工文件和工程决算。

第二十五条 总承包工程实施过程中需要设计变更的，较大变更或者重大变更应当依据有关规定报交通运输主管部门审批。一般变更应当在实施前告知监理单位和项目法人，项目法人认为变更不合理的有权予以否定。任何设计变更不得降低初步设计批复的质量安全标准，不得降低工程质量、耐久性和安全度。

设计变更引起的工程费用变化，按照风险划分原则处理。其中，属于总承包单位风险范围的设计变更（含完善设计），超出原报价部分由总承包单位自付，低于原报价部分，按第二十四条规定支付。属于项目法人风险范围的设计变更，工程量清单与合同总价均调整，按规定报批后执行。

项目法人应当根据设计变更管理规定，制定鼓励总承包单位优化设计、节省造价的管理制度。

第二十六条 总承包单位应当按照有关规定和合同要求，负责缺陷责任期的工程修复等工作，确保公路技术状况符合规定要求。

第二十七条 总承包单位完成合同约定的全部工程，符合质量安全标准，在缺陷责任期内履行规定义务后，项目法人应当按照合同完成全部支付。

第二十八条 总承包单位应当按照交、竣工验收的有关规定，编制和提交竣工图纸和相关文件资料。

第四章 附 则

第二十九条 本办法自 2015 年 8 月 1 日起施行。

住房城乡建设部《关于进一步推进工程总承包发展的若干意见》

建市〔2016〕93号 2016年5月20日

各省、自治区住房城乡建设厅，直辖市建委，北京市规委，新疆生产建设兵团建设局，国务院有关部门建设司（局）：

为落实《中共中央国务院关于进一步加强城市规划建设管理工作的若干意见》，深化建设项目组织实施方式改革，推广工程总承包制，提升工程建设质量和效益，现提出以下意见。

一、大力推进工程总承包

（一）充分认识推进工程总承包的意义。工程总承包是国际通行的建设项目组织实施方式。大力推进工程总承包，有利于提升项目可行性研究和初步设计深度，实现设计、采购、施工等各阶段工作的深度融合，提高工程建设水平；有利于发挥工程总承包企业的技术和管理优势，促进企业做优做强，推动产业转型升级，服务于“一带一路”战略实施。

（二）工程总承包的主要模式。工程总承包是指从事工程总承包的企业按照与建设单位签订的合同，对工程项目的设计、采购、施工等实行全过程的承包，并对工程的质量、安全、工期和造价等全面负责的承包方式。工程总承包一般采用设计—采购—施工总承包或者设计—施工总承包模式。建设单位也可以根据项目特点和实际需要，按照风险合理分担原则和承包工作内容采用其他工程总承包模式。

（三）优先采用工程总承包模式。建设单位在选择建设项目组织实施方式时，应当本着质量可靠、效率优先的原则，优先采用工程总承包模式。政府投资项目和装配式建筑应当积极采用工程总承包模式。

二、完善工程总承包管理制度

（四）工程总承包项目的发包阶段。建设单位可以根据项目特点，在可行性研究、方案设计或者初步设计完成后，按照确定的建设规模、建设标准、投资限额、工程质量和进度要求等进行工程总承包项目发包。

（五）建设单位的项目管理。建设单位应当加强工程总承包项目全过程管理，督促工程总承包企业履行合同义务。建设单位根据自身资源和能力，可以自行对工程总承包项目进行管理，也可以委托项目管理单位，依照合同对工程总承包项目进行管理。项目管理单位可以是本项目的可行性研究、方案设计或者初步设计单位，也可以是其他工程设计、施工或者监理等单位，但项目管理单位不得与工程总承包企业具有利害关系。

（六）工程总承包企业的选择。建设单位可以依法采用招标或者直接发包的方式选择工程总承包企业。工程总承包评标可以采用综合评估法，评审的主要因素包括工程总承包报价、项目管理组织方案、设计方案、设备采购方案、施工计划、工程业绩等。工程总承包项目可以采用总价合同或者成本加酬金合同，合同价格应当在充分竞争的基础上合理确定，合同的制订可以参照住房城乡建设部、工商总局联合印发的建设项目工程总承包合同示范文本。

（七）工程总承包企业的基本条件。工程总承包企业应当具有与工程规模相适应的工程设计资质或者施工资质，相应的财务、风险承担能力，同时具有相应的组织机构、项目管理体系、项目管理专业人员和工程业绩。

（八）工程总承包项目经理的基本要求。工程总承包项目经理应当取得工程建设类注册执业资格或者高级专业技术职称，担任过工程总承包项目经理、设计项目负责人或者施工项目经理，熟悉工程建设相关法律法规和标准，同时具有相应工程业绩。

（九）工程总承包项目的分包。工程总承包企业可以在其资质证书许可的工程项目范围内自行实施设计和施工，也可以根据合同约定或者经建设单位同意，直接将工程项目的设计或者施工业务择优分包给具有相应资质的企业。仅具有设计资质的企业承接工程总承包项目时，应当将工程总承包项目中的施工业务依法分包给具有相应施工资质的企业。仅具有施工资质的企业承接工程总承包项目时，应当将工程总承包项目中的设计业务依法分包给具有相应设计资质的企业。

（十）工程总承包项目严禁转包和违法分包。工程总承包企业应当加强对分包的管理，不得将工程总承包项目转包，也不得将工程总承包项目中设计和施工业务一并或者分别分包给其他单位。工程总承包企业自行实施设计的，不得将工程总承包项目工程主体部分的设计业务分包给其他单位。工程总承包企业自行实施施工的，不得将工程总承包项目工程主体结构的施工业务分包给其他单位。

（十一）工程总承包企业的义务和责任。工程总承包企业应当加强对工程总承包项目的管理，根据合同约定和项目特点，制定项目管理计划和项目实施计划，建立工程管理与协调制度，加强设计、采购与施工的协调，完善和优化设计，改进施工方案，合理调配设计、采购和施工力量，实现对工程总承包项目的有效控制。工程总承包企业对工程总承包项目的质量和安全全面负责。工程总承包企业按照合同约定对建设单位负责，分包企业按照分包合同的约定对工程总承包企业负责。工程分包不能免除工程总承包企业的合同义务和法律责任，工程总承包企业和分包企业就分包工程对建设单位承担连带责任。

（十二）工程总承包项目的风险管理。工程总承包企业和建设单位应当加强风险管理，公平合理分担风险。工程总承包企业按照合同约定向建设单位出具履约担保，建设单位向工程总承包企业出具支付担保。

（十三）工程总承包项目的监管手续。按照法规规定进行施工图设计文件审查的工程总承包项目，可以根据实际情况按照单体工程进行施工图设计文件审查。住房城乡建设主管部门可以根据工程总承包合同及分包合同确定的设计、施工企业，依法办理建设工程质量、安全监督和施工许可等相关手续。相关许可和备案表格，以及需要工程总承包企业签署意见的相关工程管理技术文件，应当增加工程总承包企业、工程总承包项目经理等栏目。

（十四）安全生产许可证和质量保修。工程总承包企业自行实施工程总承包项目施工的，应当依法取得安全生产许可证；将工程总承包项目中的施工业务依法分包给具有相应资质的施工企业完成的，施工企业应当依法取得安全生产许可证。工程总承包企业应当组织分包企业配合建设单位完成工程竣工验收，签署工程质量保修书。

三、提升企业工程总承包能力和水平

（十五）完善工程总承包企业组织机构。工程总承包企业要根据开展工程总承包业务的实际需要，及时调整和完善企业组织机构、专业设置和人员结构，形成集设计、采购和施工各阶段项目管理于一体，技术与管理密切结合，具有工程总承包能力的组织体系。

（十六）加强工程总承包人才队伍建设。工程总承包企业要高度重视工程总承包的项目经理及从事项目控制、设计管理、采购管理、施工管理、合同管理、质量安全管理和风险管理等方面的人才培养。加强项目管理业务培训，并在工程总承包项目实践中锻炼人才、培育人才，培养一批符合工程总承包业务需求的专业人才，为开展工程总承包业务提供人才支撑。

（十七）加强工程总承包项目管理体系建设。工程总承包企业要不断建立完善包括技术标准、管理标准、质量管理体系、职业健康安全和环境管理体系在内的工程总承包项目管理标准体系。加强对分包企业的跟踪、评估和管理，充分利用市场优质资源，保证项目的有效实施。积极推广应用先进实用的项目管理软件，建立与工程总承包管理相适应的信息网络平台，完善相关数据库，提高数据统计、分析和管控水平。

四、加强推进工程总承包发展的组织和实施

（十八）加强组织领导。各级住房城乡建设主管部门要高度重视推进工程总承包发展工作，创新建设工程管理机制，完善相关配套政策；加强领导，推进各项制度措施落实，明确管理部门，依据职责加强对房屋建筑和市政工程的工程总承包活动的监督管理；加强与发展改革、财政、税务、审计等有关部门的沟通协调，积极解决制约工程总承包项目实施的有关问题。

（十九）加强示范引导。各级住房城乡建设主管部门要引导工程建设项目采用工程总承包模式进行建设，从重点企业入手，培育一批工程总承包骨干企业，发挥示范引领带动作用，提高工程总承包的供给质量和能力。加大宣传力度，加强人员培训，及时总结和推广经验，扩大工程总承包的影响力。

（二十）发挥行业组织作用。充分发挥行业组织桥梁和纽带作用，在推进工程总承包发展过程中，行业组织要积极反映企业诉求，协助政府开展相关政策研究，组织开展工程总承包项目管理人才培训，开展工程总承包企业经验交流，促进工程总承包发展。

国务院办公厅关于促进建筑业持续健康发展的意见

国办发〔2017〕19号　2017年2月21日

三、完善工程建设组织模式

（三）加快推行工程总承包。装配式建筑原则上应采用工程总承包模式。政府投资工程应完善建设管理模式，带头推行工程总承包。加快完善工程总承包相关的招标投标、施工许可、竣工验收等制度规定。按照总承包负总责的原则，落实工程总承包单位在工程质量安全、进度控制、成本管理等方面的责任。除以暂估价形式包括在工程总承包范围内且依法必须进行招标的项目外，工程总承包单位可以直接发包总承包合同中涵盖的其他专业业务。

（十三）保护工人合法权益。……按照谁用工谁负责和总承包负总责的原则，落实企业工资支付责任，依法按月足额发放工人工资。

建设项目工程总承包管理规范

住房和城乡建设部公告第 1535 号　2017 年 5 月 4 日

现批准《建设项目工程总承包管理规范》为国家标准，编号为 GB/T 50358—2017，自 2018 年 1 月 1 日起实施。原国家标准 GB/T 50358—2005《建设项目工程总承包管理规范》同时废止。

本规范由我部标准定额研究所组织中国建筑工业出版社出版发行。

关于工程总承包项目和政府采购工程建设项目办理施工许可手续有关事项的通知

建办市〔2017〕46号　2017年7月13日

各省、自治区住房城乡建设厅，直辖市建委，新疆生产建设兵团建设局：

为贯彻落实《国务院办公厅关于促进建筑业持续健康发展的意见》(国办发〔2017〕19号)，进一步深化建筑业“放管服”改革，完善建筑工程施工许可制度，依法为工程总承包项目和政府采购工程建设项目办理施工许可手续，现将有关事项通知如下：

一、关于工程总承包项目施工许可

对采用工程总承包模式的工程建设项目，在施工许可证及其申请表中增加“工程总承包单位”和“工程总承包项目经理”栏目。各级住房城乡建设主管部门可以根据工程总承包合同及分包合同确定设计、施工单位，依法办理施工许可证。

对在工程总承包项目中承担分包工作，且已与工程总承包单位签订分包合同的设计单位或施工单位，各级住房城乡建设主管部门不得要求其与建设单位签订设计合同或施工合同，也不得将上述要求作为申请领取施工许可证的前置条件。

二、关于政府采购工程建设项目施工许可

对依法通过竞争性谈判或单一来源方式确定供应商的政府采购工程建设项目，应严格执行建筑法、《建筑工程施工许可管理办法》等规定，对符合申请条件的，应当颁发施工许可证。

关于征求《建设项目总投资费用项目组成》《建设项目工程总承包费用项目组成》意见的函

建办标函〔2017〕621 号　2017 年 9 月 4 日

各省、自治区住房和城乡建设厅，直辖市建委，国务院有关部门办公厅（室）：

为深化建筑业“放管服”改革，降低企业经营成本，激发市场投资活力，促进建设项目工程总承包，满足建设各方合理确定和有效控制工程造价的需要，我部组织起草了《建设项目总投资费用项目组成（征求意见稿）》《建设项目工程总承包费用项目组成（征求意见稿）》（详见附件），现送你们征求意见，请于 2017 年 9 月 20 日前将意见函告我部标准定额司。

附件：1.《建设项目总投资费用项目组成》（征求意见稿）（略）

2.《建设项目工程总承包费用项目组成》（征求意见稿）

附件 2

建设项目工程总承包费用项目组成（征求意见稿）

为贯彻落实《国务院办公厅关于促进建筑业持续健康发展的意见》（国办发〔2017〕19 号），适应推进建设项目工程总承包的需要，规范总承包费用项目组成，有效控制项目投资，提高工程建设效率，参照财政部《基本建设项目建设成本管理规定》（财建〔2016〕504 号）和国家发展改革委、住房城乡建设部以及有关行业建设管理部门发布的建设工程费用构成，制定本项目组成。

第一条　建设项目工程总承包是指从事工程总承包的企业按照与建设单位签订的合同，对工程项目的设计、采购、施工等实行全过程的承包，并对工程的质量、安全、工期和造价等全面负责的承包方式。

建设单位可以在建设项目的可行性研究批准立项后，或方案设计批准后，或初步设计批准后采用工程总承包的方式发包。

第二条　工程总承包一般采用设计—采购—施工总承包模式。建设单位也可以根据项目特点和实际需要采用设计—施工总承包或其他工程总承包模式。

第三条　建设项目工程总承包费用项目由建筑安装工程费、设备购置费、总承包其他费、暂列费用构成。

第四条　建设单位应根据建设工程总承包项目发包的工程内容、工作范围，按照风险合理分担的原则确定具体费用项目及其范围。

第五条　建筑安装工程费。指为完成建设项目发生的建筑工程和安装工程所需的费用，不包括应列入设备购置费的被安装设备本身的价值。该费用由建设单位按照合同约定支付给总承包单位。

第六条　设备购置费。指为完成建设项目，需要采购设备和为生产准备的不够固定资产标准的工具、器具的价款，不包括应列入安装工程费的工程设备（建筑设备）本身的价值。该费用由建设单位按照合同约定支付给总承包单位（不包括工程抵扣的增值税进项税额）。

第七条　总承包其他费。指建设单位应当分摊计入工程总承包相关项目的各项费用和税金支出，并按照合同约定支付给总承包单位的费用。主要包括：

（一）勘察费、设计费、研究试验费。

（二）土地租用及补偿费。指建设单位按照合同约定支付给总承包单位在建设期间因需要而用于租用土地使用权而发生的费用以及用于土地复垦、植被恢复等的费用。

（三）税费。指建设单位按照合同约定支付给总承包单位的应由其缴纳的各种税费（如印花税、应纳增值税及其在此基础上计算的附加税等）。

（四）总承包项目建设管理费。指建设单位按照合同约定支付给总承包单位用于项目建设期间发生的管理性质的费用。包括：工作人员工资及相关费用、办公费、办公场地租用费、差旅交通费、劳动保护费、工具用具使用费、固定资产使用费、招募生产工人费、技术图书资料费（含软件）、业务招待费、施工现场津贴、竣工验收费和其他管理性质的费用。

（五）临时设施费。指建设单位按照合同约定支付给总承包单位用于未列入建筑安装工程费的临时水、电、路、讯、气等工程和临时仓库、生活设施等建（构）筑物的建造、维修、拆除的摊销或租赁费用，以及铁路码头租赁等费用。

（六）招标投标费。指建设单位按照合同约定支付给总承包单位用于材料、设备采购以及工程设计、施工分包等招标和总承包投标的费用。

（七）咨询和审计费。指建设单位按照合同约定支付给总承包单位用于社会中介机构的工程咨询、工程审计等的费用。

（八）检验检测费。指建设单位按照合同约定支付给总承包单位用于未列入建筑安装工程费的工程检测、设备检验、负荷联合试车费、联合试运转费及其他检验检测的费用。

（九）系统集成费。指建设单位按照合同约定支付给总承包单位用于系统集成等信息工程的费用（如网络租赁、BIM、系统运行维护等）。

（十）其他专项费用。指建设单位按照合同约定支付给总承包单位使用的费用（如财务费、专利及专有技术使用费、工程保险费、法律费用等）。

财务费是指在建设期内提供履约担保、预付款担保、工程款支付担保以及可能需要的筹集资金等所发生的费用。

专利及专有技术使用费是指在建设期内取得专利、专有技术、商标以及特许经营使用权发生的费用。

工程保险费是指在建设期内对建筑工程、安装工程、机械设备和人身安全进行投保而发生的费用。包括建筑安装工程一切险、工程质量保险、人身意外伤害险等，不包括已列入建筑安装工程费中的施工企业的财产、车辆保险费。

法律费是指在建设期内聘请法律顾问、可能用于仲裁或诉讼以及律师代理等费用。

第八条　暂列费用。指建设单位为工程总承包项目预备的用于建设期内不可预见的费用，包括基本预备费、价差预备费。

基本预备费是指在建设期内超过工程总承包发包范围增加的工程费用，以及一般自然灾害处理、地下障碍物处理、超规超限设备运输等，发生时按照合同约定支付给总承包单位的费用。

价差预备费是指在建设期内超出合同约定风险范围外的利率、汇率或价格等因素变化而可能增加的，发生时按照合同约定支付给总承包单位的费用。

第九条　未在本项目组成列出，根据项目建设实际需要补充的项目，可分别列入其他专项费或暂列费用项目中。

第十条　本项目组成自201　年　月　日起实施。

附件：建设项目工程总承包费用计算方法参考（略）

中华人民共和国招标投标法（2017年修正）

中华人民共和国主席令第86号 2017年12月27日

第三十一条 两个以上法人或者其他组织可以组成一个联合体，以一个投标人的身份共同投标。

联合体各方均应当具备承担招标项目的相应能力；国家有关规定或者招标文件对投标人资格条件有规定的，联合体各方均应当具备规定的相应资格条件。由同一专业的单位组成的联合体，按照资质等级较低的单位确定资质等级。

联合体各方应当签订共同投标协议，明确约定各方拟承担的工作和责任，并将共同投标协议连同投标文件一并提交招标人。联合体中标的，联合体各方应当共同与招标人签订合同，就中标项目向招标人承担连带责任。

招标人不得强制投标人组成联合体共同投标，不得限制投标人之间的竞争。

关于同意上海、深圳市开展工程总承包企业编制施工图设计文件试点的复函

建办市函〔2018〕347 号　2018 年 7 月 4 日

上海市住房和城乡建设管理委员会、深圳市住房和建设局：

你们关于开展工程总承包企业编制施工图设计文件试点等改革工作的请示收悉。经研究，现函复如下：

一、同意在上海、深圳市开展工程总承包企业编制施工图设计文件试点，同步开展建筑师负责制和全过程工程咨询试点。试点期限为 3 年，自 2018 年 8 月 1 日起至 2021 年 7 月 31 日止。

二、试点工作要贯彻落实《国务院办公厅关于促进建筑业持续健康发展的意见》（国办发〔2017〕19 号）要求，改进工程建设组织方式，加快完善工程总承包相关的招标投标、施工图设计审查、施工许可、竣工验收等制度规定，实施工程总承包企业负总责；积极试点建筑师负责制，明确建筑师的权利和责任，提高建筑师的地位，推进全过程工程咨询服务，促进工程建设提质增效，推动建筑业和工程勘察设计咨询业高质量发展。

三、试点城市住房城乡建设主管部门要加强对试点项目的指导监督，严格实施施工图设计文件审查制度，监督有关试点单位执行工程建设强制性标准，确保工程质量和安全。

四、试点城市住房城乡建设主管部门要加强组织领导，确保试点项目落地，及时协调解决试点工作中出现的问题；发挥工程总承包模式的优势，积极稳妥推进试点工作，形成在全国可复制、可推广的经验和改革创新成果；及时做好评估总结，于每年年底向我部报送试点工作进展情况，试点工作完成后向我部报送试点工作总结报告。

房屋建筑和市政基础设施项目工程总承包计价计量规范（征求意见稿）

建办标函〔2018〕726 号　2018 年 12 月 12 日

各省、自治区住房城乡建设厅，直辖市建委，国务院有关部门办公厅（室）：

为贯彻落实《国务院办公厅关于促进建筑业持续健康发展的意见》（国办发〔2017〕19 号），推进工程总承包，我部组织起草了《房屋建筑和市政基础设施项目工程总承包计价计量规范（征求意见稿）》，现送你们征求意见，请于 2018 年 12 月 31 日前将意见函告我部标准定额司。征求意见稿可登陆住房城乡建设部门户网站征求意见栏目检索下载。

附件：房屋建筑和市政基础设施项目工程总承包计价计量规范（征求意见稿）（略）

房屋建筑和市政基础设施项目工程总承包管理办法（征求意见稿）

建办市函〔2019〕308 号 2019 年 5 月 10 日

各省、自治区住房和城乡建设厅、发展改革委，直辖市住房和城乡建设（管）委、发展改革委，北京市规划和自然资源委，新疆生产建设兵团住房和城乡建设局、发展改革委，计划单列市住房和城乡建设局、发展改革委：

为贯彻落实中央城市工作会议精神和《国务院办公厅关于促进建筑业持续健康发展的意见》（国办发〔2017〕19 号）要求，加快推进工程总承包，完善工程总承包管理制度，提升工程建设质量和效益，我们组织起草了《房屋建筑和市政基础设施项目工程总承包管理办法（征求意见稿）》。现送你单位征求意见，请各省级住房和城乡建设主管部门、发展改革部门于 2019 年 5 月 31 日前，分别将意见函告住房和城乡建设部建筑市场监管司、国家发展改革委投资司，并请发送电子版。

房屋建筑和市政基础设施项目工程总承包管理办法（征求意见稿）

第一章 总 则

第一条 （制定目的、依据）为规范房屋建筑和市政基础设施项目工程总承包活动，提升工程建设质量和效益，根据相关法律法规，制定本办法。

第二条 （适用范围）从事房屋建筑和市政基础设施项目工程总承包活动，实施对房屋建筑和市政基础设施项目工程总承包（以下简称工程总承包）活动的监督管理，适用本办法。

第三条 （工程总承包的内容）本办法所称工程总承包，是指承包单位按照与建设单位签订的合同，对工程项目设计、采购、施工或者设计、施工等阶段实行总承包，并对工程的质量、安全、工期和造价等全面负责的工程建设组织实施方式。

第四条 （基本原则）工程总承包活动应当遵循合法、公平、诚实守信的原则，合理分担风险，保证工程质量和安全，节约能源，保护生态环境，不得损害社会公共利益和他人的合法权益。

第五条 （监督管理部门）国务院住房和城乡建设主管部门对全国房屋建筑和市政基础设施项目工程总承包活动实施指导和监督。国务院投资主管部门依据投资项目审批、核准、备案的相关法律法规履行相应监督管理职责。

县级以上地方人民政府住房和城乡建设主管部门负责本行政区域内房屋建筑和市政基础设施项目工程总承包活动的监督管理。县级以上地方人民政府投资主管部门依据投资项目审批、核准、备案的相关法律法规履行相应监督管理职责。

第二章　工程总承包项目的发包和承包

第六条　（工程总承包方式的适用项目）建设单位应当根据项目情况和自身管理能力等，合理选择建设项目组织实施方式。

装配式建筑原则上采用工程总承包方式。鼓励政府投资项目采用工程总承包方式。

第七条　（发包阶段和条件）建设范围、建设规模、建设标准、功能要求等前期条件明确的项目，适宜采用工程总承包方式。

建设单位应当在发包前完成项目审批、核准或备案程序。企业投资项目应当在核准或备案后，进行工程总承包项目发包。政府投资项目原则上应当在初步设计审批完成后进行工程总承包项目发包；按照国家有关规定简化报批文件和审批程序的政府投资项目，应当在完成投资决策审批后进行工程总承包项目发包。

第八条　（发包方式）建设单位依法采用招标或者直接发包等方式选择工程总承包单位。

工程总承包项目范围内的设计、采购或者施工中有任一项属于依法必须进行招标的项目范围且达到国家规模标准的，应当采用招标的方式选择工程总承包单位。

第九条　（招标文件编制）建设单位应当根据招标项目的特点和需要编制工程总承包项目招标文件，一般包括以下内容：

（一）投标人须知；

（二）评标办法和标准；

（三）拟签订合同的主要条款；

（四）发包人要求，列明项目的目标、范围、设计和其他技术标准，包括对项目的内容、范围、规模、标准、功能、质量、安全、节约能源、生态环境保护、工期、验收等的明确要求；

（五）建设单位提供的资料和条件，包括发包前完成的水文地质、工程地质、地形等勘察资料，以及工程可行性研究报告、方案设计文件或者初步设计文件等；

（六）投标文件格式；

（七）要求投标人提交的其他材料。

建设单位可以在招标文件中，提出对履约担保的要求，依法要求投标文件载明拟分包的内容；对于设有最高投标限价的，应当明确最高投标限价或者最高投标限价的计算方法。

推荐使用由住房和城乡建设部会同有关部门制定的工程总承包合同示范文本。

第十条　（工程总承包单位条件）工程总承包单位应当具有与工程规模相适应的工程设计资质或者施工资质，具有相应的项目管理体系和项目管理能力，财务、风险承担能力，以及与发包工程相类似的设计、施工或者工程总承包业绩。

工程总承包单位不得是工程总承包项目的代建单位、项目管理单位、监理单位、造价咨询单位、招标代理单位。

政府投资项目的项目建议书、可行性研究报告、初步设计文件编制单位及其评估单位，不得成为该项目的工程总承包单位。

第十一条 （投标文件编制期限）建设单位应当依法确定投标人编制工程总承包项目投标文件所需要的合理时间。

第十二条 （评标委员会组成）评标委员会应当依照法律规定和项目特点，由建设单位代表、具有工程总承包项目管理经验的专家，以及从事设计、施工、造价等方面的专家组成。

第十三条 （发承包的风险分担）建设单位和工程总承包单位应当加强风险管理，合理分担风险。

建设单位承担的主要风险一般包括：

（一）主要工程材料、设备、人工费价格与招标时基期价相比，波动幅度超过合同约定幅度的部分；

（二）因国家法律法规政策变化引起的合同价格的变化；

（三）不可预见的地质条件造成的工程费用和工期的变化；

（四）因建设单位原因产生的工程费用和工期的变化；

（五）不可抗力造成的工程费用和工期的变化。

具体风险分担内容由双方在合同中约定。

鼓励建设单位和工程总承包单位运用保险手段增强防范风险能力。

第十四条 （合同价格形式）企业投资项目的工程总承包项目宜采用总价合同，政府投资项目的工程总承包应合理确定合同价格形式。采用总价合同的，除合同约定可以调整的情形外，合同总价一般不予调整。

建设单位和工程总承包单位依据住房和城乡建设主管部门制定的工程总承包项目计价规则，在合同中约定工程总承包计量规则和计价方法。

依法必须进行招标的项目，合同价格应当在充分竞争的基础上合理确定。

第三章　工程总承包项目实施

第十五条 （建设单位的项目管理）建设单位根据自身资源和能力，可以自行对工程总承包项目进行管理，也可以委托项目管理单位，赋予相应权利，依照合同对工程总承包项目进行管理。

第十六条 （工程总承包单位的组织机构）工程总承包单位应当建立与工程总承包相适应的组织机构和管理制度，形成项目设计管理、采购管理、施工管理、试运行管理以及质量、安全、工期、造价、节约能源和生态环境保护等工程总承包综合管理能力。

第十七条 （工程总承包单位的管理）工程总承包单位应当设立项目管理机构，设置项目经理，配备相应管理人员，加强设计、采购与施工的协调，完善和优化设计，改进施工方案，实现对工程总承包项目的有效管理控制。

鼓励采用先进工程技术进行优化设计，并依法应用于工程。

第十八条 （工程总承包项目经理条件）工程总承包项目经理宜具备下列条件：

（一）取得相应工程建设类注册执业资格，包括注册建筑师、勘察设计注册工程师、注册建造师或者注册监理工程师等；

（二）担任过与拟建项目相类似的工程总承包项目经理、设计项目负责人、施工总承包项目经理或者项目总监理工程师；

（三）熟悉工程技术和工程总承包项目管理知识以及相关法律法规、标准规范；

（四）具有较强的组织协调能力和良好的职业道德。

工程总承包项目经理一般不得同时在两个或者两个以上工程项目担任工程总承包项目经理、施工项目经理。

第十九条　（鼓励自行实施设计和施工）鼓励具有相应资质的工程总承包单位自行实施施工图设计和施工，促进设计与施工深度融合。

第二十条　（工程总承包单位的分包一）工程总承包单位根据合同约定或者经建设单位同意，可以将工程总承包项目中的设计或者施工业务分包给具有相应资质的单位，但不得将工程总承包项目中设计和施工全部业务一并或者分别分包给其他单位。

第二十一条　（工程总承包单位的分包二）工程总承包单位仅具有相应设计资质的，应当将工程总承包项目中的施工业务分包给具有相应施工资质的单位；仅具有相应施工资质的，应当将工程总承包项目中的设计业务分包给具有相应设计资质的单位。

工程总承包单位自行实施设计的，不得将工程主体部分的设计分包给其他单位；自行实施施工的，不得将工程主体结构的施工分包给其他单位。

建设单位和工程总承包单位可以在合同中约定不得分包的内容。

第二十二条　（工程总承包单位的分包方式）工程总承包单位可以采用直接发包的方式进行分包。但以暂估价形式包括在总承包范围内的工程、货物、服务分包时，属于依法必须进行招标的项目范围且达到国家规定规模标准的，应当依法招标。

第二十三条　（禁止工程总承包单位转包）工程总承包单位应当按照合同约定履行义务，不得将工程总承包项目转包。

第二十四条　（质量责任）建设单位不得迫使工程总承包单位以低于成本的价格竞标，不得明示或暗示工程总承包单位违反工程建设强制性标准、降低建设工程质量，不得明示或暗示工程总承包单位使用不合格的建筑材料、建筑构配件和设备。

工程总承包单位应当对其承包的全部建设工程质量负责，分包单位对其分包工程的质量负责，分包不免除工程总承包单位对全部建设工程所负的质量责任。

工程总承包单位、工程总承包项目经理依法承担质量终身责任。

第二十五条　（安全责任）建设单位不得对工程总承包单位提出不符合建设工程安全生产法律、法规和强制性标准规定的要求，不得明示或者暗示工程总承包单位购买、租赁、使用不符合安全施工要求的安全防护用具、机械设备、施工机具及配件、消防设施和器材。

工程总承包单位对承包范围内工程的安全生产负总责。分包单位应当服从工程总承包单位的安全生产管理，分包单位不服从管理导致生产安全事故的，由分包单位承担主要责任，分包不免除工程总承包单位的安全责任。

第二十六条　（工期责任）建设单位不得设置不合理工期，不得任意压缩合理工期。

工程总承包单位应当依据合同对工期全面负责，对项目总进度和各阶段的进度进行控制管理，确保工程按期竣工。

第二十七条　（竣工验收、备案）工程符合竣工验收条件的，工程总承包单位应当向建设单位提交工程竣工报告，申请工程竣工验收。建设单位应当依法组织各参建单位进行工程竣工验收，并自工程竣工验收合格之日起 15 日内向工程所在地县级以上地方人民政府住房和城乡建设主管部门备案。

工程总承包单位负责组织分包单位配合建设单位完成工程竣工验收。

第二十八条 （项目资料移交）建设单位应当及时收集、整理建设项目各环节的文件资料，以及工程总承包单位、监理单位等移交的工程资料，建立项目档案，并在工程竣工验收后，及时向城建档案管理部门移交。

工程总承包单位负责总承包范围内工程实施过程中的工程资料的审核、签署、整理等工作，并向建设单位移交相应工程档案资料。

第二十九条 （保修责任）工程保修责任书由建设单位与工程总承包单位签署，保修期内工程总承包单位应当根据法律法规规定以及合同约定承担保修责任，工程总承包单位不得以其与分包单位之间保修责任划分而拒绝履行保修责任。

第四章 监 督 管 理

第三十条 （项目投资管理）投资项目采取工程总承包的，建设单位和工程总承包单位应当加强设计、施工等环节管理，确保建设地点、建设规模、建设内容等符合项目审批、核准、备案要求。

政府投资项目建设投资原则上不得超过经核定的投资概算。

第三十一条 （安全生产许可证管理）工程总承包单位自行实施工程总承包项目施工的，应当依法取得安全生产许可证；将工程总承包项目中的施工业务依法分包给具有相应资质的施工单位的，施工单位应当依法取得安全生产许可证。

第三十二条 （安全生产考核合格证）工程总承包单位应当设立安全生产管理机构，配备专职安全生产管理人员。

工程总承包单位仅具有设计资质的，其主要负责人、项目负责人和专职安全生产管理人员应当依照《建筑施工企业主要负责人、项目负责人和专职安全生产管理人员安全生产管理规定》及其实施意见，向省级人民政府住房和城乡建设主管部门申请安全生产考核，并取得相应的安全生产考核合格证书。省级人民政府住房和城乡建设主管部门负责相应考核发证和监督管理工作。

第三十三条 （施工图设计文件审查）工程总承包项目按照法律法规规定应当进行施工图设计文件审查的，可以根据项目实际情况，按规定分阶段审查施工图设计文件。

第三十四条 （施工许可证办理的条件）工程总承包项目申请领取施工许可证时，可以提交以下文件确认相对应的办理条件：

（一）工程总承包单位具有相应施工资质且自行实施施工的，以工程总承包合同作为已确定施工单位的文件；工程总承包单位不具有相应施工资质或者将施工分包的，以工程总承包合同、施工分包合同作为已确定施工单位的文件。

（二）按规定分阶段经审查合格的施工图设计文件，可作为申请领取施工许可证所需的施工图纸。

（三）以工程总承包单位组织编制的施工组织设计文件，认定保证工程质量和安全的具体措施。

县级以上地方人民政府住房和城乡建设主管部门不得违反法律、行政法规规定，增设办理工程总承包项目施工许可证的条件。

第三十五条　（信息管理）县级以上地方人民政府住房和城乡建设主管部门应当加强工程总承包项目的信用管理工作，及时收集本行政区域内工程总承包项目、各参建单位、项目管理人员信用信息，按照相关规定记录并通过省级建筑市场监管一体化平台报送至全国建筑市场监管公共服务平台。

全国建筑市场监管公共服务平台、全国投资项目在线审批监管平台之间加强数据互联互通和信息对接共享。

第三十六条　（监督管理表格添加工程总承包单位）工程总承包项目的工程质量安全监督手续、施工许可证、竣工验收备案登记表、建筑物永久性标牌、质量终身责任信息表等相关许可和备案表格，以及需要工程总承包单位签署意见的相关工程管理技术文件，应当增加“工程总承包单位”和“工程总承包项目经理”等栏目。

第三十七条　（法律责任）工程总承包单位和工程总承包项目经理在设计、施工活动中有违法违规行为的，按照法律法规对设计、施工单位及其项目负责人相同违法违规行为的规定追究责任。

第五章　附　　则

第三十八条　（实施日期）本办法自　　年　月　日起施行。

住房和城乡建设部、国家发展改革委《关于印发房屋建筑和市政基础设施项目工程总承包管理办法的通知》

建市规〔2019〕12号　2019年12月

第一章　总　　则

第一条　为规范房屋建筑和市政基础设施项目工程总承包活动，提升工程建设质量和效益，根据相关法律法规，制定本办法。

第二条　从事房屋建筑和市政基础设施项目工程总承包活动，实施对房屋建筑和市政基础设施项目工程总承包活动的监督管理，适用本办法。

第三条　本办法所称工程总承包，是指承包单位按照与建设单位签订的合同，对工程设计、采购、施工或者设计、施工等阶段实行总承包，并对工程的质量、安全、工期和造价等全面负责的工程建设组织实施方式。

第四条　工程总承包活动应当遵循合法、公平、诚实守信的原则，合理分担风险，保证工程质量和安全，节约能源，保护生态环境，不得损害社会公共利益和他人的合法权益。

第五条　国务院住房和城乡建设主管部门对全国房屋建筑和市政基础设施项目工程总承包活动实施监督管理。国务院发展改革部门依据固定资产投资建设管理的相关法律法规履行相应的管理职责。

县级以上地方人民政府住房和城乡建设主管部门负责本行政区域内房屋建筑和市政基础设施项目工程总承包（以下简称工程总承包）活动的监督管理。县级以上地方人民政府发展改革部门依据固定资产投资建设管理的相关法律法规在本行政区域内履行相应的管理职责。

第二章　工程总承包项目的发包和承包

第六条　建设单位应当根据项目情况和自身管理能力等，合理选择工程建设组织实施方式。

建设内容明确、技术方案成熟的项目，适宜采用工程总承包方式。

第七条　建设单位应当在发包前完成项目审批、核准或者备案程序。采用工程总承包方式的企业投资项目，应当在核准或者备案后进行工程总承包项目发包。采用工程总承包方式的政府投资项目，原则上应当在初步设计审批完成后进行工程总承包项目发包；其中，按照国家有关规定简化报批文件和审批程序的政府投资项目，应当在完成相应的投资决策审批后进行工程总承包项目发包。

第八条 建设单位依法采用招标或者直接发包等方式选择工程总承包单位。

工程总承包项目范围内的设计、采购或者施工中，有任一项属于依法必须进行招标的项目范围且达到国家规定规模标准的，应当采用招标的方式选择工程总承包单位。

第九条 建设单位应当根据招标项目的特点和需要编制工程总承包项目招标文件，主要包括以下内容：

（一）投标人须知；

（二）评标办法和标准；

（三）拟签订合同的主要条款；

（四）发包人要求，列明项目的目标、范围、设计和其他技术标准，包括对项目的内容、范围、规模、标准、功能、质量、安全、节约能源、生态环境保护、工期、验收等的明确要求；

（五）建设单位提供的资料和条件，包括发包前完成的水文地质、工程地质、地形等勘察资料，以及可行性研究报告、方案设计文件或者初步设计文件等；

（六）投标文件格式；

（七）要求投标人提交的其他材料。

建设单位可以在招标文件中提出对履约担保的要求，依法要求投标文件载明拟分包的内容；对于设有最高投标限价的，应当明确最高投标限价或者最高投标限价的计算方法。

推荐使用由住房和城乡建设部会同有关部门制定的工程总承包合同示范文本。

第十条 工程总承包单位应当同时具有与工程规模相适应的工程设计资质和施工资质，或者由具有相应资质的设计单位和施工单位组成联合体。工程总承包单位应当具有相应的项目管理体系和项目管理能力、财务和风险承担能力，以及与发包工程相类似的设计、施工或者工程总承包业绩。

设计单位和施工单位组成联合体的，应当根据项目的特点和复杂程度，合理确定牵头单位，并在联合体协议中明确联合体成员单位的责任和权利。联合体各方应当共同与建设单位签订工程总承包合同，就工程总承包项目承担连带责任。

第十一条 工程总承包单位不得是工程总承包项目的代建单位、项目管理单位、监理单位、造价咨询单位、招标代理单位。

政府投资项目的项目建议书、可行性研究报告、初步设计文件编制单位及其评估单位，一般不得成为该项目的工程总承包单位。政府投资项目招标人公开已经完成的项目建议书、可行性研究报告、初步设计文件的，上述单位可以参与该工程总承包项目的投标，经依法评标、定标，成为工程总承包单位。

第十二条 鼓励设计单位申请取得施工资质，已取得工程设计综合资质、行业甲级资质、建筑工程专业甲级资质的单位，可以直接申请相应类别施工总承包一级资质。鼓励施工单位申请取得工程设计资质，具有一级及以上施工总承包资质的单位可以直接申请相应类别的工程设计甲级资质。完成的相应规模工程总承包业绩可以作为设计、施工业绩申报。

第十三条 建设单位应当依法确定投标人编制工程总承包项目投标文件所需要的合理

时间。

第十四条 评标委员会应当依照法律规定和项目特点，由建设单位代表、具有工程总承包项目管理经验的专家，以及从事设计、施工、造价等方面的专家组成。

第十五条 建设单位和工程总承包单位应当加强风险管理，合理分担风险。

建设单位承担的风险主要包括：

（一）主要工程材料、设备、人工价格与招标时基期价相比，波动幅度超过合同约定幅度的部分；

（二）因国家法律法规政策变化引起的合同价格的变化；

（三）不可预见的地质条件造成的工程费用和工期的变化；

（四）因建设单位原因产生的工程费用和工期的变化；

（五）不可抗力造成的工程费用和工期的变化。

具体风险分担内容由双方在合同中约定。

鼓励建设单位和工程总承包单位运用保险手段增强防范风险能力。

第十六条 企业投资项目的工程总承包宜采用总价合同，政府投资项目的工程总承包应当合理确定合同价格形式。采用总价合同的，除合同约定可以调整的情形外，合同总价一般不予调整。

建设单位和工程总承包单位可以在合同中约定工程总承包计量规则和计价方法。

依法必须进行招标的项目，合同价格应当在充分竞争的基础上合理确定。

第三章 工程总承包项目实施

第十七条 建设单位根据自身资源和能力，可以自行对工程总承包项目进行管理，也可以委托勘察设计单位、代建单位等项目管理单位，赋予相应权利，依照合同对工程总承包项目进行管理。

第十八条 工程总承包单位应当建立与工程总承包相适应的组织机构和管理制度，形成项目设计、采购、施工、试运行管理以及质量、安全、工期、造价、节约能源和生态环境保护管理等工程总承包综合管理能力。

第十九条 工程总承包单位应当设立项目管理机构，设置项目经理，配备相应管理人员，加强设计、采购与施工的协调，完善和优化设计，改进施工方案，实现对工程总承包项目的有效管理控制。

第二十条 工程总承包项目经理应当具备下列条件：

（一）取得相应工程建设类注册执业资格，包括注册建筑师、勘察设计注册工程师、注册建造师或者注册监理工程师等；未实施注册执业资格的，取得高级专业技术职称；

（二）担任过与拟建项目相类似的工程总承包项目经理、设计项目负责人、施工项目负责人或者项目总监理工程师；

（三）熟悉工程技术和工程总承包项目管理知识以及相关法律法规、标准规范；

（四）具有较强的组织协调能力和良好的职业道德。

工程总承包项目经理不得同时在两个或者两个以上工程项目担任工程总承包项目经理、施工项目负责人。

第二十一条　工程总承包单位可以采用直接发包的方式进行分包。但以暂估价形式包括在总承包范围内的工程、货物、服务分包时，属于依法必须进行招标的项目范围且达到国家规定规模标准的，应当依法招标。

第二十二条　建设单位不得迫使工程总承包单位以低于成本的价格竞标，不得明示或者暗示工程总承包单位违反工程建设强制性标准、降低建设工程质量，不得明示或者暗示工程总承包单位使用不合格的建筑材料、建筑构配件和设备。

工程总承包单位应当对其承包的全部建设工程质量负责，分包单位对其分包工程的质量负责，分包不免除工程总承包单位对其承包的全部建设工程所负的质量责任。

工程总承包单位、工程总承包项目经理依法承担质量终身责任。

第二十三条　建设单位不得对工程总承包单位提出不符合建设工程安全生产法律、法规和强制性标准规定的要求，不得明示或者暗示工程总承包单位购买、租赁、使用不符合安全施工要求的安全防护用具、机械设备、施工机具及配件、消防设施和器材。

工程总承包单位对承包范围内工程的安全生产负总责。分包单位应当服从工程总承包单位的安全生产管理，分包单位不服从管理导致生产安全事故的，由分包单位承担主要责任，分包不免除工程总承包单位的安全责任。

第二十四条　建设单位不得设置不合理工期，不得任意压缩合理工期。

工程总承包单位应当依据合同对工期全面负责，对项目总进度和各阶段的进度进行控制管理，确保工程按期竣工。

第二十五条　工程保修书由建设单位与工程总承包单位签署，保修期内工程总承包单位应当根据法律法规规定以及合同约定承担保修责任，工程总承包单位不得以其与分包单位之间保修责任划分而拒绝履行保修责任。

第二十六条　建设单位和工程总承包单位应当加强设计、施工等环节管理，确保建设地点、建设规模、建设内容等符合项目审批、核准、备案要求。

政府投资项目所需资金应当按照国家有关规定确保落实到位，不得由工程总承包单位或者分包单位垫资建设。政府投资项目建设投资原则上不得超过经核定的投资概算。

第二十七条　工程总承包单位和工程总承包项目经理在设计、施工活动中有转包违法分包等违法违规行为或者造成工程质量安全事故的，按照法律法规对设计、施工单位及其项目负责人相同违法违规行为的规定追究责任。

第四章　附　　则

第二十八条　本办法自2020年3月1日起施行。

7

地 方 政 策

浙 江 省

浙江省工程总承包相关政策文件清单

序号	发布时间	文 件 名 称	文 号
1	2014年10月	浙江省住房和城乡建设厅关于印发《浙江省政府投资项目工程总承包试点工作方案》的通知	浙建建〔2014〕116号
2	2014年12月	浙江省住房和城乡建设厅《关于公布浙江省工程总承包试点地区和第一批试点企业、试点项目的通知》	建建发〔2014〕424号
3	2015年11月	宁波市水利局关于印发《宁波市水利建设项目工程总承包指导意见》的通知	甬水建〔2015〕104号
4	2016年2月	浙江省住房和城乡建设厅《关于公布浙江省工程总承包第二批试点企业、试点项目的通知》	函建字〔2016〕81号
5	2016年3月	浙江省住房和城乡建设厅《关于深化建设工程实施方式改革积极推进工程总承包发展的指导意见》	浙建〔2016〕5号
6	2016年8月	浙江省人民政府办公厅《关于推进绿色建筑和建筑工业化发展的实施意见》	浙政办发〔2016〕111号
7	2016年9月	杭州市关于印发《江干区政府投资项目工程总承包实施办法》（试行）的通知	
8	2016年11月	湖州市住房和城乡建设局《关于公布湖州市工程总承包第一批试点企业的通知》	湖建发〔2016〕275号
9	2016年11月	杭州市拱墅区住房和城市建设局《关于印发加强拱墅区政府投资项目工程总承包管理的实施意见的通知》	拱住建局〔2016〕101号
10	2017年5月	浙江省住房和城乡建设厅《关于组织申报我省工程总承包第三批试点企业和试点项目的通知》	建建发〔2017〕180号
11	2017年8月	浙江省人民政府办公厅《关于加快建筑业改革与发展的实施意见》	浙政办发〔2017〕89号

续表

序号	发布时间	文件名称	文号
12	2017年9月	湖州市住房和城乡建设局《关于公布湖州市工程总承包第二批试点企业的通知》	湖建发〔2017〕222号
13	2017年9月	杭州市城乡建设委员会《关于公布杭州市工程总承包试点企业名单（第一批）的通知》	杭建市发〔2017〕447号
14	2017年12月	浙江省住房和城乡建设厅关于印发《浙江省工程总承包计价规则（试行）》的通知	建建发〔2017〕430号
15	2018年5月	杭州市余杭区关于印发《关于工程总承包项目招标投标的实施意见（试行）》的通知	余建〔2018〕128号
16	2018年7月	浙江省住房和城乡建设厅《关于工程总承包试点工作情况的通报》	浙建发〔2017〕195号
17	2018年7月	瑞安市《关于加强政府投资项目工程总承包管理的实施意见》	经2018年7月4日第19次市政府常委会审议通过
18	2018年9月	浙江省招标投标办公室发布《浙江省重点工程建设项目EPC总承包招标文件示范文本（征求意见稿）》	浙招标函〔2018〕11号
19	2019年6月	浙江省水利厅关于公开征求《浙江省水利建设工程总承包管理办法（征求意见稿）》意见的函	
20	2019年11月	温州市建筑和市政公用项目工程总承包（EPC）招标文件示范文本（2019年版）发布的通知	

扫码查看全部政策及解读

浙江部分

宁波市水利局关于印发《宁波市水利建设项目工程总承包指导意见》的通知

甬水建〔2015〕104 号 2015 年 11 月

第一章 总 则

第一条 为深化我市水利改革，创新水利工程建设管理模式，提高水利工程建设管理水平，根据《中华人民共和国建筑法》《中华人民共和国招投标法实施条例》、国家发展和改革委等九部委《关于印发简明标准施工招标文件和标准设计施工总承包招标文件的通知》《水利部关于深化水利改革的指导意见》等有关法规，结合在本市应急泵站设计采购施工总承包的经验，制定本指导意见。

第二条 本市各级政府投资的水利工程建设项目的工程总承包，适用本指导意见。

第三条 本指导意见所称水利工程建设项目工程总承包，是指项目法人单位通过公开招标或经核准的其他方式，将水利工程建设项目的勘测设计、设备采购、施工等工程建设整体或若干阶段的建设内容发包给具有相应水利工程总承包资质的承包人，承包人按合同约定对工程建设的质量、安全、进度负责的建设管理模式。

第四条 水利工程建设工程总承包可以实行整体总承包，也可以对其中若干个阶段的工程、单项工程或专业工程实行总承包。工程监理不列入工程总承包范围。征地拆迁、移民等建设条件准备等方面的工作内容由项目法人单位负责协调、实施，不列入工程总承包范围。

第五条 水利工程建设项目实行工程总承包一般从项目可行性研究报告或项目建议书批准后开始。项目实行工程总承包的应在项目可行性研究报告或项目建议书的招标专章中明确工程总承包的招标方案，项目审批（核准）部门在审批（核准）项目时，同时审批（核准）工程总承包的招标方案。

第六条 鼓励小型水利工程建设项目采取集中建设、分类打捆的方式实行工程总承包。项目审批（核准）部门在审批（核准）实施方案时，审批（核准）工程总承包相关事宜。

第七条 实施工程总承包的水利工程建设项目，采用项目法人单位负责项目前期并按合同管理工程总承包及监理单位等，工程总承包单位负责建设实施，水行政主管部门等政府部门负责监管的建设方式。

第二章 工程总承包单位的确定

第八条 项目法人单位应委托有相应资质的招标代理单位，按照批准的工程总承包单位招标方案开展招标工作。招标应进入公共资源交易中心交易。

第九条 招标文件应依据国家发改委等九部委印发的《标准设计施工总承包招标文件

（2012 版）》编制。

第十条 水利建设项目工程总承包单位应同时具备下列条件：

（一）具备与水利建设项目工程规模相适应的水利行业相应的建设工程总承包业务及项目管理和相关技术与管理服务资质。

（二）具有与水利建设项目工程规模相适应的工程总承包项目经理负责人、技术负责人、质量与安全负责人等管理人员。

（三）具有与水利建设项目工程规模相适应的工程勘察设计能力、设备采购能力、工程施工或工程项目管理能力、财务能力，企业信用等级在“优良”（“较好”）及以上。

（四）单独资质单位组成联合体承担工程总承包的，必须签订明确的联合协议，明确主体责任单位和各单位责任等。

（五）工程总承包招标文件约定的其他条件。

第十一条 工程总承包的招标应采用综合评估法评标，项目法人应根据工程特点和要求合理设置评分权重和评标办法。

第十二条 工程总承包合同文本可参考《建设项目工程总承包合同示范文本（试行）》（GF－2011－0216）和《标准设计施工总承包招标文件（2012 版）》。可采用总价合同或单价合同方式。合同须明确项目的设计、造价编制的依据和原则，以及结算和价格调整等办法。并可根据建设项目的风险情况合理设置激励条件。

项目法人应按照设计和施工分别合理确定工程总承包招标控制价。以批准的概算扣除扩大系数后再适当下浮确定，批准的概算未明确的单项总价或单价，可按照相应水利定额或合同约定价格确定。

第三章　工程总承包有关职责

第十三条 项目法人单位对工程建设全过程负总责，主要包括：

（一）工程建设前期工作，包括项目建议书、可行性研究报告、初步设计、设计变更的报批以及资金筹措、政策处理等前期及工程准备阶段（工程总承包范围外）的工作。

（二）按相关规定和工程总承包合同约定，落实工程征地拆迁以及其他建设条件，按时向工程总承包单位提供场地，协调建设相关各方关系。

（三）按照批准的工程总承包单位招标方案选择工程总承包单位、监理单位，并签订工程总承包合同、监理合同。

（四）按相关水行政主管部门或质量与安全监督机构规定办理工程质量与安全监督手续。

（五）按合同约定，及时支付工程相关款项，及时组织工程验收、结算，并接受审计机关的监督。

（六）其他法律法规规定的项目法人相应职责。

第十四条 工程总承包单位按合同约定，对项目的建设实施过程负责，主要包括：

（一）按国家法律法规、相关强制性标准、规程规范和合同约定，组织实施勘测设计、设备采购和施工，承担合同约定的相关工作。

（二）建立工程总承包项目的质量、安全、环境、职业健康保证体系，保证质量、安全、环境、职业健康所需资金的投入使用，落实各项保障措施。足额落实安全文明施工费，不得拖欠农民工工资。

（三）按时完成合同约定的工程勘测设计，并对工程勘测设计质量负责。

（四）按时完成合同约定的工程施工，并对工程施工质量和施工安全负责。

（五）按时完成合同约定的工程设备采购、调试工作，并保证工程设备和工程调试质量，配合做好各项工程验收。

（六）按合同约定，承担工程总承包项目保修期内的保修任务。

（七）法律法规规定的工程总承包单位的其他职责。

第十五条 工程监理和跟踪审计等单位按照各自职责和合同要求做好各自相关工作。

第十六条 水行政等主管部门按照分级管理等规定，负责对项目实施过程进行监督管理。

第四章 工程总承包管理

第十七条 工程总承包单位应按相关规程规范要求，组建与工程总承包项目相适应的管理机构，建立覆盖勘测设计、设备采购、施工、试运行全过程的工程安全质量管理体系和职业健康及环境管理体系，规范、有序地开展各项管理工作，确保实现工程总承包合同约定的工程进度、质量、安全等建设目标。

第十八条 项目法人单位应在工程现场设立项目部或派驻专职的项目法人代表，及时提供工程总承包合同约定的各项建设条件、协调各方关系，确保工程正常实施。

第十九条 项目法人应积极筹措配套资金，严格执行水利基本建设财务管理的相关规定，建立工程资金专用账户，不得挪用、占用、滞留，确保资金安全。

第二十条 工程变更按合同约定和水利部《水利工程设计变更管理暂行办法》、宁波市《工程造价管理办法》等管理规定办理相关手续。总价合同项目的一般工程变更列入工程风险管理范畴。

第二十一条 工程总承包的税费缴纳，应按照勘测设计部分费用和工程施工部分费用分别按相关规定缴纳。

第二十二条 项目法人单位应按合同约定，及时、足额向工程总承包单位支付工程进度款项。实行总价合同的，可按工程建设实际进度支付；实行单价合同的，应按实际完成工程量支付。

第二十三条 对承包人有融资要求的，应当在工程总承包招标文件中明确融资建设方案。融资建设方案应包括融资责任主体、项目筹资方案及融资额度、还款年限、融资财务费用及贷款利息处理方法。融资建设方案由项目法人组织编制，融资建设方案按相关程序审批。

第二十四条 工程总承包项目通过完工验收后，合同双方应及时进行工程完工结算、支付。完工结算应依据相关法律法规及合同约定执行并接受审计。实行总价合同的，按合同约定总价结算；实行单价合同的，按实际完成的工程量结算。工程结算应在工程完工后六个月内完成。

第二十五条 水行政主管部门应加强工程总承包项目的监督检查，水利工程质量与安全监督机构应加强工程总承包项目的质量监督，发现问题应及时提出整改意见，并跟踪落实整改。

各参建单位必须积极配合政府相关部门的检查、稽察、审计等工作，及时整改存在问题，做好建设管理工作。

第二十六条 实施工程总承包的水利建设项目的建设、验收等仍按有关规范和规定执行。

第二十七条 工程总承包应引入《建设项目总承包管理规范》相关要求进行管理。

第二十八条 工程总承包遇到不可抗力影响合同继续执行时，由合同双方协商签订补充协议。协商无效时可申请第三方调解、仲裁或诉讼。

第五章 附 则

第二十九条 各级水行政主管部门要积极引导和培育规范有序的水利建设工程总承包市场。

第三十条 本指导意见由宁波市水利局负责解释。自 2015 年 12 月 1 日起施行。

浙江省关于深化建设工程实施方式改革积极推进工程总承包发展的指导意见

浙建〔2016〕5号　2016年3月23日

各市建委（建设局），宁波市城市管理局，绍兴市建管局：

为认真贯彻党的十八大和十八届三中、四中、五中全会精神，充分发挥市场对资源配置的决定作用，深化建设工程组织实施方式改革，推动建筑业转型发展，根据《建筑法》《招标投标法》《浙江省建筑业管理条例》等法律法规和《中共中央国务院关于进一步加强城市规划建设管理工作的若干意见》《住房城乡建设部关于推进建筑业改革和发展的若干意见》《浙江省人民政府关于加快建筑业转型升级进一步推进建筑强省建设的意见》等文件精神，现就进一步推进工程总承包发展提出以下指导意见，请认真贯彻执行。

一、充分认识推进工程总承包的重要意义

（一）工程总承包是国际通行的建设项目组织实施方式。工程总承包是指从事工程总承包的企业（以下简称“工程总承包企业”）按照与建设单位签订的合同约定，对建设工程的勘察、设计、采购、施工等实行全过程或若干阶段的承包，并对工程的质量、安全、工期、造价等全面负责的建设工程组织实施方式。

（二）工程总承包具有十分明显的优势。我省是住房城乡建设部批准的首个工程总承包试点省份。自2010年以来，我省部分建设工程项目采用工程总承包模式进行建设，取得了较好成效。从实践情况看，实施工程总承包可以提高工程项目建设管理水平，有效控制建设投资、加快建设进度、提高工程质量和效益；可以促进设计与施工深度融合，激发工程建设科技创新；可以规范建筑市场秩序，有效遏制违法发包和转包、违法分包、挂靠等违法违规行为；可以推进大型勘察设计、施工企业的结构调整和资源整合，加快与国际接轨。

（三）推进工程总承包是建筑业转型发展的重要举措。推进工程总承包，是充分发挥市场对资源配置起决定作用的具体体现，是深化建设工程组织实施方式改革的重要内容，是提高工程建设管理水平的重要措施，是增强企业综合实力和核心竞争力的重要途径，是我省建筑业改革发展、转型升级的必然要求，是实现从建筑大省到建筑强省的必由之路。各级建设行政主管部门和建筑业企业要进一步提高认识，牢固树立“新常态下的新增长观”，努力创造条件，把工程总承包作为优先的建设工程组织实施方式加以推广。

二、进一步完善工程总承包各项制度

各级建设行政主管部门要深化改革，勇于创新，积极实践，进一步完善招标投标、施工图审查、合同备案、质量安全监督、施工许可、竣工验收备案、城建档案移交和工程价款结算等环节的管理制度和流程，为工程总承包的顺利实施提供制度保障。

（四）优化工程发包制度

1. 建设单位可以根据自身工程项目的需求和特点，优先选择采用工程总承包方式进行建设，将工程的勘察、设计、施工、采购等全过程或若干阶段发包给一个工程总承包企业。

2. 建设单位可以依据经审批同意的方案设计（或初步设计），以工程估算（或工程概算）为经济控制指标，以限额设计为控制手段，以相关技术规范、标准和确定的建设规模、建设标准、功能需求及工程质量、工期进度要求为标的，开展工程总承包的招标工作。

3. 承担工程项目方案设计（或初步设计）的企业，可以依法参与该项目的工程总承包投标。

4. 工程总承包合同宜采用总价包干的固定总价合同形式，除招标文件或工程总承包合同中约定的调价原则外，一般不予调整。工程总承包合同可参照住房城乡建设部、国家工商总局联合印发的《建设项目工程总承包合同示范文本》（GF—2011—0216）或国家发展改革委等 9 部门联合印发的《标准设计施工总承包招标文件》（2012 年版）所附合同条款及格式制订。

5. 工程总承包企业应具有与工程规模相适应的设计或施工总承包资质，且具有相应的财务、风险承担能力，具有相应的组织机构、项目管理体系、项目管理专业人员和工程业绩。工程总承包的项目负责人应具有相应的工程建设类注册执业资格（包括注册建筑师、勘察设计注册工程师、注册建造师、注册监理工程师等），拥有与工程建设相关的专业技术知识，熟悉工程总承包项目管理知识和相关法律法规，具有工程总承包项目管理经验，并具备较强的组织协调能力和良好的职业道德。

6. 国有资金占控股或者主导地位的建设项目（以下简称“国有投资项目”）实施工程总承包的，应当依法进行招标。符合法定条件的，可依法进行邀请招标。

7. 工程总承包评标宜采用综合评估法，评审因素包括工程总承包报价、设计技术方案、总承包组织管理方案、建安工程报价、设备采购方案、施工组织设计、完成的相应工程业绩等。

采用 BIM 技术或装配式技术的，招标文件中应有明确要求。招标人对承诺采用 BIM 技术或装配式技术的投标人可以适当设置加分条件。

8. 建设单位可以委托中介机构对工程总承包项目实行全过程或分阶段工程项目管理。如工程项目管理合同内容包括工程监理的，工程项目管理单位应具有相应的工程监理资质。

当建设单位委托中介机构进行工程项目管理时，工程总承包企业与工程项目管理单位的法定代表人不能为同一人，互相之间不得有控股、参股、隶属或管理等利益关系。

（五）优化工程分包制度

9. 国有投资项目实行工程总承包的，应当在总承包招标文件或合同中明确可分包的范围、内容和分包商的资质条件、选择方式及程序。

10. 工程总承包企业可以在其资质许可范围内自行实施工程的勘察、设计、采购和施工，也可以根据合同约定或经建设单位同意，不再通过招标方式将工程的勘察、设计或施工分包给具有相应资质的勘察、设计或施工企业。

11. 仅具有设计资质的企业承接工程总承包项目时，应将施工依法分包给具有相应资质的施工企业完成；仅具有施工总承包资质的企业承接工程总承包项目时，应将工程总承包项目中的勘察、设计依法分包给具有相应资质的勘察设计企业完成。

12. 工程总承包企业不得将工程总承包项目转包，也不得将工程总承包项目中的设计、施工业务全部分包给其他单位。仅具有工程设计资质的企业承接工程总承包项目时，不得将工程总承包项目中主体工程的设计分包给其他单位；仅具有工程施工资质的企业承接工程总承包项目时，不得将工程总承包项目中主体工程的施工分包给其他单位。

13. 经工程总承包企业同意，设计、施工企业可以将合同范围内非主体、非关键性工作分包给其他具有相应资质的专业企业完成。施工专业企业除建筑劳务外，不得再分包工程。

14. 工程总承包企业按照工程总承包合同的约定，对总承包工程范围内的工程设计、施工质量、安全生产、施工工期、工程造价等负总责；各勘察、设计、施工和采购企业按照分包合同约定对工程总承包企业负责。

各勘察、设计、施工和采购企业根据国家现行法律法规和规章对分包工程的设计、质量、安全生产等承担直接责任，工程总承包企业承担连带责任。

（六）优化工程实施制度

15. 对实施工程总承包的建设项目，建设单位可根据项目实施情况，将施工图分阶段报施工图审查机构审查。

16. 工程总承包企业自行实施工程总承包项目施工的，应依法取得安全生产许可证；将工程总承包项目中的施工依法分包给具有相应资质的施工企业的，施工企业应依法取得安全生产许可证。

17. 工程实施过程中各类工程管理技术文件、报验表格等应作相应调整，增加“工程总承包企业”一栏，由工程总承包企业签署意见，各勘察、设计、施工企业根据其实际承担的工程内容在管理技术文件、报验表格的相应位置签署意见。

18. 工程竣工验收由建设单位会同工程总承包企业、监理单位共同组织。工程保修责任书由工程总承包企业签署，并由工程总承包企业负责向建设单位移交全套工程技术资料。

19. 采用固定总价合同的工程总承包项目在计价结算和审计时，可仅对符合工程总承包合同约定的变更调整部分进行审核，对工程总承包合同中的固定总价包干部分不再另行审核。

（七）优化监督管理制度

20. 建设行政主管部门可根据工程总承包合同、工程总承包企业与勘察、设计、施工企业签订的分包合同依法办理建设工程质量、安全监督和施工许可等相关手续。

21. 建设行政主管部门在办理工程质量、安全监督和施工许可等相关手续时，可在“备注”一栏中注明工程总承包企业名称及项目负责人姓名；其他栏目按照各勘察、设计、施工企业实际承担的工程内容填写。

22. 建设单位可以一次性申请领取工程总承包项目的施工许可证，也可依法分阶段申请领取施工许可证。

23. 建设行政主管部门在对工程总承包项目实施监督管理时，除建设、勘察、设计、施工、监理等五方主体外，应将工程总承包企业及其项目负责人作为工程建设责任主体，依法监督其履行勘察、设计、施工、采购的工程质量安全和建筑市场行为主体责任。

三、切实推进工程总承包发展

（八）加强组织领导。各级建设行政主管部门要高度重视推进工程总承包发展工作，结合本地区、本部门的特点，从有利于工程总承包推行的角度出发，创新建设工程管理机制，着力研究和解决工作中出现的问题；要加强与发改、财政、税务、审计等有关部门的沟通协调，积极解决制约工程总承包项目实施的有关问题。

（九）保证项目落地。国有投资项目要积极采用工程总承包模式建设。各级建设行政主管部门要结合建筑工业化、BIM技术应用等要求，协同PPP模式的推广应用，每年在当地国有投资的建筑工业化项目、保障性安居工程、市政基础设施项目中确定一定数量采用工程总承包模式进行建设。要加强宣传，积极推广工程总承包项目经验，积极引导和鼓励社会投资项目优先采用工程总承包模式，扩大工程总承包的影响力。

（十）提升能力建设。要引导企业调整和完善组织机构、专业设置、人员结构，形成集设计、采购、施工各阶段项目管理于一体的工程总承包组织体系；要注重人才培养，造就一支符合工程总承包业务需求的专业人才队伍；要建立完善工程总承包项目管理标准体系，努力提升企业工程总承包能力和水平。

（十一）培育项目管理。建设工程项目管理是国际先进的工程项目管理方式，是现行工程咨询、工程监理、招标代理、造价咨询等制度的高度融合和有效提升。各级建设行政主管部门要积极推行工程项目管理，鼓励有条件的大型工程监理、造价咨询等企业创建工程项目管理企业，积极培育和发展工程项目管理，为工程总承包的发展提供有力的保障。

杭州市关于印发《江干区政府投资项目工程总承包实施办法》（试行）的通知

2006 年 9 月

第一章 总 则

第一条 为深化全区政府投资项目管理体制改革，推动建筑业转型升级，积极推行工程总承包模式，根据《建筑法》《招标投标法》《招标投标法实施条例》《建设工程质量管理条例》《住房城乡建设部关于推进建筑业发展和改革的若干意见》《浙江省人民政府关于加快建筑业转型升级进一步推进建筑强省建设的意见》《浙江省政府投资项目工程总承包试点工作方案》等有关法律、行政法规和文件精神，结合我区实际，制定本办法。

第二条 本办法工程总承包是指从事工程总承包的企业受建设单位委托，按照合同约定对工程项目的勘察、设计、采购、施工等实行全过程或若干阶段的承包，并对工程的质量、安全、工期、造价等全面负责。

第三条 在江干区范围内（不含下沙）政府投资的房屋建筑和市政基础设施工程项目，采用工程总承包的，适用本办法。

第四条 成立江干区政府投资项目工程总承包推进工作领导小组，根据建设单位的申请定期研究确定采用工程总承包的项目。经领导小组确定采用工程总承包的项目应在区发改局的可行性研究报告批复中予以明确，且通过项目初步设计和概算审批，即在工程项目初步设计完成、工程投资概算获得审批通过后，由工程总承包商承担施工图设计及施工、采购、试运行和竣工验收。在设计方案、建设标准、投资限额确定的条件下，建设单位也可以依据经批准的项目可行性研究报告进行工程总承包项目的发包。

第二章 项 目 招 投 标

第五条 建设单位可以依据经审批同意的方案设计（或初步设计），以工程估算（或工程概算）为经济控制指标，以限额设计为控制手段，以相关技术规范、标准和确定的建设规模、建设标准、功能需求及工程质量、工期进度要求为标的，开展工程总承包的招标工作。

第六条 项目招标由招标人依法组织实施，招标须进入公共资源交易平台进行，符合法定条件的可以依法进行邀请招标。

第七条 招标应当具备下列条件：

（一）按照有关规定项目已立项，已办理用地批准及用地规划审批手续的；

（二）工程资金或者资金来源已经落实；

（三）有满足工程总承包招标需要的文件及其他技术资料；

（四）法律、法规、规章规定的其他条件。

第八条　招标一般应采用固定总价方式进行，根据项目特点也可采用固定单价、成本加酬金或概算总额承包的方式进行。

第九条　招标人可以根据招标项目的需要，对投标申请人进行资格预审，也可以委托工程项目管理机构对投标申请人进行资格预审。实行资格预审的招标工程，招标人应当在招标公告或者投标邀请书中载明资格预审的条件和获取资格预审文件的办法。

第十条　招标文件的编制应当符合相关法律法规要求。在招标文件中，应当对招标内容、投标人的资格条件、报价组成、合同工期、分包的相关要求、勘察设计与施工技术要求、质量等级、缺陷责任期工程修复要求、保险要求、费用支付办法等作出明确规定。

第十一条　项目招标的投标人是响应工程总承包招标、参与投标竞争的具有相应资质的企业，承担工程项目方案设计（或初步设计）的企业，可以依法参与该项目的工程总承包投标。应当具备以下要求：

（一）在试点期间，投标人应在浙江省住房和城乡建设厅公布的浙江省政府投资项目工程总承包试点单位名单中选取；

（二）投标人应具备与招标工程相适应的勘察设计资质或施工总承包资质，也可以由具备相应资质的勘察设计和施工单位组成的联合体；

（三）投标人应具有与招标工程相适应的组织机构、项目管理体系、项目管理专业人员和财务能力，满足招标文件中提出的关于勘察设计、施工能力、业绩等方面的条件要求；工程总承包项目负责人应当具有相应工程建设类国家级注册执业资格（包括注册建筑师、勘察设计注册工程师、注册建造师或注册监理工程师），拥有与工程建设相关的专业技术知识，熟悉工程总承包项目管理知识和相关法律法规，具有工程总承包项目管理经验，并具备较强的组织协调能力和良好的职业道德；

（四）以联合体投标的，应当根据项目的特点和复杂程度，合理确定牵头单位，并在联合体协议中明确联合体成员单位的责任和权利；

（五）投标人（包括总承包联合体成员单位，下同）不得是该项目的项目管理机构、代理单位、监理单位、造价咨询单位或以上单位的附属单位。

第十二条　投标文件应当结合工程地质条件和技术特点，按照招标文件要求编制。投标文件应当包括以下内容：

（一）初步设计的优化建议；

（二）项目实施与设计施工进度计划；

（三）拟分包专项工程；

（四）报价清单及说明；

（五）按招标人要求提供的施工图设计技术方案；

（六）以联合体投标的，还应当提交联合体协议；

（七）以建设单位和总承包单位的联合名义依法投保相关的工程保险的承诺。

第十三条　招标人应当合理确定投标文件的编制时间，招标文件要求提交设计成果的，自招标文件开始发出之日起至投标人提交投标文件截止之日止，最短不得少于45日；招标文件不要求提交设计成果的，自招标文件开始发出之日起至投标人提交投标文件截止之日止，最短不得少于20日。

招标人应当根据项目实际情况，提出投标人在投标文件中提供施工图设计技术方案的具体要求。招标人在招标文件中明确中标人有权使用未中标人的技术方案的，一般应当同时明确给予相应的费用补偿。

第十四条 评标采用综合评估法。评标对投标文件提出的建设规模、建设标准、建设内容、合同价格等应当控制在初步设计及概算文件范围内。评标委员会对投标文件的资信部分、技术部分和商务部分原则上按40%、30%、30%进行量化综合评审比较。综合评估因素主要包括工程总承包报价、建安工程报价、项目管理组织方案、设计技术方案、设备采购方案、施工组织设计、完成的相应工程业绩等。

第十五条 评标由招标人依法组建的评标委员会负责。评标委员会由招标人的代表和有关技术、经济等方面的专家组成，成员人数为9人以上单数，其中，三分之一以下的人员可以由招标人从相关部门（发改、财政、住建）的经济、工程技术人员中确定，其他专家由招标人从专家库内相关专业的专家名单中确定（含勘察设计、施工等）。与投标人有利害关系的人不得进入评标委员会。

第十六条 招标人应当与中标单位签订总承包合同。工程总承包合同可参照住房城乡建设部、国家工商总局联合印发的《建设项目工程总承包合同示范文本》（GF—2011—0216）或国家发展改革委等9部门联合印发的《标准设计施工总承包招标文件》（2012年版）所附合同条款及格式制订。

第十七条 招标人和总承包单位应当在招标文件或者合同中约定总承包风险的合理分担。风险分担可以参照以下因素约定：

建设单位承担的风险一般包括：

（一）建设单位提出的工期调整、重大或者较大设计变更、建设标准或者工程规模的调整；

（二）因国家税收等政策调整引起的税费变化；

（三）其他不可抗力所造成的工程费用的增加。

除建设单位承担的风险外，其他风险可以约定由总承包单位承担。

第十八条 总承包费用或者投标报价应当包括相应工程的施工图勘察设计费、建筑安装工程费、设备购置费、缺陷责任期维修费、保险费等。总承包采用总价合同，除应当由建设单位承担的风险费用外，总承包合同总价一般不予调整。过程中涉及应由建设单位缴纳的规费由建设单位缴纳。

第三章 实施阶段项目管理

第十九条 项目的工程概算审核审批、用地规划许可、用地批准、方案设计和初步设计审查、工程总承包招标核准备案、施工图文件审查、合同备案、施工许可证、竣工验收备案等基本建设程序应由建设单位为主体办理，根据合同工程总承包商可以代办，办理中应注明工程总承包企业名称。

第二十条 建设单位可以委托第三方项目管理机构对工程总承包项目实行全过程或分阶段工程项目管理。项目管理机构可以依法实施招投标代理、施工监理、造价咨询等服务，但必须具有相应的资质。项目管理机构与工程总承包企业单位法定代表人不能为同一人，互相之间不得有控股、参股、隶属或管理等利益关系。

第二十一条　工程总承包企业自行实施工程总承包项目施工的，应依法取得安全生产许可证；将工程总承包项目中的施工依法分包给具有相应资质的施工企业的，施工分包企业应依法取得安全生产许可证。

第二十二条　对实施工程总承包的建设项目，建设主管部门和施工图审查机构可以根据工程实施的实际情况，分部位、分阶段进行施工图审查。

第二十三条　工程总承包企业可以在其资质证书许可范围内自行实施工程项目的勘察、设计、设备采购和施工，也可以根据合同约定或者经建设单位同意，不再通过招标方式将工程的勘察、设计或施工分包给具有相应资质的勘察、设计或施工企业。

仅具有设计资质的企业承接工程总承包项目时，应将施工依法分包给具有相应资质的施工企业完成；仅具有施工总承包资质的企业承接工程总承包项目时，应将工程总承包项目中的设计依法分包给具有相应资质的设计企业完成。

工程总承包企业不得将工程总承包项目转包，也不得将工程总承包项目中设计和施工业务全部分包给其他单位。仅具有工程设计资质的企业承接工程总承包项目时，不得将工程总承包项目中主体工程的设计分包给其他单位；仅具有工程施工资质的企业承接工程总承包项目时，不得将工程总承包项目中主体工程的施工分包其他单位。

经工程总承包企业同意，各设计、施工和采购企业可以将合同范围内非主体、非关键性工作分包给其他具有相应资质的专业企业完成。施工专业分包企业除建筑劳务外，不得再分包工程。

工程总承包企业按照工程总承包合同的约定，对总承包工程范围内的工程设计、施工质量、安全生产、施工工期、工程造价等负总责；各勘察、设计、施工和采购企业按照分包合同约定对工程总承包企业负责。

各勘察、设计、施工和采购企业根据国家现行法律法规和规章对分包工程的设计、质量、安全生产等承担直接责任，工程总承包企业承担连带责任。

第二十四条　工程总承包合同和施工总承包合同、专业承包等施工合同，发包方应当在签订合同之日起 15 日内，将合同备案资料报区建设行政主管部门备案。

第二十五条　工程总承包企业项目负责人在工程中一般不得调动，如确因特殊情况需要调动，应报建设行政主管部门审核、备案。施工许可证办理前，施工总承包企业及监理企业必须至招投标主管部门办理项目经理（项目总监）刷卡锁定。施工许可证中应注明工程总承包企业及项目负责人。

第二十六条　工程竣工验收由建设单位会同工程总承包企业共同组织。

第二十七条　工程保修责任书由工程总承包企业签署。工程缺陷责任期一般应为 12 个月，最长不超过 24 个月，缺陷责任保修金的退还一般应为 12 个月，最长不超过 24 个月。

第二十八条　工程技术资料由工程总承包企业统一管理负责，分包单位资料纳入工程总承包企业的资料管理体系。项目在竣工验收后 3 个月内，由工程总承包企业负责向当地城建档案部门移交全套工程技术资料。

第二十九条　采用固定总价合同的工程总承包项目在计价结算和审计时，可仅对符合工程总承包合同约定的变更调整部分进行审核，对工程总承包合同中的固定总价包干部分不再另行审核。

第三十条 建设单位应当依据招投标文件和合同加强对项目的管理，督促总承包单位履行合同义务。

第三十一条 工程总包商应加强对分包工程的管理。选择的分包单位应当具备相应资格条件，并经建设单位同意，分包合同应当送建设单位备案。

第四章 监 督 管 理

第三十二条 项目实施过程中参与的各方责任主体，包括工程总承包企业，应按法律法规的规定接受相关部门的监督监管。

第三十三条 相关行政主管部门应完善与工程总承包相适应的项目行政审批、招投标、质量安全监督管理、审计监督等管理体系。

第三十四条 工程实施过程中的各类工程管理技术文件表格中应增加“工程总承包单位”一栏，由工程总承包企业签署意见。各方责任主体根据其实际承担的工程内容在管理技术文件相应的位置签署意见。行业主管部门须将工程总承包企业及其项目负责人作为工程建设责任主体，依法监督其应当履行的建设、勘察、设计、施工、采购的工程质量安全和建筑市场行为主体责任。

第三十五条 建设行政主管部门根据工程总承包合同、工程总承包企业发出的中标通知书或与勘察、设计、施工企业签订的分包合同办理建设工程质量、安全监督和施工许可等相关手续。

第三十六条 建设行政主管部门在办理工程质量、安全监督和施工许可等相关手续时，可在“备注”一栏中注明工程总承包企业名称及项目负责人姓名；其他栏目按照各勘察、设计、施工和采购企业实际承担的工程内容填写。

第三十七条 建设行政主管部门应当对总承包合同相关当事方执行法律、法规、规章和强制性标准等情况进行督查检查，按照有关规定建立对总承包单位的信用评价。

第五章 附 则

第三十八条 上级行业管理部门另有规定的，从其规定执行。本办法由江干区住房和城乡建设局负责解释。

第三十九条 本办法自印发之日起施行。

杭州市拱墅区住房和城市建设局关于印发《加强拱墅区政府投资项目工程总承包管理的实施意见的通知》

拱住建局〔2016〕101号 2016年11月4日

为推进和规范本区政府投资项目工程总承包的实施管理，有效控制建设投资、减少工程变更、提高工程项目建设管理水平。根据《中华人民共和国建筑法》《中华人民共和国招标投标法实施条例》《住建部关于进一步推进工程总承包发展的若干意见》（建市〔2016〕93号）、《关于深化建设工程实施方式改革积极推进工程总承包发展的指导意见》（浙建〔2016〕5号）等有关法律、法规和文件精神，结合我区实际，特提出如下意见。

一、工程总承包适用范围

（一）适用范围：政府投资项目建筑面积在2万平方米以上（含）的新建房屋建筑工程、新型建筑工业化项目，建设单位可以向招投标管理部门申请采用工程总承包模式。

其它政府重点工程或有特殊要求的项目需要采用工程总承包的，建设单位应报区招投标联席会议小组会议审定。

二、工程总承包招标投标管理

（二）初步设计编制：项目应取得初步设计批复后，开展工程总承包的招标工作。

采用工程总承包方式招标的，建设单位应在初步设计中明确以下要求：

1. 建设规模：房屋建筑工程包括地上建筑面积、地下建筑面积、层高、户型及户数、开间大小与比例、停车位数量或比例等。

2. 建设标准：房屋建筑工程包括室内外各种主要装饰面材的材质种类、规格和标准档次，机电系统包含的类别、机电设备材料的主要参数、指标和标准档次，各区域末端设施的密度，家具配置数量和标准，以及室外工程、园林绿化的标准。

3. 新技术应用：初步设计文件应明确是否采用新型建筑工业化。

（三）控制投资造价：建设单位应在项目实施前期阶段做充分调研、科学论证，对初步设计概算严格把关，确保初步设计概算完整反映初步设计内容，真实准确反映出建设项目的最高投资额度，原则上投资造价应不高于同类型工程项目。

（四）招标代理选择：建设单位在选择总承包项目招标代理时，应采用公开比选办法，可要求代理单位提供不多于三项的类似业绩，具体量化指标不得高于拟招标工程的相应指标。

（五）投标人资格：工程总承包项目的投标人应当是浙江省住房和城乡建设厅公布的浙江省政府投资项目工程总承包试点单位或具有工程总承包资质的单位。

承担工程项目方案设计（或初步设计）的企业，可以依法参与该项目的工程总承包投标。

（六）评标办法：评标应采用综合评估法。综合评估因素主要包括工程总承包报价、项目管理组织方案、设计技术方案、设备采购方案、施工组织设计或施工计划、工程总承包项目业绩等。招标人对承诺采用 BIM 技术或装配式技术的投标人可以适当设置加分条件。

（七）总承包合同形式：合同宜采用总价包干的固定总价合同形式，除招标文件或总承包合同中约定的调价原则外，总承包合同一般不予调整。

三、总承包工程管理

（八）工程管理：在项目实施阶段，建设单位应督促工程总承包企业履行合同义务，严格控制工程造价在合同总价范围内，减少工程变更，不得随意提升建设规模和档次，尽量节约项目投资。

（九）总承包与分包：工程总承包企业按照工程总承包合同的约定，对总承包工程范围内的工程设计、施工质量、安全生产、施工工期、工程造价等负总责；工程总承包企业可以在其资质许可范围内自行实施工程的勘察、设计、采购和施工，也可以根据合同约定或经建设单位同意，将工程的勘察、设计或施工择优分包给具有相应资质的勘察、设计或施工企业。

总承包企业应认真考察分包企业资质能力、财务状况、施工经验，以及是否有工程建设违约、违纪、违规或其他经济、法律纠纷等情况，并将选择结果报建设单位认可。

（十）结算和审计：采用固定总价合同的工程总承包项目应在建设过程实行跟踪审计，在计价结算和审计时，仅对符合工程总承包合同约定的变更调整部分进行审核，对工程总承包合同中的固定总价包干部分不再另行审核。

浙江省住房和城乡建设厅关于印发《浙江省工程总承包计价规则（试行）》的通知

建建发〔2017〕430 号　2017 年 12 月

为规范我省工程总承包计价的行为，指导工程总承包计价活动，根据《住房城乡建设部关于进一步推进工程总承包发展的若干意见》（建市〔2016〕93 号）要求，结合本省工程总承包试点实践，制定《浙江省工程总承包计价规则（试行）》（以下简称《规则》）。

《规则》所称的工程总承包计价是指实行勘察、设计、采购、施工全过程或若干阶段的工程总承包项目招标控制价（估算、概算）及招标清单的编审、工程总承包项目投标价的编制、工程总承包合同价款的确定与调整及工程总承包项目结算价的编审等活动。

《规则》由工程总承包费用项目组成、工程总承包费用项目计算、合同价款与工程结算、《工程总承包项目清单及计价参考表》（附件）四部分组成。本《规则》适用于本省行政区域范围内采用工程总承包的房屋建筑工程的计价活动，市政基础设施工程参照执行。

一、工程总承包费用项目组成

工程总承包根据不同阶段及费用性质，其费用项目组成如下：

（一）勘察设计费

勘察设计费包括工程勘察费和工程设计费。

1. 工程勘察费

工程勘察费是指工程总承包企业根据建设单位要求，自行或委托勘察人收集已有资料、现场踏勘、制订勘察纲要，进行测绘、勘探、取样、试验、测试、检测、监测等勘察作业，以及编制工程勘察文件和岩土工程设计文件等服务的费用。

2. 工程设计费

工程设计费是指工程总承包企业根据建设单位要求，自行或委托设计人提供编制建设项目初步设计文件、施工图设计文件、非标准设备设计文件、施工图预算文件、竣工图文件等服务的费用。

工程设计费根据不同的设计阶段及工程特点又可分为初步设计费、施工图设计费、技术设计费和其他设计费等。

（二）设备购置费

设备购置费是指为建设项目购置或者自制达到固定资产标准的各种国产或者进口设备、工具、器具的购置费用。设备购置费包括设备及备品备件的费用（不包括施工设备）。

（三）建筑安装工程费

建筑安装工程费项目根据《浙江省建设工程其他费用定额》划分为主要工程项目、辅助和服务性工程项目、室外工程项目及场外工程项目。每一不同工程项目可根据工程计价需要分为建筑工程费和安装工程费。

1. 主要工程项目

主要工程项目是指主要使用功能部分的项目，如大楼或小区住宅的建筑和结构及室内水、电等项目。

2. 辅助和服务性工程项目

辅助和服务性的工程项目是指辅助使用功能部分的项目，如车库、商店、娱乐、托儿所等服务设施。

3. 室外工程项目

室外工程项目是指红线以内的其他配套工程项目，包括土石方、道路、围墙、挡土墙、排水沟等各种构筑物、给排水管道、动力管网、供电线路、庭园绿化等。

4. 场外工程项目（包括道路、铁路专用线、桥涵、给排水、供热、供电、通讯等工程）。

（四）总承包管理及试运行服务费

1. 总承包管理费

总承包管理费是指工程总承包企业组织勘察设计、设备购置、建筑安装施工及经营管理所需的费用以及对工程总承包管理应获的利润。内容包括总承包管理人员的工资、办公费、差旅交通费、工具用具使用费、保险费、税金、其他费用及利润等。

2. 试运行服务费

试运行服务费是指工程总承包企业派驻具有相应资格和经验的指导人员，并提供所需要的其他临时辅助设备、设施、工具和器具及相应的准备工作所发生的费用。

二、工程总承包费用项目计算

（一）总则

1. 工程总承包项目费用可按《工程总承包项目清单及计价参考表》及有关要求计算。《工程总承包项目清单及计价参考表》详见附件。

2. 建设单位依据审批同意的方案设计或初步设计按工程总承包的内容（规模）和要求（标准）编制工程总承包项目清单和计算工程总承包项目招标控制价（估算或概算）。

3. 工程总承包企业依据总承包项目清单、设计文件及建设单位要求编制工程总承包的投标报价文件。

4. 招标文件中给定的，用于支付必然发生但暂时不能确定价格的费用（包括勘察设计费、设备采购费、建筑安装工程费）以暂估价的形式计列。

5. 工程招标或签订合同（协议）时尚未确定的内容或不可预见的变更设计、施工及其所需材料、工程设备、服务等增加的费用按不可预见费计列。不可预见费使用权归属建设单位，签订总承包项目合同时，合同总价不包括不可预见费。

不可预见费＝工程费用×不可预见费费率

工程费用＝勘察设计费＋建筑安装工程费＋设备购置费

工程费用包括暂估价。

6. 勘察设计费、设备购置费及建筑安装工程费等均为全费用价格（包括间接费、利润和税金）。

（二）勘察设计费

7. 勘察设计费参照《浙江省工程建设其他费用定额》及其他有关规定计算。

（三）设备购置费

8. 设备购置费的计算

设备购置费＝设备原价＋设备运杂费

设备运杂费主要由运费和装卸费、包装费、设备供销部门手续费、采购与保管费组成。

9. 建设单位按工程要求列出采购设备的清单，采购设备清单一般应包括设备及备品备件的规格、型号、数量。

建设单位未列出具体设备（包括规格、型号、数量）的，工程总承包企业可按招标要求自主报价，但在投标报价文件中应注明所报设备及备品备件的规格、型号、数量。

10. 工程总承包企业应根据招标文件及采购设备清单的数量和要求计算设备购置费。

（四）建筑安装工程费

11. 建设单位依据审批同意的方案设计编制建筑、安装工程估算；依据审批同意的初步设计编制建筑、安装工程概算。

建筑、安装工程估算可依据相应工程项目的估算（概算）指标、指数等进行编制；建筑、安装工程概算可依据概算定额及相关指数等进行编制。

12. 工程总承包企业可依据企业自身的情况参考估算（概算）指标、指数、概算定额等编制投标价格。

（五）总承包管理及试运行服务费

13. 工程总承包管理及试运行服务费以工程费用为基数乘以相应费率计算。

（1）总承包管理费＝工程费用×总承包管理费费率

（2）试运行服务费＝工程费用×试运行服务费费率

三、合同价款与工程结算

建设单位和工程总承包企业应根据中标价格确定合同价款。工程总承包企业按工程总承包招标项目清单的要求所报的价格清单是合同文件的组成部分。

工程总承包合同宜采用总价包干的固定总价合同形式，除招标文件或工程总承包合同中约定的调价原则外，一般不予调整。

建设单位和工程总承包企业应在工程总承包合同中约定总承包企业在工程设备、主要材料、人工等计价要素因价格波动引起所能承担的风险幅度。工程结算时，当计价要素的价格和招标时基期价相比，波动幅度超过总承包合同约定幅度部分的价差应予以调整。

价差调整可采用价格指数调整或采用造价信息补差等方法。建设单位和工程总承包企业应在合同中明确价差调整的具体方法。

除本规则规定外，工程总承包合同价款可参照“工程总承包合同示范文本”相应合同条款约定。

附件：《工程总承包项目清单及计价参考表》（略）

杭州市余杭区关于印发《关于工程总承包项目招标投标的实施意见（试行）》的通知

余建〔2018〕128 号　2018 年 5 月

为推动我区建筑业转型发展，规范工程总承包招标投标活动，根据《中华人民共和国建筑法》《中华人民共和国招标投标法》《中华人民共和国招标投标法实施条例》，以及住房和城乡建设部《关于进一步推进工程总承包发展的若干意见》、浙江省住房和城乡建设厅《关于深化建设工程实施方式改革积极推进工程总承包发展的指导意见》和《浙江省工程总承包计价规则（试行）》等法律、法规、文件规定，结合我区实际，特制定本实施意见。

关于工程总承包项目招标投标的实施意见（试行）

第一条　本意见所指的工程总承包项目，是指从事工程总承包的企业按照与建设单位签订的合同约定，对建设工程的设计、采购、施工等实行全过程或若干阶段的承包，并对工程的质量、安全、工期、造价等全面负责的建设工程组织实施方式。

第二条　在本区行政区域内全部使用国有（集体）资金或国有（集体）资金投资为主的工程建设项目采用工程总承包模式实施的招标投标活动适用本实施意见。

第三条　工程总承包招标投标活动应当遵循公开、公平、公正、择优和诚实信用的原则。

第四条　杭州市余杭区住房和城乡建设局委托杭州市余杭区建设工程招标投标管理办公室负责全区建设工程的工程总承包招投标活动的监督管理。

第五条　招标人根据自身工程项目的需求和特点，可以选择采用工程总承包方式进行建设，将工程的设计、采购、施工等全过程或若干阶段发包给一个工程总承包企业。

建设范围、建设规模、建设标准、功能需求不明确等前期条件不充分的项目不宜采用工程总承包方式。

涉及区民生工程（学校、医院、文体项目、保障性住房等）、形象工程（小城镇环境整治提升等）以及重大基础设施（自来水及污水处理等）的政府投资项目鼓励采用工程总承包方式进行建设。采用建筑信息模型技术的项目和装配式建筑应当积极采用工程总承包方式。

第六条　建设单位应当在发包前做好工程项目前期工作，在可行性研究、方案设计或者初步设计完成并审批同意后，以审核后的工程估算或工程概算为经济控制指标，以限额设计为控制手段，以相关技术规范、标准和确定的建设规模、建设标准、功能需求及工程质量、工期进度要求为标的，开展工程总承包的招标工作。

第七条　在本区行政区域内全部使用国有（集体）资金或国有（集体）资金投资为主的工程建设项目采用工程总承包模式实施的，应当采用公开招标，依法发布招标公告。

第八条　招标人根据自身工程项目的需求和特点，依法自主选择是否采用资格后审，并在公开发布的招标公告中明确。建设单位采用资格后审的，参照本区有关施工资格后审的规定进行招标。

第九条　工程总承包项目招标文件一般包括以下内容：

（一）发包前完成的水文、地勘、地形等勘察和地质资料，工程可行性研究报告、方案设计文件或者初步设计文件等基础资料；

（二）招标的内容及范围，主要包括设计、采购和施工的内容及范围、规模、标准、功能、质量、安全、工期、验收等量化指标；

（三）招标人与中标人的责任和权利，主要包括工作范围、风险划分、项目目标、价格形式及调整、计量支付、变更程序及变更价款的确定、索赔程序、违约责任、工程保险、不可抗力处理条款等；

（四）要求投标文件中明确分包的内容；

（五）采用建筑信息模型或者装配式技术的，招标文件中应当有明确要求；

（六）最高投标限价或者最高投标限价的计算方法；

（七）要求提供的履约保证金或者其他形式履约担保。

鼓励、推荐使用由住房城乡建设部和国家工商行政管理总局联合制定的工程总承包合同示范文本，并将其作为招标文件的组成部分。

第十条　工程总承包单位应当具有与工程规模相适应的工程设计资质（仅具有建筑工程设计事务所资质除外）或者施工总承包资质，相应的财务、风险承担能力，同时具有相应的组织机构、项目管理体系、项目管理专业人员，以及与发包工程相类似的工程业绩。

工程总承包单位不得是工程总承项目的代建单位、项目管理单位、监理单位、造价咨询单位、招标代理单位，也不得是与上述单位有利害关系的关联单位。

与招标人存在利害关系可能影响招标公正性的法人、其他组织或者个人，不得参加投标。

单位负责人为同一人或者存在控股、管理关系的不同单位，不得参加同一工程总承包项目投标。

承担工程项目方案设计（或初步设计）的企业，可以依法参与该项目的工程总承包投标。

第十一条　招标人应当合理确定投标文件的编制时间。投标文件编制时间自招标文件开始发出之日起至投标人提交投标文件截止之日止，一般不得少于30日。

第十二条　招标人要求投标人提交投标保证金的额度不得超过招标项目估算价的百分之二，最高不超过八十万元。

第十三条　招标人应当根据工程地质条件、技术特点和设计施工难度确定评标办法。工程总承包项目评标一般采用综合评估法，评审内容分为资信部分、技术部分和商务部分，其中商务部分不得少于50%。评审的主要因素包括工程总承包报价、项目管理组织方案、设计方案、设备采购方案、施工组织设计或者施工计划、工程质量安全专项方案、工程业绩、项目经理资格条件等。

第十四条　招标人应当根据工程特点和需要依法组建评标委员会。评标委员会人数为5人以上单数，其中技术、经济方面的专家不得少于成员总数的三分之二。

第十五条　评标完成后，评标委员会应当向招标人提交书面评标报告，并按照招标文件的要求，推荐不超过3名的合格的中标候选人。

第十六条　招标人应当自收到评标报告之日起3日内公示中标候选人，公示期不得少于3日。

第十七条 招标人和中标人应当依照招标投标法及招标投标法实施条例的规定签订书面合同，合同的标的、价款、质量、履行期限等主要条款应当与招标文件和中标人的投标文件的内容一致。招标人和中标人不得再行订立背离合同实质性内容的其他协议。

第十八条 建设单位和工程总承包单位应当加强风险管理，在招标文件、合同中约定公平、合理分担风险。风险分担可以参照以下因素约定：

建设单位承担的主要风险一般包括：

（一）建设单位提出的建设范围、建设规模、建设标准、功能需求、工期或者质量要求的调整；

（二）主要工程材料价格和招标时基价相比，波动幅度超过合同约定幅度的部分；

（三）因国家法律法规政策变化引起的合同价格的变化；

（四）难以预见的地质自然灾害、不可预知的地下溶洞、采空区或者障碍物、有毒气体等重大地质变化，其损失和处置费由建设单位承担；因工程总承包单位施工组织、措施不当等造成的上述问题，其损失和处置费由工程总承包单位承担；

（五）其他不可抗力所造成的工程费用的增加。

除上述建设单位承担的风险外，其他风险可以在合同中约定由工程总承包单位承担。

建设单位要求工程总承包单位出具履约担保的，建设单位也应当向工程总承包单位出具支付担保。

第十九条 工程总承包项目宜采用固定总价合同。建设单位和工程总承包单位依据住房城乡建设主管部门制定的计价规则，在合同中约定工程总承包计价方式和计价方法。

依法必须招标的工程项目，合同固定价格应当在充分竞争的基础上合理确定。除合同约定的变更调整部分外，合同固定价格一般不予调整。

合同约定的变更调整应严格执行《余杭区政府投资项目投资调整管理办法》。属于重大变更的，由区发改局、财政局以及相关部门先进行联合初审，通过的报区政府同意后，由区发改局根据区政府意见出具变更批复。

第二十条 潜在投标人或者其他利害关系人对资格审查文件有异议的，应当在提交资格审查申请文件截止时间2日前向招标人提出；对招标文件有异议的，应当在投标截止时间10日前提出，否则视为认可资格审查文件和招标文件的内容和条款。投标人对开标有异议的，应当在开标现场提出，招标人应当当场答复，并制作记录。潜在投标人或者其他利害关系人对评标结果有异议的，应当在中标候选人公示期间提出。招标人应当自收到异议之日起3日内作出答复；招标人作出答复前，应当暂停招标投标活动。

第二十一条 投标人或者其他利害关系人认为招标投标活动不符合法律、行政法规规定的，可以自知道或者应当知道之日起10日内向有关行政监督部门投诉。投诉应当有明确的请求和必要的证明材料。但前款所规定事项投诉的，应当先向招标人提出异议，异议答复期间不计算在前款规定的期限内。

第二十二条 建设单位应当依据招投标文件和合同加强对项目的跟踪审计管理，不得擅自变更建设内容及突破批准的建设规模和投资，严格及时督促总承包单位履行合同义务。

第二十三条 本办法自2018年7月1日起施行。

瑞安市公共资源交易管委办《关于加强政府投资项目工程总承包管理的实施意见》

经 2018 年 7 月 4 日第 19 次市政府常委会审议通过

第一条　为推进我市政府投资项目工程总承包的发展，加强工程总承包管理工作，根据《中华人民共和国建筑法》《中华人民共和国招标投标法》《中华人民共和国招标投标法实施条例》《公路工程设计施工总承包管理办法》《住房城乡建设部关于进一步推进工程总承包发展的若干办法》《住房城乡建设厅关于深化建设工程实施方式改革积极推进工程总承包发展的指导办法》及《浙江省工程总承包计价规则（试行）》等法律、法规、文件规定，结合本市实际情况，制定本实施意见。

第二条　本意见所称工程总承包，是指从事工程承包的单位按照与建设单位签订的合同，对工程项目的设计、采购、施工等实行全过程或者若干阶段承包，并对工程的质量、安全、工期和造价等全面负责的工程建设组织实施方式。

第三条　本市行政区域内，国有资金占控股或者主导地位的房屋建筑工程、市政基础设施工程、水利工程及交通（公路）工程等政府投资项目，其工程总承包工作适用本意见。

第四条　招标人可根据项目特点，在可行性研究或者方案设计或者初步设计完成后，以工程投资估算或者概算为经济控制指标，以限额设计为控制手段，按照相关技术规范、标准和确定的建设范围、建设规模、建设标准、功能需求、投资限额、工程质量、工程进度等要求，进行工程总承包招标。可行性研究或者方案设计、初步设计应当履行审批手续的，经批准后方可进行下一阶段的工程总承包招标。

房屋建筑和市政基础设施工程项目原则上应在方案设计或者初步设计完成后进行工程总承包招标。交通（公路）工程应在初步设计完成后进行工程总承包招标。水利工程可在可行性研究或者方案设计或者初步设计完成后进行工程总承包招标。

具有以下情形工程，不宜进行工程总承包：

（一）信息不足，使投标人无法详查并确认业主需要或办理设计、风险评估；

（二）含有相当数量地下工作，投标人无法及时勘察、取得准确的资料。

第五条　工程总承包单位应具有与工程规模相适应的设计或施工总承包资质（专业工程总承包发包时，工程总承包单位应具有与工程规模相适应的专业设计或专业承包资质施工企业），且具有相应的财务、风险承担能力，具有相应的组织机构、项目管理体系、项目管理专业人员和工程业绩。

工程总承包单位不得是工程总承项目的代建单位、项目管理单位、监理单位、造价咨询单位、招标代理单位，也不得是与上述单位有利害关系的关联单位。

第六条　工程总承包发包前完成项目建议书、可行性研究报告、勘察设计文件的，发包前的项目建议书、可行性研究报告和勘察设计文件的编制单位，在全面公开可行性研究报告、方案设计或初步设计资料的前提下，可以参与工程总承包项目的投标。

第七条　招标人应当根据不同阶段的设计文件，参考市场竞争等因素，对最高投标限价进行确定。采用固定总价合同方式的，按常规下浮率设置最高投标限价；采用预算后审合同方式的，可直接参照近期我市同类工程中标下浮率确定。

最高投标限价不得高于投资估算、初步设计概算。最高投标限价管理按《瑞安市政府投资项目预算管理办法》相关规定执行。

第八条　招标人参考《中华人民共和国标准设计施工总承包招标文本》，结合招标项目的具体特点和所处的设计阶段编制招标文件。招标文件一般包括下列内容：

（一）发包前完成的水文、地勘、地形等地质勘察资料、城乡规划和城市设计对项目的基本要求、可行性研究报告（方案设计、初步设计文件）等基础资料；

（二）招标的内容及范围，主要包括设计、采购和施工的内容及范围、规模、功能、质量、安全、工期、验收、投资限额等量化指标；设计指标要点，有关建设标准、技术标准；以及主要材料设备的参数、指标和品牌档次等；

（三）招标人与中标人的责任和权利，主要包括工作范围、风险划分、项目目标、价格形式及调整、计量支付、变更程序及变更价款的确定、索赔程序、违约责任、工程保险、不可抗力处理条款等；

（四）投标文件编制要求。明确承包人建议书（包括设计图纸、工程详细说明、设备方案及分包方案）、资信业绩、承包人实施计划（即项目管理组织方案）的编制深度、投标报价的编制方法和要求；

（五）最高投标限价或者最高投标限价的计算方法；

（六）未中标方案可给予补偿，补偿标准在招标文件明确；

（七）履约保证金或者其他形式履约担保的金额及提交要求；

（八）工程分包的规定和要求，以及工程允许分包的专业及范围；

（九）是否采取装配式建造方式、建筑信息模型（BIM）技术及有关技术指标等；

（十）技术创新、节能环保等方面的要求；

（十一）报价清单。

第九条　工程总承包项目实施前应通过工程总承包专项审查。市交通运输、水利、住建、市政、国土等有关行业主管部门依照各自职责负责牵头组织各主管项目的审查论证。小城镇环境综合整治、乡村振兴等综合性工程项目由市政府规定的牵头单位负责审查。招标人应当向行业主管部门提交工程总承包审查申请，并附符合本意见第八条内容的书面材料。行业主管部门收到申请后，原则上应在七个工作日内组织审查会议。审查内容应当包括建设范围、建设规模、建设标准、功能需求、工程质量、工程进度明确性与充分性，合同方式等内容，审查会议最终明确项目是否具备实施工程总承包条件的意见。采用预算后审合同方式的项目，招标人应在行业主管部门专项审查通过后再报市人民政府同意。项目招标文件备案时须提供专项审查意见。

第十条　招标人应当根据招标所处的设计阶段、项目规模和技术复杂程度等因素合理确定提交投标文件的时间。依法必须招标的工程项目，自招标文件开始发出之日起至投标人提交投标文件截止之日止，一般不得少于三十日，重大建设项目以及技术复杂、有特殊要求的项目，不宜少于四十五日，专项交通（公路）工程不得少于六十日。

合同估算价1000万元以下的项目，由于招标时间要求紧，在不影响公平竞争的前提下，可在行业主管部门牵头组织的工程总承包专项论证中明确缩短等标期，但不得少于二十日。

第十一条　招标人应当根据工程特点和需要依法组建工程总承包招标的评标委员会，评标委员会为7人以上单数（公路工程评标委员会为9人以上单数），其中工程设计、施工和工程造价等方面的专家不得少于成员总数的三分之二，招标人代表最多1名。

第十二条　工程总承包项目一般不采用评定分离模式定标。工程总承包项目评标一般采用综合评估法，评审内容分为资信部分、技术部分和商务报价部分，其中商务报价部分权重不得少于50%。评审的主要因素包括工程总承包报价、项目管理组织方案、设计方案、设备采购方案、施工组织设计或者施工计划、工程质量安全专项方案、工程业绩、项目经理答辩的等。其中工程业绩≤1分，项目负责人答辩≤2分。

第十三条　工程总承包的分包，可以采用直接分包方式。但以暂估价形式包含在总承包范围内的工程、货物、服务分包时，属于依法必须招标的项目范围且达到国家规定应当招标规模标准的，应当依法招标。暂估价的招标可以由建设单位或者工程总承包单位单独招标，也可以由建设单位和工程总承包单位联合招标，具体由建设单位在工程总承包招标文件中明确。

第十四条　工程总承包单位可根据合同约定或者经建设单位同意，将工程总承包合同中的设计或者施工业务分包给具有相应资质的单位。

工程总承包单位同时具有相应的设计和施工资质的，不得将其资质许可业务范围内工程的设计或者施工业务的主体和关键性工作分包，但可以将其资质许可业务范围外工程的非主体和非关键性工作任务分包给具备相应资质的单位。工程总承包单位自行实施施工的，不得将工程主体结构的施工分包给其他单位；自行实施设计的，不得将工程主体部分的设计分包给其他单位。

工程总承包单位仅具有相应设计资质的，应当将工程总承包项目中的全部施工业务分包给具有相应施工资质的单位，不得将主体部分的设计分包给其他单位。工程总承包单位仅具有相应施工资质的，应当将工程总承包项目中的全部设计业务分包给具有相应设计资质的单位，不得将工程主体结构的施工分包给其他单位。

第十五条　招标人和工程总承包单位应当加强风险管理，在招标文件、工程总承包合同中约定公平、合理的风险分担条款。风险分担可以参照以下因素约定：

招标人承担的主要风险一般包括：

（一）招标人提出的建设范围、建设规模、建设标准、功能需求、工期或者质量要求的调整；

（二）主要工程材料价格和招标时基价相比，波动幅度超过合同约定幅度的部分；

（三）因国家法律法规政策变化引起的合同价格的变化；

（四）难以预见的地质自然灾害、不可预知的地下溶洞、采空区或者障碍物、有毒气体等重大地质变化，其损失和处置费用（因工程总承包单位施工组织、措施不当等造成的上述问题，其损失和处置费应由工程总承包单位承担）；

（五）其他不可抗力所造成的工程费用的增加。

除上述招标人承担的风险外，其他风险可以在合同中约定由工程总承包单位承担。

第十六条 工程总承包发包的，一般采用固定总价合同方式。因工程情况复杂、工期要求紧等特殊情况项目，可采用预算后审合同方式。

采用固定总价合同方式的项目，招标文件应当约定总价包干范围以及合同价格调整的变更范围、价格调整办法等事项。工程款原则上按工程形象进度支付，支付要件与节点须在合同中明确约定。

采用预算后审合同方式的项目，应当执行限额设计，按照风险共担原则，加强工程项目的总投资、设计内容标准及各个阶段造价的控制，并在招标文件中约定工程预算、结算编制依据、综合单价取值办法和价格调整办法等事项。投标人依据投标设计方案编制投标报价。中标价仅作为合同暂定价，其中勘察设计等咨询费可以确定计费标准和下浮系数。在中标人完成施工图设计后报建设单位，建设单位按规定程序报批施工图审查，中标人根据审查通过的施工图编制预算。预算造价的确定按《瑞安市政府投资项目预算管理办法》相关规定执行，确定后预算造价作为合同价，作为施工期间进度款的支付及结算依据，并签订合同补充协议。

合同实施中约定的由建设单位提出的设计变更，需报行业主管部门审查后实施。工程变更管理按《瑞安市政府投资项目预算管理办法》相关规定执行。

第十七条 工程总承包单位应当按照交、竣工验收的有关规定，编制和提交竣工图纸和相关文件资料。工程竣工验收按国家、省、市相关规定执行。工程结算按《瑞安市政府投资项目预算管理办法》相关规定执行。

第十八条 建设单位应当加强工程总承包项目全过程管理，履行合同和法定义务。可委托造价中介机构对工程总承包项目进行全过程造价控制管理，提倡试行全过程工程咨询，造价中介机构不得与工程总承包单位具有利害关系。

第十九条 建设单位应当将工程总承包项目列入“三重一大”事项，由领导班子研究通过。建设单位主要负责人发现异常情况及时对单位工程管理成员、总承包人进行约谈，涉嫌违法违纪问题的，要及时向纪委、监察机关、公安机关或行业主管部门移交。市派驻纪检组或招标单位纪检部门要加强招投标全过程进行监督，要求招标人严格按照法律法规和招标文件规定的评标办法组织实施。市有关部门要依法做好工程总承包活动的监督。政府有关部门每年定期联合开展标后履约检查，应将工程总承包项目列入工程重点监管的范围。

第二十条 本意见发布后，有关工程总承包招标投标及管理的法律、法规和规章另有规定的，从其规定。

第二十一条 本意见自发布之日起30日后实施。

浙江省水利厅《浙江省水利建设工程总承包管理办法（征求意见稿）》

2019 年 6 月

第一章　总　　则

第一条　（目的、依据）为规范我省水利工程建设项目工程总承包活动，促进工程设计、采购、施工、试运行等各阶段深度融合，提高水利工程建设管理水平，依据相关法律法规规定，制定本办法。

第二条　（适用范围）政府投资水利建设项目实行工程总承包的，适用本办法。

第三条　（工程总承包的定义）本办法所称工程总承包，是指从事工程总承包的单位按照与建设单位签订的合同，对工程项目的设计、采购、施工、试运行等实行全过程或者若干阶段承包，并对承包工程的质量、安全、工期和造价等全面负责的工程建设组织实施方式。

第四条　（基本原则）工程总承包应当遵循合法、高效、公平、诚实守信的原则，合理分担风险，保证工程质量和安全，保护生态环境，不得损害社会公共利益和他人的合法权益。

第五条　（监督管理部门）省级水行政主管部门负责对全省水利建设项目工程总承包活动实施指导和监督。

市、县（市、区）水行政主管部门负责本行政区域内水利建设项目工程总承包活动的监督管理。

第二章　工程总承包项目的发包与承包

第六条　（工程总承包的适用条件）建设单位可根据自身实际需要，充分考虑工程项目规模、投资和复杂程度等因素，决定是否采用工程总承包方式。

建设范围、规模、标准、功能需求不明确等前期条件不充分的项目，不宜采用工程总承包模式。

第七条　（工程总承包主要方式）工程总承包一般采用设计—采购—施工总承包、设计—施工总承包方式，建设单位也可以根据项目特点和实际需要，采用其他工程总承包方式。

第八条　（发包阶段）建设单位应做好工程项目前期和设计工作，可在可行性研究报告或初步设计报告获批后，按照确定的建设规模、建设标准、投资限额、工程质量和进度要求，进行工程总承包项目发包。

第九条　（发包方式和范围）建设单位应依法采用招标选择工程总承包单位，确有必要时，可在取得相关部门同意后依法选取其他发包方式。

工程征占地、拆迁、移民搬迁安置、工程监理、质量检测服务等不列入工程总承包范围，由建设单位负责组织实施。

第十条 （招标文件编制）工程总承包项目招标文件应至少包括以下内容：

（一）发包前完成的水文、地勘等资料，工程可行性研究报告或者初步设计报告等基础资料；

（二）招标的内容及范围，主要包括设计、采购和施工的内容及范围、规模、标准、功能、质量、安全、工期、验收等量化指标；

（三）招标人与中标人的责任和权利，主要包括工作范围、风险划分、项目目标、价格形式及调整、计量支付、变更程序及变更价款的确定、索赔程序、违约责任、工程保险、不可抗力处理条款等；

（四）要求投标文件中明确分包的内容及对分包单位资格的主要要求；

（五）要求提供的履约保证金或者其他形式履约担保。

工程总承包合同文本可参考《建设项目工程总承包合同示范文本（试行）》（GF—2011—0216）及国家发展改革委等九部委印发的《标准设计施工总承包招标文件（2012版）》等。

第十一条 （工程总承包单位条件）工程总承包单位应当具有与工程规模相适应的工程设计资质或施工总承包资质或同时具备工程设计、施工总承包（允许联合体）资质，具有相应的组织机构、项目管理体系、项目管理专业人员，同时具有相应的财务、风险承担能力，以及与发包工程相类似的工程业绩。

建设单位可依据建设项目类型及特点，仅选择工程设计资质或施工总承包资质作为工程总承包单位条件。技术复杂、专业交叉多的项目（如规模、投资较大的水库枢纽、泵站、水闸等建筑物类）宜由具有相应设计资质的单位作为项目工程总承包单位。

工程总承包单位不得是工程总承包项目的代建单位、项目管理单位、监理单位、造价咨询单位、招标代理单位，也不得是与上述单位有利害关系的关联单位。

招标人按规定公开发包前完成的可行性研究、初步设计等前期工作成果及相关资料的，前期咨询单位、勘察设计单位可以参与工程总承包项目的投标。

第十二条 （项目经理条件）工程总承包项目经理是指具备法律法规及本办法规定条件，并经工程总承包单位任命或者授权，在任命或者授权范围内负责工程总承包合同履行和项目管理的项目负责人。

工程总承包项目经理应当具有相应工程建设类注册执业资格（勘察设计注册工程师、注册建造师或注册监理工程师等），或者具备工程类高级专业技术职称，熟悉工程技术和总承包项目管理知识以及相关法律法规，具备较强的组织协调能力和良好的职业道德，担任过与拟建项目相类似的工程总承包项目经理、设计项目负责人或者施工总承包项目经理。

第十三条 （投标文件编制期限）招标人应当合理确定投标人编制投标文件所需要的时间，自招标文件开始发出之日起至投标人提交投标文件截止之日止，最短不得少于20天，重大建设项目及技术复杂的项目，宜适当延长投标文件的编制期限。

第十四条 （投标报价）工程总承包投标报价应包含勘察设计费、设备购置费、建筑安装工程费、总承包管理费、试运行服务费及安全施工费等。

第十五条　（评标办法）工程总承包项目评标宜采用综合评估法，评审的主要因素包括工程总承包报价、承包人建议书（对前期方案的理解、设计方案、图纸）、承包人实施方案（总体实施方案、项目实施要点、项目管理要点）、承包人资信（资质、业绩、荣誉、信用）等。建设单位应根据工程特点和要求合理设置评分权重和评标办法。

第十六条　（评标委员会组成）评标委员会的专家成员应当依照项目特点由具备工程总承包项目管理经验以及从事设计、采购、施工、造价等方面的专家组成。

第十七条　（合同价格形式）工程总承包项目一般采用固定总价合同，也可以采用单价合同。

采用固定总价合同的，除合同约定的变更调整外，合同价格不予调整。

采用单价合同的，宜同时设置总价控制条款；对除合同约定的变更调整外超支、结余资金的分配，可按照风险与利益共担的原则在合同中约定。

第十八条　（发承包的风险分配）建设单位和工程总承包单位应根据建设项目具体情况合理分担风险。建设单位承担的主要风险一般包括：

（一）建设单位提出的建设范围、建设规模、建设标准、功能需求、工期或者质量要求的调整；

（二）主要工程材料价格和招标时基价相比，波动幅度超过合同约定幅度的部分；

（三）因国家法律法规政策变化引起的合同价格的变化；

（四）总承包实施时发现的在前期工作阶段（可行性研究报告或初步设计报告）难以预见的滑坡、泥石流、突泥、涌水、溶洞、断层带、采空区、岩爆、有毒气体等重大地质变化引起工期及费用增加的风险；

（五）发生超过设计标准的洪水及其他不可抗力所造成的工程费用和工期的增加。

除上述建设单位承担的风险外，其他风险可以由工程总承包单位在合同中约定同时分担，鼓励建设单位和工程总承包单位运用保险手段进行风险管理。

工程总承包方组织管理措施不当等造成的相关风险，其损失和处置费应由工程总承包单位承担。

第三章　工程总承包项目的实施与管理

第十九条　（建设单位的项目管理）建设单位应加强工程总承包项目全过程管理，履行合同和法定义务。建设单位可以自行对工程总承包项目进行管理，也可以委托项目管理单位对工程总承包项目进行管理。项目管理单位不得与工程总承包单位具有利害关系。

第二十条　（监理单位的项目管理）监理单位应当依据有关规定和合同约定，对总承包工程质量、施工安全、进度、水保、环保和缺陷责任期工程修复等进行监理，对总承包单位编制的项目实施进度计划、采购方案、施工组织实施计划、质量安全管理体系、专项技术方案、计量支付、工程变更等进行审核。

第二十一条　（工程总承包单位的组织机构）工程总承包单位应当建立与工程总承包相适应的组织机构和管理制度，形成项目设计、采购、施工、试运行以及质量、安全、工期、造价等工程总承包综合管理能力。

第二十二条 （工程总承包单位的现场管理）工程总承包单位应当在现场设立项目管理机构，设置项目经理以及质量、安全、进度、费用等现场管理责任岗位，配备相应管理人员，加强设计、采购与施工的协调，完善和优化工程设计，改进施工方案，实现对工程总承包项目的有效控制。

第二十三条 （工程总承包单位的分包）工程总承包单位可根据合同约定或者经建设单位同意，将工程总承包合同中的设计或者施工业务分包给具有相应资质的单位。

工程总承包单位同时具有相应的设计和施工资质的，可以将工程的设计或者施工业务分包给具备相应资质的单位，但不得将工程总承包项目中设计和施工全部业务一并或者分别分包给其他单位。工程总承包单位自行实施施工的，不得将工程主体结构的施工分包给其他单位；自行实施设计的，不得将工程主体部分的设计分包给其他单位。

工程总承包单位仅具有相应设计资质的，应当将工程总承包项目中的全部施工业务分包给具有相应施工资质的单位，不得将工程主体部分的设计分包给其他单位。工程总承包单位仅具有相应施工资质的，应当将工程总承包项目中的全部设计业务分包给具有相应设计资质的单位，不得将工程主体结构的施工分包给其他单位。

工程总承包单位自行实施工程总承包项目施工的，应当依法取得安全生产许可证；将工程总承包项目中的施工业务依法分包给具有相应资质的施工单位的，施工单位应当依法取得安全生产许可证。

第二十四条 （设计总包或施工总承包单位的分包）按照本办法第二十二条规定进行工程总承包分包的，设计总包单位或者施工总承包单位根据与工程总承包单位的合同约定，经工程总承包单位同意，可以将其承包范围内的非主体部分分包给具有相应资质的单位。

第二十五条 （工程总承包单位的分包方式）除以暂估价形式包括在工程总承包范围内且依法必须进行招标的项目外，工程总承包单位可以直接发包总承包合同中涵盖的其他专业业务。暂估价的招标可以由建设单位或者工程总承包单位单独招标，也可以由建设单位和工程总承包单位联合招标，具体由建设单位在工程总承包招标文件中明确。

第二十六条 （禁止工程总承包单位的转包）工程总承包单位不得将工程总承包项目转包。

采用联合体方式承包工程的，在联合体分工协议中约定或者在项目实际实施过程中，联合体一方既不按照其资质实施设计或者施工业务，也不对工程实施组织管理，且向联合体其他成员收取管理费或者其他类似费用的，视为联合体一方将承包的工程转包。

第二十七条 （设计变更）工程总承包项目参建各方应加强设计变更管理，设计变更应按照水利部《水利工程设计变更管理暂行办法》等规定及合同约定办理相关手续，任何设计变更不得缩小、降低可行性研究或初步设计批复的建设规模和质量安全标准。

重大设计变更报原审批单位审批后实施，一般变更报建设单位按相关规定认定后实施。相关设计变更报批时应加入对本次设计变更引起的造价及工期变化的说明。设计变更实施后，建设单位、监理单位、总承包单位应对该变更执行情况（实际工期、造价）及时进行签证、确认。在项目实施过程中，不构成设计变更的设计细化、设计修改和合理化建议，应报建设单位确认后实施，并按合同约定结算。

建设单位可在合同中明确对项目设计变更产生工期、费用变化的计量程序、奖惩条款。工程总承包单位通过优化设计及科技创新工期提前、造价降低的，建设单位可以给予费用奖励，相关费用在完工结算时按条款约定进行结算。

第二十八条　（结算与支付）按合同约定，建设单位及时、足额向工程总承包单位支付工程进度款项。实行总价合同的，可按工程建设实际进度或节点工期支付；实行单价合同的，应按实际完成工程量支付。

工程项目完工后，合同双方应及时进行工程完工结算、支付。完工结算应依据相关法律法规及合同约定执行。实行固定总价合同的，在结算评审时，可以只对合同价款调整约定的内容进行评审。

第二十九条　（质量责任）工程总承包单位应当对其承包的全部建设工程质量负责，分包单位对其分包工程的质量负直接责任；工程总承包单位与分包单位对分包工程质量承担连带责任。

建设单位存在迫使工程总承包单位以低于成本的价格承包，任意压缩合理工期，要求工程总承包单位违反工程建设强制性标准、降低建设工程质量等情形并导致工程质量事故的，建设单位应当承担质量责任。

第三十条　（安全责任）工程总承包单位对其承包范围内的工程安全负总责，依法将施工部分全部分包的，施工单位对施工现场安全生产负责。

工程总承包单位与施工单位对分包工程施工现场安全生产承担连带责任。分包单位应当服从工程总承包单位的安全生产管理，分包单位不服从管理导致生产安全事故的，由分包单位承担主要责任。

建设单位存在对工程总承包单位提出不符合建设工程安全生产法律、法规和强制性标准规定的要求，任意压缩合理工期等情形并导致工程安全生产事故的，建设单位应当承担安全生产责任。

第三十一条　（工期责任）建设单位不得设置不合理工期。

工程总承包单位对工期全面负责。工程总承包单位应当对项目总进度和各阶段的进度进行管理，通过设计、采购、施工、试运行各阶段的协调、配合与合理交叉，科学制定、实施、控制进度计划，确保工程按期完工。

第三十二条　（资料签署与档案移交）工程总承包项目实施过程中进场报验、技术报审等项目管理类用表，应增加工程总承包单位意见签署栏；

工程总承包单位应在单元工程质量验收评定表、重要隐蔽（关键部位）单元工程质量等级签证表，以及分部工程单位工程、工程项目施工质量（外观）评定表等重要质量文件上签署工程总承包单位审核意见。

工程总承包单位应按照《水利工程建设项目验收管理规定》和《水利水电建设工程验收规程》等相关规定参加相关验收工作并履行相关义务。

工程总承包单位负责总承包范围内工程实施过程中的各种工程资料的整理工作，按规定及时向建设单位提交相关应归档的工程档案资料。

第三十三条　（保修责任）工程保修责任书由建设单位与工程总承包单位签署，保修期内工程总承包单位应当根据法律规定以及合同约定承担保修责任，工程总承包单位不得以其与分包单位之间保修责任划分而拒绝履行保修责任。

第三十四条 （质量终身责任制）工程总承包单位及项目经理依法承担质量终身责任，工程总承包项目在永久性标牌、质量终身责任信息表中应当增加工程总承包单位及其项目经理信息。

第三十五条 （监管部门责任）各级水行政主管部门应认真履行质量与安全监督管理职责，加强对工程总承包项目的监督管理，发现总承包项目实施过程中有违法违规行为的，依据有关法律、法规规定处理。

第四章 附 则

第三十六条 本办法由浙江省水利厅负责解释。

第三十七条 本办法自 年 月 日起施行。

广　东　省

广东省工程总承包相关政策文件清单

序号	发布时间	文件名称	文号
1	2008年9月	关于印发《广东省水利建设工程总承包（试点）暂行办法》的通知	粤水建管〔2008〕274号
2	2014年10月	广东省住房和城乡建设厅关于勘察设计施工总承包有关问题的复函	粤建市函〔2014〕1863号
3	2016年5月	深圳市住房和城乡建设局关于《EPC工程总承包招标工作指导规则（试行）》的通知	深建市场〔2016〕16号
4	2017年5月	广东省人民政府办公厅关于大力发展装配式建筑的实施意见	粤府办〔2017〕28号
5	2017年7月	关于公开征求《中山市房屋建筑和市政基础设施工程EPC工程总承包招标投标工作管理办法（试行）》（征求意见稿）意见的通知	
6	2017年10月	广州市建设工程招标管理办公室《关于公布设计施工总承包招标监管标准的指引（试行）》	
7	2017年11月	深圳福田区人民政府办公室关于印发《福田区政府投资项目设计—采购—施工（EPC）工程总承包管理办法（试行）》的通知	福府办规〔2017〕10号
8	2017年12月	广东省住房和城乡建设厅关于《房屋建筑和市政基础设施工程总承包实施试行办法（征求意见稿）》公开征求意见的公告	粤建公告〔2017〕42号
9	2018年6月	东莞市住房和城乡建设局《房屋建筑和市政基础设施工程采用工程总承包模式建设的工作指引（试行）》	
10	2018年8月	广州市增城区人民政府办公室《关于印发增城区政府投资建设项目工程总承包（EPC）管理办法（试行）》的通知	增府办规〔2018〕5号
11	2018年8月	深圳市住房和建设局《关于开展工程总承包企业编制施工图设计文件试点等改革工作的通知》	深建市场〔2018〕23号

扫码查看全部政策及解读

广东部分

广州市增城区人民政府办公室《关于印发增城区政府投资建设项目工程总承包（EPC）管理办法（试行）》的通知

增府办规〔2018〕5号　2018年8月6日

第一章　总　　则

第一条　为完善政府投资管理体制，推进政府投资工程总承包（EPC）项目建设，促进工程勘察、设计、施工等各阶段的深度融合，提高我区政府投资 EPC 项目工程建设水平和投资效益，根据《关于进一步推进工程总承包发展的若干意见》（建市〔2016〕93号）、《关于促进建筑业持续健康发展的意见》（国办发〔2017〕19号）、《广州市工程建设项目招标投标管理办法》（穗府办规〔2017〕5号）等相关规定，结合我区实际，制定本办法。

第二条　（适用范围）本区行政区域内政府投资建设项目实行设计—采购—施工工程总承包（EPC）模式（以下简称“工程总承包”）的，适用本办法。

第三条　（工程总承包的定义）本办法所称工程总承包，是指从事工程总承包的单位按照与建设单位签订的合同，对工程项目的勘察、设计、采购、施工等实行全过程或者若干阶段承包，并对工程的质量、安全、工期和造价等全面负责的工程建设组织实施方式。

第四条　（基本原则）工程总承包活动，应当遵循合法、高效、公平、诚实守信的原则，合理分担风险，保证工程质量和安全，保护生态环境，不得损害社会公共利益和他人的合法权益。

工程总承包项目应严格执行基本建设程序，遵守政府投资项目管理的各项规定。

第五条　（监督管理部门）建设项目的区行业主管部门按照其职责权限，负责本行政区域内工程总承包活动的监督管理。水务、交通等行业主管部门有相关管理办法的，在满足行业管理规定后，可参照本办法执行。

第二章　工程总承包项目的发包和承包

第六条　（适用项目）建设单位应当根据工程项目的规模和复杂程度等合理选择建设项目组织实施方式。建设范围、建设规模、建设标准、功能需求较明确的总投资额3000万元（含3000万元）以上的政府投资项目（例如新建改扩建学校、保障性安居房等房建工程，市政道路、市政配套设施等市政工程）可采用工程总承包方式。对个性化要求较高、情况较复杂、建设需求和标准存在较多变数的项目（例如以地下工程为主的建设工程、纪念性建筑、文体场馆等工程项目）不宜采用工程总承包方式。

建设单位应在项目建议书或项目可行性研究报告中明确是否采用工程总承包方式发包，并在工程项目建议书或可行性研究报告获批复后，方可采用上述方式发包。

第七条　（主要发包方式）建设单位组织编制项目建议书或可行性研究报告获批复后，工程总承包发包可以采用以下方式实施：

（一）总承包项目的设计方案达到初步设计深度的，且初步设计文件和概算获得批准后，建设单位提供初步设计方案进行设计（施工图设计）施工总承包发包。总承包合同宜采用固定总价合同。

（二）总承包项目设计方案达到方案设计深度，且方案设计文件经审查后，建设单位提供方案设计进行勘察设计（初步设计及施工图设计）施工总承包发包。总承包合同宜采用固定单价合同。

（三）对建设周期有紧急要求但尚未达到方案设计深度的项目，由项目实施单位提出项目工程总承包工作方案，纳入工程项目建议书或可行性研究报告中，待工程项目建议书或可行性研究报告获批复后，进行勘察设计施工总承包发包，在发包时明确投标单位须提交设计方案进行投标。总承包合同宜采用下浮率报价，经评审下浮后的项目总概算作为上限价的结（决）算方式。

第八条　（发包条件）建设单位应当在发包前做好工程项目前期工作，可委托前期勘察单位对项目进行初步勘察，自行或者委托设计咨询单位对工程项目建设方案深入研究，充分利用政府、行业等建设标准明确拟实行工程总承包项目的建设需求，对没有相应建设标准的，应组织行业专家研讨等方式明确建设需求。在可行性研究、方案设计或者初步设计完成后，以及在项目建设范围、建设规模、规划要求、建设标准、功能需求、投资限额、工程质量和进度要求确定后，进行工程总承包项目发包。建设单位根据项目发包阶段所具备的条件制订招标需求（含设计任务书）应包括但不限于以下内容：

（一）建设规模：房建工程包括建筑面积、容积率、套数、屋高、地下室车位等，住房保障项目或棚改项目需具备户型图；市政工程包括道路等级、河道等级、污水处理能力等；

（二）建设标准：房建工程包括各种主要材料、装饰面材的材质种类、规格和品牌档次；安装工程包括设备的主要参数、指标和品牌档次；市政工程包括各种结构层、面层的构造方式、材质和厚度等；以及室外工程、绿化工程标准；

（三）工作内容：包括前期、设计、采购、施工等分工与责任；

（四）技术路线：包括技术标准、工艺路线、工业化建造方式和BIM技术等；

（五）属于投标人自行采购的主要材料、设备，招标人可以在招标文件中提出材料、设备的技术标准或者质量要求。如果必须引用某一生产供应者的技术标准才能准确或者清楚地说明拟招标项目的技术标准时，可以引用不少于3个同等档次品牌或者生产供应商供投标人报价时选择，引用品牌或者生产供应商名称前应当加上“参照或相当于”的字样，引用的货物品牌或者生产供应商在市场上应当具有可选择性。

第九条　（招标要求）工程总承包项目范围内的设计、采购或者施工中有任一项属于依法必须招标的，应当采用招标的方式选择工程总承包单位。

前期需进行咨询、勘察、方案设计、初步设计属于依法必须招标的，应当采用招标的方式选择咨询、勘察、设计单位。

第十条　（招标控制价）工程总承包应实行限额设计和施工，招标控制价即为项目的合同最高限额，不得随意突破。

（一）在完成项目建议书或可行性研究报告批准手续后进行工程总承包招标的，以项目建议书或可行性研究报告批准的估算投资额对应的工程勘察费、工程设计费、建安工程费、预备费、场地准备和临时设施费作为招标控制价。

（二）在完成方案设计的专家论证和职能部门审查后进行工程总承包招标的，以项目建议书或可行性研究报告批准的估算投资额对应的工程勘察费、工程设计费（初步设计及施工图设计）、建安工程费、预备费、场地准备和临时设施费作为招标控制价。

（三）在完成初步设计审查及概算评审后进行工程总承包招标的，以经财政评审的概算投资额对应的工程设计费（施工图设计）、建安工程费、预备费、场地准备和临时设施费作为招标控制价。

第十一条 （造价控制和合同格式）建设单位应当根据工程项目情况，参考区行业主管部门发布的示范文本编制《工程造价控制方案》，并与招标文件同时发布。

鼓励、推荐使用由行业主管部门制定的工程总承包合同示范文本，并将其作为招标文件的组成部分。

第十二条 （总承包单位条件）工程总承包单位应当同时具有与工程规模相适应的工程设计资质和施工总承包资质，允许联合体投标，鼓励有工程总承包项目管理经验的房地产企业参与联合体投标。工程总承包单位应有相应的财务、风险承担能力，同时具有相应的组织机构、项目管理体系、项目管理专业人员和工程业绩。工程总承包单位应在投标文件中明确拟分包的内容。

采取联合体形式参与总承包项目投标的，应提交联合体协议书，根据项目的特点和复杂程度，合理确定牵头单位，并在联合体协议中明确联合体成员单位的责任和权利，体现利益共享及风险共担等内容。以设计单位为主办方的联合体中标项目，建设单位应在中标通知书中同时载明工程总承包项目经理和施工项目经理的相关信息。联合体各方共同与建设单位签订总承包合同，各方应就约定事项承担连带责任。总承包项目实施过程中，联合体中出现一方或多方被吊销证照等情形不再具备继续履行合同能力的，须及时按有关规定另行选择替代方。

第十三条 （项目经理条件）工程总承包项目经理应当取得工程建设类注册执业资格或者高级专业技术职称，担任过工程总承包项目经理、设计项目负责人或者施工项目经理，熟悉工程建设相关法律法规和标准，同时具有相应工程业绩。

第十四条 （评标办法）工程总承包项目评标一般采用综合评估法，评审的主要因素包括工程总承包报价、项目管理组织方案、设计方案、设备采购方案、施工组织设计或者施工计划、工程质量安全专项方案、工程业绩、项目经理资格条件等。

第十五条 （评标委员会组成）评标委员会由招标人依法组建，成员由招标人代表和有关技术、商务、经济等方面的专家组成，成员人数为5人以上的单数，招标人代表原则上只派一人参加评标。若设计标包含暗标形式的方案部分（或技术部分），设计标需由设计组专家负责评审，设计组人数为5人以上单数，其中设计专家不得少于专家总数的2/3。建筑工程（房建类）设计方案评标时，建筑专业专家不得少于评委总数的2/3。

第十六条 （发承包的风险分配）建设单位和工程总承包单位应当加强风险管理，在招标文件、合同中约定公平、合理分担风险。除下列情况外，其他风险均由工程总承包单位承担：

（一）因国家政策、法律法规等调整导致的工程量变更或价格调整；

（二）自然地质灾害等不可抗力因素导致的应由建设单位承担的损失部分；

（三）经区政府批准的工程设计变更。

除上述建设单位承担的风险外，其他风险应在合同中约定由工程总承包单位承担。

第十七条　（合同计价模式）工程总承包项目合同计价模式：

（一）采取固定总价合同的，建设单位在明确初步设计方案、建设规模、建设标准和招标控制价后，由总承包单位自行编制估算工程量清单进行竞价。合同中需约定材料和人工费用调价原则和方式。

（二）采取固定单价合同的，建设单位在明确方案设计、建设规模和建设标准后，负责编制招标估算工程量清单和招标控制价。总承包单位按招标估算工程量清单填报竞价。总承包合同明确约定投标竞价作为最终结算依据，工程量按实结算。

（三）采取下浮率报价和批复的总概算作为上限价结算方式的，由总承包单位编制投资估算，并采用下浮率的形式进行报价。总承包单位编制的初步设计经建设单位确认后，编报项目总概算。合同结算价须按照投标下浮率执行。

招标文件和总承包合同中须明确总概算不得超过批复的投资估算，决（结）算价不得超过批复的总概算。

第三章　工程总承包项目实施和管理

第十八条　（概算管理）在项目建议书或可行性研究报告审批阶段后或完成方案设计审查阶段后实施工程总承包的项目，概算由工程总承包单位负责编制，不另外计取编制费用。工程总承包单位编制概算总价不得超过经批准的项目建议书或可行性研究报告估算总投资。建设单位应督促工程总承包单位及时编制工程概算送区财政部门评审。

采用本办法第七条第（二）、（三）款发包方式的，在方案设计或初步设计审查阶段，如有部分特殊材料设备不能定价或明显高于市场价时，首先由项目业主组织开展专家论证工作，再根据专家意见予以明确是否采用特殊工艺、特殊材料、特殊设备。项目业主（含代建或项目管理单位）会同行业主管部门、造价部门、监理、咨询、造价控制、设计、行业专家以及工程总承包单位，成立材料（设备）核价专家小组研究确定。

工程总承包单位编制概算后，由建设单位审核或建设单位委托有资质的造价咨询单位审核，审核完成后送财政评审。经评审后的概算作为建设单位申请工程进度款的依据。

经财政评审的概算中的勘察设计费、建安工程费用作为工程总承包单位可支配范围的封顶结算价，不得突破。若因建设单位原因导致超出概算，由建设单位遵循“先审批、后变更”原则，按照基本建设程序相关规定办理调整概算手续。

第十九条　（预算管理）建设单位可要求工程总承包单位编制施工图预算（如工程总承包单位无预算编制资质，应委托有资质单位编制），不另外计取编制费用，预算编制费不在概算中开项。工程总承包单位编制预算后，建设单位可委托有资质的造价咨询单位审核。施工图预算可作为建设单位审核工程进度款的依据和工程结算的基础性资料。

第二十条 （工程变更）建设单位和总承包单位不得擅自变更建设内容、扩大建设规模和提高建设标准。工程设计变更的，由建设单位按政府投资项目管理程序报批。变更后的工程总造价应控制在经评审的概算范围内。

任何工程变更不得降低初步设计的质量安全标准，不得降低工程质量、耐久性和安全度。总承包单位须建立完备的总承包项目管理体系，加强设计、采购、施工之间的专业协作，减少不必要的工程变更。

第二十一条 （调价原则）总承包合同应明确如发生工程变更事项造成合同价款调整的处理方式。合同中应约定可调价材料清单，原则上可调价材料仅指构成施工实体的主要材料，次要材料、辅助材料、摊销材料等不作调整。可调价材料按照省级或行业建设主管部门或其授权的工程造价管理机构发布的信息价或市场价进行调整。

（一）在项目建议书或可行性研究报告审批阶段后或完成方案设计审查阶段后实施工程总承包的项目，参照《建设工程工程量清单计价规范》（GB 50500—2013）的规定，按照合同约定的事项调整合同价款。调价基准时期为概算评审结果出具日期对应的季度（或月份）价时期。

（二）在初步设计文件和概算获得批准后实施设计（施工图设计）施工总承包的项目，按照《建设工程工程量清单计价规范》（GB 50500—2013）的规定和合同约定的事项调整合同价款。调价基准时期为投标文件截止前 28 天对应的季度（或月份）价时期。

（三）在项目结算阶段，采用经审核预算下浮后的工程量清单综合单价包干（合同约定调整的除外，如施工期间人工价格、材料价格、机械使用费变动超出约定范围）作为结算参考价格。结算书中若有经审核预算中没有的单价或开项则按有关计价依据开项组价并结合投标下浮率下浮，工程量按经施工图审查确认的施工图及合同约定的应由建设单位承担的工程变更按实结算。措施费、其他项目清单费以经审核预算的费率按实结算，有单价的措施费、其他项目清单费项目以经审核预算的综合单价包干并结合下浮率下浮，工程量按实结算。工程总承包项目结算时须按投标下浮率下浮后方予结算。

第二十二条 （结算管理）结算时，工程勘察费、工程设计费均不应超过经评审概算中的工程勘察费、工程设计费下浮后的造价；建安工程费、场地准备及临时设施费结算价均不应超过经评审概算中的建安工程费、场地准备及临时设施费下浮后的造价。

在合同执行过程中，由于不可预见原因或工程变更引起合同价款增加的，应按照基本建设程序相关规定办理工程变更手续。

第二十三条 （资金拨付原则）在工程概算经财政评审前，项目前期费用（如勘察、设计费等）按合同约定支付；工程达到施工条件时，可支付工程预付款，原则上拨付比例不高于合同金额（工程建安费、场地准备及临时设施费部分）的 15%，建设单位可在合同中约定按项目推进节点分次支付；工程概算未经财政评审前，建设单位不予支付工程进度款。上述的资金支付方式须在招标合同中予以明确。

第二十四条 （建设单位的项目管理）建设单位应具备工程总承包管理能力，应当加强工程总承包项目全过程管理，履行合同和法定义务。具有全过程项目管理能力的建设单位可以自行对工程总承包项目进行管理，也可以委托代建或项目管理单位对工程总承包项目进行管理；不具有全过程项目管理能力的应委托代建或项目管理单位对工程总承包项目进行管理，也可以根据建设单位情况分别委托工程造价咨询单位、设计咨询单位等第三方服务机构以满足项目管理能力要求。属于依法必须招标的，建设单位应当采用招标的方式选择服务单位。

（一）具有工程总承包管理能力是指：

1. 设有专门的工程管理机构，具有与项目相适应的管理能力、技术力量及同类工程项目管理经验；

2. 建立完善的质量、安全、工期、造价、廉政等方面的内控制度；

3. 具有不少于3人的工程、造价等方面中级职称以上的技术人员。

（二）代建或项目管理单位是指：

1. 具有独立法人资格、自负盈亏的经济实体；

2. 具有与项目相适应的工程咨询、勘察、设计、施工、监理、造价咨询、项目管理等一项或多项资质；

3. 具有与项目相适应的管理能力和技术力量；

4. 具有同类工程建设管理经验；

5. 具有与项目相适应的资金实力。

代建或项目管理单位可以是本项目的设计咨询、可行性研究、方案设计或者初步设计单位，也可以是其他工程设计、施工或者监理等单位，但代建或项目管理单位不得与工程总承包企业具有利害关系。

为加强政府投资项目的管理，对于未达到依法必须进行招标的范围和规模标准的项目，行业主管部门可建立代建或项目管理、勘察和设计咨询、工程造价控制机构企业库，并制定相关管理制度，约束咨询机构的执业行为。建设单位可通过询价或随机抽取方式在企业库中选取适合的咨询单位。

第二十五条 （总承包单位的组织机构）工程总承包单位应当建立与工程总承包相适应的组织机构和管理制度，能向建设单位提出详细、先进、可行的总承包项目管理组织方案、设备采购方案、施工计划方案，建立起以设计采购施工一体化、多专业协作的组织结构，在投标文件中须明确实际参与总承包项目且具有相适应专业能力的项目总责任人、设计责任人、采购责任人、施工责任人及其他主要专业负责人，形成项目勘察设计管理、采购管理、施工管理、试运行以及质量、安全、工期、造价等工程总承包综合管理能力。

第二十六条 （总承包单位的现场管理）工程总承包单位应当在施工现场设立项目管理机构，设置施工项目经理以及技术、质量、安全、进度、费用、设备和材料等现场管理岗位，配备相应管理人员，加强设计、采购与施工的协调，完善和优化设计，改进施工方案，同时要落实工程总承包单位企业领导带班检查制度，实现对工程总承包项目的有效控制。

工程总承包单位的施工项目经理不得同时在两个或者两个以上工程项目上任职。

第二十七条 （总承包项目分包）工程总承包单位可根据合同约定或者经建设单位同意，将工程总承包合同中的勘察、专业工程的设计或者专业工程的施工业务分包给具备相应资质的单位，但不得将工程总承包项目中设计和施工全部业务一并或者分别分包给其他单位。但以暂估价形式包含在总承包范围内的工程、货物、服务分包时，属于依法必须招标的项目范围且达到国家规定应当招标规模标准的，应当依法招标。

第二十八条 （禁止总承包项目转包）工程总承包单位不得将工程总承包项目转包。

采用联合体方式承包工程的，在联合体分工协议中约定或者在项目实际实施过程中，联合体一方既不按照其资质实施设计或者施工业务，也不对工程实施组织管理，且向联合体其他成员收取管理费或者其他类似费用的，视为联合体一方将承包的工程转包。

第二十九条 （施工图设计文件审查）工程总承包单位自行完成或者分包工程设计的，工程设计图纸和竣工图纸应当增加工程总承包单位图签栏，并由工程总承包单位项目经理签字。

工程总承包项目按照法律法规规定应当进行施工图设计文件审查的，可以根据项目实施情况，分阶段审查施工图设计文件。

第三十条 （质量责任）工程总承包单位应当对其承包的全部建设工程质量负责，分包不免除工程总承包单位对全部建设工程所负的质量责任。

分包单位对其分包工程的质量向总承包单位负责，总承包单位与分包单位对分包工程的质量承担连带责任。

第三十一条 （安全责任）工程总承包单位对施工现场的安全生产负总责。

分包单位应当服从工程总承包单位的安全生产管理，分包单位不服从管理导致生产安全事故的，由分包单位承担主要责任。

第三十二条 （工期责任）工程总承包单位对工期全面负责。工程总承包单位应当对项目总进度和各阶段的进度进行管理，通过勘察、设计、采购、施工、试运行各阶段的协调、配合与合理交叉，科学制定、实施、控制进度计划，确保工程按期竣工。

第三十三条 （竣工验收和备案）工程已完成全部工作并符合竣工验收规定和约定条件的，工程总承包单位应当向建设单位提交工程竣工报告，申请工程竣工验收。建设单位应当按照法定程序和合同约定期限组织各参建单位进行工程竣工验收，验收合格后应当在法定期限内向主管部门备案。

工程总承包单位负责组织各分包单位配合建设单位完成工程竣工验收。

第三十四条 （项目资料移交）建设单位应当及时收集、整理建设项目各环节的文件资料，以及工程总承包单位、工程监理等单位移交的工程资料，建立项目档案，并在工程竣工验收后，及时向城建档案管理部门移交。

工程总承包单位负责总承包范围内工程实施过程中的各种工程资料的审核、签署、整理等工作，并向建设单位移交相应工程档案资料。工程总承包单位协助建设单位建立工程电子文件和电子档案。

第三十五条 （保修责任）工程保修责任书由建设单位与工程总承包单位签署，保修期内工程总承包单位应当根据法律规定以及合同约定承担保修责任，工程总承包单位不得以其与分包单位之间保修责任划分而拒绝履行保修责任。

第四章　监　督　管　理

第三十六条 （监督管理对象）区行业主管部门应当加强对本行政区域内工程总承包活动中各参建单位行为的监督检查。

第三十七条 （施工许可证办理）工程总承包项目开工前，建设单位可分阶段向区行业主管部门申请领取施工许可证。

第三十八条 （信用管理）区行业主管部门应当加强工程总承包项目参建单位及项目管理人员的信用管理工作，及时收集本行政区域内工程总承包项目、各参建单位、项目管理人员信息以及相关信用信息，按上级和区行业主管部门的相关规定记录并报送至广州市企业诚信综合评价平台，通过广州市企业诚信综合评价平台统一对外公布各参建单位及项目管理人员信用信息。

第三十九条 （行业自律）各参建单位应当加强行业自律，自觉遵守行业公约，促进公平竞争，引导行业健康发展。

第四十条 （质量终身责任制）工程总承包单位及项目经理依法承担质量终身责任，工程总承包项目在永久性标牌、质量终身责任信息表中应当增加工程总承包单位及其项目经理信息。

第四十一条 （法律责任）工程总承包活动中，有违反《中华人民共和国建筑法》《中华人民共和国招标投标法》《建设工程勘察设计管理条例》《建设工程质量管理条例》《建设工程安全生产管理条例》等法律法规的，按照相应规定对工程总承包单位和相关责任人员依法予以处罚。构成犯罪的，依法追究其刑事责任。

第五章 附 则

第四十二条 本办法由广州市增城区住房和建设局负责解释。本办法未尽之处，按照国家、广东省、广州市及增城区的相关法律、法规及规定执行。

第四十三条 本办法自发布之日起实施，有效期三年。相关法律依据变化或有效期届满，根据实施情况依法评估修订。在本办法实施之日前已进入招标阶段并已发布招标公告的，参照本办法执行。

关于印发《广东省水利建设工程总承包（试点）暂行办法》的通知

粤水建管〔2008〕274号 2018年9月27日

一、总 则

第一条 为探索我省水利建设工程建设管理新模式，决定开展总承包试点工作。

为了统一、规范我省总承包（试点）水利建设工程的建设与管理，根据《中华人民共和国建筑法》、建设部等六部委颁发的《关于加快建筑业改革与发展的若干意见》等法律法规规定，制定本暂行办法。

第二条 实行工程总承包的目的：

一、深化水利建设工程项目组织实施方式改革，简化合同关系，克服设计、采购、施工责任分离、相互脱节的矛盾，明确责任追究，提高建设管理水平；

二、缩短水利工程建设周期，综合控制项目工程质量、安全、工期和投资，提高投资效益；

三、发挥总承包单位的主动性、积极性和创造性，促进新技术、新工艺、新方法的应用。

第三条 本暂行办法适用于我省总承包（试点）的水利建设工程。

第四条 总承包（试点）的水利建设工程，在执行国家、水利部有关水利工程建设管理规定的基础上，执行本暂行办法。

第五条 试点总承包的工程建设项目以创建省级优良工程为目标，按照省级优良工程的标准、要求进行施工、建设管理。

二、总承包范围与条件

第六条 我省水利建设工程总承包（试点）采用设计采购施工总承包（EPC），即总承包单位负责中标工程的勘测、初步设计、施工设计、监理、施工、采购以及试运行等。非试点总承包工程的范围不含工程监理。

第七条 为使总承包工程建设顺利进行，结合我省水利工程建设的实际情况，总承包工程的征地、移民、拆迁等项目不纳入工程总承包范围，由项目法人负责实施。

第八条 总承包（试点）工程项目的条件：

一、工程建设项目列入省专项规划实施项目范围或已经获得立项批准；

二、工程建设项目尚未开展设计招标；

三、采用工程总承包（试点）的项目，先向省水利厅申请，并获得批准后，由项目法人单位报市一级发展改革部门核准招标方式。

三、总承包单位的选择

第九条　总承包（试点）的工程应按照发展改革部门核准的招标方式，选择符合资质、资格要求的总承包单位。

第十条　总承包主体单位投标资格条件：

一、同时具备招标工程等级相应要求的水利水电行业勘察、设计、咨询资质；

二、具有项目相应要求的咨询能力、设计能力、采购能力、施工管理能力，财务状况良好等；

三、取得 ISO9001：2000 质量管理体系标准认证。

第十一条　总承包单位投标时必须明确符合工程等级要求资质的施工单位，按照联合体投标；并提供本暂行办法第十条要求的资质证书或能力证明，以及项目业主要求的其它合法合规的证明、材料等。如有设备采购的，投标单位必须提供具备相应资质要求的、不少于 3 家的潜在设备供应商名单，专利技术或特殊专业技术，设备供应商名单数量不受此限制。

第十二条　总承包（试点）工程项目按照工程总价承包，采用综合评估法（建议商务标占 40%～50%）选定中标人。

四、总承包工程各方职责

第十三条　总承包合同必须明确工程施工期建筑主要材料价格变动和设计变更等引起的投资变化的具体处理方式。

第十四条　工程建设必须按照初步设计批准的项目、标准、规模等实施。实施过程中的设计变更按照分级管理的规定报批，重大设计变更报原初步设计审批部门审批。

第十五条　总承包（试点）工程项目各方职责。

一、项目主管部门

（一）落实工程建设配套资金；

（二）协调、解决工程建设涉及的政府有关部门的关系，足额、及时支付工程合同款；

（三）协调项目法人与总承包单位的关系；

（四）加强检查监督，履行行业监督职责。

二、项目法人

（一）项目法人对工程建设项目负总责；

（二）负责实施工程建设有关的征地、拆迁、移民；

（三）落实工程建设资金，及时向总承包单位支付合同款；

（四）协调处理总承包单位与地方的关系，确保工程不受外界干扰、阻碍。

三、总承包单位

（一）按照设计工期，保证质量、安全，完成工程建设任务；

（二）及时向施工单位、监理单位、设备材料供应商等支付工程款或合同款；

（三）协调处理施工单位、监理单位、设备材料供应商等的关系，确保工程顺利实施；

（四）接受项目法人和质量安全监督机构等的监督管理，并配合工作。

四、施工单位、监理单位

（一）按照施工合同、监理合同严格执行合同条款，确保工程质量、安全、进度，完成合同规定的施工任务、监理任务；

（二）不得转包、违法分包。

第十六条 总承包单位应建立与总承包项目相适应的项目组织，按照《建设项目工程总承包管理规范》（GB/T 50358—2005）管理工程项目，确保工程项目的建设进度、质量、安全。

五、资 金 支 付

第十七条 总承包（试点）的工程项目，中央补助资金、省级补助资金按照我省水利建设工程的拨付程序下拨地方，地方政府应及时、足额到位地方配套资金。工程投资由项目法人按照工程进度足额、及时支付给总承包单位，总承包单位按照施工、监理、采购等分包单位的完成情况支付工程款或合同款。

第十八条 总承包（试点）的工程项目，不因招标引起投资减少而核减中央补助资金、省级和市县补助资金。

六、总承包工程的监督管理

第十九条 总承包（试点）的工程项目，由水利水电工程质监机构负责质量监督。

第二十条 总承包（试点）工程项目的上级水行政主管部门须加强监督检查，督促工程建设合法合规，发现问题应及时提出整改，并跟踪落实整改。

第二十一条 总承包工程项目各参建单位必须积极配合上级有关部门的稽察、审计和检查工作，及时整改存在问题，完善建设管理。

七、附 则

第二十二条 总承包（试点）工程项目应按照《水利水电工程施工质量检验与评定规程》《水利工程建设项目验收管理规定》及《水利水电建设工程验收规程》等有关规程规定，及时进行质量评定及验收；工程竣工验收由省水利厅主持。

第二十三条 本暂行办法由省水利厅负责解释。

第二十四条 本暂行办法自公布之日起实施。

深圳市《EPC工程总承包招标工作指导规则（试行）》

深建市场〔2016〕16号 2016年5月

为了帮助招标人做好EPC工程总承包招标工作，降低合同风险，特制定本指导规则，供招标人参考。

一、EPC工程总承包的定义

EPC（Engineering - Procurement - Construction），即“设计采购和施工”模式，又称交钥匙工程总承包模式。业主与工程总承包商签定工程总承包合同，把建设项目的设计、采购、施工和调试服务工作全部委托给工程总承包商负责组织实施，业主只负责整体的、原则的、目标的管理和控制。设计、采购和施工的组织实施采用统一策划、统一组织、统一指挥、统一协调和全过程控制。

二、EPC工程总承包的投标条件

目前EPC工程总承包招标的适用依据主要是《关于培育发展工程总承包和工程项目管理企业的指导意见》（建市〔2003〕30号）。在设置投标条件时可淡化资质管理，实行能力认可，在工程实施时回归资质管理，由有相应资质的单位分别承担设计、施工任务。招标人可按下列方式之一设置投标条件：

（二）具有工程总承包管理能力的企业，可以是设计、施工、开发商或其他项目管理单位；

（三）具有相应资质等级的设计、施工或项目管理单位独立或组成联合体投标。

由于目前建筑市场上具有工程总承包业绩的单位较少，在招标时不宜将工程总承包业绩作为投标条件，以促进工程总承包行业的发展。

三、EPC工程总承包招标一般应明确的招标需求

EPC工程总承包招标可以在完成概念方案设计之后进行，也可以在完成方案设计之后进行，即方案未定的EPC工程总承包招标和方案已定的EPC工程总承包招标。无论哪种方式，一般应至少明确以下招标需求：

（一）细化建设规模：房屋建筑工程包括地上建筑面积、地下建筑面积、层高、户型及户数、开间大小与比例、停车位数量或比例等；市政工程包括道路宽度、河道宽度、污水处理能力等。

（二）细化建设标准：房屋建筑工程包括天、地、墙各种装饰面材的材质种类、规格和品牌档次，机电系统包含的类别、机电设备材料的主要参数、指标和品牌档次，各区域末端设施的密度，家具配置数量和标准，以及室外工程、园林绿化的标准；市政工程包括各种结构层、面层的构造方式、材质、厚度等。

（三）划分工作责任：除设计施工以外的其他服务工作的内容、分工与责任。

（四）房屋建筑工程还应明确是否采取工业化建造方式、是否采用BIM技术等。

四、EPC工程总承包的计价模式

EPC工程总承包招标在需求统一、明确的前提下，由投标人根据给定的概念方案（或设计方案）、建设规模和建设标准，自行编制估算工程量清单并报价。建议采用总价包干的计价模式，但地下工程不纳入总价包干范围，而是采用模拟工程量的单价合同，按实计量。如果需约定材料、人工费用的调整，则建议招标时先固定调差材料、人工在工程总价中的占比，结算时以中标价中的工程建安费用乘以占比作为基数，再根据事先约定的调差方法予以调整。

如果EPC工程总承包招标时，不确定建设规模与建设标准，不采用总价包干合同，而是采用下浮率报价与最终批复概算作为上限价的结算方式，一方面中标人在设计时偏好采用利润率高的材料或无法定价的设备，发包人在工程监管时存在较大难度和廉政风险；另一方面，措施费用由于难以定价，在合同执行过程中，可能存在管理难度和较大廉政风险；再一方面由于开口合同，上限价与概算批复额度相关，中标人存在不当谋利的可能。

五、EPC工程总承包定标准备工作

EPC工程总承包一般采取定性评审、评定分离的招标方式，招标人在定标之前需做好以下准备工作：

（一）谨慎认定投标人的工程总承包管理能力与履约能力

1. 是否具有工程总承包管理需要的团队；

2. 工程总承包管理团队的主要人员是否具有较为丰富的工程管理经验；

3. 投标人是否建立了与工程总承包管理业务相适应的组织机构、项目管理体系；

4. 投标人的整体实力、财务状况和履约能力情况。

（二）投标人是否进行一定程度的设计深化，深化的设计是否符合招标需求的规定。

（三）考核投标报价是否合理。主要考核投标人是否编制了较为详细的估算工程量清单，估算工程量清单与其深化的设计方案是否相匹配，投标单价是否合理。

如果投标人报价时只有单位指标造价，如每平方米造价、每延米造价等，或者只有单位工程合价、工程总价，则可能无法判断其投标报价是否合理，招标人在定标时可优先选择能判定为报价合理的投标人。

六、EPC工程总承包招标注意事项

传统招标模式由招标人提供设计图纸和工程量清单，投标人按规定进行应标和报价，而EPC工程总承包招标时只提供概念设计（或方案设计）、建设规模和建设标准，不提供工程量清单，投标人需自行编制用于报价的清单，因此招标时应注意以下事项：

（一）确定合理的招标时间，确保投标人有足够时间对招标文件进行仔细研究、核查招标人需求、进行必要的深化设计、风险评估和估算。

（二）参照国际咨询工程师联合会（FIDIC）《设计采购施工（EPC）/交钥匙工程合

同条件》与《生产设备和设计一施工合同条件》拟定合同条款。

（三）改变工程项目管理模式，发包人对承包人的工作只进行有限的控制，一般不进行过程干预，而是在验收时严格按建设规模和建设标准进行验收，只有达到招标需求的工程才予以接收。EPC工程总承包工程可不实行工程监理，发包人也可仍然聘请工程监理，但是对工程监理的工作内容与工作形式进行适当调整。

（四）招标过程中，允许投标人就技术问题和商务条件与招标人进行磋商，达成一致后作为合同的组成部分。

（五）工程款支付不宜采用传统的按实计量与支付方式，可采用按比例或按月度约定额度支付方式。

（六）慎重选择定标方法，目前建筑市场中具备工程总承包管理能力和经验的承包人较少，不宜采用较大范围的直接抽签或较大范围的票决抽签定标方式。

中山市住房和城乡建设局关于公开征求《中山市房屋建筑和市政基础设施工程EPC工程总承包招标投标工作管理办法（试行）》（征求意见稿）意见的通知

2017年7月18日

第一章 总 则

第一条【目的和意义】 为进一步提高我市房屋建筑和市政基础设施工程的招标投标效率和建设成本控制，根据《建设部关于培育发展工程总承包和工程项目管理企业的指导意见》（建市〔2003〕30号）和《住房城乡建设部关于进一步推进工程总承包发展的若干意见》（建市〔2016〕93号）等法律法规，结合我市实际，制定本办法。

第二条【EPC定义】 EPC工程总承包是指从事工程总承包的企业，按照与建设单位签订的合同，对工程项目的设计、采购、施工、试运行等实行全过程的承包，并对工程的质量、安全、工期和造价等全面负责的承包方式。一般采用设计—采购—施工总承包模式。

第三条【适用范围】 中山市行政区域范围内依法必须进行招标的房屋建筑和市政基础设施工程，采用EPC工程总承包组织建设和监督管理的，其招标投标活动适用本办法。

国家部委及省级部委对于专业工程的EPC工程总承包另有规定的，从其规定。

第四条【管理部门】 市住房和城乡建设行政主管部门负责本行政区域内的房屋建筑和市政基础设施工程EPC工程总承包招标投标活动监督管理工作；镇（区）招标投标监督管理部门按照事权委托范围，负责本行政区域内的房屋建筑和市政基础设施工程EPC工程总承包活动的监督管理。

第五条【招标人负责制】 工程建设项目招标实行招标人负责制。招标人的法定代表人是招标活动的第一责任人。禁止任何单位和个人以任何方式非法干涉招标投标活动。

第二章 招 标 投 标

第六条【项目范围】 采用EPC工程总承包招标的建设工程项目须满足下列情况之一：

（一）列入镇（区）、市级以上重点工程、民生工程或市级以上政府工作报告工程且对建设周期有特殊要求的项目；

（二）经核定的重点产业项目；

（三）建设标准明确的一般工业项目；

（四）功能需求可由国家或行业技术标准、规程确定的市政基础设施及维修项目、园林绿化项目；

（五）采用装配式或者 BIM 建造技术的中、小型房屋建筑项目；

（六）经市（镇）政府有关文件确定采用 EPC 招标方式的其他项目。

第七条【EPC 批准部门】　符合第六条规定范围内的全部使用国有资金投资或者国有资金投资占控股或者主导地位的工程项目，采用 EPC 工程总承包方式须履行以下程序：

（一）使用市级政府财政性资金或国家机关、国有企业事业单位自有资金的，须经项目单位所属的市级行政主管部门批准同意；

（二）使用镇（区）级财政资金或镇（区）所属事业单位、企业资金主导的，须经项目单位所属镇政府、区办事处、管理委员会批准同意。

第八条【招标条件】　采用 EPC 工程总承包方式进行招标的项目，应当符合下列要求：

（一）按照国家及本市有关规定，已完成项目审批、核准或者备案手续；

（二）建设资金来源已经落实；

（三）已通过初步设计评审和概算审核；

（四）有招标所需的基础资料；

（五）满足法律、法规及本市其他相关规定。

第九条【招标提供的资料】　建设单位在招标过程中应提供以下资料：

1. 项目立项批文或备案证；

2. 土地使用证或土地预审证或土地相关证明文件；

3. 有效的资金证明；

4. 经评审通过的初步设计技术审查意见；

5. 项目概算批复、投资概算审核报告书；

6. 法律法规规定的其他条件。

第十条【招标文件编制】　EPC 工程总承包招标文件中应载明项目的建设规模、建设标准、投资限额、工程质量和进度要求等内容，至少应包括：

1. 细化建设规模：房屋建筑工程包括地上建筑面积、地下建筑面积、层高、户型及户数、开间大小与比例、停车位数量或比例等；市政工程包括道路宽度、河道宽度、污水处理能力等。

2. 细化建设标准：房屋建筑工程包括天、地、墙各种装饰面材的材质种类、规格和品牌档次，机电系统包含的类别、机电设备材料的主要参数、指标和品牌档次，各区域末端设施的密度，家具配置数量和标准，以及室外工程、园林绿化的标准；市政工程包括各种结构层、面层的构造方式、材质、厚度等。

3. 划分工作责任：除设计施工以外的其他服务工作的内容、分工与责任。

4. 房屋建筑工程还应明确是否采取工业化建造方式、是否采用 BIM 技术等。

第十一条【工程定价模式】　对于建设规模、建设标准、投资限额、工程质量和进度要求等内容准确的 EPC 工程总承包项目，可采用下列工程计价模式：

1. 可采用下浮率报价与结合工程初步设计方案确定的最终批复概算作为上限价的结算方式。采用该定价模式的，需按招标文件或者工程总承包合同中约定的收费标准及工程定额标准等编制结算书，最终批复概算相应费用作为结算上限价，经相关部门审定后作为工程款结算依据。

2. 可采用总价包干的固定总价合同的结算方式，除招标文件或者工程总承包合同中约定的调价原则外，工程总承包合同价格一般不予调整。

招标文件中应对基坑支护工程（如有）的计价、工程主要材料设备价格波动和人工费用调整及其他影响工程造价的因素进行明确约定。

第十二条【评标方式】 EPC 工程总承包招标评标办法一般采用中山市现行的房屋建筑和基础设施工程项目招标评标管理的有关规定。

采用 EPC 工程总承包的市级项目符合下列情形之一的，其评标办法可采用综合评分法：

（一）招标金额为 1 亿以上（含本数）的房屋建筑工程项目和市政基础设施工程项目；

（二）招标金额为 5000 万以上（含本数）的园林绿化工程项目、装饰装修工程项目和其他项目。

采用 EPC 工程总承包的镇级项目符合下列情形之一的，其评标办法可采用综合评分法：

（一）招标金额为 5000 万以上（含本数）的房屋建筑工程项目和市政基础设施工程项目；

（二）招标金额为 3000 万以上（含本数）的园林绿化工程项目、装饰装修工程项目和其他项目。

若采用综合评分法的，评审的主要因素包括工程总承包报价、项目管理组织方案、施工图设计、设备采购方案、施工计划、企业信誉、工程业绩等。其中，价格分权重不少于 40%。

第十三条【业绩、信誉等事项要求】 建设工程项目采用综合评分法的评分方式的，招标人可以设定有关投标人的业绩、信誉、项目组织机构、技术方案、设施设备数量及参数、材料供应及运输距离以及有关个人的执业资格、专业技术职称等内容作为评审事项。

招标人设定的业绩、信誉等评审事项应当与投标人完成招标项目有密切联系，企业或单位业绩、信誉的有效时间为招标公告发布之日起前五年内。

业绩、信誉的评审标准应当与招标项目的性质及规模对应，但由于招标项目的性质特殊或规模较大可能造成投标人数量偏少，导致无法有效充分竞争的除外。

招标人设定的设施设备数量及参数、材料供应及运输距离等评审事项，只能作为符合与否的评审事项，不得作为优选比较的评审事项。

投标人提交的业绩、信誉文件，应当同时附上可以提供查询的行政主管部门的有效联系方式。投标人未有按照规定附上有效联系方式的，有关业绩、信誉文件将不予采纳。

第十四条【资格预审】 根据《广东省发展改革委关于印发〈广东省建设工程招标项目特殊性工程划分标准目录〉的通知》（粤发改稽察〔2014〕181 号）的规定，属于特殊性工程建设项目方可采用资格预审形式。

第十五条【投标截止时间】 建设单位应当合理确定投标文件编制时间，自招标文件开始发出之日起至投标人提交投标文件截止时间止，不得少于 30 日。

第十六条【投标人资格】 投标人应当具有与工程规模相适应的工程设计资质或者施

工资质，相应的财务、风险承担能力，同时具有相应的组织机构、项目管理体系、项目管理专业人员和工程业绩。

第十七条【投标人禁止条件】 招标人的任何不具独立法人资格的附属机构（单位），或者为招标项目的前期准备或者监理工作提供设计、咨询服务的任何法人及其任何附属机构（单位），都无资格参加该招标项目的投标。

第十八条【项目负责人资格】 项目负责人应当具有相应工程建设类注册执业资格或者高级专业技术职称，熟悉工程总承包项目管理知识和相关法律法规，具有 EPC 工程总承包项目管理经验和相关工程业绩，并具备较强的组织协调能力和良好的职业道德。

第三章　评标、定标及中标

第十九条【评标委员会的组成】 评标委员会由招标人的代表和有关技术、经济、法律等方面的专家组成，总人数为不少于 7 人的单数，其中技术、经济等方面的专家不得少于成员总数的 2/3，且评审专家中至少应当包含 1 名造价专家和 1 名法律专家。

招标人可以选派代表参加评标委员会的，参加人员应当符合国家、省或市规定的评标专家条件和要求，原则上以 1 人为限，且不得担任评标委员会负责人，不得接受评标报酬，评标过程中不得以任何方式影响其他评标专家独立评标。

第二十条【定标方式】 招标人根据评标委员会的书面评标报告和推荐的中标候选人确定中标人。招标人也可以在招标文件中授权评标委员会直接确定中标人。

对履约和管理能力强的建设单位，其招标金额为 3 亿以上（含本数）的大型工程项目采用 EPC 工程总承包的，可采取评定分离的定标方式。

第四章　评　定　分　离

第二十一条【定标前招标人的准备】 采用评定分离定标方式的，招标人在定标之前应做好以下准备工作：

（一）谨慎认定投标人的工程总承包管理能力与履约能力。

1. 是否具有工程总承包管理需要的团队；

2. 工程总承包管理团队的主要人员是否具有较为丰富的工程管理经验；

3. 投标人是否建立了与工程总承包管理业务相适应的组织机构、项目管理体系；

4. 投标人的整体实力、财务状况和履约能力情况。

（二）投标人是否进行一定程度的设计深化，深化的设计是否符合招标需求的规定。

（三）投标报价是否合理。主要考核投标人是否编制了较为详细的估算工程量清单，估算工程量清单与其深化的设计方案是否相匹配，投标单价是否合理。若无法判断部分投标人的投标报价是否合理，招标人可在定标时优先选择能判定为报价合理的投标人。

第二十二条【中标人确定方法（参考深圳）】 采用评定分离定标方式的，招标人应当按照充分竞争、公开、公平、公正和择优的原则，采用下列方法或者下列方法的组合在评标委员会推荐的不多于 6 名合格投标人中择优确定中标人：

（一）票决定标法，由招标人组建定标委员会以直接票决或者逐轮票决等方式确定中标人。

（二）票决抽签定标法，由招标人组建定标委员会从进入票决程序的投标人中，以投票表决方式确定不少于3名投标人，以随机抽签方式确定中标人。

（三）集体议事法，由招标人组建定标委员会进行集体商议，定标委员会成员各自发表意见，由定标委员会组长最终确定中标人。所有参加会议的定标委员会成员的意见应当作书面记录，并由定标委员会成员签字确认。采用集体议事法定标的，定标委员会组长应当由招标人的法定代表人或者主要负责人担任。

第二十三条【明确定标方法】 招标人确定的定标方式、定标规则应当在招标文件中予以明确。采用评定分离的定标方式的，招标人可以在招标文件中明确最终的中标人确定办法也可以列举多种中标人确定办法，在定标会上通过随机抽签方式确定最终的中标人确定办法。

第二十四条【组建定标委员会】 招标人采用评定分离定标方式中的票决定标法或者票决抽签定标法或者集体议事法定标的，应当组建定标委员会。

定标委员会由招标人的法定代表人或者主要负责人组建。定标委员会成员原则上从招标人、项目业主或者使用单位的领导班子成员、经营管理人员中产生，成员数量为7人以上单数。确有需要的，财政性资金投资工程的招标人可以从本系统上下级主管部门或者系统外相关部门工作人员中确定成员；非财政性国有资金投资工程的招标人可以从其母公司、子公司人员中确定成员。

定标委员会成员应当由招标人从2倍以上符合上述条件的备选人员名单中随机抽取确定。招标人的法定代表人或者主要负责人可以从本单位直接指定部分定标委员会成员，但总数不得超过定标委员会成员总数的三分之一。

第二十五条【定标时间】 采用评定分离定标方式的，招标人应当自评标结束后10个工作日内进入中山市公共资源交易中心进行定标。不能按时定标的，应当通过中山市公共资源交易网公告延期原因和最终定标时间。

第二十六条【定标委员会职责】 采用评定分离定标方式的，定标委员会应当在定标会上推荐定标组长，招标人的法定代表人或者主要负责人参加定标委员会的，由其直接担任定标委员会组长。

招标人或者招标代理机构在定标前可以介绍项目情况、招标情况、清标及对投标人或者项目负责人的考察、质询情况；招标人可以邀请评标专家代表介绍评标情况、专家评审意见及评标结论、提醒注意事项。定标委员会成员有疑问的，可以向招标人或者招标代理机构、评标专家提问。

招标人应当组建监督小组对定标过程进行见证监督。

招标人应当对定标过程进行记录，并存档备查。

第二十七条【投票规则】 采用票决定标法的，定标委员会成员应当遵循择优与价格竞争的原则，依据招标文件公布的投票规则，独立行使投票权。

票决采用记名方式并注明投票理由。

第二十八条【中标结果公告】 采用一般定标方式，招标人应当自收到评标报告之日起3日内公示中标候选人，公示期不得少于3日。

采用评定分离的定标方式的，在定标委员会成员确认并签署定标结果后，招标人应当即时将中标结果和合格投标人得票情况在中山市公共资源交易网公示 3 个工作日。

招标人在定标会召开后 5 个工作日内，应当将招标投标完成情况报有关行政主管部门备案。

第二十九条【重新定标】 定标后有下列情形之一的，招标人可以从评审合格的其他投标人中采用原招标文件规定的定标方法，由原定标委员会确定中标人：

（一）中标人无正当理由放弃中标资格或者拒不签订合同的。

（二）中标人不按照招标文件要求提交履约担保的。

（三）被查实存在影响中标结果违法行为的。

第三十条【履约评价】 招标人应当在项目实施过程中或者结束后，对中标人履行合同的情况开展履约评价，并将评价结果报告行政监管部门。

第三十一条【合同制定】 EPC 工程总承包合同的制订可以参照住建部、工商总局联合印发的《建设项目工程总承包合同示范文本（试行）》（GF－2011－0216）。

第五章　责 任 和 义 务

第三十二条【EPC 批准单位监管责任】 对采用 EPC 工程总承包模式的项目，其批准部门应对项目的招标投标活动及项目的实施情况进行监督管理。

第三十三条【建设单位责任】 建设单位应当向 EPC 工程总承包企业提供与建设工程有关的原始资料，原始资料应真实、准确、齐全。EPC 工程总承包项目正式开工前，建设单位应当做好与 EPC 工程总承包项目实施相关的动拆迁、管线搬迁、三通一平等准备工作。

第三十四条【专业分包】 EPC 工程总承包企业可以在其资质证书许可的工程项目范围内自行实施设计和施工，也可以根据合同约定或者经建设单位同意，直接将工程项目的设计或者施工业务择优分包给具有相应资质的企业。

第三十五条【EPC 工程总承包企业、分包单位责任】 EPC 工程总承包企业应当加强对工程总承包项目的管理，根据合同约定和项目特点，制定项目管理计划和项目实施计划，建立工程管理与协调制度，加强设计、采购与施工的协调，完善和优化设计，改进施工方案，合理调配设计、采购和施工力量，实现对工程总承包项目的有效控制，并对工程总承包项目的质量和安全全面负责。EPC 工程总承包企业按照合同约定对建设单位负责，分包企业按照分包合同的约定对 EPC 工程总承包企业负责。工程分包不能免除 EPC 工程总承包企业的合同义务和法律责任，EPC 工程总承包企业和分包企业就分包工程对建设单位承担连带责任。

第三十六条【风险分担机制】 建设单位和 EPC 工程总承包企业应当在招标文件以及 EPC 工程总承包合同中约定总承包风险的合理分担。建设单位承担的风险包括：

（一）建设单位提出的工期或建设标准调整、设计变更、主要工艺标准或者工程规模的调整；

（二）因国家政策、法律法规变化引起的工程费变化；

（三）主要工程材料价格和招标时基价相比，波动幅度超过总承包合同约定幅度的部分；

（四）难以预见的地质自然灾害、不可预知的地下溶洞、采空区或障碍物、有毒气体等重大地质变化，其损失与处置费由建设单位承担；因总承包单位施工组织、措施不当等造成的上述问题，其损失和处置费由 EPC 工程总承包企业承担；

（五）其他不可抗力所造成的工程费的增加。

除上述建设单位承担的风险外，其他风险可以在 EPC 工程总承包合同中约定由 EPC 工程总承包企业承担。

第三十七条【法律责任】 在 EPC 工程总承包项目实施过程中，有违反《中华人民共和国建筑法》《中华人民共和国招标投标法》《建设工程勘察设计管理条例》《建设工程质量管理条例》《建设工程安全管理条例》等建筑业相关法律、法规、规章的，按相应处罚规定追究建设单位、EPC 工程总承包企业、分包企业和相关责任人的法律责任。

第六章 附　　则

第三十八条【其他工程总承包】 采用工程总承包的其他模式参照本办法执行。

第三十九条【依法行政】 本办法中的未尽事宜，依据《中华人民共和国招标投标法》《中华人民共和国招标投标实施条例》等法律法规、部门规章予以执行。

第四十条【解释权主体】 本办法由中山市住房和城乡建设局负责解释。

第四十一条【实施日期】 本办法自 2017 年月日起实施。

广州市建设工程招标管理办公室《关于公布设计施工总承包招标监管标准的指引（试行）》

2017 年 10 月 30 日

为进一步规范我办招标监管行为，依据《中华人民共和国招标投标法》《住房城乡建设部关于进一步推进工程总承包发展的若干意见》《广州市工程建设项目招标投标管理办法》等相关规定，制定本工作指引。

一、设计施工总承包的适用范围

本指引所称设计施工总承包招标是指招标人通过招标方式将建设项目的设计工作（或含勘察）全过程或若干阶段和施工进行发包。中标人对建设项目的质量、安全、工期、造价全面负责。发挥有实力的设计单位在设计施工总承包管理中的主导作用。

二、设计施工总承包管理能力

具有设计施工总承包管理能力是指：

（一）设有专门的工程管理机构。

（二）建立完善的质量、安全、工期、造价、廉政等方面的内控制度。

（三）具有不少于 3 人的工程、造价等方面中级职称以上的技术人员。

经招标人承诺或其上级主管单位确认，可以开展招标工作（附件 1 或附件 2）。采用社会代建制的，由建设单位参照附件 1 出具相关函件，同意招标项目采用设计施工总承包模式招标，并对代建单位的设计施工总承包管理能力进行确认。

三、招标条件

（一）财政投资项目

1. 已履行相应的项目审批手续。市财政投资项目须取得施工招标方式核准文件，省级或以上项目审批部门审批的建设项目须取得设计（或含勘察）和施工项目招标方式核准文件。

2. 已合理确定项目的最高投标限价。最高投标限价原则上不得超过已批复的概算中的对应金额。经财政部门同意按估算批复开展招标工作的，最高投标限价不得超过已批复的估算中的对应金额。

3. 能够确定资质等级的规划或其他审批文件。

4. 建设项目的设计任务书、工程管理需求明确，已确定主要材料、设备技术标准。住房保障项目或棚改项目需具备户型图。

（二）非财政投资项目

1. 已经取得项目核准文件或投资备案文件。

2. 项目所需资金已经落实。提供全额超过预计发包价的 30%资金证明，开具时限是提交招标文件备案前三个月内。资金证明可由银行或其他具备金融许可证的机构出具。

3. 已合理确定项目的最高投标限价。

4. 能够确定投标人资质等级的规划或其他审批文件。

5. 建设项目的设计任务书、工程管理需求明确，已确定主要材料、设备技术标准。

四、资格条件

（一）设计施工总承包的投标人资质应当具有与工程规模相适应的工程设计资质或者施工资质。招标人要求投标人具备设计资质或施工资质其中之一的，仅具有设计资质的投标人，应当将建设项目中的施工业务依法分包给具有相应施工资质的企业；仅具有施工资质的中标人，应当将建设项目中的设计业务依法分包给具有相应设计资质的企业。投标人应在投标文件中明确拟分包的业务及分包单位名称，如中标，应在中标通知书中载明。招标人也可要求投标人同时具有设计资质和施工资质，并接受联合体投标。

经招标人同意采用分包方式的，可在招标文件中约定分包单位的资质和业绩要求。承接设计、施工分包的单位，需在广州市住房和城乡建设委员会建立了企业诚信档案，项目负责人需为本企业诚信档案中的在册人员。

（二）施工类似工程业绩的设置原则按《广州市工程建设项目招标投标管理办法》中对施工项目资格条件中合格业绩设置的规定执行。原则上不设置勘察类似工程业绩。

（三）设计施工总承包项目经理应当取得工程建设类注册执业资格或者高级专业技术职称，担任过工程总承包项目经理、设计项目负责人或者施工项目经理，同时具有相应工程业绩。

（四）除业绩外，其他条件可参照《住房城乡建设部关于进一步推进工程总承包发展的若干意见》（建市〔2016〕93 号）设置。

五、资格审查方式

符合《广东省建设工程招标项目特殊性工程划分标准目录》（粤发改稽察〔2014〕181 号）标准的设计施工总承包项目，可采用资格预审方式，其他工程采用资格后审方式。

六、评标办法

设计施工总承包一般采用综合评估法。招标文件应按照国家的《标准设计施工总承包招标文件》（2012 年版）范本进行编制，但应遵循以下原则：

（一）特殊性工程或大型复杂工程项目

1. 含方案设计内容的建筑工程项目（含单独立项的装修项目）和以批复估算进行招标的市政工程项目，设计标（或含勘察）的权重占评分总权重的 [10%～35%]，其中方案部分（或技术部分）采用暗标形式，权重不得少于设计部分总权重的 70%；设计机构实力、设计团队部分不得超过设计部分总权重的 30%。施工企业实力及施工项目团队纳入施工技术标中考核，且不超过施工技术标权重的 36%。施工标价格权重可以在施工标权重 [60%～100%] 选择。

2. 设计内容仅包含初步设计或施工图设计的建筑工程项目（含单独立项的装修项目）和以批复概算进行招标的市政工程项目，设计标可仅对设计机构实力、设计团队进行评分，总分不得超过评标总权重的 10%。施工价格权重可以在施工标权重 [60%～100%] 选择。施工企业实力及施工项目团队纳入施工技术标中考核，且不超过施工技术标权重的 36%。

3. 设计和施工全过程采用建筑信息模型（BIM）技术的，BIM 评审因素不应超过总权重的 10%。

4. 施工技术标评审因素须包含分包工程管理方案（如有）、实名制管理方案等。

（二）非大型复杂或特殊性工程项目

1. 含方案设计内容的建筑工程项目（含单独立项的装修项目）和以批复估算进行招标的市政工程项目，设计标（含勘察）的权重占总评分权重的［10%～35%］，其中方案部分（或技术部分）采用暗标形式，权重不得少于设计部分权重的 70%。设计机构实力、设计团队部分不得超过 30%。施工标价格权重可在施工标权重［80%～100%］选择。

2. 设计内容仅包含初步设计或施工图设计的建筑工程项目（含单独立项的装修项目）和以批复概算进行招标的市政工程项目，设计机构实力、设计团队、施工企业实力以及项目团队的评审因素，合计不得超过总权重的 20%。施工标价格权重可在评分总权重［80%～100%］选择。

（三）装配式建筑的各项权重由招标人根据工程实际依法确定。

（四）鼓励招标人依法创新招投标流程、评标和定标方法。

七、评标委员会

评标由招标人依法组建的评标委员会负责，其评标委员会由招标人代表和有关技术、商务、经济等方面的专家组成，成员人数为 5 人以上单数，招标人代表原则上只派一人参加评标。若设计标包含暗标形式的方案部分（或技术部分），设计标需由设计组专家负责评审，设计组人数为 5 人以上单数，其中设计专家不得少于专家总数的 2/3。建筑工程（房建类）设计方案评标时，建筑专业专家不得少于评委总数的 2/3。

八、其他

（一）设计施工总承包招标在需求统一、明确的前提下，由投标人根据给定的设计方案（或初步设计）、建设规模和建设标准报价。鼓励投标人编制估算工程量清单，建议计价方式以总价包干为主，部分无法确定工程量的可单价计费。具体工程费的计价方式由招标人自行制定。

招标人应根据建设项目类型、特点，结合市场情况，科学合理制定设计费最高投标限价，并在招标文件中载明最高投标限价的金额及计价办法。达到招标文件要求但未中标的设计方案，招标人或中标人应给予补偿。含方案设计的项目，补偿总额不应低于设计费最高投标限价的 10%。方案深化或优化设计的项目，补偿总额不应低于设计费最高投标限价的 5%。

（二）招标文件中应当明确招标人和中标人的责任和权利，主要包括：工作范围、风险划分、项目目标、奖惩条款、计量支付条款、变更程序及变更价款的确定条款、价格调整条款、索赔程序及条款、工程保险、不可抗力处理条款等。

建议合同中要约定施工单位配合概算评审、预算评审等事项的报批，并遵守财政评审意见。

附件：1. 关于确认设计施工总承包管理能力的函（略）

2. 关于采用设计施工总承包方式招标的函（略）

3. 设计施工总承包评标权重表（略）

广东省住房和城乡建设厅关于《房屋建筑和市政基础设施工程总承包实施试行办法（征求意见稿）》公开征求意见的公告

粤建公告〔2017〕42号　2017年12月25日

第一章　总　　则

第一条　为了深化建设项目组织实施方式改革，推广房屋建筑和市政基础设施工程总承包制，提升工程建设质量和项目投资效益，根据《中华人民共和国建筑法》《中华人民共和国招标投标法》及其实施条例，以及《国务院办公厅关于促进建筑业持续健康发展的意见》等法律法规、政策文件，结合本省实际，制定本试行办法。

第二条　本办法所称工程总承包，是指从事工程总承包的单位按照与建设单位签订的合同，对工程项目的设计、采购、施工等环节实行全过程的承包，并对工程的质量、安全、工期和造价等全面负责的承包方式。

工程总承包一般采用设计—采购—施工总承包或者设计—施工总承包模式。建设单位也可以根据项目特点和实际需要，按照风险合理分担原则和承包工作内容采用其他工程总承包模式。

第三条　本省行政区域内房屋建筑和市政基础设施工程项目，采用工程总承包组织建设和监督管理的，适用本办法。

装配式建筑项目原则上应采用工程总承包模式。

政府投资工程项目应当优先采用工程总承包模式。社会投资项目可以根据项目特点和实际需要，本着质量可靠、效率优先的原则，积极采用工程总承包模式。

第四条　省住房城乡建设主管部门负责本省房屋建筑和市政基础设施工程总承包活动的监督管理，县级以上住房城乡建设行政主管部门按照其职责权限，负责本行政区域范围内工程总承包活动的监督管理。

第二章　项目招投标管理

第五条　建设单位可以根据项目特点，在可行性研究、方案设计或者初步设计完成后，依法直接发包或者作为招标人进行工程总承包项目招标发包。招标人也可以是依法依规取得代建资格的代建项目管理单位。

工程项目在可行性研究完成后采用总承包模式招标的，应先取得项目审批、核准或者备案文件。

工程项目在方案设计或者初步设计完成后采用总承包模式招标的，应当取得方案设计或初步设计批复文件。

第六条　采用工程总承包模式的国有资金占控股或者主导地位的，依法必须进行招标的工程项目，应当公开招标。统一进入公共资源交易中心交易。

采用工程总承包模式依法必须进行招标的装配式建筑项目，可以按照《中华人民共和国招标投标法实施条例》第八条所规定的技术复杂、有特殊要求且只有少量潜在投标人可供选择的情形进行邀标，具体由工程所在地市级住房城乡建设主管部门作出认定。

第七条　招标应当具备以下条件：

（一）按照国家及本省有关规定，已经完成项目审批、核准或者备案手续；

（二）建设资金来源已经落实；

（三）有满足工程总承包招标所需的文件及其他技术资料；

（四）满足法律、法规及本省其他相关规定。

第八条　招标一般应采用固定总价方式进行，根据项目特点也可采用固定单价、成本加酬金或概算总额承包的方式进行。

第九条　结构复杂或者技术要求较高的特殊性工程建设项目，招标人可以根据项目的需要，对投标申请人进行资格预审，资格预审分为合格制和有限数量制。实行资格预审的招标工程，招标人应当在招标公告或者投标邀请书中载明资格预审的条件和获取资格预审文件的办法。

第十条　招标文件的编制应当按照国家及省相关规定执行，至少满足以下要求：

（一）提供完备、准确的水文、初步勘察、地形、工程可行性研究报告及其他批复材料等基础资料；

（二）明确招标的内容及范围，主要包括设计、设备采购以及施工的内容及范围、功能、质量、安全、工期、验收等量化指标；

（三）载明采用新技术、新工艺，如BIM技术、装配式建筑、绿色建筑等加分因素；

（四）明确招标人和中标人的权利和义务，主要包括：工作范围、风险划分、项目目标、奖励和违约条款、计量支付条款、变更程序及变更价款的确定条款、价格调整条款、索赔程序及条款、工程保险、不可抗力处理条款等；

（五）投标人在其投标文件中明确分包内容的要求；

（六）明确最高投标限价。

第十一条　投标人应满足以下要求：

（一）具备与发包工程项目规模相适应的工程设计资质或者施工总承包资质；

（二）能够提供银行、担保或保险公司开具的保函或保险合同；

（三）具有相应的风险承担能力和相应的组织架构、项目管理体系、项目管理专业人员和工程业绩。其中，工程业绩可以是投标人独立承揽的工程总承包业绩，也可以是投标人以联合体牵头人身份承揽的工程总承包业绩；

（四）工程总承包项目经理应当取得工程建设类注册执业资格的注册建筑师、勘察设计注册工程师、注册建造师、注册监理工程师或者高级专业技术职称，拥有与工程建设相关的专业技术知识，熟悉工程总承包项目管理知识和相关法律法规，具有工程总承包或设计或施工项目管理业绩，并具备较强的组织协调能力和良好的职业道德。

第十二条　采用总承包模式招标的工程项目，可由符合条件的设计或施工总承包单位独立投标。招标人不得强制投标人组成联合体共同投标，不得限制投标人之间的竞争。

第十三条 允许为招标项目前期准备提供设计、咨询服务工作的单位参与招标项目的投标。图纸及技术资料等前期设计咨询成果材料必须在招标时公布，供所有潜在投标人参考。

第十四条 投标文件应当结合工程地质条件和技术特点，按照招标文件要求编制。投标文件应当包括以下内容：

（一）设计建议或者对初步设计的优化建议；

（二）项目实施与设计施工进度计划；

（三）拟分包的内容；

（四）报价清单及说明；

（五）按招标人要求提供的设计技术方案。

第十五条 招标人应当合理确定投标文件的编制时间。招标文件要求提交设计成果的，自招标文件开始发出之日起至投标人提交投标文件截止之日止，最短不得少于45日；招标文件不要求提交设计成果的，自招标文件开始发出之日起至投标人提交投标文件截止之日止，最短不得少于30日。

招标人在招标文件中明确中标人有权使用未中标人的技术方案的，应当同时明确给予相应的费用补偿。

第十六条 评标可以采用综合评估法。投标文件提出的建设规模、建设标准、建设内容、合同价格等应当控制在招标人提供的可行性研究、方案设计或初步设计文件范围内。评审主要因素包括投标报价、项目管理组织方案、设计文件、采购方案、施工组织设计和施工计划、质量安全保障措施、工程业绩和信用、分包方案等。可优先选用同时具有设计和施工资质并具有一定生产能力的企业，或者将其作为加分项。

第十七条 评标由招标人依法组建的评标委员会负责。评标委员会由招标人代表，以及岩土、建筑、结构、给排水、电气、暖通等设计、施工、经济和设备等方面专家组成，成员人数为不少于7人以上单数。招标人参加或派代表参加评标委员会的，应当具备国家和省规定的评标专家条件和要求，人数原则上以一人为限，且不得担任评标委员会负责人，评标过程中不得以任何方式影响其他评标专家独立评标。技术特别复杂、专业性要求特别高或者国家有特殊要求的招标项目，采取随机抽取方式确定专家难以胜任评标实际需要的，经行政监管部门批准后可以由招标人直接确定。与投标人有利害关系的人不得进入评标委员会。

第十八条 评标完成后，评标委员会应当向招标人提交书面评标报告，并按照招标文件的要求，推荐不超过3名有排序的合格的中标候选人，由招标人按照中标候选人的排序确定中标人；也可以推荐3名不排序的合格中标候选人由招标人择优确定中标人。由招标人择优确定中标人的，招标人应当在招标文件中对定标原则予以明确。

第十九条 招标人应当与中标单位签订总承包合同。工程总承包合同可参照住房城乡建设部、国家工商总局联合印发的《建设项目工程总承包合同示范文本》（GF—2011—0216）或国家发展改革委等9部门联合印发的《标准设计施工总承包招标文件》（2012年版）所附合同条款及格式制订。

第二十条 以暂估价形式包含在工程总承包招标范围内的，达到国家规定应当招标规模标准的工程、货物和服务，应当依法进行招标。工程总承包暂估价招标应当由建设单位，或者工程总承包单位，或者建设单位和工程总承包单位联合作为招标人，以招标的方式选择供应商和确定价格，并应以此为依据取代暂估价，调整工程总承包合同价款。招标人应在工程总承包招标文件中明确暂估价招标的具体安排。

除以暂估价形式包括在工程总承包范围内且必须进行招标的项目外，工程总承包单位可以直接发包总承包合同中涵盖的其他专业业务。

第二十一条　招标文件合同条款应当按照权利义务对等的原则，约定招标人和承包人双方承担的风险以及风险费用的计算方法。风险分担可以参照以下因素约定：

招标人承担的风险一般包括：

（一）提供的环境保护、气象水文、地质资料、初步设计、方案设计等前期工作相关文件不准确、不及时，造成工程费用增加和工期延误；

（二）提出的工期调整、重大或者较大设计变更、建设标准或者工程规模的调整，造成工程费用增加和工期延误；

（三）因国家税收等政策调整引起的税费变化；

（四）难以预见的地质自然灾害、不可预知的地下溶洞、采空区或障碍物、有毒气体等重大地质变化，或其他不可抗力所造成的工程费用增加和工期延误。

除招标人承担的风险外，其他风险可以约定由承包人承担。

第二十二条　总承包费用或者投标报价应当包括相应工程的勘察设计费、建筑安装工程费、设备购置费、缺陷责任期维修费、保险费等。工程总承包项目采用总价包干的固定总价合同的，除招标文件或者工程总承包合同约定的调价原则以及应当由建设单位承担的风险费用外，工程总承包合同价格一般不予调整。过程中涉及应由建设单位缴纳的规费由建设单位缴纳。

第三章　实施阶段项目管理

第二十三条　项目的方案设计和初步设计审查、工程总承包招标核准备案、施工图文件审查、施工许可证、竣工验收备案等基本建设程序应由建设单位为主体办理，建设单位也可以委托工程总承包单位代办，办理中应注明工程总承包单位名称。

第二十四条　按照法规规定应进行施工图设计文件审查的工程总承包项目，可以根据项目实施情况，按照单体工程进行施工图设计文件审查。

第二十五条　建设单位可以在符合法律法规的情况下，一次性申请领取工程总承包项目的施工许可证，也可以根据施工图审查进度分标段申请领取施工许可证。

第二十六条　建设单位可以根据自身资源能力和项目需要，依法委托全过程咨询单位对工程总承包单位实行项目管理，也可以自行对项目进行管理。全过程咨询单位不得与工程总承包单位具有利害关系。

全过程咨询单位或工程监理单位在项目实施过程中发现项目勘察、设计、施工等方面有违反法律法规、强制性技术标准或者合同约定的，应当要求工程总承包单位予以改正，工程总承包单位拒不改正的，应当及时报告建设单位。

第二十七条　工程总承包单位可以在其资质证书许可的工程项目范围内自行实施设计

和施工，也可以将工程项目的设计或者施工业务择优分包给具有相应资质的企业。

工程总承包单位仅具有相应的设计或者施工资质的，应当自行实施其资质证书许可的工程项目范围内的设计或者施工业务，并将其资质证书许可范围外的全部施工或者全部设计业务依法分包给具备相应资质条件的施工总承包单位或者设计单位。

工程总承包单位可以将工程的全部勘察业务分包给具备相应资质条件的勘察单位。

上述工程总承包的分包，工程总承包单位可以按照合同约定或者经建设单位同意，不再通过招标方式发包。

第二十八条 工程总承包单位应当加强对分包的管理，不得将工程总承包项目转包，也不得将工程总承包项目中设计和施工业务一并或者分别分包给其他单位。工程总承包单位自行实施设计的，不得将工程总承包项目工程主体部分的设计业务分包给其他单位。工程总承包单位自行实施施工的，不得将工程总承包项目工程主体结构的施工业务分包给其他单位。

第二十九条 工程总承包单位和承接勘察、设计、施工任务的分包企业应当自行完成承包工程范围内的主体工作。经工程总承包单位同意，勘察、设计、施工分包企业可以将合同范围内非主体、非关键性工作再分包给其他具有相应资质的专业企业完成。施工专业承包企业除建筑劳务外，不得再分包工程。设计、勘察专业承包企业不得再分包工程。

第三十条 工程总承包单位应当按照工程总承包合同的约定，对总承包工程范围内的工程勘察、工程设计、施工质量、施工现场安全生产和工程进度等全面负责。工程总承包单位按照合同约定对建设单位负责，分包单位按照合同约定对工程总承包单位负责。工程分包不能免除工程总承包单位的合同义务和法律责任，工程总承包单位和分包单位就分包工程对建设单位承担连带责任。

第三十一条 施工项目负责人或设计项目负责人可以与工程总承包项目经理为同一人，也可以为不同人，施工或设计项目负责人必须具有相应的注册执业资格或高级专业技术职称。工程总承包项目经理和施工项目负责人不得同时在两个或两个以上的工程项目上担任项目负责人。

第三十二条 工程技术资料由工程总承包单位统一管理负责，分包单位资料纳入工程总承包单位的资料管理体系。

第三十三条 工程竣工验收由建设单位会同工程总承包单位共同组织。工程竣工验收中总承包范围内涉及的勘察、设计、施工等方面内容，由工程总承包单位全面负责，并向建设单位移交全套工程技术资料。保修期内工程总承包单位应当根据有关法律规定以及合同约定承担保修责任，工程总承包单位不得以其与分包单位之间保修责任划分而拒绝履行保修责任。

第三十四条 采用固定总价合同的工程总承包项目在计价结算审核时，应当仅对符合工程总承包合同约定的变更调整部分进行审核，对工程总承包合同中的固定总价包干部分不再另行审核。

第三十五条 建设单位应当依据招投标文件和合同加强对项目的管理，督促总承包单位履行合同义务。

第四章 监 督 管 理

第三十六条 项目实施过程中参与的各方责任主体，包括工程总承包单位，应按法律法规的规定接受相关部门的监督监管。

第三十七条 各级住房和城乡建设主管部门应完善与工程总承包相适应的项目招投标、施工图审查监管、施工许可、质量安全监督管理、竣工验收备案等管理体系。

第三十八条 工程项目所在地县级以上住房和城乡建设主管部门应当根据工程总承包合同、工程总承包单位与勘察、设计、施工企业签订的分包合同，依法办理工程质量、安全监督和施工许可等相关手续。

第三十九条 对采用工程总承包模式的工程建设项目，工程项目所在地县级以上住房和城乡建设主管部门及相关单位应对根据《广东省住房和城乡建设厅关于使用〈广东省房屋建筑竣工验收技术资料统一用表〉（2016 版）的通知》等文件制定的各类工程技术管理、报验、备案等相关表格，相应增加“工程总承包单位”和“工程总承包项目经理”栏目，由工程总承包单位签署意见。

第四十条 工程项目所在地县级以上住房和城乡建设主管部门应当将工程总承包单位及其项目经理作为工程建设责任主体，纳入建筑工程责任主体项目负责人质量终身责任追究办法监管范围，在施工许可证及其申请表、法人授权书、质量终身责任承诺书、永久性标牌中增加工程总承包单位和工程总承包项目经理（详见附件）。

第五章 附 则

第四十一条 各级住房和城乡建设主管部门应加强与发展改革、财政、税务、审计等有关部门的沟通协调，积极解决制约工程总承包项目实施的有关问题。

第四十二条 本办法由广东省住房和城乡建设厅负责解释。

第四十三条 本办法自 2017 年　月　日起施行，有效期 3 年。本办法实施前采取工程总承包模式且尚未竣工验收结算的项目，可在按照法律法规规定以及合同约定的基础上，参照执行。

附件：1. 建筑工程施工许可证（含工程总承包）（略）

2. 建筑工程施工许可证申请表（含工程总承包）（略）
3. 法定代表人授权书（略）
4. 工程总承包单位项目经理工程质量终身责任承诺书（略）
5. 永久性标牌内容的参照格式（略）

东莞市住房和城乡建设局《房屋建筑和市政基础设施工程采用工程总承包模式建设的工作指引（试行）》

2018年6月6日

第一章　总　　则

第一条　（目的和意义）为落实《国务院办公厅关于促进建筑业持续健康发展的意见》（国办发〔2017〕19号）、《住房城乡建设部关于进一步推进工程总承包发展的若干意见》（建市〔2016〕93号），促进我市房屋建筑和市政基础设施工程（以下简称房建市政工程）设计、采购、施工等各阶段的深度融合，有效控制项目投资、提高工程建设效率，推进和规范我市工程总承包的实施和发展，结合我市实际，制定本工作指引。

第二条　（工程总承包定义）本工作指引所称工程总承包（俗称EPC），是指从事房建市政工程总承包的企业按照与建设单位签订的合同，对工程项目的设计、采购、施工等实行全过程的承包，并对工程的质量、安全、工期和造价等全面负责的承包方式。

工程总承包一般采用设计—采购—施工总承包或者设计—施工总承包模式。建设单位也可以根据项目特点和实际需要，按照风险合理分担原则和承包工作内容采用其他工程总承包模式。

第三条　（工程总承包项目分包定义）存在以下情形之一的，本工作指引称为工程总承包项目的分包：

（一）工程总承包企业具备相应的设计和施工资质的，可以自行实施工程的设计和施工业务，也可以将工程的全部设计或者全部施工业务分包给具备相应资质条件的设计企业、施工总承包企业；

（二）工程总承包企业仅具备相应的设计或者施工资质的，应当自行实施其资质承揽范围内的设计或者施工业务，并将其资质承揽范围外的全部施工或者全部设计业务分包给具备相应资质条件的施工总承包企业或者设计企业。

上述工程总承包项目的分包，可以不再通过招标方式，但应当在工程总承包招标文件（或工程总承包合同）中予以明确，并经建设单位同意。通过工程总承包项目分包形式承接业务的企业称为分包企业。

第四条　（专业分包定义）工程总承包企业和分包企业应当自行完成承包工程范围内的主体工作，但可根据合同约定依法将其承包工程范围内的非主体、非关键性工作分包给相应专业承包资质的企业。上述的分包行为本工作指引称为专业分包。通过上述专业分包形式承接业务的企业称为专业分包企业。

第五条　（本指引适用范围）本市行政区域范围内依法必须进行公开招标的房建市政工程，采用工程总承包组织建设和监督管理的，适用本工作指引。国家、省、市行业主管部门对于专项工程（如截污次支管网工程）的工程总承包另有规定的，从其规定。其他不属于依法必须进行公开招标范围的房建市政工程采用工程总承包组织建设和监督管理的，可参照执行。

第二章　招　标　投　标

第六条　（招标人负责制）工程建设项目招标实行招标人负责制。招标人的法定代表人是招标活动的第一责任人。禁止任何单位和个人以任何方式非法干涉招标投标活动。

第七条　（工程总承包适用范围）建设单位可以根据项目特点和实际需要，本着质量可靠、效率优先的原则，自行考虑是否采用工程总承包模式。采用工程总承包招标的房建市政工程项目一般须符合下列情况之一：

（一）列入市属重大工程的项目；

（二）采用装配式或者 BIM 建造技术的房屋建筑项目；

（三）技术、质量要求较高的大型项目；

（四）国有企业投资的大型项目；

（五）经市政府有关文件确定采用工程总承包招标方式的其他项目。

第八条　（招标条件）建设单位可以根据项目特点，对可行性研究、方案设计或初步设计的合理性及估算或概算的准确性进行论证，在可行性研究（估算）、方案设计（估算）或者初步设计（概算）获得批准后，按照确定的建设规模、建设标准、投资限额、工程质量和进度要求等进行工程总承包招标。同时，应具备下列条件：

（一）按照国家及本市有关规定，已完成项目审批、核准或者备案手续；

（二）建设资金来源已经落实；

（三）有招标所需的基础资料；

（四）满足法律、法规及本市其他相关规定。

第九条　（投标人的资格）工程总承包企业应当具备与发包工程规模相适应的工程设计资质（工程设计专项资质和事务所资质除外）或施工总承包资质，相应的财务、风险承担能力，同时具有相应的组织机构、项目管理体系、项目管理专业人员和工程业绩。

第十条　（联合体投标）工程总承包企业可以按本指引第三条要求中标后对工程总承包项目进行分包，也可以联合拟分包的企业组成联合体进行投标。联合体投标时，投标人应当具备工程设计资质（工程设计专项资质和事务所资质除外）和施工总承包资质，并明确牵头单位为工程总承包企业，非牵头单位为分包企业。以联合体方式中标的，牵头单位（工程总承包企业）不得再进行工程总承包项目的分包。本工作指引对于分包企业的规定适用于联合体投标时的非牵头单位。

第十一条　（投标人限制条件）工程总承包项目的项目管理单位、监理单位、招标代理单位或者与前述单位有控股或者被控股关系的机构或单位不得参与同一工程总承包项目投标。

招标人可不接受项目建议书、可行性研究报告编制单位等前期咨询单位以及方案设计、初步设计文件或者总体设计文件的设计单位或者与前述单位有控股或者被控股关系的机构或单位参与投标；招标人允许上述机构或单位参与投标的，图纸及技术资料等前期咨询成果材料必须在招标时公布，供所有潜在投标人参考。

第十二条　（项目负责人的资格）工程总承包的项目负责人（即项目经理）应当具有相应工程建设类注册执业资格或者高级专业技术职称，担任过工程总承包项目经理、设计项目负责人或者施工项目经理，拥有与工程建设相关的专业技术知识，熟悉工程总承包项目管理知识和相关法律法规，相应工程业绩，并具备较强的组织协调能力和良好的职业道德。

第十三条　（人员配备要求）招标人可在招标文件中要求投标人明确项目负责人、项目设计负责人、项目施工负责人、项目技术负责人、工程质量负责人、施工安全负责人、项目造价负责人等主要项目管理人员。联合体投标时，项目负责人、项目造价负责人应当就职于牵头单位（工程总承包企业），项目设计负责人、项目施工负责人可按企业资质就职于牵头单位（工程总承包企业）或非牵头单位（分包企业）。

第十四条　（招标文件的编制）工程总承包项目招标文件的编制按照国家、省及本市相关规定执行：

（一）招标文件中应当提供招标基础资料，如：勘察报告、可行性研究报告（项目申请报告书）、方案设计（估算）或初步设计（概算）及其相关批复材料等，以保证投标方案的深度、准确度、针对性以及对工程风险的合理评估；

（二）招标文件中应当明确招标的内容及范围，主要包括：施工图设计、设备采购以及施工的内容及范围、功能、质量、安全、工期、验收及缺陷责任期等量化指标；

（三）招标文件中应当尽可能细化建设规模：房屋建筑工程包括地上建筑面积、地下建筑面积、建筑高度、户型及户数、开间大小与比例、停车位数量或比例等；市政道路工程包括道路等级、路宽等。建设规模描述应至少能指导确认投标人资格等级和项目负责人资格要求的指标；

（四）招标文件中应当尽可能细化建设标准：房屋建筑工程包括天、地、墙各种装饰面材的材质种类、规格和品牌档次，机电系统包含的类别、机电设备材料的主要参数、指标和品牌档次，各区域末端设施的密度，家具配置数量和标准，以及室外工程、园林绿化的标准；市政工程包括各种结构层、面层的构造方式、材质、厚度等；

（五）招标文件中应当明确招标人和中标人的责任和权利，主要包括：工作范围、风险划分、项目目标、奖惩条款、计量支付条款、变更程序及变更价款的确定条款、价格调整条款、索赔程序及条款、工程保险、不可抗力处理条款等；

（六）可载明采用新技术、新工艺，合理设定如 BIM 技术、装配式建筑、绿色建筑等加分因素；

（七）要求投标人在其投标文件中明确分包内容；

（八）招标人应当严格把关，合理设定最高投标限价并报送工程造价主管机构备查，在招标文件中予以明确最高投标限价及限额设计要求；

（九）其他应当在招标文件明确的内容。

第十五条　（评标办法）工程总承包评标宜采用综合评估法，综合评估因素主要包括工程总承包报价、项目管理组织方案、设计技术方案、设备采购方案、施工组织设计或者施工计划、质量安全保证措施、相关业绩及信用等。招标人应当根据项目需求，合理设置商务标、技术标的评分标准及分值权重，其中价格分权重一般不低于总权重的50%。

第十六条　（评标委员会组成要求）评标委员会由招标人代表和有关技术、经济等方面的专家组成，总人数为不少于7人的单数。

技术、经济等方面的专家原则上在广东省综合评标评审专家库中抽取产生，人数不得少于成员总数的三分之二，其中，设计类专家不少于2人，施工类专家不少于2人。

第十七条　（投标文件编制时间）建设单位应当合理确定投标文件编制时间，自招标文件开始发售之日起至投标人提交投标文件截止时间止不得少于30日。

第十八条　（资格预审）结构复杂或者技术要求较高的特殊性工程建设项目可采用资格预审。

第十九条　（暂估价招标）以暂估价形式包含在工程总承包招标范围内的，达到国家规定应当招标规模标准的重要设备、材料以及专业工程，应当依法进行招标。工程总承包暂估价招标应当由工程总承包企业（需经建设单位同意），或者建设单位和工程总承包企业联合体作为招标人，以招标的方式选择供应商和确定价格，并应以此为依据取代暂估价，调整工程总承包合同价款。

第三章　合同和结算

第二十条　（合同形式）招标人应当与中标单位签订工程总承包合同。工程总承包合同可参照住建部、国家工商总局联合印发的《建设项目工程总承包合同示范文本》（GF—2011—0216）或国家发改委等9部门联合印发的《标准设计施工总承包招标文件》（2012年版）所附合同条款及格式制订。建议工程总承包项目采用限额设计、优先采用总价包干的固定总价合同（也可采用固定下浮率合同）。合同价格应当在充分竞争的基础上合理确定，除招标文件或者工程总承包合同中约定的调价原则外，工程总承包合同价格一般不予调整，并以此作为结算依据。

（一）采用固定总价合同的，投标时由投标人直接填报投标总价，中标单位的中标价即为该总承包合同的固定总价；

（二）采用固定下浮率合同的，招标时招标人应当在招标文件中明确约定总承包合同金额的计算原则、审核及确定程序，投标时由投标人填报投标下浮率，根据总承包合同金额的计算原则及中标人的中标下浮率确定的合同金额即为总承包合同的固定总价。

第二十一条　（风险分担机制）招标人应当在招标文件以及工程总承包合同中约定总承包风险的合理分担条款，考虑的风险包括：

（一）因法律法规及有关政策变化引起的工程费变化；

（二）主要工程材料价格和投标当月基价相比，波动幅度超过总承包合同约定幅度的部分；

（三）难以预见的地质自然灾害、不可预知的地下溶洞、采空区或障碍物、有毒气体等重大地质变化及其他不可抗力所造成的工程费用变化；

（四）因总承包单位施工图设计考虑不周及施工组织、措施不当等所造成的费用增加由中标人承担；

（五）其他需约定的总承包风险分担内容。

第二十二条　（设计变更）建设单位提出的工期或建设标准调整、主要工艺、材料设备标准或者工程规模的调整等原因造成的设计变更发生的费用应按实调整；其他原因造成的设计变更发生的费用由中标人承担（合同中有约定的除外）。

第四章　监　督　管　理

第二十三条　（禁止转包和违法分包）工程总承包企业不得将工程总承包项目进行转包，不得将工程总承包项目中设计和施工全部业务一并或者分别分包给其他单位。工程总承包企业自行实施设计的，不得将工程总承包项目工程主体部分的设计业务分包给其他单位。工程总承包企业自行实施施工的，不得将工程总承包项目工程主体结构的施工业务分包给其他单位。

第二十四条　（施工图分阶段审查）工程总承包项目不得“边设计边施工”，必须通过施工图审查后再施工。建设单位可以根据项目实施情况，将施工图分阶段报审图机构审查，并由审图机构报市住建局备案。建设单位和工程总承包企业还应当对施工图与方案或初步设计的内容、建设标准、设备材料选型是否一致等问题进行核对。

第二十五条　（施工许可）建设单位可以在符合国家和本市相关规定的前提下，一次性申请领取工程总承包项目的施工许可证，也可以根据施工图审查进度分阶段申请领取施工许可证。

第二十六条　（过程资料）工程总承包项目的各类工程管理技术性文件、报验表格等资料应按工程总承包项目特点和相关规定进行调整，不限于增加工程总承包企业、工程总承包项目负责人等栏目。

第二十七条　（竣工验收）项目完工后，建设单位可以依法委托第三方对工程总承包项目进行全面检测（包括对设备参数核实、备品备件清点等）。工程总承包企业、监理单位等工程总承包参建单位应参与建设单位组织工程竣工验收；工程竣工验收中总承包范围内涉及设计、施工等由工程总承包企业全面负责。

第五章　参 建 各 方 职 责

第二十八条　（建设单位责任）建设单位应当向工程总承包企业、工程监理等单位提供与建设工程有关的原始资料，原始资料应真实、准确、齐全。工程总承包项目正式开工前，建设单位应当做好与工程总承包项目实施相关的准备工作。

建设单位可以根据自身资源能力和项目需要，依法委托项目管理单位实行项目管理，也可以自行对项目进行管理。项目管理单位可以是本项目的全过程工程咨询、可行性研究、方案设计或者初步设计单位，也可以是其他工程设计、施工或者监理等单位，但项目管理单位不得与工程总承包企业具有利害关系。

第二十九条　（工程总承包企业项目管理责任）工程总承包企业应当具备与工程总承包项目相适应的管理能力，建立与工程总承包项目相适应的项目团队，实施工程总承包合同范围内的设计、采购、施工、性能检测、试运行、验收配合和交付等工程内容的总协调、总集成，督促分包企业和专业分包企业加强现场管理，全面履行工程总承包项目管理职责。

第三十条 （工程总承包企业、分包企业责任）工程总承包企业应当按照工程总承包合同的约定，对总承包工程范围内的工程设计、施工质量、施工现场安全生产和工程进度等负总责；分包企业应当按照分包合同的约定对工程总承包企业负责；分包不能免除工程总承包企业的合同义务和法律责任，工程总承包企业和分包企业就分包工程承担连带责任。

第三十一条 （合同信息备案）参建单位应当按照本市有关规定向本市建设行政管理部门办理工程总承包合同、分包合同备案。

第三十二条 （总承包项目人员配备）工程总承包项目应当配备按本工作指引第十三条要求配备管理人员，需变更管理人员的，应当符合相关规定并经建设单位同意，市住建局将予以公示。分包企业及专业分包企业应当按照国家及本市有关规定配备项目管理人员。

第三十三条 （项目负责人责任）工程总承包企业项目负责人负责工程总承包项目的设计、施工等工程内容的总体组织、协调和实施，对工程总承包项目的工程质量、施工安全、工程工期和工程造价等负全面管理责任；分包企业和专业分包单位的项目负责人，对合同责任范围内的工程质量和施工安全承担连带管理责任；工程总承包企业的项目负责人和项目施工负责人不得同时在两个或两个以上的工程项目上担任项目负责人。

第三十四条 （监理单位责任）监理单位应当对工程总承包范围内的工程质量和施工安全实施监督管理，监理单位应当配备与监理工作相适应的项目监理机构人员，并承担相应监理责任。项目监理机构在项目实施过程中发现设计、施工等行为违反法律法规、强制性技术标准或者合同约定的，应当要求工程总承包企业予以改正；工程总承包企业拒不改正的，应当及时报告建设单位。

第三十五条 （法律责任）在工程总承包项目实施过程中，有违反《中华人民共和国建筑法》《中华人民共和国招标投标法》《建设工程勘察设计管理条例》《建设工程质量管理条例》《建设工程安全管理条例》等建筑业相关法律、法规、规章的，按相应规定追究工程总承包企业和工程总承包项目负责人等相关责任人的法律责任。

第六章 附 则

第三十六条 （其他）本工作指引中的未尽事宜，依据《中华人民共和国招标投标法》《中华人民共和国招标投标法实施条例》等法律、法规、规章予以执行。

第三十七条 （解释权主体）本工作指引由东莞市住房和城乡建设局负责解释。

第三十八条 （实施日期）本工作指引自 2018 年 4 月 26 日起实施，有效期 1 年。

（注：本规范性文件已经市法制局合法性审查同意发布，编号为 DGSZFHCXJSJ—2018—006。）

深圳市住房和建设局《关于开展工程总承包企业编制施工图设计文件试点等改革工作的通知》

深建市场〔2018〕23号 2018年8月8日

住房城乡建设部办公厅已正式复函，同意在我市开展工程总承包企业编制施工图设计文件试点，同步开展建筑师负责制和全过程工程咨询试点。试点期限为3年，自2018年8月1日起至2021年7月31日止。现将改革试点有关事宜通知如下：

一、改革试点目标

贯彻落实《国务院办公厅关于促进建筑业持续健康发展的意见》（国办发〔2017〕19号）要求，改进工程建设组织方式，加快完善工程总承包相关的招标投标、施工图设计审查、施工许可、竣工验收等制度规定，实施工程总承包企业负总责；积极试点建筑师负责制，明确建筑师的权利和责任，提高建筑师的地位，推进全过程工程咨询服务，促进工程建设提质增效，推动建筑业和工程勘察设计咨询业高质量发展。

通过三年的项目试点，形成较为成熟的工程总承包、建筑师负责制和全过程工程咨询等项目管理方式，健全配套的体制机制，在我市培育一批工程总承包和全过程工程咨询骨干企业，以及一批既有国际视野、又有民族自信的建筑师。

二、改革试点范围

发挥深圳长期以来制度创新的先发优势，选取1～2个项目进行工程总承包企业自行编制施工图设计文件的试点。经试点探索，总结经验，形成可复制的改革创新成果，并逐步在全市范围内推广实施。

三、改革试点条件

项目工程总承包企业同时具备以下条件，可以申请开展自行编制施工图设计文件试点：

1. 取得施工总承包特级资质；

2. 拥有自行编制施工图设计文件所需的注册执业人员和专业技术人员。相关人员应与工程总承包企业建立劳动合同关系并缴交社保，执业人员必须注册在工程总承包企业。

上述专业技术人员的配置数量暂不做具体规定，但应满足《工程设计资质标准》中与申请项目对应的设计类型对人员配置的要求。工程总承包企业拥有相应专业技术人员的情况，不要求该单位在投标前已经满足，但应在施工图设计开始前完成人员配置。

四、改革试点工作相关要求

（一）完善工程总承包企业设计人员配置及变更信息

试点工程总承包企业应在工程开工前向建设行政主管部门及质量安全监督机构报送该项目设计人员的配置信息，并在施工阶段保持人员的相对稳定。特殊情况下需要变更的，应经建设单位法定代表人同意，并在变更后五个工作日内报送变更信息。

（二）确保施工图设计文件质量

试点工程总承包企业应严格按照国家法律法规、强制性标准以及其他标准与规范的要求开展施工图设计活动，由注册执业人员在设计文件上签字并加盖执业印章，试点工程总承包企业加盖施工图业务专用章。注册执业人员对其编制的施工图设计文件质量负责，试点工程总承包企业对施工图设计文件承担现有法律法规应由设计单位所承担的责任。工程总承包企业在施工图设计过程中应始终落实设计方案及初步设计要求，保持设计延续性，以保证工程质量及安全可控。

（三）发挥项目管理优势

试点工程总承包企业应充分发挥设计与施工深度融合的优势，增进两阶段的沟通配合，减少协调成本，提高工程建造质量和效益。设计人员应向施工管理人员阐述设计意图、详细说明设计文件、提供施工现场技术服务。施工管理人员应当按照审查合格的施工图设计文件和施工技术标准进行施工，实施过程中发现施工图设计文件有错漏的，应及时向设计人员提出，设计人员应及时处理和调整。

（四）严格施工图审查

施工图审查机构应当按照有关法律、法规和技术标准的规定，对施工图中涉及公共利益、公众安全和工程建设强制性标准的内容进行严格审查。审查中发现问题需要补充、修改的，施工图审查机构应当书面反馈建设单位和试点工程总承包单位。建设单位和工程总承包单位应当在5个工作日内进行书面答复或者改正。补正材料一次性送审查机构审查。

（五）推进全过程工程咨询，试行建筑工程项目建筑师负责制

鼓励同步试点建筑师负责制和全过程工程咨询，借鉴国际先进经验，逐步建立与国际接轨的建筑师负责制和工程咨询管理制度。试点工程咨询单位应完善组织结构和项目管理体系，由建筑师统筹协调建筑、结构、机电、环境、景观等各专业咨询，按照权责一致的原则，依据合同约定和收费，提供项目策划、工程设计、技术顾问咨询、合同管理、施工指导监督和后期跟踪等服务。

（六）相关部门对改革试点工作应予支持配合

如果试点项目的工程总承包企业不具备设计资质，未取得“广东省建设工程勘察设计出图专用章”，则允许其使用相关业务专用章替代。质量安全监督机构在日常监督和办理竣工验收备案、审图机构在对施工图进行审查、建设行政主管部门在审批施工许可等环节，认可试点工程的上述做法。

五、申请试点的有关事宜

（一）申请方式

由工程总承包企业会同建设单位自行选取符合条件的项目，备齐相关证明材料，由工程总承包企业到市住房建设局窗口递交申请（地址：福田区振华路8号设计大厦1楼）。

（二）申请截止时间

2018年12月20日。

（三）申请材料

1. 申请书；

2. 申请试点项目相关材料；

3. 申请试点项目工程总承包企业相关材料；

4. 建设单位同意该项目申请试点的相关材料；

5. 申请单位认为有必要提供的其他材料。

（四）批复试点

市住房和建设局依据本通知要求，批复试点项目。

（五）报告进展情况和总结材料

试点项目的工程总承包单位应在施工图设计、现场服务、项目验收等阶段分别报送试点项目的进展情况和总结材料。

开展工程总承包企业编制施工图设计文件试点，是建筑市场改革的一项尝试性创新举措，与国家现行资质管理规定在形式上存在一定差异，如在执行过程中出现质量安全等问题，且属于现行法律法规规定设计单位和设计人员责任的，由工程总承包单位和相关注册执业人员承担责任，不追究程序和形式差异的审批责任。

特此通知。

附件：住房城乡建设部办公厅关于同意上海、深圳市开展工程总承包企业编制施工图设计文件试点的复函（略）

北　京　市

北京市工程总承包相关政策文件清单

序号	发布时间	文件名称	文号
1	2017年2月	北京市人民政府办公厅关于加快发展装配式建筑的实施意见	京政办发〔2017〕8号
2	2017年10月	北京市住房和城乡建设委员会关于对《关于在本市装配式建筑工程中推行工程总承包招投标的实施办法（试行）》公开征求意见的通知	
3	2017年12月	北京市住房和城乡建设委员会、北京市规划和国土资源管理委员会印发《关于在本市装配式建筑工程中实行工程总承包招投标的若干规定（试行）》的通知	京建法〔2017〕29号
4	2018年3月	北京市住房和城乡建设委员会、北京市规划和国土资源管理委员会、北京市质量技术监督局《关于加强装配式混凝土建筑工程设计施工质量全过程管控的通知》	京建法〔2018〕6号

扫码查看全部政策及解读

北京部分

北京市住房和城乡建设委员会　北京市规划和国土资源管理委员会印发《关于在本市装配式建筑工程中实行工程总承包招投标的若干规定（试行）》的通知

京建法〔2017〕29号　2017年12月26日

一、本市行政区域内装配式建筑工程的工程总承包发包承包活动，适用本规定。

二、装配式建筑原则上应采用工程总承包模式，建设单位应将项目的设计、施工、采购一并进行发包。

三、装配式建筑进行工程总承包发包时，应当在本市公共资源交易平台开展招标投标活动，并接受市规划国土主管部门和市、区住房城乡建设主管部门的监督管理。

市规划国土主管部门和市、区住房城乡建设主管部门按照其职责分工，分别负责各自职责范围内工程总承包招标投标活动的监督管理。

四、装配式建筑工程总承包发包，可以采用以下方式实施：

（一）项目审批、核准或者备案手续完成，其中政府投资项目的工程可行性研究报告已获得批准，进行工程总承包发包；

（二）方案设计或者初步设计完成，进行工程总承包发包。

采用第（一）项情形发包的，工程项目的建设规模、建设标准、功能需求、技术标准、工艺路线、投资限额及主要设备规格等均应确定。

五、工程总承包项目的承包人应当是具有与发包工程规模相适应的工程设计资质和施工总承包资质的企业或联合体。试行期内，发包人不宜将工程总承包业绩设定为承包人的资格条件。

六、工程总承包项目的承包人不得是工程总承包项目的代建单位、项目管理单位、工程监理单位、招标代理单位以及其他为招标项目的前期准备提供设计、咨询服务的单位。

七、工程总承包项目负责人应当具备工程建设类注册执业资格或者高级专业技术职称，并担任过工程总承包项目负责人、设计项目负责人或者施工项目负责人。同时，工程总承包单位的施工项目负责人和设计项目负责人应当是具备相应注册执业资格的人员。

八、工程总承包评标办法宜采用综合评估法，其中施工部分的相对权重一般应为55％～60％，设计部分的相对权重一般应为40％～45％。

九、评标委员会应依据国家和本市有关规定，由招标人代表和有关技术、经济等方面的专家组成，其中技术、经济专家不得少于评标委员会成员总数的三分之二，评标专家应通过随机抽取的方式产生。

十、建设单位应当严格按照国家和本市有关招标投标的相关法律法规，遵循“公开、公平、公正”的原则开展招标活动，不得借装配式建筑或工程总承包的名义随意改变招标范围、招标方式及法定程序，擅自设置排斥潜在投标人的资格条件。

十一、本规定自发布之日起开始试行，试行期两年。

北京市住房和城乡建设委员会、北京市规划和国土资源管理委员会、北京市质量技术监督局《关于加强装配式混凝土建筑工程设计施工质量全过程管控的通知》

京建法〔2018〕6号 2018年3月27日

各区住房城乡建设委、规划分局、质监局，东城、西城区住房城市建设委，经济技术开发区建设局，各有关单位：

为贯彻落实《产品质量法》《建设工程质量管理条例》《北京市建设工程质量条例》《北京市人民政府办公厅关于加快发展装配式建筑的实施意见》（京政办发〔2017〕8号）等法律法规和文件要求，进一步落实质量主体责任，强化关键环节管控，加强设计与施工有效衔接，全面提升我市装配式混凝土建筑工程质量水平，结合我市实际，现将有关要求通知如下：

一、明确建设单位和工程总承包单位的质量责任

（一）本市装配式建筑项目原则上应采用工程总承包模式，建设单位应将项目的设计、施工、采购一并进行发包，并与工程总承包单位签订建设工程合同。建设单位应当履行支付相应工程价款的基本义务，并依法对建设工程质量负责，加强工程总承包项目的全过程管理。

（二）工程总承包单位应当履行按质按期进行工程建设的基本义务，对其承包工程的设计、施工、采购等全部建设工程质量负责。工程总承包单位应当根据法律法规、建设工程强制性标准、建设工程设计深度要求、合同约定等进行建设工程设计，并按照审查通过的施工图设计文件和施工技术标准施工，保证工程质量，同时按照法律法规规定承担质量保修责任。

禁止工程总承包单位允许其他单位或者个人以本单位的名义承揽工程。禁止工程总承包单位通过挂靠方式，以其他单位名义承揽工程。不得转包或者违法分包工程。

（三）工程总承包单位应具有与工程建设规模和复杂程度相适应的项目设计管理、采购管理、施工组织管理等专业技术能力和综合管理能力。工程总承包单位应当按照工程建设规模和技术要求设立工程总承包项目管理机构，设置设计、施工、技术、质量、安全、造价、设备和材料等主要管理部门及岗位，配备工程总承包项目经理及相应管理人员，全面负责设计、施工、采购的综合协调和统筹安排。工程总承包项目经理应按照法律、法规和有关规定，对建设工程的设计、施工、采购、质量、安全等负责。

二、推广建筑信息模型（BIM）技术在设计施工全过程应用

（一）本市行政区域内由政府投资的装配式混凝土建筑项目应全过程应用建筑信息模型（以下简称BIM）技术。其他装配式建筑项目鼓励采用BIM技术。建设单位应在招标文件及建设工程合同中明确工程总承包单位（未实行工程总承包项目的设计、施工单位）

在设计、构件生产、施工阶段应用BIM技术的具体要求，包括BIM技术应用目标、应用范围、应用内容、参建单位BIM应用能力、信息交换标准和要求、人员配备等内容，并给予相应的费用保障。

（二）工程总承包单位或未实行工程总承包项目的建设单位负责项目BIM技术应用的组织、策划和具体实施，确定设计、施工装配、构件生产等阶段BIM应用目标和内容，统筹协调项目各阶段的BIM模型创建、应用、管理以及各参与方的数据交换与交付，推进建设各环节实施信息共享、有效传递和协同工作。

（三）工程总承包单位或未实行工程总承包项目的设计单位（以下简称设计单位）应建立包括建筑、结构、内装、给排水、暖通空调、电气设备、消防等多专业信息的设计BIM模型，并为后续的深化设计、构件生产、施工装配等阶段提供必要的设计信息。工程总承包单位或未实行工程总承包项目的施工图深化设计单位应在设计BIM模型基础上，考虑构件生产、吊装、运输、施工装配等要求，形成深化设计BIM模型，并为后续的构件生产、施工装配等阶段提供必要的信息。

（四）预制混凝土构件生产单位应在深化设计BIM模型基础上，完成构件生产详图制作，对构件的外轮廓及节点构造、配筋、预留预埋、吊点等关键部位质量进行管控，并将质量管控等关键信息附加或关联到深化设计BIM模型上，形成预制生产BIM模型，并为后续的施工装配阶段提供必要的信息。

（五）工程总承包单位或未实行工程总承包项目的施工单位（以下简称施工单位）应在预制生产BIM模型基础上，通过附加或关联施工信息形成施工BIM模型，建立基于BIM模型的施工管理模式和协同工作机制，并加强在设计变更、施工组织设计、施工技术交底、施工项目管理等关键环节的应用，逐步实现基于BIM的竣工验收与交付。

三、提升设计质量水平

（一）建设单位应按照《北京市装配式建筑项目设计管理办法》以及相关工程建设标准规范和要求组织开展工程设计、技术方案专家评审和施工图审查等工作。

（二）施工图设计文件的设计深度应符合《建筑工程设计文件编制深度规定》以及我市装配式建筑相关技术要求。施工图设计应以交付全装修建筑产品为目标，满足建筑主体和全装修施工需要。设计合同对设计文件编制深度另有要求的，设计文件应同时满足设计合同要求。

（三）施工图审查机构应依据《北京市装配式混凝土建筑工程施工图设计文件技术审查要点》等国家和本市相关规范或规定对装配式混凝土结构工程施工图设计文件进行审查。施工图设计文件审查合格后，方可向建设单位出具施工图审查合格书。施工图设计文件变更涉及装配式建筑结构体系等重大变更的，建设单位应按照规定重新报原审查机构审查。

（四）工程总承包单位负责施工图深化设计工作，应根据审查合格的施工图设计文件对混凝土预制构件装配、连接节点、施工吊装、临时支撑与固定、混凝土预制构件生产、预留预埋，以及构件脱模、翻转、吊装、堆放等进行深化设计。未实行工程总承包的项目，建设单位应在建设工程合同中明确施工图深化设计单位，深化设计应由具有相应资质的单位完成或经原设计单位签字确认。

（五）设计人员应加强建设全过程的指导和服务，为施工、预制混凝土构件生产等环节提供技术支撑和技术指导，参与有关结构安全、主要使用功能质量问题的原因分析，以及制定相应技术处理方案。

四、强化施工过程质量管控

（一）工程总承包单位或施工单位应当组织对施工组织设计进行专家评审，重点审查施工组织设计中技术方案可靠性、安全性、可行性，包括技术措施、质量安全保证措施、验收标准、工期合理性等内容，并形成专家意见。施工组织设计发生重大变更的，应按照规定重新组织专家评审。

（二）施工组织设计评审专家组应当由结构设计、施工、预制混凝土构件生产（混凝土制品）、机电安装、装饰装修等领域的专家组成，成员人数应当为 5 人以上单数，其中北京市装配式建筑专家委员会成员应不少于专家组人数的 3/5，结构设计、施工、预制混凝土构件生产（混凝土制品）专业的专家各不少于 1 名。建设、工程总承包（未实行工程总承包项目的设计、施工单位）、监理以及预制混凝土构件生产等相关单位应当参加。

（三）装配式混凝土建筑施工应执行《装配式混凝土建筑技术标准》（GB/T 51231）、《装配式混凝土结构技术规程》（JGJ 1）、《钢筋套筒灌浆连接应用技术规程》（JGJ 355）《钢筋机械连接技术规程》（JGJ 107）、《装配式混凝土结构工程施工与质量验收规程》（DB11/T 1030）、《预制混凝土构件质量检验标准》（DB11/T 968）、《混凝土预制构件质量控制标准》（DB11/T 1312）、《钢筋套筒灌浆连接技术规程》（DB11/T 1470）、《建筑预制构件接缝防水施工技术规程》（DB11/T 1447）等现行国家、行业、地方标准及相关文件规定。

（四）工程总承包单位或施工单位在施工阶段应加强预制混凝土构件进场验收。工程总承包单位或施工单位应对预制混凝土构件的标识、外观质量、尺寸偏差以及钢筋灌浆套筒的预留位置、套筒内杂质、注浆孔通透性等进行检查，核查相关质量证明文件，并按照《混凝土结构工程施工质量验收规范》（GB 50204）等规定进行结构性能检验。

（五）工程总承包单位或施工单位应加强套筒灌浆连接质量控制。灌浆前，应在施工专职检验人员及监理人员的见证下，模拟施工条件制作相应数量的平行试件，进行抗拉强度检验，并经检验合格后方可进行灌浆施工。灌浆操作全过程应由施工专职检验人员及监理人员负责现场监督，留存灌浆施工检查记录（检查记录表格详见附件）及影像资料。灌浆施工检查记录应经灌浆作业人员、施工专职检验人员及监理人员共同签字确认。影像资料应包括灌浆作业人员、施工专职检验人员及监理人员同时在场记录。建设单位、工程总承包单位或施工单位应组织相关参建单位对灌浆施工工序进行抽查，并形成检查记录。

（六）建立预制混凝土构件现场安装首段验收制度。工程总承包单位或施工单位应选择有代表性的施工段进行预制构件安装，由建设单位组织工程总承包（未实行工程总承包项目的设计、施工单位）、监理和预制混凝土构件生产单位对其质量进行验收，包括对外观质量、位置尺寸偏差、连接质量、接缝防水施工质量、预留预埋件等方面进行检查，形成验收记录。

（七）工程总承包单位或施工单位应加强预制混凝土构件安装、预制混凝土构件与现浇结构连接节点、预制混凝土构件之间连接节点的施工质量管理，并加强预制外墙板接缝处、预制外墙板和现浇墙体相交处、预制外墙板预留孔洞处等细部防水和保温的质量控制。当连接钢筋位置存在严重偏差影响预制混凝土构件安装时，应会同设计人员制定专项处理方案，严禁随意切割、调整受力钢筋和定位钢筋。设备与管线施工前，工程总承包单位或施工单位应对结构构件预埋套管及预留孔洞的尺寸、位置进行复核，合格后方可施工。

（八）工程总承包单位或施工单位应根据装配式建筑一体化设计、建造要求，落实装修施工组织设计，有效衔接主体结构与内装修工序，重点加强管线综合、部品集成管控。

（九）建设单位应在工程主体结构验收前，组织工程总承包（未实行工程总承包项目的设计、施工单位）、监理等单位进行装配式建筑预制率验收，形成装配式建筑预制率验收表；在竣工验收阶段组织工程总承包（未实行工程总承包项目的设计、施工单位）、监理等单位进行装配式建筑装配率验收，形成装配式建筑装配率验收表，并将装配式建筑实施情况纳入工程竣工验收报告。

（十）工程总承包单位或施工单位应当按照规定对隐蔽工程、检验批、分项、分部和单位工程进行质量自检，并负责组织、协调各分包单位参与建设单位组织的单位工程质量竣工验收和工程竣工验收。项目总监理工程师应组织工程总承包（未实行工程总承包项目的设计、施工单位）、预制混凝土构件生产等单位相关人员参与主体结构分部工程验收。在永久性标识中应当增加工程总承包单位、预制混凝土构件生产单位及工程总承包单位项目经理信息。

（十一）监理单位应根据装配式混凝土结构工程特点编制监理实施细则，加强对预制混凝土构件进场检验的审查，严格灌（座）浆料、灌浆套筒连接接头、灌（座）浆料抗压强度试块的见证取样和送检，以及加强对预制混凝土构件安装和灌浆套筒连接的灌浆过程的旁站。

五、加强预制混凝土构件生产环节质量管控

（一）预制混凝土构件生产单位应对其生产的产品质量负责。应按照《装配式混凝土建筑技术标准》（GB/T 51231）等要求，加强对原材料检验、生产过程质量管理、产品出厂检验及运输等环节控制，执行合同约定的预制混凝土构件技术指标和供货要求，确保预制混凝土构件产品质量。

1. 预制混凝土构件生产单位应加强原材料质量管理。应当依据设计文件、技术标准及合同的要求，对进场的原材料进行复验，合格后方可使用。水泥、钢筋、钢筋连接接头、钢筋灌浆套筒连接接头、保温材料、28d 混凝土标养试件实施见证取样和送检，比例不得低于有关技术标准中规定应取样数量的 30%。

2. 预制混凝土构件生产单位试验室应按照《预制混凝土构件质量控制标准》（DB11/T 1312）《建设工程检测试验管理规程》（DB11/T 386）等标准开展试验工作，应对出具的试验报告的真实性、准确性、合法性负责。不得篡改检测试验数据、伪造检测试验报告和抽撤不合格检测试验报告。试验室不具备能力的检验项目，应委托取得相应检测资质的第三方工程质量检测机构进行试验。

3. 预制混凝土构件生产单位应加强钢筋加工、钢筋连接、钢筋骨架和钢筋网片的质量控制。预制混凝土构件生产单位应依据相关技术标准进行混凝土配合比设计，并严格按照配合比通知单进行生产，确保混凝土质量。混凝土浇筑前应进行预制混凝土构件的隐蔽工程验收，形成隐蔽验收记录并留存影像资料。

4. 夹心保温外墙板应进行传热系数检测，检测数量为同一项目、同一构造、同一材料、同一工艺，在监理的见证下制作不少于1个夹心保温外墙板试件。

5. 预制混凝土构件生产单位应做好预制混凝土构件外观质量、尺寸偏差、结构性能的出厂检验工作，检验合格的预制混凝土构件应按照规定进行标识并出具质量证明文件。鼓励预制混凝土构件生产单位采用植入芯片或粘贴二维码等电子信息标注技术标识预制混凝土构件产品信息。

6. 鼓励预制混凝土构件生产单位建立信息化管理系统，实现预制混凝土构件生产、质量控制全过程的质量责任可追溯。

（二）预制混凝土构件生产单位生产的同类型首个预制混凝土构件，建设单位应组织工程总承包（未实行工程总承包项目的设计、施工单位）、监理、预制混凝土构件生产单位进行验收，合格后方可进行批量生产。

（三）按照“谁采购、谁负责”的原则，采购单位应当对采购的预制混凝土构件质量负总责。在采购合同中，应当明确采购方、供应方的质量责任，以及预制混凝土构件生产过程管控、原材料进场验收标准、出厂验收标准、运输要求、提供的技术资料等内容。采购的预制混凝土构件等装配式建筑部品，应按照规定进行采购信息填报。

（四）工程总承包单位（施工单位）、监理单位应对钢筋隐蔽验收、混凝土生产、混凝土浇筑、原材料检测、出厂质量验收等关键环节进行驻厂监造、旁站监理。建设单位应在工程总承包合同（未实行工程总承包项目的施工合同）、监理合同中分别明确驻厂监造、旁站监理的相关责任、义务和相关费用。

六、加强设计和施工作业人员培训

（一）工程总承包单位或设计单位应组织设计人员积极参与主管部门、行业协会、企业内部的培训活动，提升设计人员装配式建筑设计理论水平和全产业链统筹把握能力。

（二）健全装配式建筑工人岗前培训、岗位技能培训制度，将装配式建筑相关内容纳入建筑行业专业技术人员继续教育范围。工程总承包单位或施工单位应组织构件装配工、灌浆工、预埋工等作业人员进行专项培训。作业人员经培训考核合格后，方可从事装配式建筑施工。

（三）培训机构应当对培训质量负责，严格依据职业技能标准，对构件装配工、构件制作工、灌浆工、预埋工进行职业道德、理论知识和操作技能培训。

（四）鼓励工程总承包和施工企业自主培育和吸收一批专业技术能力强的构件装配工、灌浆工、预埋工，建立稳定的自有装配式建筑工人队伍，提高装配式建筑施工技术水平。

七、加强装配式混凝土建筑工程质量监管

（一）市、区规划国土主管部门应负责装配式混凝土建筑项目设计和施工图审查情况的监督管理。

（二）市、区质监部门依据法律、法规、国家标准和行业标准对本市生产环节的建筑材料、建筑构配件开展产品质量监督抽查。

（三）市、区住房城乡建设主管部门应按照职责分工负责全市装配式混凝土建筑项目的施工质量监管，加强对装配式混凝土建筑工程项目的监督执法检查。市住房城乡建设主管部门负责制定相关政策文件，建立预制混凝土构件生产单位负面清单制度和牵头建立全市装配式建筑基础信息库。各区住房城乡建设主管部门应负责行政区域内装配式混凝土建筑项目的施工质量监管，以及项目所涉及预制混凝土构件生产单位违法违规行为的监督检查。违反本通知规定的，应责令改正，并记入企业资质及人员资格动态监督管理信息系统。

（四）市区规划国土主管部门、质监部门与住房城乡建设主管部门之间应加强有效联动，建立装配式建筑信息从规划到建设过程中信息交流共享、联合监督执法、线索移送移交机制，形成监管合力。

八、本通知自 2018 年 4 月 1 日起施行。《关于加强装配式混凝土结构产业化住宅工程质量管理的通知》（京建法〔2014〕16 号）同时废止。

实行工程总承包的项目，建设、工程总承包、监理、预制混凝土构件生产单位应严格按本规定执行。因特殊原因未实行工程总承包的项目，建设、设计、施工、监理、预制混凝土构件生产单位应结合工程进度，按现有法律法规和本通知规定执行。

湖　北　省

湖北省工程总承包相关政策文件清单

序号	发布时间	文　件　名　称	文　　号
1	2015 年 1 月	武汉市人民政府《关于加快推进建筑产业现代化发展的意见》	武政规〔2015〕2 号
2	2016 年 6 月	湖北省水利厅关于印发《湖北省水利建设项目工程总承包指导意见（试行）》的通知	鄂水利函〔2016〕328 号
3	2016 年 11 月	湖北省住房和城乡建设厅《关于推进房屋建筑和市政公用工程总承包发展的实施意见（试行）》	鄂建〔2016〕9 号
4	2017 年 3 月	湖北省人民政府办公厅《关于大力发展装配式建筑的实施意见》	鄂政办发〔2017〕17 号
5	2018 年 1 月	湖北省住房和城乡建设厅办公室《关于定期报送建筑设计管理和工程总承包等有关工作进展情况的通知》	鄂建办〔2018〕13 号
6	2018 年 4 月	湖北省人民政府《关于促进全省建筑业改革发展二十条意见》	鄂政发〔2018〕14 号
7	2018 年 7 月	十堰市审计局关于对《十堰市政府投资建设项目工程总承包管理办法（试行）（征求意见稿）》进行公示的函	
8	2018 年 11 月	武汉市城建委《关于进一步规范房屋建筑和市政基础设施工程项目招标投标活动的若干规定》	武城建规〔2018〕4 号

扫码查看全部政策及解读

湖北部分

湖北省水利厅关于印发《湖北省水利建设项目工程总承包指导意见（试行）》的通知

鄂水利函〔2016〕328号 2016年6月22日

第一条 为深化我省水利改革，创新水利工程建设管理模式，提高水利工程建设管理水平，根据《中华人民共和国建筑法》《中共中央国务院关于加快水利改革发展的决定》《水利部关于深化水利改革的指导意见》《住房城乡建设部关于进一步推进工程总承包发展的若干意见》等有关规定，结合本省水利工程建设实际，制定本指导意见。

第二条 本省各级政府投资或以政府投资为主的水利建设项目的工程总承包，适用本指导意见。

第三条 本指导意见所称水利建设项目工程总承包，是指工程总承包单位（或联合体，下同）受项目法人委托，按照合同约定对工程项目的勘察、设计、采购、施工、试运行等实行全过程或若干阶段的承包，并对承包工程的质量、安全、工期、造价等全面负责的承包方式。

第四条 水利建设项目工程总承包可以实行整体总承包，也可以对其中若干阶段的工程、单项工程或专业工程实行总承包。工程征占地、拆迁、移民搬迁安置、工程监理不列入总承包范围。

鼓励中小型水利建设项目工程采取集中建设、分类打捆的方式实行总承包。

第五条 水利建设项目工程实行总承包从项目可行性研究报告或初步设计报告批准后开始。工程总承包的方式一般采用设计—采购—施工总承包（EPC）或设计—施工总承包（D—B）模式。项目法人也可以根据项目特点和实际需要，采用项目管理总承包（PMC）等其他建管模式或总承包模式。

第六条 采用总承包的项目，前期工作（可研报告或初步设计报告）应严格按照编制规程要求达到相应设计深度，加强地质勘察和设计质量，明确重大技术方案、建设标准，严格核定工程量和概（估）算。

第七条 实施工程总承包的水利建设项目，采用项目法人负责建设管理、工程总承包单位负责建设实施、水行政主管部门等政府部门负责监督管理的建设方式。

第八条 水利建设项目工程总承包应采用公开招标或经批准的其他方式，选择满足工程建设需要、符合相应资质条件的工程总承包单位。招标投标工作应按照水利工程建设分级监督管理原则，进入各级公共资源交易中心进行交易。

第九条 设计—施工总承包项目，其招标文件可参考国家发展改革委等9部委印发的《标准设计施工总承包招标文件》编制。

第十条 总承包单位可以是满足相应资质要求的独立法人单位，也可以是具备相应资质单位组成的联合体。工程总承包单位应同时具备下列条件：

（一）具备与工程等级相适应的工程设计资质、施工承包资质；

（二）具有与工程规模相适应的工程总承包项目经理、技术负责人、质量与安全负责人等管理人员。项目经理应具有水利工程类注册执业资格或水利工程类高级职称；

（三）具有与工程相适应的项目管理能力和财务能力；

（四）联合体承担工程总承包的，应签订联合体协议，并在联合体协议中明确牵头单位、成员单位的责任和权利，鼓励勘测设计单位作为牵头单位；

（五）总承包招标文件约定的其他条件。

第十一条　项目工程总承包的招标宜采用综合评估法评标，综合评估因素主要包括工程总承包报价、项目管理组织方案、设计方案、设备采购方案、施工组织设计或施工计划、工程业绩、信用信誉等。项目法人应根据工程特点和要求合理设置评分权重和评标办法。项目法人应按照勘察设计和施工分别确定合理的工程总承包招标控制价。招标控制价不得超过经批准的概算。联合体投标时，以信用等级较低投标主体的信用等级作为联合体的信用等级。

第十二条　工程总承包合同文本可参考《建设项目工程总承包合同示范文本（试行）》（GF—2011—0216）或《标准设计施工总承包招标文件》。可采用总价合同或单价合同或成本加酬金合同方式。合同须明确项目的设计、造价编制的依据和原则，以及结算和价格调整等办法。

第十三条　工程总承包合同可根据建设项目的风险情况合理设置激励条款和风险分担办法。风险分担可以参照以下因素约定：

项目法人承担的风险一般包括：

（一）项目法人提出的工期调整、重大设计变更、建设标准或者工程规模的调整；

（二）因工程征地、移民等发生重大变化引起的调整；

（三）因国家税收等政策调整引起的税费变化；

（四）柴油、汽油、钢筋、水泥、炸药、砂石料等主要工程材料价格与招标时基价相比，波动幅度超过合同约定幅度的部分；

（五）总承包实施时发现的在前期工作阶段（可行性研究报告或初步设计报告）难以预见的滑坡、泥石流、突泥、涌水、溶洞、断层带、采空区、有毒气体等重大地质变化，其损失与治理费用可以约定由项目法人承担，或者约定项目法人和总承包单位的分担比例。因总承包单位施工组织、措施不当造成的上述问题，其损失与治理费用由总承包单位承担；

（六）发生超过设计标准的洪水及其他不可抗力所造成的工程费用的增加。

除项目法人承担的风险外，其他风险可以约定由总承包单位承担。

第十四条　项目法人对工程建设的全过程负责，主要包括：

（一）负责初步设计、设计变更的报批以及资金筹措等前期及工程准备阶段（工程总承包范围外）的工作；

（二）选择工程总承包单位、监理单位，并签订工程总承包合同、监理合同；

（三）按相关规定和工程总承包合同约定，落实工程征地拆迁以及其他建设条件，按时向工程总承包单位提供场地，协调建设相关各方关系；

（四）按相关水行政主管部门或质量与安全监督机构规定办理工程质量与安全监督

手续；

（五）按合同约定，及时支付工程相关款项；

（六）及时组织工程验收、结算；

（七）法律法规规定或合同约定的项目法人的其他职责。

第十五条 工程总承包单位按合同约定，对项目的建设实施过程负责，主要包括：

（一）按国家法律法规、相关强制性标准、规程规范和合同约定，组织实施勘测设计、设备采购、施工和试运行，承担合同约定的相关工作；

（二）建立工程总承包项目的质量、安全、环境、职业健康保证体系，保证质量、安全、环境、职业健康所需资金的投入使用，落实各项保障措施；

（三）按时完成合同约定的工程勘测设计，并对工程勘测设计质量负责；

（四）按时完成合同约定的工程施工，并对工程施工质量和施工安全负责；

（五）按时完成合同约定的工程设备采购、调试工作，并保证工程设备和工程调试质量；

（六）按时完成合同约定的工程试运行工作，并保证试运行期工程安全和档案资料完整；

（七）按合同约定，承担工程总承包项目保修期内的保修任务；

（八）配合做好各项工程验收和档案、工程移交工作。

法律法规规定或合同约定的工程总承包单位的其他职责。

第十六条 项目法人设立管理机构并派驻现场负责人，及时提供工程总承包合同约定的各项建设条件、协调各方关系，确保工程正常实施。

项目法人依据合同加强对总承包单位的管理，督促总承包单位履行合同义务，项目法人对总承包单位在合同履行中存在过失或偏差行为，可能造成重大损失或者严重影响合同目标实现的，应当对总承包单位法人代表进行约谈，必要时可以依据相关法律法规和合同约定，终止总承包合同。

第十七条 项目法人根据建设项目的规模、技术复杂程度等情况，宜采用施工图审查，施工图审查单位按照项目法人要求对施工图设计、设计优化或者设计变更进行咨询审查。

第十八条 项目法人应加强设计变更、设计优化管理。设计变更按照合同约定和水利部《水利工程设计变更管理暂行办法》等规定办理相关手续。重大设计变更报原审批单位审批；一般变更应当在实施前书面报告监理单位和项目法人，项目法人按相关规定认定后实施。任何设计变更不得降低初步设计批复的质量安全标准，不得降低工程质量、耐久性和安全度。

设计变更引起的工程费用变化，按照合同约定的激励条件和风险分担原则处理。总承包采用总价合同的，总承包合同总价一般不予调整，超支或结余在合同专用条款中按照风险与利益共担的原则予以约定。

第十九条 项目法人应严格执行水利基本建设财务管理相关规定，确保资金安全，不得挪用、滞留中央补助资金、省级补助资金，并积极筹措配套资金。

项目法人应按合同约定，及时、足额向工程总承包单位支付工程进度款项。工程完工后，合同双方应及时进行工程完工结算、支付。完工结算应依据相关法律法规及合同约定执行并接受审计。

项目法人为加强资金管理，宜提请审计单位提前介入，接受全过程审计。

第二十条　总承包单位应按相关规程规范要求，组建与总承包项目相适应的管理机构，建立覆盖设计、采购、施工、试运行全过程的工程质量安全管理体系和职业健康及环境管理体系，规范、有序地开展各项管理工作，确保实现总承包合同约定的工程进度、质量、安全等建设目标。

第二十一条　对于依法承揽的工程总承包项目，工程总承包单位可以在其资质证书许可范围内自行实施工程项目的勘察、设计、设备采购和施工，也可以根据合同约定或者经项目法人同意，将工程项目的勘察、设计、设备采购或施工分包给具有相应资质的分包单位，但不得将主体、关键性工程的设计或施工分包给其他单位承包。工程总承包单位不得将工程总承包项目进行转包。

第二十二条　总承包单位按照合同约定和工程施工需要，分阶段提交详勘资料和施工图等设计文件。施工图设计应符合经审批的初步设计文件要求，满足工程质量、耐久和安全的强制性标准和相关规定，经项目法人同意后方可组织实施。

第二十三条　为加强质量管理，推行项目法人第三方检测，检测工程实体质量。

第二十四条　监理单位应当依据有关规定和合同约定，对总承包工程质量、施工安全、进度、水保、环保、计量支付和缺陷责任期工程修复等进行监理，对总承包单位编制的勘察设计计划、采购与施工的组织实施计划、施工图设计文件、专项技术方案、项目实施进度计划、质量安全保障措施、计量支付、工程变更等进行审核。

第二十五条　总承包工程的质量监督、安全生产、质量评定、验收等工作按照有关规定规范执行。工程实施过程中各类工程管理技术文件、报验表格等应作相应调整，在相关表格中增加“工程总承包单位”栏目，由工程总承包单位签署意见。

第二十六条　水行政主管部门应加强对工程总承包项目的监督检查和指导，发现问题应及时提出整改意见，跟踪落实整改。

第二十七条　总承包项目宜引入《建设项目总承包管理规范》相关要求进行管理。

第二十八条　项目工程总承包遇到不可抗力影响合同继续执行时，由合同双方协商签订补充协议或申请第三方调解仲裁。

第二十九条　各级水行政主管部门应积极引导和培育规范有序的水利建设项目工程总承包市场。

第三十条　本指导意见自印发之日起试行。

湖北省住房和城乡建设厅《关于推进房屋建筑和市政公用工程总承包发展的实施意见（试行）》

鄂建〔2016〕9号　2016年11月30日

各市、州、直管市、林区住建委，相关企业：

为贯彻落实中央城市工作会议精神，深化建设项目组织实施方式改革，提升工程建设质量和效益，根据中共中央国务院《关于进一步加强城市规划建设管理工作的若干意见》和住房城乡建设部《关于进一步推进工程总承包发展的若干意见》（建市〔2016〕93号）精神，现结合我省实际，就推进房屋建筑和市政公用工程总承包发展提出如下实施意见：

一、大力推进工程总承包发展

工程总承包是指从事工程总承包的企业按照与建设单位签订的合同，对工程项目的设计、采购、施工等实行全过程的承包，并对工程的质量、安全、工期和造价等全面负责的承包方式，是国际通行的建设项目组织实施方式。推进工程总承包是充分发挥市场对资源配置起决定作用、深化建设工程组织实施方式改革的重要举措。从各地实践情况看，实施工程总承包有利于提高工程项目建设管理水平、有效控制建设投资、加快建设进度、提高工程质量和效益，有利于促进设计与施工深度融合、激发工程建设科技创新，有利于推进大型设计、施工企业的结构调整和资源整合，加快与国际接轨，对于增强我省工程建设行业企业综合实力和核心竞争，促进建筑业改革发展、转型升级，实现从建筑大省到建筑强省具有十分重要的意义。

各地要切实把握工程总承包的明显优势，大力推广工程总承包的建设模式。建设单位在选择建设项目组织实施方式时，应当本着质量可靠、效率优先的原则，优先采用工程总承包模式。各级建设行政主管部门要结合建筑产业化、装配式建筑、BIM技术应用等要求，协同PPP模式的推广应用，着力引导当地国有资金投资的建筑产业化项目、保障性安居工程、市政基础设施项目优先采用工程总承包模式进行建设；鼓励和支持社会投资项目采用工程总承包模式，扩大工程总承包的覆盖面。

二、建立完善工程总承包管理制度

各级建设行政主管部门要深化改革，勇于创新，积极实践，进一步完善招标投标、施工图审查、合同备案、质量安全监督、施工许可、竣工验收备案、城建档案移交和工程价款结算等环节的管理制度和流程，为工程总承包项目的顺利实施提供制度保障。

（一）工程总承包项目的发包阶段。建设单位可以根据项目特点，在可行性研究、方案设计或者初步设计完成后，按照确定的建设规模、建设标准、投资限额、工程质量和进度要求等进行工程总承包项目发包。

（二）建设单位的项目管理。建设单位应当加强工程总承包项目全过程管理，督促工程总承包单位履行合同义务。建设单位根据自身资源和能力，可以自行对工程总承包项目进行管理，也可以委托项目管理单位，依照合同对工程总承包项目进行管理。项目管理单位可以是本项目的可行性研究、方案设计或者初步设计单位，也可以是其他工程设计、监理或者施工单位，但项目管理单位不得与工程总承包单位具有利害关系，也不得是本项目的投标落选单位。

（三）工程总承包单位的选择。建设单位可以依法发包选择工程总承包单位。工程总承包评标可以采用综合评估法，由建设单位或其委托的项目管理单位，根据项目特点，按照工程总承包报价、项目管理组织方案、设计方案、设备采购方案、施工计划、工程业绩等多方面因素确定本项目的评标办法，报主管的招投标监督机构备案后实施。承担工程项目方案设计（或初步设计）的企业，可以依法参与该项目的工程总承包投标。但是投标人（包括联合体成员单位）不得是代建单位、监理单位、第三方项目管理单位或与以上单位有利害关系。招标人应当合理确定投标文件的编制时间，自招标文件开始发售之日起至投标人提交投标文件截止时间止，最短不得少于二十日。

（四）工程总承包单位的基本条件。工程总承包单位应当具有与工程规模相适应的工程设计资质或者施工资质，具有相应的财务、风险承担能力，同时具有相应的组织机构、项目管理体系、项目管理专业人员和工程业绩。鼓励设计、施工以及材料、设备企业组建联合体参与工程总承包项目，建设单位在项目发包过程中，可优先选择联合体单位。

（五）工程总承包项目经理的基本要求。工程总承包项目经理应当取得工程建设类注册执业资格或者高级专业技术职称，担任过同等以上规模、类别的工程总承包项目经理、设计项目负责人或者施工项目经理，熟悉工程建设相关法律法规和标准，同时具有相应工程业绩。

（六）工程总承包项目的分包。工程总承包单位可以在其资质证书许可的工程项目范围内自行实施设计和施工，在工程总承包单位自有资质证书许可范围内的工程内容，原则上不得进行分包。如因特殊情况确需实施分包的内容，必须在投标文件中予以明确，并在工程总承包合同中明确约定。工程总承包单位可以根据合同约定，直接将工程项目的设计或者施工业务择优分包给具有相应资质的企业。工程总承包单位仅自行实施设计的，应将施工作业分包给具有相应资质的施工企业承担，不得肢解发包。工程总承包单位仅自行实施施工的，应将工程设计业务分包给具有相应资质的设计单位，不得肢解发包。工程总承包单位应当加强对分包的管理，不得将工程总承包项目转包，也不得将工程总承包项目中设计和施工业务一并或者分别分包给其他单位。工程总承包单位自行实施设计的，不得将工程总承包项目工程主体部分的设计业务分包给其他单位。工程总承包单位自行实施施工的，不得将工程总承包项目工程主体结构的施工业务分包给其他单位。

（七）工程总承包项目的采购。凡工程总承包合同中已经约定的工程内容，建设单位不得再以任何形式参与工程材料、设备的采购。工程总承包单位可实行总采购，也可以由承担施工总承包的企业实施单独采购。

（八）工程总承包单位的义务和责任。工程总承包单位应当加强对工程总承包项目的管理，根据合同约定和项目特点，组建项目管理机构和组织体系，制定项目管理计划和项目实施计划，建立工程管理与协调制度，加强设计、采购与施工的协调，完善和优化设计，改进施工方案，合理调配设计、采购和施工力量，实现对工程总承包项目的有效控制。工程总承包单位就工程总承包项目的质量和安全对建设单位全面负责，分包企业按照分包合同的约定对工程总承包单位负责，工程分包不能免除工程总承包单位的合同义务和法律责任。

（九）工程总承包项目的合同管理。工程总承包项目可以采用总价合同或者成本加酬金合同，合同价格应当在充分竞争的基础上合理确定，除招标文件或工程总承包合同中约定的调价原则外，一般不予调整。合同的制订可以参照住房和城乡建设部、工商总局联合印发的建设项目工程总承包合同示范文本。工程总承包单位自行实施施工的，对工程总承包合同实施备案；工程总承包单位将施工业务依法分包的，对分包合同实施备案。

（十）工程总承包项目的监管手续。按照法规规定进行施工图设计文件审查的工程总承包项目，房屋建筑工程可以根据实际情况按照单体工程进行施工图设计文件审查，大型市政公用工程可以根据实际情况按照主体工程、配套工程分阶段或分标段进行施工图设计文件审查。建设单位可以一次性申请领取工程总承包项目的施工许可证，也可依法分阶段申请领取施工许可证。各地住建主管部门可以根据工程总承包合同及分包合同确定的设计、施工企业，依法办理工程质量、安全监督和施工许可等相关手续，但须在相关许可和备案表格中加注工程总承包单位名称和工程总承包项目经理名称。

（十一）工程总承包项目的现场管理。各地住建主管部门在对工程总承包项目实施监督管理时，除建设、勘察、设计、施工、监理等五方主体外，应将工程总承包单位及其项目负责人作为工程建设责任主体，依法监督其履行设计、施工、采购的工程质量安全和建筑市场行为主体责任。工程总承包项目实施过程中的现场人员到岗履职情况以施工单位为主体，施工项目经理必须具备与工程项目规模相匹配的注册建造师执业资格。所有工程管理技术文件应当增加工程总承包单位、工程总承包项目经理栏目，由相应企业和人员签署意见。

（十二）安全生产许可证和质量保修。工程总承包单位自行实施工程总承包项目施工的，应当依法取得安全生产许可证；将工程总承包项目中的施工业务依法分包给具有相应资质的施工企业完成的，工程总承包单位可不具有安全生产许可证，但施工分包企业应当依法取得安全生产许可证。工程竣工验收由建设单位会同工程总承包单位、监理单位共同组织。工程质量保修书由工程总承包单位签署，并由工程总承包单位负责向建设单位移交全套工程技术资料。

三、强化推进工程总承包的组织与实施

（一）加强组织领导，做好示范引导。各地住建主管部门要加强领导，明确责任部门和责任人，推进工程总承包管理各项制度措施落实。以政府投资项目为试点，从重点企业入手，培育一批工程总承包骨干企业，发挥示范引领带动作用，提高工程总承包的供给质量和能力。

（二）创新监管机制，完善配套政策。各地住建主管部门要认真贯彻落实本实施意见，创新建设工程管理机制，着力研究和解决工作中出现的问题。加强与发展改革、财政、税务、审计等有关部门的沟通协调，积极解决制约工程总承包项目实施的有关问题。

（三）发挥行业组织和产业联盟作用。充分发挥行业组织和产业联盟的桥梁和纽带作用，在推进工程总承包发展过程中，行业组织和产业联盟要积极反映企业诉求，协助当地政府开展相关政策研究，组织开展工程总承包项目管理人才培训，开展工程总承包单位经验交流，促进工程总承包发展。

武汉市城建委《关于进一步规范房屋建筑和市政基础设施工程项目招标投标活动的若干规定》

武城建规〔2018〕4号 2018年11月

第一条 为进一步规范房屋建筑和市政基础设施工程项目招标投标活动，促进公开、公平、公正市场竞争秩序的形成，根据《中华人民共和国招标投标法》、《中华人民共和国招标投标法实施条例》、《关于进一步加强房屋建筑和市政工程项目招标投标监督管理工作的指导意见》（建市〔2012〕61号)、《关于加强房屋建筑和市政基础设施工程项目施工招标投标行政监督工作的若干意见》（建市〔2005〕208号)、《房屋建筑和市政基础设施工程施工招标投标管理办法》（中华人民共和国住房和城乡建设部令第43号)、《必须招标的工程项目规定》（中华人民共和国国家发展和改革委员会令第16号）和《武汉市公共资源交易目录》等有关法律、法规、规章，结合我市实际，制定本规定。

第二条 在本市行政区域内，依法应当招标的各类房屋建筑和市政工程项目招标投标活动适用本规定。

第三条 招标投标活动及其参加人应当接受相关建设行政主管部门或其委托的招标投标监管机构的监督。依法应当招标的各类房屋建筑和市政工程项目应在招标前在相关建设行政主管部门或其委托的招标投标监管机构办理招标登记。武汉市城乡建设委员会是本市建设工程招标投标活动的行政主管部门。武汉市工程建设执法稽查站负责招标投标监管活动的具体工作。区建设行政管理部门在其职责范围内，负责所辖区域内建设工程招标投标活动的管理工作。

招标人在办理房屋建筑和市政基础设施工程项目的招标登记时应事先办理建设工程项目报建手续；在办理第一次施工招标登记时，应向招标投标监管部门出具包括工程规模、投资总额、工程地点、详细招标内容、标段划分、计划招标时间等内容的招标方案。

第四条 招标范围包括依法应当招标的与房屋建筑和市政基础设施工程建设有关的勘察、设计、施工、监理，以及重要设备、材料的采购。

第五条 房屋建筑和市政基础设施工程项目应当严格按照《中华人民共和国招标投标法实施条例》中对工程及与工程建设有关的货物和服务的界定、《必须招标的工程项目规定》中对招标范围的规定以及《武汉市公共资源交易目录》中对项目监管职责的划分，依法开展招标投标活动。

（一）房屋建筑工程包括工业建筑（构筑物）工程、居住建筑（构筑物）工程、公共建筑（构筑物）工程、土石方工程、消防设施工程、建筑智能化工程、建筑幕墙工程、建筑装修装饰工程、钢结构工程、园林古建筑（含古建筑修缮）工程，包括与工程配套的园林绿化、给水、排水、电力、燃气、信息管网建设及迁改，以及结合地面建筑修建的地下人防等建设工程。

（二）市政公用工程包括道路工程、桥梁工程、隧道工程、城市轨道交通工程、地下管廊、箱涵工程、城市及道路照明工程，包括与工程配套的园林绿化、给水、排水、电力、燃气、信息管网建设及迁改，以及结合地面建筑修建的地下人防等建设工程。

第六条 招标人应当根据建设工程特点合理划分标段，不得利用标段划分降低投标人资格条件。对工程技术上紧密联系、不可分割的单位工程不得划分标段，《施工图设计文件审查受理单》范围内明确的房屋建筑工程和市政基础设施工程，招标人一般不应分期招标。招标人应当合理划分标段，并尽可能使得各标段的建设规模、单项合同估算价等关键指标一致，适用的评标办法相同。

第七条 标段划分原则

（一）房屋建筑工程施工招标标段划分原则

1. 住宅小区或建筑群体工程，可将一个单位工程划分为一个标段，也可将多个单位工程合并为一个标段进行招标。

2. 地下室工程：一个单位工程的地下室工程不得划分标段进行招标。

3. 装饰装修工程：一个单位工程的幕墙工程不得划分标段进行招标；一个单位工程的室外建筑装饰装修工程不得划分标段进行招标；一个单位工程内由同一发包人发包的室内建筑装饰装修工程，确实需要划分标段的，应按照建筑的功能分区或每个标段的施工单项合同估算价不低于500万元（含）进行标段划分。

（二）市政基础设施工程施工招标标段划分原则

1. 道路工程：一般按长度划分标段，每个标段不得少于1km。

2. 桥梁工程：一般不得划分标段进行招标，确实需要划分标段的，一般应按正桥和引桥划分标段。

（三）监理招标标段划分原则

监理招标一般不划分标段。确需划分的，标段数量应不多于该招标项目的施工招标的标段数量。

第八条 依法必须招标的工程建设项目，应当具备相应条件才能进行招标。按照国家有关规定履行项目审批、核准手续的依法必须进行招标的项目，招标人应依照项目审批、核准部门审核或相关部门批准的招标范围、招标方式和招标组织形式，依法组织招标投标活动。

按照国家有关规定履行项目备案手续的依法必须进行招标的项目，招标人应向招投标监管部门提供《湖北省企业投资项目备案证》，以说明其经济性质和项目投资的资金性质，并根据《中华人民共和国招标投标法》《中华人民共和国招标投标法实施条例》等规定，依法组织招标投标活动。

依法可以直接发包的建设工程项目应在满足相关条件后，依法办理勘察、设计、监理、施工直接发包备案。

第九条 建设工程勘察设计、施工、监理、重要设备、材料招标、由招标人依法组织实施。招标人不得对投标人实行歧视待遇，不得提出与招标工程实际要求不符的过高的资质等级要求。

（一）勘察设计招标条件

1. 具有发展改革部门或建设行政主管部门审批的项目建议书或项目可行性研究报告

或项目初步设计批复，或核准、备案的项目批准文件；

2. 承诺具有相应资金或资金来源已经落实；

3. 具有满足招标需要的技术资料：

（1）工程项目勘察招标时，应提供规划管理部门确定的项目建设地点、规划控制条件和用地红线图；符合要求的招标项目建设场地地形图等图纸；

（2）工程项目方案设计招标时，应提供招标项目的经规划管理部门确定的项目建设地点、规划控制条件和用地红线图；符合要求的招标项目建设场地地形图；符合规划控制条件、立项批复和充分体现招标人意愿的设计任务书。招标人进行初步设计或施工图设计招标时，还应提供经批准的总平面规划方案。

4. 法律、法规、规章规定的其他条件。

（二）施工招标条件

1. 具有发展改革部门或建设行政主管部门审批的项目初步设计批复，或核准、备案的项目批准文件；

2. 承诺具有相应资金或资金来源已经落实；

3. 具有满足施工招标需要的设计文件及其技术资料：

（1）新建、改建、扩建的房屋建筑和市政基础设施工程项目，具有施工图设计审查机构核发的《施工图设计文件审查合格书》；

（2）既有房屋建筑的装饰装修工程项目、在城市规划红线范围以内的原有城市市政基础设施维修改造工程项目和市政府确定的应急工程项目，具有满足招标所需的设计图纸或技术资料；

4. 法律、法规、规章规定的其他条件。

（三）监理招标

1. 具有发展改革部门或建设行政主管部门审批的项目初步设计批复，或核准、备案的项目批准文件；

2. 承诺具有相应资金或资金来源已经落实；

3. 具有满足施工监理招标需要的设计文件及其技术资料；

4. 法律、法规、规章规定的其他条件。

（四）重要设备、材料招标

1. 具有发展改革部门或建设行政主管部门审批的项目初步设计批复，或核准、备案的项目批准文件；

2. 承诺具有相应资金或资金来源已经落实；

3. 能够提出重要设备、材料的使用与技术要求；

4. 法律、法规、规章规定的其他条件。

第十条　招标人若不具备自主组织招标的能力，应当签订招标代理合同，依法委托招标代理机构，招标代理机构应当依法承担招标代理合同约定的代理事项。

招标代理机构在受委托从事招标代理业务时应向招标投标监管部门出具与招标人签订的代理合同。招标代理机构在其代理的招标项目中应当明确项目负责人及经办人。招标代理合同中约定的代理范围和代理权限应当明确，不得使用含义模糊的语句表述。招标代理机构应当在招标人委托的范围内，按照规定的代理权限从事编制资格预审文件、招标文件、发布资格预审公告、发布招标公告或者发出投标邀请、组织投标资格审查、确定开标时间和地点、组织开标评标等活动。

第十一条 依法应当招标的建设工程，招标人应在资格预审公告或者招标公告中明确被有关部门依法列入信用联合惩戒对象名单和失信被执行人名单中的失信人不得参与投标活动。

第十二条 招标项目分多个标段同时招标，并对投标申请人资质等级或设备及材料技术特征要求相同的，招标人可以发布一个招标公告，但不同标段应分别独立组织资格预审、开标和评标等活动。

招标项目分多个标段同时招标，并对投标申请人资质等级或设备及材料技术特征要求不相同的，招标人应当根据标段划分的实际情况，分别发布招标公告。

招标公告中设置的投标人资质条件在符合建设行政主管部门批准的资质的同时，根据项目特殊性，确有必要的，可增加设置其他主管部门颁发的满足招标项目要求的资质。

第十三条 依法应当招标的建设工程，招标人在发布资格预审公告或者招标公告前，应当将资格预审文件或者招标文件报送招标投标监管机构备案。

第十四条 依法必须进行公开招标的招标项目，出现下列情况之一者，招标人应当重新发布招标公告：

（一）通过资格预审的投标申请人的数量不足三个，招标人重新组织资格预审的，应当重新发布招标公告，并甄别原因，在保证满足法定资质资格条件的前提下，适当降低资格预审的标准和条件。重新招标后，通过资格预审的投标申请人仍少于三个的，经原项目审批、核准部门批准，可以不再进行招标。

（二）招标人对已发出的资格预审文件或者招标文件进行澄清或者修改的，应当在提交资格预审申请文件截止时间至少 3 日前，或者投标截止时间至少 15 日前，以书面形式通知所有获取资格预审文件或者招标文件的潜在投标人，之后将该澄清或者修改内容提交招标投标监管机构备案。当该澄清或者修改涉及下列内容的，应当重新发布招标公告：

1. 更改招标公告中规定的投标申请人或项目经理或项目总监的资质等级、资质类别条件的；

2. 招标内容发生重大变更，造成招标项目的资格审查方法或评标办法或投标人的资质等级、资质类别发生改变的；

3. 因招标人编制的招标控制价的原因，造成招标项目的资格审查方法或评标办法发生改变的；

4. 招标人编制的招标控制价与招标公告中载明的招标项目投资额差异较大，且招标人未能做出合理说明或者未能提供相关证明材料的；

5. 法律法规规定的其他重大变更的情形。

第十五条 本条所称的暂估价工程，是指招标人在招标文件中列明的必然发生但暂时不能确定价格的专业工程。施工总承包招标文件中设置暂估价工程的，暂估价占比一般不得超过 30%，且设置暂估价的原因应尽量限于下列方面：

（一）新型、非通用、或单一来源的特定材料以及同类材料价格在不同品牌、品质、产地之间价格差异较大且招投标阶段因时间紧迫，不适宜作出确定性合理价的；

（二）专业工程施工图设计不够完整齐全、设计深度不够、技术参数不明等或工程设计明确有特定艺术或特定技术要求需二次深化设计的；

（三）专业工程技术复杂或者有特殊专业要求，总承包商无法自行完成的仅有少数专业施工队伍具备施工资质的；

（四）法律法规许可的其他情形。

第十六条 以暂估价方式包括在工程总承包或者施工总承包范围内，且达到法定规模标准的，应当采用招标方式发包。建设单位、总承包单位或者建设单位与总承包单位的联合均可作为暂估价工程的招标人。建设单位在总承包招标文件中，应当明确暂估价工程的招标主体以及双方的权利义务。

第十七条 依法必须进行公开招标的施工招标项目，应当实行工程量清单计价招标。

采用工程量清单计价招标投标的工程，工程招标控制价编制单位应当根据省、市建设行政主管部门颁发的计价办法、各类工程预算定额消耗量及基价表、费用标准和建设工程造价管理部门发布的人工、材料及施工机械台班市场价格信息，编制招标工程招标控制价，工程招标控制价应与招标文件一同发布。

招标人不具备工程量清单和工程招标控制价编制能力的，应当委托具有相应资质的建设工程造价咨询机构进行编制。

依法必须进行公开招标的货物招标项目，若招标人发布招标控制价的，应当与招标文件一同发布。招标人发布的招标控制价应当在概算投资范围内。

第十八条 依法必须进行公开招标的项目，投标申请人的资格审查方式分为资格预审和资格后审，招标人可自主选择。资格预审的审查方法分为合格制和评审制，资格后审只应采用合格制的审查方法。

资格预审实行合格制资格预审的，招标人或招标代理机构在招标公告中，只能对投标申请人的企业法人营业执照、资质等级和类别、安全生产许可证、企业及项目负责人（项目经理、项目总监、设计总负责人等）违法违规和失信行为、拟派项目负责人（项目经理、项目总监、设计总负责人等）的执业资格等级和类别等硬性条件提出要求，作为合格制资格预审的依据。招标人或招标代理机构应当按照规定的时限，对投标申请人进行资格预审，招标投标管理部门进行监督。经合格制资格预审的，凡符合招标公告要求的，即为通过资格预审的投标申请人。资格预审结果报招标投标管理部门备案。

资格预审实行评审制资格预审的，招标人或招标代理机构应当在资格预审文件中，明确资格评审的内容、标准和方法，并报招标投标管理部门备案。遵照法律法规关于评标委员会组成的规定和资格预审文件的规定，组成资格预审委员会，资格预审委员会独立进行资格预审活动，资格预审结果报招标投标管理部门备案。

第十九条 采用资格预审方式的招标项目，招标公告和资格预审文件同时发布，发布期不得少于5日。

采用资格后审方式的招标项目，招标公告发布的截止时间与投标文件递交截止时间保持一致。开标后，由评标委员会先按照招标文件规定的标准和方法对投标申请人的资格进行审查，通过资格审查的投标人的投标文件方可进入评标程序。

第二十条 招标人不得对投标申请人及其拟派的项目负责人（项目经理、项目总监、设计总负责人等）提出与招标项目实际要求不符或过高的资质资格要求。

招标人不得将招标公告、资格预审文件中未明确的事项和条件，作为资格预审条件限制和排斥投标申请人。

投标申请人参加工程项目施工招标的投标时，需要进行法人委托的，应当委托拟派的项目经理作为企业法定代表人的委托代理人，负责处理本企业在该项目投标活动中的相关事宜。

第二十一条 依法必须进行公开招标的施工招标项目，对于具有通用技术性能和技术标准，且采用“经评审的最低投标价法”的方法进行评标定标的招标项目，招标人对投标申请人的资格应实行合格制审查；对于技术特别复杂或者具有特殊专业技术要求，且采用“综合评估法”的方法进行评标定标的招标项目，招标人对投标申请人的资格应实行评审制审查。

采用资格预审方式的施工招标项目，当采用经评审的最低投标价法进行评标的，招标人必须邀请所有合格申请人参加投标，不得对投标人数量进行限制。

依法必须进行公开招标的货物和服务招标项目，采用合格制资格预审的，当通过资格预审的投标申请人不少于 3 名，且不多于 7 名（含）时，确定全部通过资格预审的投标申请人参加投标；当通过资格预审的投标申请人超过 7 名时，由招标人采用随机抽取的方式，确定不少于 7 名（含）通过资格预审的投标申请人参加投标。采用评审制资格预审的，当通过资格预审的投标申请人过多时，通过评分排名由高至低的次序，确定不少于 7 名（含）通过资格预审的投标申请人参加投标。

第二十二条 依法必须进行公开招标的招标项目，采用资格后审的，确定通过资格审查的投标人的投标文件应当全部进入评标程序。

因资格审查委员会的违规组建或资格审查委员会成员未按照资格预审文件规定的标准和方法进行资格审查或资格审查委员会成员受贿等由资格审查委员会或其成员的违规行为导致的资格预审失败的，应由招标人提出申请，报招标投标监管部门备案后，方可重新组织资格预审。

资格预审结束后，招标人或招标代理机构应当将资格预审情况，在武汉市公共资源交易平台予以公示。但不得向他人透露已获取招标文件的潜在投标人的名称、数量以及可能影响公平竞争的有关招标投标的其他情况。

第二十三条 招标文件要求投标人提交投标保证金的，投标人必须提交。投标保证金数额按照项目估算价 1%的比例计算，但最高不超过 50 万元人民币。招标人与中标人签订合同后的 5 日内，必须向中标人和未中标的投标人退还投标保证金及银行同期存款利息。招标人按有关规定要求中标人提供履约担保的，应当在招标文件中载明，并同时向中标人提供工程款或货物款的支付担保。

采用“经评审的最低投标价法”评标的施工招标项目，招标人可以要求中标候选人提供差额担保。

第二十四条 依法必须进行招标的项目，评标委员会按照《中华人民共和国招标投标法》的规定组成。

因评标委员会的违规组建或评委违规行为或评委受贿等由评标委员会或评委原因导致的招标失败，由招标人提出申请，报招标投标监管部门备案后，方可再次随机抽取评委，重新评标。

第二十五条　依法必须进行公开招标的施工招标项目，招标人应当根据工程的规模和性质，分别采用经评审的最低投标价法或综合评估法进行评标定标。各种评标方法的适用范围如下：

（一）对于施工单项合同估算价在5000万元（不含）以下的，具有通用技术性能和技术标准的房屋建筑和市政基础设施工程施工招标项目，采用“经评审的最低投标价法”的方法进行评标定标。即评标委员会对投标人的投标文件进行合格性评审后，再评审出投标价格最低，且不低于成本的投标人中标的评标定标方法。

（二）对于施工单项合同估算价在5000万元（含）以上的具有通用技术性能和技术标准的房屋建筑和市政基础设施工程，或技术特别复杂或者具有特殊专业技术要求的房屋建筑和市政基础设施工程施工招标项目（即指有关部门确定的试点示范工程、重大工程或者经申报审批的施工企业“四新”技术创新试验工程以及项目设计单位或设计行业主管部门出具的采用了新技术、新工艺、新专利技术的书面证明等施工招标项目），采用“综合评估法”的方法进行评标定标。采用“综合评估法”评标的，不得任意提高技术标的评分比重，一般技术标的分值权重不得高于40%，商务标的分值权重不得低于60%。

不属于依法必须进行公开招标的招标项目，可以参照本规定确定的评标标准和方法，也可以采用法律法规允许的其他评标标准和方法。

招标人必须将评标标准和方法在招标文件中载明，并随同招标文件一并报招标投标管理部门备案。

第二十六条　招标人自收到评标报告之日起3日内公示中标候选人，公示时间不得少于3日，中标公示内容应包括：招标范围、招标方式、采用资格预审方式的，资格预审的结果、开评标时间及地点、唱标记录、评标委员会推荐的中标候选人名单及其排序（包括：中标候选人的投标报价、工期目标、质量目标、中标候选人的项目负责人信息等）、投标文件被判定为废标的投标人名称、废标原因及其依据、评标委员会成员对各投标人投标文件的评分等。

在中标候选人公示期间有关评标结果的异议成立，改变了已暂停公示的中标候选人名单的，应该重新公示纠正后的全部中标候选人名单及相关投标信息。

第二十七条　一个项目经理不得同时在两个及两个以上的建设工程项目上担任施工单位项目负责人。投标人拟派的项目经理同时参加两个以上的工程项目投标时，若同时中标，应当在中标后告知招标人，并按照投标文件中承诺拟派的项目经理的同等标准进行更换。

中标通知书发出后，投标人拟派的项目经理即在企业数据库中锁定，在承担中标项目施工任务期间，不得参加新的项目投标。工程项目完成竣工验收后办理备案前，中标人可提出申请，经招标人书面同意后解锁。

投标人中标后，直至中标的工程项目完工，不得无故更换投标文件中承诺的拟派项目经理。因不可抗拒的原因需要更换项目经理的，应当事前征得建设单位书面同意后，再按相关规定办理变更登记手续。

第二十八条 招标人应当自发出中标通知书之日起十五日内，将招标投标情况书面报告和中标通知书同时提交给招投标监管部门，并在规定时间内完成相关手续。

招投标活动完成后，招标人（代理机构）应按有关规定妥善保存招标投标活动档案，并协助配合有关监督管理部门进行查阅、调取。

第二十九条 武汉市城建重点工程项目招投标活动涉及武汉市城建重点工程建设管理领导小组制定的有关规定或其他规范性文件时，从其规定。

第三十条 本办法自2019年1月1日起执行，有效期五年。

原《市城建委关于进一步规范建设工程项目招标投标活动的若干规定》（武城建规〔2014〕1号）同时废止。

江　苏　省

江苏省工程总承包相关政策文件清单

序号	发布时间	文　件　名　称	文　号
1	2017年3月	江苏省住房和城乡建设厅关于印发《2017年全省建筑业发展和市场监管工作要点》的通知	苏建建管〔2017〕124号
2	2017年6月	江苏省住房和城乡建设厅《关于推荐第一批工程总承包试点企业和试点项目的通知》	苏建函建管〔2017〕491号
3	2017年11月	江苏省住房和城乡建设厅《关于公布江苏省工程总承包试点企业、试点项目（第一批）的通知》	苏建建管〔2017〕560号
4	2017年11月	江苏省人民政府《关于促进建筑业改革发展的意见》	苏政发〔2017〕151号
5	2017年12月	徐州市交通运输局关于印发《徐州市打造公路水运品质工程实施方案》的通知	徐交质〔2017〕356号
6	2018年2月	江苏省建设工程招标投标办公室关于印发《江苏省房屋建筑和市政基础设施项目工程总承包招标投标导则》的通知	苏建招办〔2018〕3号
7	2018年3月	江苏省住房和城乡建设厅关于印发《2018年全省建筑业工作要点》的通知	苏建建管〔2018〕111号
8	2018年12月	江苏省住房和城乡建设厅《关于江苏省工程总承包试点企业和试点项目（第二批）的公示》	
9	2019年2月	江苏省建设工程招标投标办公室关于对《江苏省房屋建筑和市政基础设施项目工程总承包招标投标导则》等文件相关内容进行调整的通知	苏建招办〔2019〕2号
10	2019年10月	南京市城乡建设委员会《关于明确工程总承包招投标等有关问题的通知》	

扫码查看全部政策及解读

江苏部分

江苏省建设工程招标投标办公室关于印发《江苏省房屋建筑和市政基础设施项目工程总承包招标投标导则》的通知

苏建招办〔2018〕3号 2018年2月7日

第一条 为推进我省房屋建筑和市政基础设施项目工程总承包的发展，规范我省房屋建筑和市政基础设施项目工程总承包招标投标活动，根据国家法律法规和《住房城乡建设部关于进一步推进工程总承包发展的若干意见》（建市〔2016〕93号）、《省政府关于促进建筑业改革发展的意见》（苏政发〔2017〕151号），结合本省实际情况，制定本导则。

第二条 本导则所称工程总承包，是指从事工程承包的单位按照与建设单位签订的合同，对工程项目的设计、采购、施工等实行全过程或者若干阶段承包，并对工程的质量、安全、工期和造价等全面负责的工程建设组织实施方式。

第三条 本省行政区域内，国有资金占控股或者主导地位的房屋建筑和市政基础设施项目，其工程总承包招标投标活动适用本导则。

第四条 工程总承包项目范围内的设计、采购和施工中有任一项属于依法必须招标的，应当采用招标方式选择工程总承包单位。

第五条 招标人可根据项目特点，在可行性研究或者方案设计或者初步设计完成后，以工程投资估算或者概算为经济控制指标，以限额设计为控制手段，按照相关技术规范、标准和确定的建设范围、建设规模、建设标准、功能需求、投资限额、工程质量、工程进度等要求，进行工程总承包招标。工程总承包应当优先选择在可行性研究完成即开展工程总承包招标。

可行性研究或者方案设计、初步设计应当履行审批手续的，经批准后方可进行下一阶段的工程总承包招标。

工程建设范围、建设规模、建设标准、功能需求、投资限额、工程质量、工程进度等前期条件不明确、不充分的项目不宜采用工程总承包方式。

第六条 工程总承包投标人及项目经理资格条件执行住房城乡建设部有关规定。

工程总承包发包前完成项目建议书、可行性研究报告、勘察设计文件的，发包前的项目建议书、可行性研究报告和勘察设计文件的编制单位可以参与工程总承包项目的投标。

第七条 工程总承包招标可以采用合格制资格预审或者资格后审，不得采用有限数量制资格预审。

实行合格制资格预审的，招标人应当参考《江苏省房屋建筑和市政基础设施项目工程总承包招标资格预审文件示范文本》编制资格预审文件。

投标人和项目经理类似工程业绩作为资格审查合格条件的，数量只能分别设置1项，时间不得少于3年。采用合格制资格预审的，资格预审合格的申请人不少于3个。

资格审查活动按照苏建规字〔2017〕1号文附件2《江苏省房屋建筑和市政基础设施

工程施工招标资格审查办法》执行。

第八条　招标人参考《江苏省房屋建筑和市政基础设施项目工程总承包招标文件示范文本》，结合招标项目的具体特点和所处的设计阶段编制招标文件。招标文件至少应当明确下列事项：

（一）发包前完成的水文、地勘、地形等地质勘察资料、城乡规划和城市设计对项目的基本要求、可行性研究报告（方案设计、初步设计文件）等基础资料；

（二）招标的内容及范围，主要包括设计、采购和施工的内容及范围、规模、功能、质量、安全、工期、验收、投资限额等量化指标；设计指标要点，有关建设标准、技术标准；以及主要材料设备的参数、指标和品牌档次等；

（三）招标人与中标人的责任和权利，主要包括工作范围、风险划分、项目目标、价格形式及调整、计量支付、变更程序及变更价款的确定、索赔程序、违约责任、工程保险、不可抗力处理条款等；

（四）投标文件编制要求。明确承包人建议书（包括设计图纸、工程详细说明、设备方案及分包方案）、资信业绩、承包人实施计划（即项目管理组织方案）的编制深度、投标报价的编制方法和要求；

（五）最高投标限价或者最高投标限价的计算方法；

（六）未中标方案应给予补偿，补偿标准在招标文件明确；

（七）履约保证金或者其他形式履约担保的金额及提交要求；

（八）工程分包的规定和要求，以及工程允许分包的专业及范围；

（九）是否采取装配式建造方式、建筑信息模型（BIM）技术及有关技术指标等；

（十）技术创新、节能环保等方面的要求；

（十一）报价清单。

招标文件不能达到或者满足上述要求的项目，视为不具备工程总承包招标的条件。

第九条　工程总承包项目宜采用住房和城乡建设部、国家工商行政管理总局联合制定的工程总承包合同示范文本。

第十条　招标人和工程总承包单位应当加强风险管理，在招标文件、工程总承包合同中约定公平、合理的风险分担条款。风险分担可以参照以下因素约定：

招标人承担的主要风险一般包括：

（一）招标人提出的建设范围、建设规模、建设标准、功能需求、工期或者质量要求的调整；

（二）主要工程材料价格和招标时基价相比，波动幅度超过合同约定幅度的部分；

（三）因国家法律法规政策变化引起的合同价格的变化；

（四）难以预见的地质自然灾害、不可预知的地下溶洞、采空区或者障碍物、有毒气体等重大地质变化，其损失和处置费用（因工程总承包单位施工组织、措施不当等造成的上述问题，其损失和处置费应由工程总承包单位承担）；

（五）其他不可抗力所造成的工程费用的增加。

除上述招标人承担的风险外，其他风险可以在合同中约定由工程总承包单位承担。

招标人要求工程总承包单位出具履约担保的，招标人也应当向工程总承包单位出具支付担保。

第十一条 工程总承包项目应当采用固定总价合同。除发生本导则第十条规定的应当由招标人承担的风险，以及地下工程（水下工程）等可以另行约定调价原则和方法外，在招标人需求不变的情况下，工程总承包合同价格不予调整。

第十二条 对于由承包人自行采购的主要材料、设备，招标人应当在招标文件中明确提出技术标准和质量要求。招标人可以提供三个以上不同厂家品牌的同档次产品，并且明确投标人拟选择推荐的厂家或品牌以外的产品的，应经招标人同意。

第十三条 招标人应当根据不同阶段的设计文件，参考工程造价指标、估算定额、概算定额等设定最高投标限价。最高投标限价不得高于投资估算、初步设计概算。

第十四条 招标人可以根据工程总承包项目的规模、特点等因素合理确定投标保证金的金额，但不得超过招标项目估算价或概算价的2%。

鼓励采用银行保函、工程担保、工程保证保险等非现金形式递交投标保证金；对于以非现金形式提交的投标保证金招标人不得拒绝。

第十五条 招标人应当根据招标所处的设计阶段、项目规模和技术复杂程度等因素合理确定提交投标文件的时间。依法必须招标的工程项目，自招标文件开始发出之日起至投标人提交投标文件截止之日止，不宜少于三十日；国家重大建设项目以及技术复杂、有特殊要求的项目，不宜少于四十五日。

第十六条 招标人应当根据工程特点和需要依法组建工程总承包招标的评标委员会，评标委员会应当包含工程设计、施工和工程经济等方面的专家，成员人数应为9人（专业工程为7人）以上单数，其中负责评审设计方案和项目管理组织方案的评标委员会成员为7人（专业工程为5人）以上的单数。

若招标人不采取“评定分离”方式确定中标人，则招标人可以委派1名具备工程类中级及以上职称或者具有工程建设类执业资格的代表参与评标。

第十七条 评标办法中应集中单列否决投标条款，具体内容招标人可以参照苏建规字〔2017〕1号文，根据项目的实际情况增减，但不得违反法律、法规和规章规定。

第十八条 工程总承包招标应当实行电子招标投标和技术标暗标制；鼓励方案简单的工程总承包项目实行远程异地评标；初步设计完成后进行工程总承包招标的项目必须实行远程异地评标。

重要工程设计方案中的电子演示文件可以不上传到电子交易平台，开标前以U盘、光盘等介质密封提交给招标人，密封要求应当在招标文件中载明。

第十九条 工程总承包评标一般但不限于采用综合评估法。评审的主要因素包括承包人建议书、工程总承包报价、承包人实施计划和工程业绩。招标人应当根据本导则附件一、附件二、附件三、附件四制定评标办法。

投标人提交的设计文件应当符合《建筑工程设计文件编制深度规定》《市政公用工程设计文件编制深度规定》中相应设计阶段的编制深度要求（施工图设计文件除外）。

对于工程总承包报价的评审，应当将设计费、设备费、施工费和工程总承包管理费等合成一个总投标报价评审。

第二十条 工程总承包项目招标一般应当采用两阶段评标。投标人应当按照招标文件的要求编制、递交投标文件（一般包括两部分：一是设计文件部分，二是投标文件的商务技术部分，包括资格审查材料、工程总承包报价、项目管理组织方案以及工程业绩等）。开标、评标活动分两个阶段进行：

第一阶段：先开设计文件部分，并先对设计文件进行评审。在设计文件评审合格（得分60%以上，具体合格分在招标文件中明确）的投标人中，只有设计文件得分汇总排在前若干名的（不少于5名，具体数量在招标文件中明确），才能进入第二阶段开标、评标；设计文件评审合格的投标人少于5名的，全部进入第二阶段开标、评标。

第二阶段：开启投标文件的商务技术部分（仅针对进入第二阶段的投标文件进行），并按照招标文件规定的评标方法完成评审，实行资格后审的，还应对投标人的资格进行审查。设计文件得分是否带入第二阶段，由招标人根据招标项目的实际情况在招标文件中明确。

在初步设计完成后进行招标的工程总承包项目，可以不采用两阶段评标。如果采用，则第一阶段评审“项目管理组织方案”，第二阶段评审“资格审查材料、工程总承包报价以及工程业绩”等。

第二十一条　工程总承包招标可以参照《评定分离操作导则》（苏建招办〔2017〕3号文），按照“评定分离”的程序和方法进行评标。确定中标人的方法应当在招标文件中明确。

第二十二条　非国有资金占控股或者主导地位的房屋建筑和市政基础设施项目，其工程总承包招标投标活动可以参照本导则执行。

第二十三条　本导则由省建设工程招标投标办公室解释。

第二十四条　本导则自2018年3月1日起试行。

附件一：适用于可行性研究完成阶段进行招标的评标办法（略）

附件二：适用于方案设计完成之后进行招标的评标办法（略）

附件三：适用于初步设计完成之后进行招标的评标办法（略）

附件四：适用于专业工程招标的评标办法（略）

江苏省建设工程招标投标办公室关于对《江苏省房屋建筑和市政基础设施项目工程总承包招标投标导则》等文件相关内容进行调整的通知

苏建招办〔2019〕2号　2019年2月28日

各设区市、县（市、区）招标办（处）：

针对《江苏省房屋建筑和市政基础设施项目工程总承包招标投标导则》（苏建招办〔2018〕3号）、《江苏省房屋建筑和市政基础设施项目工程总承包招标标准文件》（苏建招办〔2018〕4号）和《江苏省房屋建筑和市政基础设施工程施工招标评标入围、报价评审和预选招标规则》（苏建招办〔2017〕7号）执行中存在的问题，经研究，对三个文件中相关内容调整如下：

一、对苏建招办〔2018〕3号文、苏建招办〔2018〕4号文、苏建招办（2017〕7号文的修改

（一）将苏建招办〔2018〕3号文附件一、附件二和附件四工程总承包报价栏中报价评审项中“方法二：以有效投标文件的评标价进行算术平均，该平均值下浮5%～10%（具体数值由招标人在招标文件中明确）为评标基准价。工程总承包评标价等于或者低于评标基准价的得满分，每高1%的所扣分值不少于0.6分。……”改为“方法二：以有效投标文件的评标价进行算术平均，该平均值下浮3%～7%（具体数值由招标人在3%、3.5%、4%、4.5%、5%、5.5%、6%、6.5%、7%中确定四个及以上数值，开标时随机抽取）为评标基准价。评标价等于评标基准价的得满分；每低于评标基准价1%扣0.1分；每高于评标基准价1%扣0.6分。……；”将苏建招办〔2018〕3号文附件四中“……投标报价（≥68分）……”一栏改为“……工程总承包报价（≥68分）……”。苏建招办〔2018〕4号文附件中的对应内容相应调整。

（二）将苏建招办〔2018〕3号文附件三报价评审的评分标准和苏建招办〔2018〕4号文附件2和附件3中的第二章评标办法（综合评估法）中“适用于初步设计完成之后的工程总承包招标”的详细评审表中的“报价评审（工程总承包范围内的所有费用）（≥83分)”对应的评分标准改为“采用苏建招办（2017〕7号文‘二、投标报价评审’中方法五（ABC合成法）作为评标基准价的计算方法，或者在方法一至方法四中任选不少于两种计算方法在开标时随机抽取确定评标基准价的计算方法。评标价等于评标基准价的得满分，每低于评标基准价1%扣0.5分，每高1%的所扣分值为负偏离扣分的2倍；偏离不足1%的，按照插入法计算得分”。

（三）《标准工程总承包资格后审招标文件》第一章招标公告和《标准工程总承包资格预审文件》第一章资格预审公告中“……3.2投2标人拟派总承包项目经理应当具有与招标项目规模标准和要求相适应的工程建设类注册执业资格或者工程建设类高级专业技术职称……”改为“……3.2投标人拟派总承包项目经理应当具有与招标项目规模标准和要求

相适应的工程建设类注册执业资格（注册建筑师、勘察设计注册工程师、注册建造师、注册监理工程师）或者具备工程建设类高级专业技术职称……”。

（四）将苏建招办〔2018〕3号文第六条原内容“……勘察设计文件的编制单位可以参与工程总承包项目的投标。”改为“……勘察设计文件的编制单位可以参与工程总承包项目的投标，但不得是工程总承包项目全过程工程咨询服务单位”。

（五）将苏建招办〔2018〕3号文第十四条原内容“……鼓励采用银行保函、工程担保、工程保证保险等非现金形式递交投标保证金；对于以非现金形式提交的投标保证金招标人不得拒绝。”改为“……鼓励采用银行保函形式递交投标保证金，招标公告或招标文件中应明确只接受投标人基本账户开户银行出具的保函形式的投标担保”。

（六）将苏建招办〔2018〕4号文附件2和附件3中的第五章报价清单第1.1条原内容“工程总承包报价范围包括建筑安装工程费、设备及工器具购置费、工程建设其他费及暂列金额等”改为“工程总承包报价范围一般包括勘察费、设计费、建筑安装工程费、设备购置费、总承包其他费及暂列金额等（具体参考《房屋建筑和市政基础设施项目工程总承包计价计量规范》)”。

（七）将苏建招办〔2018〕3号文第二十条第一阶段原内容“……先开设计文件部分，并先对设计文件进行评审。在设计文件评审合格……”改为“……先开设计文件及资格审查资料（实行资格后审的）部分，对设计文件及资格审查资料（实行资格后审的）进行评审。在设计文件评审及资格审查（实行资格后审的）合格……”；第二阶段原内容“第二阶段：开启投标文件的商务技术部分（仅针对进入第二阶段的投标文件进行），并按照招标文件规定的评标方法完成评审，实行资格后审的，还应对投标人的资格进行审查。设计文件得分是否带入第二阶段，由招标人根据招标项目的实际情况在招标文件中明确。”改为“第二阶段：开启所有投标文件的商务技术部分后，宣布进入第二阶段评审入围的投标人，评标委员会按照招标文件规定的评标方法对商务技术标进行评审。设计文件得分是否带入第二阶段，由招标人根据招标项目的实际情况在招标文件中明确”。

（八）将苏建招办〔2018〕4号文附件2和附件3第八章投标文件格式中，投标函增加总承包项目经理信息、投标人自行完成的项目等内容。

（九）苏建招办〔2018〕3号文第十六条第一款“……其中负责评审设计方案和项目管理组织方案的评标委员会成员为7人（专业工程为5人）以上的单数。”改为“……其中负责评审设计文件和项目管理组织方案的（即相互兼评的）评标委员会成员为7人（专业工程为5人）以上的单数。对工程总承包项目设计文件和项目管理组织方案分别评审时，负责每一部分评审的评标委员会成员人数均应为5人以上单数；设计文件评审时，设计专业评标专家不得少于技术标成员总数的三分之二”。

（十）对苏建招办〔2017〕7号文第二部分投标报价评审中评标基准价的计算方法五“ABC合成法”的下浮系数 K、下浮率 Δ 进行修订，具体如下，各地可根据实际调整。

（十一）调整评标入围程序与方法。

1. 各地对建设工程电子招投标交易系统进行改造，投标人及拟派项目负责人资质或资格不符合招标文件规定的不得上传投标文件。

表 1

分类		取值范围/%
下浮系数 K		95、95.5、96、96.5、97、97.5、98
下浮率 Δ	房屋建筑工程	6、7、8、9、10、11、12
	装饰装修、建筑幕墙、钢结构工程	8、9、10、11、12、13、14、15
	机电安装工程	
	市政工程	12、13、14、15、16、17、18、19、20
	绿化工程	17、18、19、20、21、22、23、24、25

2. 将苏建招办〔2017〕7号文第一部分评标入围第一条评标入围方法中的方法二修改为：低价排序法。先按报价由低到高去除进入评标入围环节的投标人数量×$G1$（$G1$ 值为 10%、15%、20%、25%、30%）最低报价的投标人和由高到低去除进入评标入围环节的投标人数量×$G2$（$G2$ 值为 10%、15%、20%）最高投标报价的投标人（去高、去低的数量分别四舍五入后取整，末位报价相同的均去除），$G1$ 和 $G2$ 在开标时抽取；再按报价由低到高取不少于 R 家（R 一般不少于 15 家，具体数量在招标文件中明确）投标人进入后续评标程序。排序第 R 位存在两个及以上报价并列相同的，同时入围；不足 R 家时，按实际数量计取。

方法三修改为：均值入围法。先按报价由低到高去除进入评标入围环节的投标人数量×$G1$（$G1$值为 10%、15%、20%）最低报价的投标人和由高到低去除进入评标入围环节的投标人数量×$G2$（$G2$ 值为 10%、15%，20%、25%、30%）最高投标报价的投标人（去高、去低的数量分别四舍五入后取整，末位报价相同的均去除），$G1$ 和 $G2$ 在开标时抽取；计算剩余投标人的报价平均值，取平均值以上和以下若干家投标人进入后续评标程序。

招标文件中应明确取平均值以上的具体数量和以下的具体数量，平均值以下投标人应多于取平均值以上的投标人，合计数量不少于 R 家（R 一般不少于 15 家，具体数量在招标文件中明确，不足 R 家时，按实际数量计取）。评标入围过程中，当投标人平均值以上（或以下）的数量不足时按实际数量计取，但不因此增加平均值以下（或以上）的数量。按顺序取平均值以上的投标人时，末位报价相同的投标人均不入围；按顺序取平均值以下的投标人时，报价相同的投标人同时入围。

3. 在苏建招办〔2017〕7号文第一部分评标入围第一条评标入围方法中增加抽签入围法、合成入围法，具体如下：

方法四：抽签入围法。采取随机抽取法确定 R 家（R 一般不少于 15 家，具体数量在招标文件中明确）投标人进入后续评标程序。招标人可以参照低价排序法（或均值入围法）的 $G1$ 和 $G2$ 值抽取、计算，先去除一部分投标人后再随机抽取，具体要求应在招标文件中明确。

方法五：合成入围法。即采用低价排序法（或均值入围法）和抽签入围法相结合的方式确定一定数量的投标人进入评审程序。

通过低价排序法（或均值入围法）中的 $G1$ 和 $G2$ 值抽取、计算、去除，确定进入最终入围范围的投标人；再通过低价排序（或均值计算）确定招标文件中规定入围数量

50%的投标人（四舍五入取整）进入后续评标程序；剩余50%从最终入围范围内的尚未入围的投标人中通过随机抽取法确定。具体入围数量 R（一般不少于15家）、入围细则，由招标人在招标文件中明确。

（十二）将苏建招办〔2017〕7号文第二部分第一条第2款中"……投标报价等于评标基准价的得满分，投标报价相对评标基准价每低1%的所扣分值不少于0.6分，……"改为"……评标价等于评标基准价的得满分，评标价相对评标基准价每低1%的所扣分值不少于0.6分，……"。

二、工程总承包招标有关政策调整

（一）工程总承包招标人应视招标所处的设计阶段分别提供地勘资料：在可行性研究完成后招标的，提供初步勘察报告；在方案设计或者初步设计完成后招标的，提供详细勘察报告。

（二）工程总承包招标文件或工程总承包资格预审文件中资格审查合格条件设置类似工程业绩（工程总承包业绩或工程总承包分包中的设计、设备采购、施工业绩）条件时，总承包项目经理类似工程业绩作为必选条件，投标人的类似工程业绩作为可选条件。

（三）城市大型景观工程（如体育中心、商业广场等景观工程）、公园园林绿化工程可采用工程总承包模式发包；小区、道路两侧等单纯绿化工程不得采用工程总承包模式发包。

（四）招标人设置最高投标限价（招标控制价）时，可根据项目特点同时设置勘察设计、设备采购和施工的分项最高投标限价（招标控制价）。

（五）苏建招办〔2018〕3号文附件和苏建招办〔2018〕4号文附件2和附件3第二章评标办法中的投标人类似工程业绩评分因素增加：以联合体方式投标的，只对参加本次投标联合体牵头人承担过的工程总承包业绩加分。

（六）工程总承包投标人组建的项目管理机构应按下列要求配置专业人员：

对于由投标人自行完成的设计或者施工业务，投标人在项目管理机构中应配备符合现行法律、法规、与工程总承包项目相适应的专业人员；对于投标人依法分包的施工或设计业务，投标人在项目管理机构中应配备具有工程建设类中级及以上职称的施工或设计协调管理人员。

（七）为保证低价中标项目的顺利履约，招标公告或招标文件中可以明确中标人向招标人提供保函形式的差额履约担保，担保金额为最高技标限价（招标控制价）与中标价的差值。

（八）加强对工程总承包项目招标的监督管理，工程总承包项目招标文件载明的事项不满足苏建招办〔2018〕3号文第八条要求，不具备工程总承包招标条件的，分别对代理机构及从业人员扣0.1～0.3分。

本通知从4月1日起执行。各市县招标办（处）根据此通知和苏建招办〔2018〕10号文相关规定，抓紧对招标文件范本、资格预审文件范本及电子模板进行相应修改，以保证房屋建筑和市政基础设施项目施工招标、工程总承包招标在我省规范推进。

附件1：江苏省房屋建筑和市政基础设施项目工程总承包资格预审文件（2019年版）（略）

附件2：江苏省房屋建筑和市政基础设施项目标准工程总承包招标文件（2019年版适用于资格预审）（略）

附件3：江苏省房屋建筑和市政基础设施项目标准工程总承包招标文件（2019年版适用于资格后审）（略）

南京市城乡建设委员会《关于明确工程总承包招投标等有关问题的通知》

2019 年 10 月 30 日

各有关单位：

为进一步规范我市建筑市场秩序，促进营商环境改善，有序推进招标投标活动，依据《省政府关于促进建筑业改革发展的意见》（苏政发〔2017〕151 号）、《省招标办关于对〈江苏省房屋建筑与市政基础设施工程总承包招标投标导则〉等文件相关内客进行调整的通知》（苏建招办〔2019〕2 号）、《省招标办关于明确招投标监管有关问题的通知》（苏建招字〔2018〕10 号）等文件规定，并征求相关部门意见，现对工程招投标有关问题明确如下：

一、严格执行省文件关于工程总承包的以下规定

（一）对非单独立项的专业工程不得采用工程总承包发包。

（二）小区、道路两侧等单纯绿化工程不得采用工程总承包模式发包。

二、不宜采用工程总承包发包的范围及规模

（一）单项合同估算价低于 5000 万元的一般房屋建筑和市政基础设施工程（单项合同估算价低于 1000 万元的雨污分流工程）。

（二）单项合同估算价低于 2000 万元的一般装饰装修安装、幕墙等专业工程、单项合同，单项合同估算价低于 1000 万元的一般园林绿化、智能化等专业工程。

三、关于评标入围，采用全部入围法。

四、因招标人（招标代理）自身失误导致工程重新招标的，招标单位不得再次收取原投标单位参加重新招标的招标文件下载费用。

本通知自 11 月 1 日起实行，其他未尽事宜，按现行招投标相关法律法规规定执行。

山　东　省

山东省工程总承包相关政策文件清单

序号	发布时间	文　件　名　称	文　　号
1	2016年12月	济南市《关于〈济南市房屋建筑工程施工总承包招标文件示范文本〉等五个招标文件示范文本试行的通知》	
2	2017年4月	山东省住房和城乡建设厅关于印发《2017年全省建筑市场监管工作要点的通知》	鲁建建管函〔2017〕6号
3	2017年7月	山东省人民政府办公厅《关于贯彻国办发〔2017〕19号文件促进建筑业改革发展的实施意见》	鲁政办发〔2017〕57号
4	2017年12月	《青岛市建筑工程管理办法》(2017年12月修改)	
5	2018年3月	山东省住房和城乡建设厅《关于对〈关于在装配式建筑中实行工程总承包招标投标的指导意见(试行)〉公开征求意见的通知》	
6	2018年3月	《关于公布山东省建筑业改革发展试点地区、试点项目和试点企业名单的通知》	鲁建建管字〔2018〕3号
7	2018年4月	山东省住房和城乡建设厅《关于开展装配式建筑工程总承包招标投标试点工作的意见》	鲁建建管字〔2018〕5号
8	2019年1月	山东省水利厅关于印发《山东省水利工程建设项目设计施工总承包指导意见(试行)》的通知	鲁水规字〔2019〕1号
9	2019年4月	山东省人民政府办公厅《关于进一步促进建筑业改革发展的十六条意见》	鲁政办字〔2019〕53号
10	2019年4月	《关于印发山东省建筑市场信用管理暂行办法的通知》	鲁建建管字〔2018〕6号
11	2019年6月	《关于调研2019年上半年建筑业改革发展工作进展情况的通知》	
12	2019年9月	淄博市住房和城乡建设局淄博市发展和改革委员会淄博市财政局关于印发《淄博市房屋建筑和市政基础设施工程总承包、全过程咨询试点工作实施方案》的通知	
13	2019年10月	山东省人民政府关于印发《山东省重点水利工程建设实施方案》的通知	鲁政字〔2019〕189号

扫码查看全部政策及解读

山东部分

山东省住房和城乡建设厅关于对《关于在装配式建筑中实行工程总承包招标投标的指导意见（试行）》公开征求意见的通知

2018年3月2日

一、（适用范围）本意见所指装配式建筑，系指满足《装配式建筑评价标准》（GB/T 51129—2017）3.03要求的建筑物，即：主体结构部分的评价分值不低于20分，围护墙和内隔墙部分的评价分值不低于10分，采取全装修，装配率不低于50%。

二、（总体要求）装配式建筑原则上采用工程总承包模式，建设单位应将项目的设计、采购、施工一并进行发包。

建设单位不采用工程总承包模式发包的，应当符合下列条件之一：

（一）具有与工程规模、复杂程度相适应的同类工程设计资质；

（二）具有与工程规模、复杂程度相适应的同类工程施工总承包资质；

（三）法律、法规、规章等确定的其他情况。

三、（推进措施）住房城乡建设主管部门要加强对装配式建筑招标备案、招标投标情况书面报告、合同备案、施工许可的核实把关，发现违反本意见第二条要求的，应当在规定时间内责令建设单位整改纠正。

四、（发包方式）依法必须进行招标的装配式建筑进行工程总承包发包时，应当按照相关规定在公共资源交易平台进行公开招标。凡装配率超过50%的装配式建筑，在推广试点示范阶段可采用邀请招标的方式。对需采用不可替代的专利或专有技术建造的，按照规定可不进行招标。民间投资的（不含政府和社会资本合作）装配式建筑，由建设单位自主决定发包方式。

五、（发包条件）装配式建筑工程总承包发包，可以采用以下方式实施：

（一）项目审批、核准或者备案手续完成，其中政府投资项目的发包方式已经项目审批部门审批，进行工程总承包发包；

（二）方案设计或者初步设计完成，进行工程总承包发包。

采用第（一）项情形发包的，工程项目的建设规模、建设标准、功能需求、技术标准、工艺路线、投资限额及主要设备规格等均应确定。

六、（投标人条件）工程总承包项目的招标人可按下列方式之一设置投标人资格条件：

（一）具有与发包工程规模相适应的工程设计资质或者施工总承包资质的企业；

（二）具有与发包工程规模相适应的工程设计资质和施工总承包资质的联合体。联合体应明确首要责任单位；

（三）同时具有与发包工程规模相适应的工程设计资质和施工总承包资质的企业。

试行期内，招标人不宜将工程总承包业绩设定为投标人的资格条件。

七、（投标人限制）工程总承包项目的投标人不得是工程总承包项目的全过程工程咨询单位、代建单位、项目管理单位、监理单位、造价咨询单位或者招标代理机构。

招标人公开发包前完成可行性研究报告、勘察设计文件的，发包前的可行性研究报告编制单位、勘察设计文件编制单位可以参与工程总承包项目的投标。

八、（项目经理条件）工程总承包项目经理应当具备工程建设类注册执业资格或者工程类高级专业技术职称，并具有担任过工程总承包项目经理、设计项目经理或者施工项目经理之一的业绩。同时，工程总承包单位的施工项目经理和设计项目经理应当具备相应注册执业资格。

九、（评标办法）工程总承包项目评标一般采用综合评估法，评审的主要因素包括工程总承包报价、项目管理组织方案、设计方案、设备采购方案、施工组织设计或者施工计划、工程质量安全专项方案、工程业绩、项目经理资格条件等。其中，技术标施工部分和设计部分的权重一般各占50%。

十、（公开公平公正）建设单位应当严格按照国家和省有关招标投标的相关法律法规，遵循“公开、公平、公正”的原则开展招标活动，不得借装配式建筑或者工程总承包的名义随意改变招标范围、招标方式及法定程序，擅自设置排斥潜在投标人的资格条件。

十一、（咨询服务）工程总承包项目宜采用全过程工程咨询服务。

十二、（合同文本）工程总承包合同的订立可以参照住房和城乡建设部、国家工商总局联合印发的《建设项目工程总承包合同示范文本（试行）》（GF—2011—0216）。

十三、（试用期限）本意见自发布之日起试行，试行期两年。

山东省住房和城乡建设厅《关于开展装配式建筑工程总承包招标投标试点工作的意见》

鲁建建管字〔2018〕5号　2018年4月9日

各市住房城乡建设局（城乡建委）、青岛市政务服务和公共资源交易管理办公室：

为贯彻落实《国务院关于山东新旧动能转换综合试验区建设总体方案的批复》（国函〔2018〕1号）和《住房城乡建设部办公厅关于批准山东省建筑业改革发展综合试点方案的函》（建办市函〔2017〕798号），推进装配式建筑和工程总承包模式发展，提升工程建设管理水平，按照《山东省人民政府办公厅关于贯彻国办发〔2016〕71号文件大力发展装配式建筑的实施意见》（鲁政办发〔2017〕28号）和《山东省人民政府办公厅关于贯彻国办发〔2017〕19号文件促进建筑业改革发展的实施意见》（鲁政办发〔2017〕57号），现就开展装配式建筑工程总承包招标投标试点工作提出以下意见，请遵照执行。

一、本意见所指装配式建筑，系指满足国家、省有关评价标准要求的建筑物，装配率不低于50%。

二、装配式建筑原则上采用工程总承包模式，建设单位应将项目的设计、采购、施工一并进行发包。

三、住房城乡建设主管部门（房屋建筑和市政工程招标投标行政监管部门）要加强对装配式建筑招标备案、招标投标情况书面报告、合同备案、施工许可的核实把关。

四、依法必须进行招标的装配式建筑进行工程总承包发包时，应当按照相关规定在公共资源交易平台进行招标。装配式建筑招标方式按照鲁政办发〔2017〕28号、鲁政办发〔2017〕57号有关规定执行。对需采用不可替代的专利或专有技术建造的，按照规定可不进行招标。民间投资的（不含政府和社会资本合作）装配式建筑，由建设单位自主决定发包方式。

五、装配式建筑工程总承包发包，可以采用以下方式实施：

（一）项目审批、核准或者备案手续完成，其中政府投资项目的发包方式已经项目审批部门审批，进行工程总承包发包；

（二）方案设计或者初步设计完成，进行工程总承包发包。

采用第（一）项情形发包的，工程项目的建设规模、建设标准、功能需求、技术标准、工艺路线、投资限额及主要设备规格等均应确定。

六、工程总承包项目的招标人可按下列方式之一设置投标人资格条件：

（一）具有与发包工程规模相适应的工程设计资质或者施工总承包资质的企业；

（二）具有与发包工程规模相适应的工程设计资质和施工总承包资质的联合体，联合体应明确首要责任单位；

（三）同时具有与发包工程规模相适应的工程设计资质和施工总承包资质的企业。

试行期内，招标人不宜将工程总承包业绩设定为投标人的资格条件。

七、工程总承包项目的投标人不得是工程总承包项目的全过程工程咨询单位、代建单位、项目管理单位、监理单位、造价咨询单位或者招标代理机构。

招标人公开发包前完成可行性研究报告、勘察设计文件的，发包前的可行性研究报告编制单位、勘察设计文件编制单位可以参与工程总承包项目的投标。

八、工程总承包项目经理应当具备工程建设类注册执业资格或者工程类高级专业技术职称，并具有担任过设计项目经理、施工项目经理或者工程总承包项目经理之一的业绩。同时，工程总承包单位的施工项目经理和设计项目经理应当具备相应注册执业资格。

九、工程总承包项目评标一般采用综合评估法，评审的主要因素包括工程总承包报价、项目管理组织方案、设计方案、设备采购方案、施工组织设计或者施工计划、工程质量安全专项方案、工程业绩、项目经理资格条件、信用评价等。其中，技术标施工部分和设计部分的权重一般各占50%。

十、建设单位应当严格按照国家和省有关招标投标的相关法律法规，遵循“公开、公平、公正”的原则开展招标活动，不得借装配式建筑或者工程总承包的名义随意改变招标范围、招标方式及法定程序，擅自设置排斥潜在投标人的资格条件。

十一、工程总承包项目宜采用全过程工程咨询服务。

十二、工程总承包合同的订立可以参照住房和城乡建设部、国家工商总局联合印发的《建设项目工程总承包合同示范文本（试行）》（GF—2011—0216）。

十三、本意见自2018年6月1日起施行，有效期至2020年5月31日。

山东省水利厅关于印发《山东省水利工程建设项目设计施工总承包指导意见（试行）》的通知

鲁水规字〔2019〕1号　2019年1月17日

一、为了深化我省水利改革，创新水利工程建设管理模式，提高水利工程建设管理水平，规范水利工程建设项目总承包行为，根据《中华人民共和国建筑法》（主席令第91号）、《中共中央国务院关于加快水利改革发展的决定》（中发12011〕1号）、《水利部关于深化水利改革的指导意见》（水规计〔2014〕48号）、《住房城乡建设部关于进一步推进工程总承包发展的若干意见》（建市〔2016〕93号）等有关规定，结合我省水利工程建设实际，制定本指导意见。

二、本省行政区域内公益性水利工程建设项目的总承包，适用本指导意见。

三、本指导意见所称水利工程建设项目总承包，是指工程总承包单位按照与项目法人签订的合同，对工程项目的设计、采购、施工等实行全过程或若干阶段的承包，并对承包工程的质量、安全、工期、造价等全面负责的承包方式。

四、水利工程建设项目总承包可以实行整体项目总承包，也可以对其中的单项工程或专业工程实行总承包。工程监理、第三方质量检测以及征地拆迁、移民安置不列入总承包范围。

鼓励中、小型水利工程建设项目采取集中建设、分类打捆的方式实行总承包。

严禁总承包单位将工程转包或违法分包。

五、水利工程建设项目实行总承包从项目可行性研究报告或初步设计报告批准后开始，一般采用设计—采购—施工总承包（EPC）或设计—施工总承包（D—B）方式，也可以根据工程项目特点和实际需要，按照风险合理分担原则和承包工作内容采用其他总承包方式。

工程项目实行总承包，由项目法人提出申请，报组建项目法人的同级人民政府或水行政主管部门核准。

六、工程总承包单位可以是满足所有资质要求的独立法人单位、隶属于同一经营实体的设计、施工单位，或具备单独资质单位组成的联合体。招标人公开发包前已完成可行性研究报告、勘察设计文件编制的，其可行性研究报告编制单位、勘察设计文件编制单位可以参与工程总承包项目的投标。工程总承包单位应同时具备下列条件：

（一）与工程规模相适应的水利水电行业勘测设计、施工资质；

（二）具有与工程项目总承包相适应的工程勘察设计能力、设备采购能力、工程施工能力、工程项目管理能力和财务能力，企业信誉良好；

（三）单独资质单位组成联合体承担工程项目总承包的，须签订联合体协议，确定牵头单位，明确各成员单位的责任和权利；

（四）工程项目总承包招标文件要求的其他条件。

七、工程总承包项目设计负责人和施工负责人可以由同一人担任，但应同时具备相应的设计和施工注册执业资格。由两人担任的，施工负责人应提前进入设计工作组，参与工程前期与设计过程。工程总承包项目的设计负责人和施工负责人应当担任过同等工程项目的设计负责人或施工项目经理，熟悉工程建设相关法律法规和技术标准。

八、水利建设项目工程总承包应当严格遵守《中华人民共和国招标投标法》《中华人民共和国招标投标法实施条例》等法律法规，采用公开招标或经批准的其他方式，选择具有相应资质和能力的工程总承包单位。采用工程总承包的水利建设项目，应当进入省、市公共资源交易市场进行交易。

九、工程总承包采用总价合同或单价合同方式，总承包合同应根据建设项目的风险情况合理设置激励和风险对等分担条款，明确项目主要材料价差的风险额度、调整范围及调整方法。

工程总承包发包价格应以初步设计批准的概算或批准概算的单价为控制标准，初步设计概算未明确概算单项总价或概算单价的，可以按照相应水利定额或合同约定价格确定。临时工程宜采用总价合同方式。

十、工程项目总承包应采用综合评估法评标，招标人应根据工程特点和要求合理设置评分权重和评标办法。当联合体投标时，以联合体中信誉较低者计分。

十一、实行工程总承包的水利建设项目，采用项目法人负责建设管理、工程总承包单位负责建设实施、水行政主管部门等政府部门负责监督管理的建设方式。

采用工程总承包的建设项目，项目建议书、可行性研究报告或初步设计报告编制，应当严格执行相关规范规程要求并达到相应设计深度，保证地质勘察和设计质量，明确重大技术方案、建设标准，严格核定工程量和概（估）算。

十二、工程总承包单位应当按照合同约定，对总承包内容全面负责，履行下列职责：

（一）按照法律法规、相关强制性标准、规范规程和合同约定，组织实施设计、采购、施工和试运行，承担合同约定的相关工作。

（二）组建与总承包项目相适应的管理机构，建立覆盖设计、采购、施工、试运行全过程的工程质量安全管理体系和职业健康及环境管理体系，保证质量、安全、环境、职业健康所需资金的投入，落实各项保障措施，规范、有序地开展各项管理工作，实现合同约定的工程进度、质量、安全等建设目标。

（三）按时完成合同约定的工程勘测设计、设备采购、工程施工、调试、试运行工作，对工程质量和安全负责，并保证试运行期工程安全和档案资料完整。

（四）配合做好工程验收和工程移交工作。项目验收按照水利部《水利工程建设项目验收管理规定》《水利水电建设工程验收规程》执行—工程实施过程中各类工程管理技术文件、报验表格等应作相应调整，在相关表格中增加“工程总承包企业”栏目，由工程总承包单位签署意见。

（五）按照合同约定，承担总承包项目保修期内的保修义务。按照水利工程档案管理规定，及时将工程档案资料移交项目法人归档。

（六）积极配合政府相关部门的检查、稽察、审计等工作，及时整改存在问题，严格执行国家和省有关水利工程前期工作、建设管理、财务管理、质量和安全管理的各项规定。

（七）法律法规规定和合同约定的工程总承包单位的其他职责。

十三、项目法人对工程建设负总责，应加强对工程总承包单位的管理，严格落实国家、省有关规定和合同条款，履行下列职责：

（一）负责项目建议书、可行性研究报告、初步设计报告和设计变更的报批以及资金筹措等前期及工程准备阶段（工程总承包范围外）的相关工作。

（二）按照相关规定和合同约定，落实工程征地拆迁以及其他建设条件，在工程现场设立管理机构并派驻专职负责人，及时提供合同约定的各项建设条件、协调各方关系，保证工程正常实施。

（三）按照规定办理工程质量与安全监督手续以及项目划分报审和项目开工备案等手续，统筹项目各参建单位加强质量管理，落实质量终身责任制。

（四）加强合同管理，督促工程总承包单位履行合同义务。对工程总承包单位在合同履行中存在过失或者偏差行为，可能造成重大损失或者严重影响合同目标实现的，应当及时采取有效措施，必要时可以依据合同约定，终止合同。

（五）严格执行水利工程设计变更管理规定，保证设计变更不得低于初步设计批准的质量安全标准，不得降低工程质量、耐久性和安全度。

（六）按照合同约定，及时、足额向工程总承包单位支付工程进度款项，及时组织工程验收和结算。

（七）法律法规规定和合同约定的项目法人的其他职责。

十四、工程总承包项目的监理单位应当依据有关规定和合同约定，对工程质量、施工安全、建设进度、环保、水保、计量支付和缺陷责任期工程修复等进行监理，对总承包单位编制的采购与施工的组织实施计划、专项技术方案、项目实施进度计划、质量安全保障措施、计量支付、工程变更等进行审核。

十五、总承包工程项目通过完工验收后，合同双方应当及时进行工程完工结算和支付。实行总价合同的，按合同约定总价结算；实行单价合同的，按实际完成的工程量结算。工程固定资产的移交，按照有关规定及合同约定办理。

十六、总承包项目执行质量安全监督制度，各级水利工程质量与安全监督机构应当按照分级管理的原则，对工程建设质量与安全实施监督。

十七、各级水行政主管部门应当按照分级管理的原则，加强对总承包项目的监督管理和指导，发现问题应及时提出整改意见，并跟踪落实整改。

十八、工程项目总承包遇到不可抗力影响合同继续执行时，由合同双方协商签订补充协议或申请第三方调解仲裁。

十九、本指导意见由山东省水利厅负责解释。

二十、本指导意见自 2019 年 2 月 20 日起施行，有效期至 2021 年 2 月 19 日。

四　川　省

四川省工程总承包相关政策文件清单

序号	发布时间	文件名称	文号
1	2016年8月	四川省住房城乡建设厅关于印发《四川省政府投资项目工程总承包试点工作方案》的通知	川建勘设科发〔2016〕644号
2	2017年6月	成都市成华区发改局《政府投资工程建设项目采取EPC总承包模式管理办法》	
3	2018年1月	四川省人民政府办公厅《关于促进建筑业持续健康发展的实施意见》	川办发〔2018〕9号
4	2019年1月	成都市人民政府办公厅《关于印发进一步加强和规范政府性工程建设项目管理若干规定的通知》	成办函〔2019〕4号
5	2019年2月	关于征求《成都市武侯区政府投资项目工程总承包管理办法（试行）》公众意见的公告	
6	2019年3月	四川省住房和城乡建设厅《关于在装配式建筑推行工程总承包招标投标的意见》	川建行规〔2019〕2号
7	2019年10月	四川省住房和城乡建设厅关于公开征求《四川省房屋建筑和市政基础设施项目工程总承包管理办法（征求意见稿）》意见建议的公告	

扫码查看全部政策及解读

四川部分

成都市人民政府办公厅《关于印发进一步加强和规范政府性工程建设项目管理若干规定的通知》

成办函〔2019〕4号 2019年1月7日

第七条 （造价控制）建设单位应加强项目施工阶段的动态成本管理，制定企业内部造价变更管理办法，当建设项目采用工程总承包模式时，应严格控制施工过程中因设计修改和工期调整导致的工程造价增加。

第三章 施工图设计管理

第九条 （管理原则）建设单位应在前期工作中重视方案设计的研究，在满足使用功能的前提下最大限度节约投资成本，优化方案设计或初步设计。设计单位应在批准的项目概算基础上开展施工图限额设计，重大政府性工程或采用工程总承包模式的建设项目，鼓励由建设单位组织行业专家开展施工图设计文件优化评审。

第十二条 （设计监理）政府性工程建设项目鼓励推行设计监理，当项目建设采用工程总承包模式且总投资额较大时，建设单位应使用设计监理，应在概算中明确设计监理费用，具体实施细则由行业主管部门另行制定。

第四章 施 工 管 理

第十五条 （工程总承包管理）当政府性工程建设项目采用工程总承包模式时，建设单位在发包前应做好前期准备工作，并具备以下条件：完成可行性研究、方案设计或者初步设计，明确相应资金或者资金来源，具备明确的建设规模、建设标准、功能需求、投资限额、工程质量和进度要求等。当政府性工程建设项目采用工程总承包模式建设时，建设单位应加强项目投资、设计、施工等全过程监管。

四川省住房和城乡建设厅关于在装配式建筑推行工程总承包招标投标的意见

川建行规〔2019〕2 号　2019 年 3 月 26 日

各市（州）及扩权试点县住房城乡建设行政主管部门，有关建设单位：

为促进装配式建筑的推广应用，推行工程总承包招标投标模式，规范招标投标活动，根据《中华人民共和国招标投标法》《中华人民共和国招标投标法实施条例》及相关规章的规定和《国务院办公厅关于大力发展装配式建筑的指导意见》（国办发〔2016〕71 号）、《四川省人民政府办公厅关于大力发展装配式建筑的实施意见》（川办发〔2017〕56 号）等文件的要求，现就在装配式建筑推行工程总承包招标投标提出以下意见。

一、依法必须招标的装配式建筑项目，原则上应采用工程总承包模式招标发包，可按照技术复杂类工程项目招标。装配式建筑工程项目的建设规模、建设标准、功能需求、技术标准、工艺路线、投资限额及主要设备规格等，即发包人对工程项目要求能确定的，应采用工程总承包招标发包。有关工程总承包发包的实施应符合国家和省关于工程总承包的管理办法规定。

四、工程总承包企业应当具有与工程规模相适应的工程设计资质或者施工总承包资质，也可以采用联合体方式投标。工程监理企业、招标代理企业以及没有取得工程设计或施工总承包资质的全过程咨询企业、项目管理企业、造价咨询企业不能参与工程总承包投标。

五、工程总承包项目宜采用全过程工程咨询服务。

本意见自 2019 年 5 月 1 日起执行，有效期两年。有效期内即为本意见所称装配式建筑招标投标推广试行期。

四川省住房和城乡建设厅关于公开征求《四川省房屋建筑和市政基础设施项目工程总承包管理办法（征求意见稿）》意见建议的公告

2019 年 10 月 23 日

第一章　总　　则

第一条　（制定目的、依据）为了推进和规范房屋建筑和市政基础设施项目工程总承包的实施和发展，促进建设工程设计、采购、施工等各阶段深度融合，有效控制项目投资、提高工程建设效率，根据《中华人民共和国建筑法》《中华人民共和国招标投标法》《住房城乡建设部关于进一步推进工程总承包发展的若干意见》以及《四川省人民政府办公厅关于推动四川建筑业高质量发展的实施意见》等法律法规和规范性文件，结合我省实际，制定本办法。

第二条　（适用范围）四川省行政区域内房屋建筑和市政基础设施建设项目依法实行工程总承包（以下简称工程总承包）的，适用本办法。

第三条　（工程总承包的定义）本办法所称工程总承包，是指从事工程总承包的单位按照与建设单位签订合同，实施对工程项目的设计、采购、施工等实行全过程或者若干阶段承包，并对工程的质量、安全、工期和造价等全面负责的工程建设组织实施方式。工程总承包一般采用设计—施工总承包、设计—采购—施工总承包方式。建设单位可根据项目特点和实际需要，按照风险合理分担的原则采用其他工程总承包方式。

第四条　（监督管理部门）省住房城乡建设主管部门对全省房屋建筑和市政基础设施工程总承包活动实施指导和监督。

省发展改革、财政主管部门依据投资项目审批、核准、备案与政府投资管理的相关法律法规履行相应监督管理职责。

市（州）、县（市、区）住房城乡建设主管部门负责本行政区域内房屋建筑和市政基础设施工程总承包活动的监督管理。

市（州）、县（市、区）发展改革、财政主管部门在本行政区域内依据投资项目审批、核准、备案与政府投资管理的相关法律法规履行相应监督管理职责。

第五条　（基本原则）工程总承包活动应当遵循合法、高效、公平、诚实、守信的原则，合理分担风险，保证工程质量和安全，保护生态环境，不得损害社会公共利益和他人的合法权益。

第二章　工程总承包项目发包和承包

第六条　（工程总承包方式的适用项目）建设单位应当根据工程项目的规模和复杂程度及自身管理能力等合理选择建设项目组织实施方式，自主决策采用工程总承包模式。

建设范围、建设规模、建设标准、功能要求等前期条件明确的下列建设项目应当优先采用工程总承包方式：

（一）政府投资项目、国有资金占控股或者主导地位的项目；

（二）抢险救灾项目；

（三）装配式建筑项目。

依法采用工程总承包方式的其他民用与工业建筑建设项目由建设单位决定。

第七条　（发包阶段和条件）建设单位应当在发包前完成发展改革部门（投资主管部门）的项目审批、核准或备案程序等前期工作，自行或者委托工程设计单位或工程咨询单位对工程项目建设方案深入研究。在可行性研究、方案设计或者初步设计已完成，项目范围、建设规模、建设标准、功能需求、投资限额、工程质量和进度要求确定以及建设资金来源落实后，以工程估算（或工程概算）为经济控制指标，扣留建设单位需要发生的相关管理活动必要费用后，进行工程总承包项目发包。

第八条　（发包方式）建设单位依法采用招标或者直接发包等方式选择工程总承包单位。

拟实施工程总承包项目范围内的设计、施工或者采购中有任一项属于依法必须招标的，应当采用招标的方式选择工程总承包单位。

第九条　（招标文件编制）工程总承包项目招标文件应当包括以下内容：

（一）投标人须知，包括项目的资金来源和落实情况等；

（二）评标办法和标准；

（三）拟签订合同的主要条款，应符合住房城乡建设部会同有关部门制定的工程总承包合同示范文本规定的关键内容；

（四）发包人要求，列明项目的目标、范围、设计和其他技术标准，包括对项目的内容、范围、规模、标准、功能、质量、安全、节约能源、生态环境保护、工期、验收等的明确要求；

（五）建设单位提供的资料和条件，包括发包前已完成的水文地质、工程地质、地形等工程勘察资料，以及工程可行性研究报告、方案设计文件或者初步设计文件等；

（六）投标文件格式；

（七）采用建筑信息模型、实施装配式技术及要求达到绿色建筑相应标准的，招标文件应当明确；

（八）要求投标人提交的其他材料。

依法必须招标的项目应当根据国家发布的《标准设计施工总承包招标文件》编制工程总承包招标文件。

建设单位可以在招标文件中，提出对履约担保的要求，依法要求投标文件载明拟分包的内容。对于设有最高投标限价的，应当公布最高投标限价费用组成明细或者最高投标限价计算方法等内容。

第十条　（工程总承包单位条件）工程总承包单位应当具有与工程规模相适应的工程设计资质（建筑工程设计事务所资质除外）或者施工总承包资质，同时具有相应的组织机构、项目管理体系、项目管理专业人员，相应的财务、风险承担能力，以及与发包工程相类似的工程业绩。

工程总承包项目应当根据招标文件的要求，由符合条件的工程设计或施工总承包企业承揽，或采用联合体方式承揽。以联合体方式承揽的，联合体成员原则上不应超过 3 家。除工程设计或施工有特殊要求外，投标联合体成员不能由 2 家及以上同专业资质的工程设计单位或者 2 家及以上同资质的施工总承包单位组成联合体成员。联合体投标的牵头人根据招标文件确定。招标文件不明确的，联合体协议应约定其中一方为牵头人。

工程总承包单位不得同时担任本项目的工程监理单位、招标代理单位以及全过程咨询单位。

招标人向投标人公开可行性研究报告、勘察设计等文件的，编制可行性研究报告、工程设计方案、初步设计的、且具备工程总承包条件的工程设计单位允许参与工程总承包项目的投标，招标人应当在招标文件中予以明确。

第十一条 （项目负责人条件）工程总承包项目负责人（项目总负责人）是指具备法律法规及本办法规定条件，并经工程总承包单位任命或者授权，在任命或者授权范围内负责工程总承包合同履行和项目管理的项目负责人。

工程总承包项目负责人（项目总负责人）应当具有相应工程建设类注册执业资格，包括注册建筑师、勘察设计注册工程师、注册建造师，熟悉工程技术和工程总承包项目管理程序以及相关法律法规、标准规范，具备较强的组织协调能力和良好的职业操守，担任过与拟建项目相类似的工程总承包项目负责人、设计项目负责人或者施工总承包项目负责人或项目经理。

凡以联合体方式承揽的工程总承包项目，需设项目总负责人。

第十二条 （投标文件编制期限）招标人应当确定投标人编制投标文件所需要的合理时间。依法必须进行招标的项目，自招标文件开始发出之日起至投标人提交投标文件截止之日止，最短不得少于二十日。技术特别复杂、功能要求特殊的大型建设项目应当合理延长投标文件编制时间。

第十三条 （评标办法）工程总承包项目评标一般采用综合评估法，评审的主要因素包括工程总承包报价、工程总承包实施方案、类似工程总承包业绩、项目负责人能力、项目管理机构配置、工程总承包单位的综合实力、工程质量安全专项方案和信用等，其中报价评分权重不宜低于 60%。

第十四条 （评标委员会组成）依法必须招标的项目，评标委员会的组建原则上应当依照项目特点由招标人代表、具有工程总承包项目管理经验的专家以及从事设计、施工、造价等方面的专家组成。

第十五条 （发承包的风险分配）建设单位和工程总承包单位应当加强风险管控，公平合理地分担风险。

建设单位承担的主要风险一般包括：

（一）由于建设单位原因产生的工程费用和工期的变化；

（二）主要工程材料、设备、人工费价格与招标时基期价相比，波动幅度超过合同约定幅度的部分；

（三）因国家法律法规政策变化引起的合同价格变化；

（四）不可预见工程地质条件变化造成工程费用和工期的调整。

工程总承包单位承担由于工程总承包单位原因造成的设计文件变更、施工技术以及组织管理变化造成的风险。

风险分担的具体内容及范围应当在招标文件和合同中约定。不得采用无限风险、所有风险及类似语句规定计价中的风险内容及范围。

鼓励建设单位和工程总承包单位运用保险手段增强防范风险能力。若建设单位要求工程总承包单位出具履约担保，建设单位也应当向工程总承包单位出具支付担保。

第十六条 （合同价格形式）工程总承包项目应根据项目特征确定合同价格形式，宜采用总价合同，也可以采用住房城乡建设部会同有关部门制定的工程总承包示范文本中的合同价格约定形式。建设单位和工程总承包单位依据住房城乡建设主管部门制定的工程总承包项目计价规则，在合同中约定工程总承包的计量规则和计价办法。

依法必须招标的工程项目，合同价格应当在充分竞争的基础上合理确定。除合同约定可以调整的情形外，合同总价一般不予调整。

推荐使用由住房城乡建设部会同有关部门制定的工程总承包合同示范文本，并将其作为招标文件的组成部分。

第十七条 （创优质工程奖补偿奖励费或赶工费用）在方案与初步设计招标阶段，若建设单位对工程质量和建设工期有特殊要求，要求创建市级及以上优质工程奖或在能确保质量和安全的前提下压缩工期超过定额工期20%的，应在投资估算（或投资概算）基础上增加创优质工程奖补偿奖励费或相应合理的赶工费用。

招标人应当将创优质工程奖补偿奖励费或赶工费用列入招标文件，并在招标工程清单中增列相应项目。

开工前建设单位提出上述明确要求的，应当通过合同形式予以补充。具体按照国家及省相关规定执行。

第三章 工程总承包项目组织实施

第十八条 （建设单位的项目管理）建设单位应当加强工程总承包项目全过程管理，履行合同和法定义务。具有全过程项目管理能力的建设单位可以自行对工程总承包项目进行管理，也可以委托全过程工程咨询单位对工程总承包项目进行管理。同一项目的全过程工程咨询单位不得与工程总承包单位存在关联、利害关系。

第十九条 （工程总承包单位的组织机构）工程总承包单位应当建立与工程总承包相适应的组织机构和管理制度，形成项目设计管理、采购管理、施工管理、试运行管理以及质量、安全、工期、造价、节约能源和生态环境保护等工程总承包综合管理能力。

第二十条 （工程总承包单位分包的法定要求）工程总承包的分包，可以采用直接发包方式。以暂估价形式包含在工程总承包范围内的重要设备、材料以及专业工程，属于法定招标规模标准范围的应当依法招标。招标可以由建设单位或者工程总承包单位单独招标，也可以由建设单位和工程总承包单位联合招标，具体方式由建设单位在工程总承包招标文件中作出明确规定。

第二十一条 （工程总承包单位的分包）工程总承包单位根据招标文件约定与合同约

定或者经建设单位同意，可以将工程总承包合同中的设计或者施工业务分包给具有相应资质的单位，但不得将工程总承包项目中设计和施工全部业务一并或者分别分包给其他单位。

以联合体形式中标的工程总承包单位，或者一并同时具有相应工程设计和施工资质中标的工程总承包单位，可以将工程总承包项目中的非主体部分、非关键性专业设计或者非主体结构施工业务分包给具备相应资质的单位，但不得将工程总承包项目中的主体设计、主体结构施工分包，或者将设计或者施工全部业务一并违法分包或转包。

工程总承包单位（作为联合体牵头人）仅具有相应施工资质中标的，应当将工程总承包项目招标文件中约定的全部设计业务分包给具有相应工程设计资质的单位。

工程总承包单位（作为联合体牵头人）仅具有相应工程设计资质中标的，应当将工程总承包项目招标文件中约定的全部施工业务分包给具有相应施工资质的单位。

建设单位和工程总承包单位可以在合同中约定不得分包的内容。

第二十二条　（禁止工程总承包单位的转包）工程总承包单位不得将工程总承包项目转包。

采用联合体方式承包工程总承包项目的，在联合体分工协议中约定或者在项目实际实施过程中，联合体一方既不实施工程设计或者施工业务，也不对工程实施组织管理，且向联合体其他成员或者以分包形式收取管理费或者其他类似费用的，属于联合体一方将承包的工程违法进行转包。

第二十三条　（工程总承包单位的现场管理）工程总承包单位应当在施工现场设立项目管理机构，设置项目负责人（总负责人）以及技术、质量、安全、进度、费用（含劳资）、设备和材料等现场管理岗位，配备相应管理人员，加强设计、采购与施工的协调，完善和优化设计，改进施工方案，实现对工程总承包项目的有效管理控制。

工程总承包项目负责人（项目总负责人）属于注册建造师、注册建筑师、勘察设计注册工程师（含注册结构工程师、注册岩土工程师等）担任的，不得同时在两个及两个以上施工总承包或工程总承包项目上担任项目负责人。

第二十四条　（施工图设计文件审查）工程总承包项目按照法律法规规定应当进行施工图设计文件审查的，可以根据项目实施情况，分阶段（基坑、地下室、地上部分）、分单体进行施工图设计文件审查送审，具体审查方式由工程总承包单位与施工图审查机构约定。

第二十五条　（质量责任）工程总承包单位应当对其总承包的全部建设工程质量负总责。分包单位对其分包工程的质量负责。分包不免除工程总承包单位对整体建设工程的法定质量责任。

建设单位不得迫使工程总承包单位以低于成本的价格竞标，不得明示或暗示工程总承包单位违反工程建设强制性标准、降低建设工程质量，不得明示或暗示工程总承包单位使用不合格的建筑材料、建筑构配件和设备。

第二十六条　（安全责任）工程总承包单位对承包范围内工程的安全生产负总责。分包单位应当服从工程总承包单位的安全生产管理，分包单位不服从管理导致生产安全责任事故的，由分包单位承担主要责任。分包不免除工程总承包单位对整体建设工程的法定安全生产责任。

建设单位不得对工程总承包单位提出不符合建设工程质量安全法律、法规和强制性标准规定的要求，不得随意压缩合理工期，不得明示或者暗示工程总承包单位购买、租赁、使用不符合安全施工要求的安全防护用具、机械设备、施工机具及配件、消防设施和器材。

第二十七条　（工期责任）建设单位不得在招标文件中设置不合理工期，也不得单方面强行要求缩短工期或者任意压缩阶段合理工期。工程总承包单位应当依据合同约定对工期全面负责，对项目总进度和各阶段的进度进行控制管理，通过设计、采购、施工、试运行各阶段的协调、配合与合理交叉，科学制定、实施、控制进度计划，确保工程按期竣工。

第二十八条　（竣工验收、备案）工程已完成全部施工并符合竣工验收规定和约定条件的，工程总承包单位应当向建设单位提交工程竣工报告，依照合同约定履行工程竣工验收。建设单位应当按照法定程序和合同约定期限组织工程总承包单位、各专业承包承揽企业、工程监理单位及相关单位进行工程竣工验收。列入城建档案馆档案接收范围的工程，城建档案管理机构按照建设工程竣工联合验收的规定对工程档案进行验收。竣工验收合格后应当在法定时限内向县级以上住房城乡建设主管部门备案。

工程总承包单位负责组织各分包单位依法参加建设单位组织的工程竣工验收。

第二十九条　（项目资料移交）建设单位应当及时收集、整理、汇总建设项目各环节的文件资料，以及工程总承包单位、工程监理等单位移交的工程资料，建立项目纸质档案和电子档案。通过竣工验收后的工程档案应在工程竣工验收后在法定时限内向城建档案管理部门移交。

工程总承包单位负责总承包范围内工程实施过程中的各类工程资料的审核、签署、整理等工作，并向建设单位移交相应工程档案资料。工程总承包单位协助建设单位建立工程电子文件和电子档案。

第三十条　（保修责任）工程保修责任书由建设单位与工程总承包单位签署，保修期内工程总承包单位应当根据法律法规规定以及合同约定承担保修责任，工程总承包单位不得以其与分包单位之间的保修责任划分而拒绝履行保修责任。工程保修连带责任按照法律法规规定执行。

第四章　监　督　管　理

第三十一条　（监督管理职责）发展改革、住房城乡建设、财政等有关部门按照职责分工对本行政区域内房屋建筑和市政基础设施项目工程总承包招标投标活动实施监督管理，依法查处招标投标活动中的违法行为。

第三十二条　（安全生产许可证管理）工程总承包单位实施工程总承包项目施工的，应当依法取得安全生产许可证；将工程总承包项目中的施工业务或非主体、非关键性业务依法分包给具有相应资质的施工单位的，其施工单位应当依法取得安全生产许可证。

第三十三条　（施工许可证办理）工程总承包项目开工前，建设单位可以整体或者分阶段向工程所在地的市（州）、县（市、区）住房城乡建设主管部门申请领取施工许可证。

第三十四条 （施工许可证办理的条件）工程总承包项目的建设单位申请领取施工许可证，可以提交建设单位与中标联合体共同签订的工程总承包合同，或者建设单位与具备相应施工资质的工程总承包单位签订的工程总承包合同，或者具有相应设计资质的工程总承包单位与施工单位签订的施工分包合同，或者经建设单位、工程总承包单位依法发包、分包签订的施工合同，作为已经确定建筑施工单位的申请要件。可以分阶段（基坑、地下室、地上部分）、分单体提交经审查合格的施工图设计文件，作为申请领取施工许可证所需的要件。可以提交由工程总承包单位组织编制的施工组织设计文件，作为保证工程质量安全具体措施的要件。

市（州）、县（市、区）住房城乡建设主管部门不得违反法律法规规定和本办法规定，增设工程总承包项目办理施工许可证无法律法规依据的其他条件。

第三十五条 （信用管理）各级住房城乡建设主管部门应当加强对工程总承包项目各方责任主体及项目管理人员的信用监督管理工作，及时采集本行政区域内工程总承包项目、各参建单位、项目管理人员信息以及相关信用信息，按照相关规定记录并通过省级建筑市场监管与诚信一体化工作平台报送至全国建筑市场监管公共服务平台，通过该平台统一对外公布各参建单位及项目管理人员信用信息。

第三十六条 （行业自律）行业组织应当加强工程总承包单位行业自律，发布行业公约，促进公平竞争，引导行业高质量发展。

第三十七条 （质量终身责任制）除法律法规规定承担质量缺陷期内的保险维修质量责任外，工程总承包单位、工程总承包项目负责人（项目总负责人）依法承担质量终身责任。

第三十八条 （监督管理表格添加工程总承包单位）工程总承包项目的施工图设计文件审查报告及其合格书、备案表、施工许可证、工程质量安全监督手续、竣工验收备案登记表、建筑物永久性标牌、质量终身责任信息表等相关许可和备案表格，以及需要工程总承包单位签署意见的工程管理技术文件中，应当增加“工程总承包单位”及其“工程总承包项目负责人（总负责人）”等栏目。

第三十九条 （法律责任）工程总承包活动中，有违反《中华人民共和国建筑法》《中华人民共和国招标投标法》《建设工程质量管理条例》《建设工程勘察设计管理条例》《建设工程安全生产管理条例》等相关法律法规的，按照相应处罚规定依法追究工程总承包单位和工程总承包项目负责人、其他责任人的法律责任。

第五章　附　　则

第四十条 （应急抢险救灾工程）实施工程总承包的应急抢险救灾工程项目同时执行四川省人民政府有关四川省抢险救灾工程项目管理的规定。

第四十一条 （其他专业工程）房屋建筑和市政基础设施工程以外的其他专业工程可参照本办法执行。

第四十二条 （从其规定）法律法规与国务院有关部门对工程总承包监督管理有规定的，从其规定。

第四十三条 （实施日期及有效期）本办法自　年　月　日起施行。有效期五年。

河　南　省

河南省工程总承包相关政策文件清单

序号	发布时间	文　件　名　称	文　号
1	2017 年 12 月	河南省人民办公厅关于印发《河南省建筑业转型发展行动计划（2017—2020 年）》的通知	豫政办发〔2017〕152 号
2	2017 年 12 月	河南省人民政府办公厅《关于大力发展装配式建筑的实施意见》	豫政办〔2017〕153 号
3	2018 年 7 月	周口市人民政府办公室《关于印发周口市重点项目建设管理推进办法等 4 个办法的通知》	周政办〔2018〕58 号
4	2019 年 3 月	河南省住房和城乡建设厅关于印发《2019 年全省建筑业工作要点》的通知	豫建建〔2019〕44 号

扫码查看全部政策及解读

河南部分

周口市人民政府办公室《关于印发周口市重点项目建设管理推进办法等4个办法的通知》

周政办〔2018〕58号　2018年7月2日

第二十一条　达到公开招标限额标准以上的政府投资项目，必须进入市公共资源交易中心进行公开招投标。

政府投资项目招投标前，项目建设单位编制的工程预算必须经市财政部门进行评审，经财政部门评审后的工程预算作为设置招标控制价的依据。未经市财政部门评审的政府投资项目，建设单位招标时，市公共资源交易中心不得受理。

符合下列特点的工程项目，且经市政府批准，建设单位可采用工程总承包（EPC）模式进行工程招标。市财政部门不再进行招标控制价审核。

（一）工程的可行性研究、方案设计或者初步设计完成，工程的建设规模、建设标准、投资限额、工程质量和工程进度要求明确；

（二）工程项目以工艺工程为主要核心技术，工程土建施工、设备采购与安装同设计紧密相关；

（三）工程投资规模大，工期较长，技术相对复杂，不确定性较强，管理难度大；

（四）设备和材料占总投资比例高，采购过程中很多设备需要根据项目特殊要求单独定制和制造。设计工期所占比例高，施工工期所占比例相对较低；

（五）工程项目不确定性较多，适合采用总价包干或单价包干，承包商通常不能因为费用变化而调价。

上　海　市

上海市工程总承包相关政策文件清单

序号	发布时间	文件名称	文号
1	2015 年 3 月	上海市关于《关于进一步推进工程总承包发展的若干意见》（征求意见稿）修改意见的复函	沪建管函〔2015〕183 号
2	2016 年 12 月	上海市关于发布《上海市工程总承包试点项目管理办法》的通知（2017 年 1 月 1 日起施行，有效期 2 年）	沪建建管〔2016〕1151 号
3	2016 年 12 月	上海市住房和城乡建设管理委员会《关于申报本市第一批工程总承包试点企业和试点项目的通知》	沪建建管〔2016〕1177 号
4	2017 年 5 月	上海市住房和城乡建设管理委员会关于印发《上海市工程总承包试点项目管理办法实施要点》的通知	沪建建管〔2017〕433 号
5	2017 年 9 月	上海市人民政府办公厅印发《关于促进本市建筑业持续健康发展的实施意见》的通知	沪府办〔2017〕57 号
6	2018 年 12 月	上海市城乡建设和交通委员会关于批准《建设工程总承包管理规程》为上海市工程建设规范的通知	沪建交〔2008〕1015 号
7	2018 年 12 月	上海市住房和城乡建设管理委员会正式发布《上海市工程总承包招标评标办法》	沪建建管〔2018〕808 号

扫码查看全部政策及解读

上海部分

上海市住房和城乡建设管理委员会关于印发《上海市工程总承包试点项目管理办法实施要点》的通知

沪建建管〔2017〕433号　2017年5月17日

为推进本市工程总承包试点工作，根据《上海市工程总承包试点项目管理办法》（沪建建管〔2016〕1151号，以下简称《试点项目管理办法》），现将工程总承包试点项目有关实施要点说明如下：

一、工程报建

列入市或者试点区的工程总承包试点项目（以下简称试点项目），建设单位在办理工程报建时，应当提供列入试点项目批准文件，由报建管理部门录入采用工程总承包实施的标识。已完成工程报建的，由报建管理部门或者试点项目批准部门录入。

二、承发包管理

依法必须进行招标的试点项目，招标人或者招标代理机构在招标登记时，选择工程总承包招标类别，并依法实施招标和签订工程总承包合同。工程总承包招标采用总价招标。

依法可直接发包的试点项目，建设单位在签订工程总承包合同后，到相应建设管理部门办理直接发包登记。

试点项目的投标企业或者承接企业，其资质条件应当符合发包工程规模要求。工程总承包企业确定的项目负责人，注册执业资格应当符合《试点项目管理办法》规定。

三、合同信息报送

承发包（含招投标）手续办理完成后，建设单位和工程总承包企业应当网上办理工程总承包合同信息报送。工程总承包企业签订勘察、设计或者施工再发包合同后，应当网上办理相应的再发包合同信息报送。勘察、设计、施工再发包的承接单位或者施工专业承包单位，按规定签订后续分包合同后，并应当完成网上合同信息报送。

合同信息报送后需办理合同信息和项目负责人变更的，按照《上海市建设工程合同信息报送管理规定》（沪建管〔2015〕355号）和《关于本市建筑工程参建各方项目负责人登记变更实行网上办理的通知》（沪建管〔2015〕512号）办理。

四、工程设计交付和报审

工程总承包企业和项目负责人对工程设计负总责。工程总承包企业具有相应设计资质并自行完成工程设计的，工程总承包项目负责人存在不具备相应工程设计注册执业资格等情形的，工程总承包企业应当明确具有相应工程设计注册执业资格或者符合设计项目负责人条件的人员担任设计项目负责人。工程总承包企业再发包工程设计的，承接再发包工程设计的设计企业按规定配置设计项目负责人。

采用自行完成或者再发包工程设计的，承担设计业务的企业应当按规定编制工程设计文件，并按《关于本市建设工程设计、施工及竣工图纸推行数字化和白图交付的通知》

（沪建管联〔2015〕462 号）和《上海市工程设计、施工及竣工图数字化和白图交付实施要点》（沪建管联〔2016〕596 号）的规定对工程设计文件进行数字签名；在完成规定的数字签名基础上，增加工程总承包企业及项目负责人数字签名，按数字化和白图交付。

采用自行完成或者再发包工程设计的，工程设计图纸均应当增加工程总承包企业和项目负责人图签栏，用于工程总承包企业和项目负责人数字签名。竣工图中“施工单位和项目负责人”由工程总承包企业和项目负责人数字签名。

设计方案、初步设计（总体设计）、施工图设计文件审批审查和竣工归档按相关部门报审要求提交。

五、施工许可

工程质量五方责任主体中的勘察、设计和施工均由工程总承包企业及其项目负责人承担。建设单位在申请办理试点项目施工许可中，工程质量五方责任主体的勘察、设计和施工均填写工程总承包企业，其委托的项目负责人填写工程总承包企业项目负责人，并上传承诺书等材料。

六、质量安全管理

工程总承包企业及其项目负责人对施工现场质量安全负总责，并按规定实施施工过程管理。工程总承包企业应当按规定或者工程管理实际配置项目负责人及技术、质量、安全等关键岗位人员。施工现场工程资料均由工程总承包企业相应现场管理人员签章。施工现场安全生产标准化、质量管理标准化、现场管理人员实名制和作业人员实名制等管理制度和配套信息系统操作均由工程总承包企业负责。试点项目的项目经理质量安全扣分，按《上海市建设工程施工项目经理质量安全违法违规行为记分管理办法》（沪建管〔2015〕766 号）由工程总承包企业项目负责人作为扣分对象。

工程总承包企业不具备施工资质和安全生产许可证时，工程总承包企业项目负责人和安全员应当取得相应的全生产考核合格证。

七、竣工验收及竣工验收备案

工程竣工验收和竣工验收备案按现行规定实施。实施中工程总承包企业作为工程勘察、设计和施工的责任主体。

上海市城乡建设和交通委员会关于批准《建设工程总承包管理规程》为上海市工程建设规范的通知

沪建交〔2008〕1015号　2018年12月27日

各有关单位：

由上海现代建筑设计（集团）有限公司主编的《建设工程总承包管理规程》，经市建设交通委科技委技术审查和我委审核，现批准为上海市工程建设规范，统一编号为DG/TJ 08—2044—2008，自2009年2月1日起实施。

本规范由上海市城乡建设和交通委员会负责管理、上海现代建筑设计（集团）有限公司负责解释。

上海市住房和城乡建设管理委员会关于印发《上海市工程总承包招标评标办法》的通知

沪建建管〔2018〕808号　2018年12月17日

第一条【法律依据】

为进一步规范本市工程总承包招标评标活动，保证评标公平、公正，维护招投标当事人的合法权益，根据《中华人民共和国招标投标法》《中华人民共和国招标投标法实施条例》《上海市建筑市场管理条例》《上海市建设工程招标投标管理办法》等相关法律、法规和规章的规定，结合本市工程总承包实际情况，制定本办法。

第二条【适用范围】

本办法适用以下情形的项目：

（一）经市建设行政管理部门或者试点区建设行政管理部门确定的试点项目；

（二）项目立项文件中明确采用工程总承包的项目；

（三）经核定的重点产业项目及功能需求和有关技术标准已明确的工业项目；功能需求可由国家或行业技术标准、规程确定的市政项目；受汛期等因素制约的中、小型水利工程项目；

（四）建筑装修装饰工程、建筑幕墙工程、电子与智能化工程、消防设施工程；园林绿化和林业工程项目；

（五）列入市级重大工程且对建设周期有特殊要求的项目；

（六）其他进场交易的工程总承包项目。

第三条【招标启动】

招标人在招标启动时应当明确工程建设范围、规模标准、投资限额，细化功能需求、预期目标以及对投标文件的深度要求；装饰装修项目还需明确具体的装修风格要求和能达成预期。

目标的主要材料要求。

招标文件不能满足上述要求的项目，不适合进行工程总承包招标。

第四条【合同形式】

工程总承包项目宜采用总价包干的固定总价合同，除招标文件或者工程总承包合同中约定的调价原则外，工程总承包合同价格一般不予调整。

第五条【评标方式】

工程总承包招标的评标采用两阶段评标，评标方式分综合评估法一和综合评估法二，由招标人根据项目情况自行选择。

第六条【资格预审】

招标人可根据招标项目的具体情况，自行决定是否采用资格预审。

采用资格预审的项目，当通过资格预审的投标人≥3家但不足7家时，招标人应确定所有通过资格预审的投标人为入围投标人。当通过资格预审的投标人≥7家时，可由招标人通过单位三重一大决策机制，在通过资格预审的投标人中选取不少于7家的投标人入围参加投标，同时形成资格预审入围投标人的决议并加盖单位公章。

当实际投标报名单位不足7家时，则不再实施资格预审实际投标报名指购买或者下载招标文件参加资格预审的投标人，同一公司的下属控股子公司同时参加资格预审的投标人最多不能超过两家，具体办法在资格预审文件中载明。

第七条【方案分析】

招标文件中明确采用方案分析的，在工程总承包方案文件开标后，组建评标委员会之前，招标人可自行组织专家先行对工程总承包方案文件进行方案分析，对不能满足招标文件要求的工程总承包方案文件，明确不满足的理由，并形成方案分析报告，提交评标委员会评审，评审方案不合格的，不再进行后续评审。

第八条【专家组成】

工程总承包招标的评标委员会人数组成为不少于9人的单数，评标委员会由招标人的代表和有关技术、经济等方面的专家组成。技术专家包括设计和施工专业，如有勘察、货物、设备采购招标内容，则专家专业相应增加。

设计要求高、技术难度大的建设工程，招标人可以从上海市建设工程评标专家库中抽取评标专家，也可以直接确定资深专家依法组建评标委员会，对工程总承包方案进行评审。

参加方案分析的专家不得作为评标委员会成员参加后续评标。

第九条【否决投标条款】

评标办法中根据工程总承包方案评审和工程总承包报价评审的不同内容分别集中单列否决投标条款，具体内容招标人可以根据项目的实际情况增减，但不得违反法律、法规和规章的规定。

（一）工程总承包方案否决投标条款

1. 投标文件未经投标人盖章和单位负责人签字。

本项指投标文件无投标人盖章或者单位法定代表人签字或盖章。

2. 投标联合体没有提交共同投标协议。

本项指共同投标协议未按招标文件提供的格式签署、提交，未明确联合体牵头人和各方拟承担的工作和责任，未承诺中标后将向招标人承担连带责任。

3. 投标人不符合国家或者招标文件规定的资格条件。

本项指投标人的资质条件不满足以下要求的：

（1）投标人名称与营业执照、资质证书、安全生产许可证一致，且有效；

（2）资质条件符合国家规定和招标文件要求；

（3）项目负责人资格符合招标文件规定的专业等级要求；

本项还指投标人存在下列情形之一的：

（1）为招标人不具有独立法人资格的附属机构（单位）；

（2）与招标人存在利害关系且可能影响招标公正性；

（3）与本招标项目的其他投标人为同一个单位负责人；

(4) 与本招标项目的其他投标人存在控股、管理关系；

(5) 为本标段的代建人；

(6) 为本标段的招标代理机构；

(7) 为承担建设工程的前期设计、造价咨询、监理服务的法人或其任何附属机构（单位）；

(8) 与本标段的设计人或造价咨询机构或监理人或代建人或招标代理机构为同为一个法定代表人；

(9) 与本标段的设计人或造价咨询机构或监理人或代建人或招标代理机构相互控股或参股关系；

(10) 被依法暂停或取消投标资格的；

(11) 被责令停产停业，暂扣或者吊销执照，或吊销资质证书；

(12) 进入清算程序，或被宣告破产，或其他丧失履约能力的情形；

(13) 在最近三年内发生重大施工质量问题的；

(14) 被市场监督管理机关在全国企业信用信息公示系统中列入严重违法失信企业名单的；

(15) 被最高人民法院在“信用中国”网站（www.creditchina.gov.cn）或各级信用信息共享平台中列入失信被执行人名单的；

(16) 在近两年内投标人或其法定代表人、拟委任的项目负责人有行贿犯罪行为的；

(17) 拖欠工人工资，情节严重被市建设行政管理部门向社会公布且在公布的期限内的；

(18) 投标人违反法律、法规、规章或者无正当理由放弃投标、中标资格，招标人重新招标时，该投标人不得再参加该工程的投标。

4. 同一投标人提交两个以上不同的投标文件或者投标报价，但招标文件要求提交备选投标的除外。

5. 投标文件没有对招标文件的实质性要求和条件作出响应：

(1) 未按招标文件要求提交投标保证金的；

(2) 工期超过招标文件规定的；

(3) 质量不满足招标文件规定的；

(4) 投标人不按评标委员会要求澄清、说明或补正的；

6. 投标人有串通投标、弄虚作假、行贿等违法行为的。

（二）工程总承包报价否决投标条款

1. 投标文件未经投标人盖章和单位负责人签字。

本项指投标文件下列内容未按招标文件提供的表式要求签字和盖章的：

(1) 投标承诺书；

(2) 投标函；

(3) 共同投标协议（如有）。

2. 投标联合体没有提交共同投标协议

本项指共同投标协议未按招标文件提供的格式签署、提交，未明确联合体牵头人和各方拟承担的工作和责任。

3. 同一投标人提交两个以上不同的投标文件或者投标报价，但招标文件要求提交备选投标的除外。

4. 投标报价低于成本或者高于招标文件设定的最高投标限价的。

本条指投标报价超出最高投标限价______万元的。

5. 投标文件没有对招标文件的实质性要求和条件作出响应。

（1）总承包报价评审中发现报价与方案明显不匹配的：如总承包报价中未包含总承包方案中的相关内容；或者总承包报价中虽包含总承包方案相关内容，但该报价不足以实现招标项目功能需求的等。招标文件中可在此条款中具体罗列明显不匹配的内容和具体功能需求；

（2）改变暂估价、暂列金额的；

（3）规费、增值税未按照招标文件规定费率计取的；

（4）投标人不按评标委员会要求澄清、说明或补正的。

6. 投标人有串通投标、弄虚作假、行贿等违法行为的。

第十条【方案优化】

在确定中标人之前，招标人可以要求第一中标候选人在不改变招标文件和投标文件实质性内容的基础上，对投标方案进行优化。

第十一条【风险担保或者保险】

招标人可在招标文件中事先约定中标人提供履约担保等形式的风险担保或者具有相应功能的保险。风险担保金额＝最高投标限价－中标价－履约保证金。

第十二条【施行时间】

本办法自 2019 年 1 月 1 日起施行，有效期二年。

附件：

1. 综合评估法一（略）

2. 综合评估法二（略）

3. 工程总承包方案评审因素（略）

陕 西 省

陕西省工程总承包相关政策文件清单

序号	发布时间	文 件 名 称	文 号
1	2015 年 6 月	陕西省建设工程招标投标管理办公室《关于做好工程项目投资人招标投标管理等几项重要工作的通知》	陕建招发〔2015〕16 号
2	2017 年 6 月	陕西省人民政府办公厅《关于促进建筑业持续健康发展的实施意见》	陕政办发〔2017〕52 号
3	2017 年 9 月	住房城乡建设部办公厅《关于同意陕西省开展工程总承包试点工作的复函》	建办市函〔2017〕658 号
4	2018 年 10 月	陕西省住建厅、省发展改革委、省财政厅关于印发《陕西省政府投资的房屋建筑和市政基础设施工程开展工程总承包试点实施方案》的通知	陕建发〔2018〕332 号
5	2018 年 12 月	《关于公布全省政府投资的房屋建筑和市政基础设施工程总承包试点企业名单的通知》	陕建发〔2018〕432 号

扫码查看全部政策及解读

陕西部分

陕西省建设工程招标投标管理办公室《关于做好工程项目投资人招标投标管理等几项重要工作的通知》

陕建招发〔2015〕16号 2015年6月15日

二、积极推行工程总承包招标

4. 打破传统分阶段发包思维模式，本着效率优先原则，倡导国有工程、特别是政府投资工程开展工程总承包招标。招标模式可以是：设计—采购—施工总承包（EPC）、设计—采购总承包（EP）、设计—施工总承包（EC）、采购—施工总承包（PC）等。

5. 工程总承包招标可以在设计方案、建设标准、投资限额确定条件下，依据工程项目可行性研究报告进行；也可以依据工程初步设计，已确定的建设规模、建设标准、投资限额及工程质量、进度要求为标的进行。

实施工程总承包招标，应当具备下列条件：招标人已经依法成立；需要履行工程项目立项审批、核准手续的，已经履行审批、核准手续；需要履行工程项目可行性研究报告或者初步设计审批、核准手续的，已经履行审批、核准手续；工程项目有相应资金或者资金来源已经落实。

6. 勘察设计单位、施工总承包单位可以在其资质许可范围内参与工程总承包招标投标活动，勘察设计单位、施工总承包单位也可以组成联合体、以一个单位的身份共同投标。

选择工程总承包单位，宜采用综合评估法。综合评估因素主要包括工程总承包报价、项目管理组织方案、设计技术方案、设备采购方案、施工组织设计或者施工计划、工程总承包项目业绩等。

禁止将工程肢解发包、以化整为零等方式规避招标。按照相关规定，以暂估价形式包括在工程总承包范围内的工程、货物、服务（含包括在施工总承包范围内的专业工程、材料设备）属于依法必须进行招标的项目范围且达到国家和本省规定规模标准的，应当依法进行招标。其具体招标发包活动可参照住建部颁发的《2013年建设工程工程量清单计价规范》中有关暂估价专业工程、货物招标方式，按照合同约定或经招标人同意组织实施。

福 建 省

福建省工程总承包相关政策文件清单

序号	发布时间	文 件 名 称	文 号
1	2012 年 2 月	福建省水利厅关于印发《福建省水利建设工程总承包（试点）暂行办法》的通知	闽水建设〔2012〕18 号
2	2015 年 5 月	福建省住房和城乡建设厅、福建省发展和改革委员会、福建省财政厅《关于我省建筑产业现代化试点期间做好工业化建筑工程项目招标投标活动的指导意见》（闽建筑〔2015〕16 号）有效期至 2017 年 12 月 31 日	闽建筑〔2015〕16 号
3	2016 年 12 月	福建省关于印发《福建省政府投资的房屋建筑和市政基础设施工程开展工程总承包试点工作方案》的通知	闽建筑〔2016〕41 号
4	2017 年 2 月	福建省《关于公布全省房屋建筑和市政基础设施工程的工程总承包试点企业名单的通知》	闽建筑〔2017〕7 号
5	2017 年 4 月	福建省住房和城乡建设厅《关于采用工程总承包模式的装配式建筑项目发包内容的意见》	闽建筑函〔2017〕34 号
6		福州市人民政府《关于开展工程总承包试点工作的实施意见（征求意见稿）》	
7	2017 年 6 月	泉州市住房和城乡建设局《关于公布泉州市房屋建筑和市政基础设施工程的工程总承包试点项目名单的通知》	泉建筑〔2017〕27 号
8	2017 年 6 月	三明市住房和城乡建设局关于印发《三明市政府投资的房屋建筑和市政基础设施工程开展工程总承包试点工作实施方案（试行）》的通知	明建筑〔2017〕95 号
9	2017 年 7 月	莆田市发展和改革委员会等关于印发《莆田市政府性投资项目工程总承包试点工作方案》的通知	莆发改〔2017〕244 号
10	2017 年 8 月	福州市城乡建设委员会、福州市改革与发展委员会、福州市财政局《关于公布第一批工程总承包试点项目的通知》	榕建筑〔2017〕37 号
11	2017 年 9 月	福建省住房和城乡建设厅《关于装配式建筑采用工程总承包招标前置条件的复函》	闽建筑函〔2017〕98 号
12	2017 年 11 月	福建省住房和城乡建设厅《关于工程总承包建设项目分包方式的意见》	闽建筑〔2017〕47 号
13	2017 年 11 月	福建省人民政府办公厅《关于促进建筑业持续健康发展的实施意见》	闽政办〔2017〕136 号
14	2017 年 12 月	福建省住房和城乡建设厅《关于延长闽建筑〔2015〕16 号文件有效期的通知》	闽建筑函〔2017〕118 号
15	2017 年 12 月	福建省住房和城乡建设厅《关于加强工程总承包和全过程工程咨询试点项目管理工作的通知》	闽建科〔2017〕48 号

续表

序号	发布时间	文件名称	文号
16	2018年8月	厦门市建设局《关于公布2018年第一批工程总承包试点项目的通知》	厦建筑〔2018〕72号
17	2018年11月	福建省住房和城乡建设厅办公室关于征求《福建省房屋建筑和市政基础设施项目工程总承包招标投标管理办法（试行）（征求意见稿）》意见的通知	闽建办筑函〔2018〕58号
18	2019年3月	《关于工程总承包项目投标人资格条件有关事项的意见》	闽建筑函〔2019〕25号
19	2019年4月	关于再次征求《福建省房屋建筑和市政基础设施项目工程总承包招标投标管理办法（试行）（征求意见稿）》意见的函	闽建筑函〔2019〕34号
20	2019年4月	《关于EPC项目中农民工工资专用账户有关事项的意见》	闽建筑函〔2019〕40号
21	2019年11月	福建省住房和城乡建设厅办公室《关于房屋建筑和市政基础设施项目工程总承包招标投标活动有关事项的通知》	闽建办筑〔2019〕9号

扫码查看全部政策及解读

福建部分

福建省水利厅关于印发《福建省水利建设工程总承包（试点）暂行办法》的通知

闽水建设〔2012〕18号　2012年2月14日

一、总则

第一条　为贯彻《中共中央国务院关于加快水利改革发展的决定》和中央水利工作会议精神，加快我省水利改革发展，创新水利工程建设管理模式，决定开展水利工程总承包试点工作［简称总承包（试点）］。根据《中华人民共和国建筑法》建设部等六部委颁发的《关子加快建筑业改革与发展的若干意见》及国家发改委等9部委的《中华人民共和国标准设计施工总承包招标文件》（2012年版）等法律法规规定，制定本暂行办法。

第二条　总承包（试点）的水利建设工程，在抗行国家水利部有关水利工程建设管理规定的基础上，执行本暂行办法。

第三条　总承包（试点）的水利建设工程以创建省级精品工程为目标，按照水利工程建设规范标准要求，进行施工、建设管理。

第四条　总承包（试点）的水利建设项目，项目主管部门及相关部门应子以政策支持和资金保障。

二、总承包范围与条件

第五条　我省水利建设工程总承包（试点）采用设计采购

施工总承包（EPC），即总承包单位负责中标工程的勘测、初步设计、施工设计，监理、施工、采购以及试运行等。非试点总承包工程的范围不含工程监理。

第六条　总承包（试点）工程的征地、移民、拆迁等项目不纳入工程总承包范围，由项目法人负责实施。

第七条　总承包（试点）工程项目的条件

一、工程建设项目已经获得立项批准或通过可行性研究审查批复尚未开展设计招标。

二、采用工程总承包（试点）的项目，由项目法人单位先向省水利厅申请，获得批准后应遵照《中华人民共和国标准设计施工总承包招标文件》（2012年版）要求通过招标实施。

三、总承包单位的选择

第八条　参加总承包（试点）工程投标的单位可以是同时具有相应勘察设计和施工资质的单位，也可以具有相应察设计和施工资质单位组成的联合体（双方签订联合协议，应明确权利和义务）。同一设计或施工单位不可与其他单位组成不同的联合体在同一标段投标。

第九条　总承包主体单位投标资格条件

一、通过省水利厅信用备案的、同时具备招标工程等级相应要求的水利水电行业勘察、设计、咨询资质；

二、具有项目相应要求的咨询能力、设计能力、采购能力、施工管理能力，财务状况良好等；

三、取得 ISO 9001：2000 质量管理体系标准认证；

四、具备与总承包（试点）业务相适应的项目管理专业人员、组织机构、项目管理体系。

第十条 总承包单位投标时必须明确符合工程等级要求相应资质的施工、监理单位，按照联合体投标，并提供本暂行办法第九条要求的资质证书或能力证明，以及项目业主要求的其他合法合规的证明、材料等。如有设备采购的，投标单位必须提供具备相应资质要求的、不少于 3 家的潜在设备供应商名单，专利技术或特殊专业技术，设备供应商名单数量不受此限制。

第十一条 总承包（试点）工程项目按照工程总价承包，采用综合评估法选定中标人。

四、总承包工程各方职责

第十二条 总承包（试点）合同必须明确工程施工期主要建筑材料价格变动和设计变更等引起的投资变化的具体处理方式。

第十三条 工程建设必须按照初步设计批准的项目、标准、规模等实施，实施过程中的设计变更按照分级管理的规定报批，重大设计变更报原初步设计审批部门审批。

第十四条 总承包（试点）工程项目各方职责。

一、项目主管部门

（一）及时拨付项目的补助资金，落实工程建设配套资金；

（二）协调、解决工程建设涉及的政府有关部门的关系；

（三）协调项目法人与总承包单位的关系；

（四）加强检查监督，履行行业监督职责。

二、项目法人单位

（一）项目法人对工程建设项目负总责；

（二）负责实施工程建设有关的征地、拆迁、移民；

（三）落实工程建设资金，及时向总承包单位支付合同款；

（四）协调处理总承包单位与地方的关系，确保工程不受外界干扰、阻碍而影响工程进度；

（五）有权委托第三方对设计方案进行优化。

三、总承包单位

（一）按照设计工期，保证工程质量、安全，及时完成工程建设任务；

（二）及时向施工单位、监理单位、设备材料供应商等支付工程款或合同款；

（三）协调处理施工单位、监理单位、设备材料供应商等的关系，确保工程顺利实施；

（四）接受项目法人和质量安全监督机构等的监督管理，并配合工作。

四、施工单位、监理单位

（一）按照施工合同、监理合同严格执行合同条款，确保工程质量、安全、进度，及时完成合同规定的施工任务、监理任务；

（二）不得转包，违法分包。

第十五条 总承包单位应建立与总承包项目相适应的项目组织，按照《建设项目工程总承包管理规范》（GB/T 50358—2005）管理工程项目，确保工程项目的建设质量、进度、安全。

五、资金支付

第十六条 总承包（试点）的工程项目，项目业主应负责及时、足额到位地方配套资金。工程投资由项目法人按工程进度及时、足额支付给总承包单位，总承包单位按照施工、监理、采购等分包单位的完成情况支付工程款或合同款。

第十七条 总承包（试点）的工程项目，不因招标引起投资部分减少而减中央补助资金、省级和市县补助资金。

六、总承包工程的监督管理

第十八条 总承包（试点）的工程项目，按分级质量监督原则，由相应水利水电工程质量监督站负责质量监督。

第十九条 总承包（试点）工程项目的上级水行政主管部门须加强监督检查，督促工程建设合法合规，发问题应及时提出整改，并跟踪落实整改。

第二十条 总承包（试点）工程项目各参建单位必须积极配合上级有关部门的稽察、审计和检查工作，及时整改存在问题，完善建设管理。

七、附则

第二十一条 总承包（试点）工程项目应按照《水利水电工程施工质量检验与评定规程》《水利工程建设项目验收管理规定》及《水利水电建设工程验收规程》等有关规程规定，及时进行质量评定及验收；工程竣工验收按项目分级负责原则，由相应水行政主管部门主持。

第二十二条 本暂行办法由省水利厅负责解释。

第二十三条 本暂行办法自公布之日起实施。

福建省住房和城乡建设厅办公室《关于征求〈福建省房屋建筑和市政基础设施项目工程总承包招标投标管理办法（试行）（征求意见稿）〉意见的通知》

闽建办筑函〔2018〕58号 2018年11月28日

第一章 总 则

第一条 为推进我省房屋建筑和市政基础设施项目工程总承包的发展，规范工程总承包项目招标投标活动，根据国家法律法规和住房城乡建设部的工程总承包规定，结合我省实际情况，制定本办法。

第二条 本办法所称工程总承包，是指工程总承包单位按照与建设单位签订的合同，对工程项目设计、采购、施工或者设计、施工等阶段实行总承包，并对工程的质量、安全、工期和造价等全面负责的工程建设组织实施方式。

第三条 在福建省行政区域内，依法必须招标的国有资金占控股或者主导地位的房屋建筑和市政基础设施工程，其工程总承包招标投标活动适用本办法。

第四条 工程总承包招标项目实行电子招标投标。招标投标参与各方应当通过福建省公共资源交易电子行政监督平台、福建省公共资源交易电子公共服务平台、招标文件规定的公共资源电子交易平台开展相关招标投标活动。

第二章 招 标 条 件

第五条 建设单位可以根据项目特点，在可行性研究或者初步设计完成后，以工程投资估算或者概算为经济控制指标，以限额设计为控制手段，按照相关技术规范、标准和确定的建设范围、建设规模、建设标准、功能需求、投资限额、工程质量、工程进度等要求，进行工程总承包招标。可行性研究或者初步设计应当履行审批手续的，经批准后方可进行工程总承包招标。

建设规模一般包括以下内容：

（一）房屋建筑工程包括地下建筑面积、地上建筑面积、层高、户型及户数、开间大小与比例、停车位数量或比例等；

（二）市政工程包括道路、桥梁、管道的宽度长度，供水、污水、垃圾处理厂的处理能力等。

建设标准一般包括以下内容：

（一）房屋建筑工程包括天、地、墙各种装饰面材的材质种类、规格和品牌档次；机电系统包含的类别、机电设备材料的主要参数、指标和品牌档次，各区域末端设备的密度，家具配置数量和标准，以及室外工程、园林绿化的标准；

（二）市政工程包括各种结构层、面层的构造方式、材质、厚度等。

第六条 工程总承包项目宜实施全过程工程咨询。建设单位可以委托全过程工程咨询企业细化发包前期条件。

第七条 工程总承包项目范围内的设计、采购和施工中有任何一项属于依法必须招标的，应当采用招标方式选择工程总承包单位。初步设计完成后实施工程总承包，前期的勘察、初步设计（含方案设计）达到依法必须招标规模的，应当招标。

以暂估价形式包括在总承包范围内的工程、货物、服务分包时，属于依法必须招标的项目范围且达到国家规定规模标准的，应当依法招标。

已通过招标方式选定的特许经营项目投资人或其为特许经营项目设立的独资或控股50%以上的子公司，符合工程总承包所需资质条件且能够自行承担工程总承包任务的，无需另行招标。

第八条 采用工程总承包方式的装配式建筑，按规定需要履行项目审批、核准手续的，建设单位应当在可行性研究报告、项目申请书中明确采用装配式建筑事项（包括但不限于装配式建筑的结构体系、装配率、造价增量成本）以及拟采取的招标方式。

第九条 在我省没有同类工程项目实施过工程总承包模式的，宜在初步设计完成后实施工程总承包。

工程建设范围、建设规模、建设标准、功能需求、投资限额、工程质量、工程进度等前期条件不明确、不充分的项目，不宜采用工程总承包方式。

第三章 招标文件编制

第十条 工程总承包项目应当采用综合评估法评标。依法必须公开招标的，应当采用资格后审方式。

第十一条 招标人根据招标所处的设计阶段、项目规模和技术复杂程度等因素合理确定提交投标文件的时间。依法必须招标的工程项目，自招标文件开始发出之日起至投标人提交投标文件截止之日止，不少于三十日；国家、省重点建设项目以及技术特别复杂的项目，不少于四十五日。

第十二条 招标人根据招标项目的特点和需要编制工程总承包项目招标文件，一般包括以下内容：

（一）投标人须知，包括项目的资金来源和落实情况等；

（二）评标办法和标准；

（三）拟签订合同的必要条款；

（四）项目建设要求，列明项目的目标、范围、设计和其他技术标准，包括对项目的内容、范围、规模、标准、功能、质量、安全、环境保护、工期、验收等的明确要求；

（五）招标人提供的资料和条件，应当且不限于包括发包前完成的水文地质、工程地质、地形等勘察资料，以及工程可行性研究报告、方案设计文件（如有）、初步设计文件（如有）等；

（六）投标文件格式；

（七）要求投标人提交的其他材料。

第十三条 招标人和工程总承包单位应当加强风险管理，在招标文件、工程总承包合同中约定公平、合理的风险分担条款。

招标人承担的主要风险包括：

（一）主要工程材料、设备、人工费价格与招标时基期价相比，波动幅度超过合同约定幅度的部分；

（二）因国家法律法规政策变化引起的合同价格的变化；

（三）不可预见的地质条件造成的工程费用和工期的变化；

（四）因建设单位原因产生的工程费用和工期的变化；

（五）不可抗力造成的工程费用和工期的变化。

具体风险分担内容由双方在合同中约定。招标人要求工程总承包单位出具履约担保的，招标人也应当向工程总承包单位出具支付担保。

第十四条　工程总承包项目原则上采用总价合同，除发生第十三条第二款规定的应当由招标人承担的风险，以及地下工程（水下工程）等可以另行约定调价原则和方法外，在招标人需求不变的情况下，工程总承包合同价格不得调整。

在可研完成后实施工程总承包的，可以根据项目情况采用预算后审、限额设计的合同价格形式。

第十五条　由承包人负责采购的主要材料、设备，招标人应当在招标文件中明确提出技术标准和质量要求。招标人就同一种材料、设备可以推荐三个及以上不同厂家或品牌供投标人报价时参考。

第十六条　招标人根据不同阶段的设计文件，参考投资估算指标、概算指标、概算定额以及同类项目造价指标设定最高投标限价。

第十七条　设有最高投标限价的，招标文件应当明确最高投标限价或者最高投标限价的计算方法。K 值为最高投标限价下降的幅度。K 的取值范围实行动态管理，由省住建厅根据市场情况变化等因素适时调整，并向社会公布。工程总承包项目现阶段的 K 取值范围为：

（一）装配式建筑工程为 5%以内；

（二）其他工程为 10%以内。

K 的取值区间幅度为 2%～4%，具体幅度由招标人在招标文件中确定。

第十八条　中标候选人数量（不超过 3 个）由招标人在招标文件中自行确定。

第十九条　工程总承包投标人及工程总承包项目经理资格条件执行住房城乡建设部的有关规定。

建设单位向投标人公开可行性研究报告、勘察设计等文件的，招标前的可行性研究报告、勘察设计等文件编制单位，符合资质要求的，可以参与后续工程总承包项目的投标。

第二十条　工程总承包单位应具有与工程规模相适应的工程设计资质或者施工资质。招标人不得强制要求投标人组成联合体参与投标，但可以要求投标人在投标文件中明确主体工程施工分包单位或主体工程设计分包单位。

第二十一条　招标人不得设置不合理条款排斥或限制潜在投标人，不得将企业所有制形式、企业注册地、注册资本金、企业成立年限、特定行政区域或特定行业业绩等设置为投标人资格要求或加分条件，不得提出与招标项目具体特点和实际需要不相适应的资质要求和业绩要求。

第二十二条　投标人的业绩要求应为本招标项目在法定媒介发布招标公告之日（或投标邀请书发出之日，下同）的前五年内（含在法定媒介发布招标公告之日）完成的类似业绩。

招标人可以设置一项企业的类似业绩（指标不超过两项）作为投标人资格条件，并可以另外设置一项拟派出项目负责人的类似业绩（指标不超过一项）和一项企业的类似业绩（指标不超过两项）作为投标人加分条件。设置的类似工程指标由招标人根据拟招标项目特征设置，指标值不得超过拟招标项目的范围。

第二十三条　投标人的财务要求包括资产负债率和基本开户银行授信额度指标。投标人的资产负债率不得高于60%，基本开户银行授信额度不得低于最高投标限价20%，具体在招标文件中约定。投标人应当提供以下方面的资料：

（一）本招标项目在法定媒介发布招标公告之日的前三个年份财务状况表（需附上经会计师事务所或审计机构审计的财务会计报表，至少包含资金负债表、现金流量表、利润表。下同）。当年第一季度未完成审计的，只需提供前二、三年份的财务状况表。

（二）投标人的成立时间少于招标文件规定年份的，应提供成立以来的财务状况表。

（三）在法定媒介发布招标公告之日后由投标人基本开户行开具的银行授信（资信证明）。

第二十四条　投标人的信誉要求应为本招标项目在法定媒介发布招标公告之日的前三年内发生的诉讼及仲裁情况。

招标文件应当明确投标人存在下列情形之一的，否决其投标：

（一）财产被司法机关接管或冻结且导致中标后合同无法履行的情形；

（二）被人民法院列为“失信被执行人”（以全国法院失信被执行人名单信息公布与查询平台发布的信息为准，不包括其分支机构）；

（三）被工商行政管理机关列入“严重违法失信企业名单”（以全国企业信用信息公示系统发布的信息为准，不包括其分支机构）；

（四）被住房城乡建设主管列为建筑市场主体“黑名单”（以全国建筑市场监管公共服务平台发布的黑名单信息为准）；

（五）近三年因投标弄虚作假被建设行政主管部门或招标人取消中标候选人或中标人资格；

（六）承担主体工程的施工单位或设计单位，在我省相应资质序列的企业信用综合评价中的分数低于60分。

第二十五条　招标文件中应当明确投标人未按招标文件的要求如实说明相关情况、提供相关材料的，按弄虚作假处理并没收投标保证金。

第二十六条　投标保证金不得超过最高投标限价的2%，并在招标文件中明确投标保证金的金额、提交时间和要求。招标人应当允许投标人以现金（电汇或者转账）、银行保函或年度投标保证金方式递交投标保证金。鼓励招标人允许投标人使用担保保函、投标保证保险。

第四章 初步评审标准

第二十七条 标委员会对每组投标文件按照先初步评审、后详细评审的程序进行评审，初步评审合格的投标人方可进入详细评审。初步评审分为形式评审、资格评审和响应性评审三个阶段，前一阶段评审合格的，方可进入下一阶段的评审。

第二十八条 形式评审因素包括投标人名称、投标函签字盖章、投标文件格式、联合体投标人、备选投标方案等。

第二十九条 资格评审因素包括投标人营业执照、资质要求、财务要求、业绩要求、信誉要求以及其他要求。

第三十条 响应性评审因素包括投标报价、投标内容、工期、质量标准、投标有效期、投标保证金、权利义务等。

第三十一条 经初步评审合格投标人不足3家使得投标明显缺乏竞争的，评标委员会可以否决全部投标。

第五章 详细评审标准

第三十二条 综合评估法实行100分评分制，评审的主要因素包括方案设计文件（承包人优化方案）、工程总承包报价、项目管理组织方案、工程业绩、资信分。招标人根据发包阶段，按照本办法的附件一、附件二制定评标办法。

第三十三条 工程总承包报价应当包括设计费、设备费、建安工程费和工程总承包管理费、试运行服务费等招标文件规定的所有费用。

第三十四条 评标委员会对满足招标文件实质性要求的投标人最终总得分由高到低顺序推荐中标候选人。

出现两个或两个以上投标人的最终总得分相同时，由评标委员会依次按投标人的资信分高低、投标报价分高低、方案设计文件（承包人优化方案）高低进行排序，若上述三项均相同时，由招标人随机抽取。

第六章 评标委员会

第三十五条 招标人应当根据工程特点和需要依法组建评标委员会，评标委员会包括工程设计、施工和工程经济等方面的专家。评标委员会人数为5人（含）以上单数，其中大型公共建筑工程项目的评标委员会人数应不少于9人（含）（其中应包含1名一级注册结构工程师）。凡带建筑工程设计方案的评标，建筑专业专家不得少于专家总数的1/3。

评标委员会人数少于9人的，招标人代表为不超过1人，9人（含）以上的，招标人代表不超过2人。

第三十六条 技术复杂、专业性强或者国家有特殊要求，采取随机抽取难以保证胜任评标工作或者省综合评标专家库中相应专业的评标专家数量无法满足评标需要的工程，招标人应按照《福建省综合性评标专家库管理办法（试行）》（闽政办〔2007〕221号）等现行的规定直接确定评标委员会的专家成员。

第三十七条 评标委员会中的招标人代表，应为招标人的本单位人员，具有工程建设类中级及以上技术职称或注册执业资格，并能熟悉评标操作要求（包括电子评标系统操作，如有）。招标人代表在进入评标室评标时，应当将招标人代表的授权委托书、社保证明、职称（或资格）证书复印件（需加盖招标人单位公章）提交给公共资源交易中心。

招标人没有符合前款规定条件的代表，应当全部从省综合评标专家库中抽取相应的专家。

第七章 附 则

第三十八条 本办法由福建省住房和城乡建设厅解释。

第三十九条 本办法自2019年 月 日起实施。福建省住房和城乡建设厅以前发布的规范性文件与本办法不一致的，以本办法为准。

附件一：评标办法（适用于可行性研究完成阶段）（略）

附件二：评标办法（适用于初步设计完成阶段）（略）

福建省住房和建设厅办公室《关于房屋建筑和市政基础设施项目工程总承包招标投标活动有关事项的通知》

闽建办筑函〔2019〕42号 2019年11月11日

各设区市建设局、平潭综合实验区交建局：

为进一步推行工程总承包模式，经商省发改委、财政厅同意，现将房屋建筑和市政基础设施项目工程总承包招标投标活动有关事项通知如下：

一、发包范围

工程总承包招标投标活动应当按照《招标投标法》《招标投标法实施条例》以及国家现行工程总承包相关规定实施。财政投融资工程项目符合下列情形之一的，方可采用工程总承包模式发包：

（一）装配式建筑工程；

（二）概（估）算的工程费用部分2亿元以上，且具有一定技术难度、工期要求紧、系统性强的工程。

符合前款第（二）项的工程，建设单位应当具备工程管理能力。不具备能力的，可以委托全过程工程咨询单位。

已经完成施工图设计的工程，不得实施工程总承包。

二、招标条件

建设单位严格按照项目审批部门批准的建设规模、内容、标准和总投资组织实施。建设单位在发包前，应当进一步明确建设范围、建设规模、建设标准、功能需求等要求。

（一）建设规模

1. 房屋建筑工程包括地上建筑面积、檐高及层数、地下建筑面积及层数、层高等。

2. 市政工程包括道路、桥梁、隧道、管道、河道等工程特征指标，供水、污水、垃圾处理厂的处理能力、工艺指标等。

（二）建设标准

1. 房屋建筑工程包括结构体系，装配式建筑技术参数要求；室内户型户数、开间大小及比例、停车位数量；各种装饰面材的材质种类、规格和品牌档次；机电系统包含的设备材料的主要参数、指标和品牌档次，消防设备的主要参数指标，各区域末端设备的密度；家具配置数量和标准，以及室外工程、园林绿化的标准。

2. 市政工程包括各种结构层、面层的构造方式、厚度，各种材质种类、规格和品牌档次，机电系统包含的设备材料的主要参数、指标和品牌档次，园林绿化的标准。

三、计价模式

工程总承包项目推行模拟清单计价模式。模拟清单列出项目实施过程中实际要发生的和可能要发生的各类项目清单，包括项目名称、项目特征与工程内容、计量单位及综合单价等，招标人不提供工程量，投标人根据招标要求填报工程量与综合单价。省厅组织编制工程总承包模拟清单计价与计量规则，并另行发布。

四、招标文件编制

（一）招标文件不得设置不合理条款排斥或限制潜在投标人，不得将企业所有制形式、注册地、注册资本金、成立年限、特定行政区域或特定行业业绩作为投标人资格要求或加分条件，不得提出与招标项目不相适应的资质和业绩要求。招标文件和合同应当约定公平、合理的风险分担条款。

（二）投标人应当具有与工程规模相适应的工程设计或者施工资质，原则上每个工程总承包项目由一家工程总承包单位承包。需要分包的投标人应在投标文件中明确主体工程施工分包单位或主体工程设计分包单位（统称“分包单位”），且分包单位在同一招标项目中只能作为一家投标人的分包单位。招标文件应明确将上述分包规定作为实质性要求。

（三）工程总承包项目应当采用综合评估法（具体要求详见附件）评标。依法必须公开招标的，采用资格后审方式。

（四）招标文件应当明确投标保证金的金额、提交时间、方式等要求。工程总承包项目推行履约担保和支付担保，并在招标文件合同条款中约定。

五、评标委员会组建

（一）评标专家应当从省综合评标专家库中随机抽取。省厅将配合省发改委完善省综合评标专家库，增加满足工程总承包评标的专家。评标委员会人数应为 7 人（含）以上单数，其中国家、省重点工程建设项目以及最高投标限价超过 5 亿元的工程项目评标委员会人数不少于 9 人。房屋建筑工程的专家成员应包含注册结构工程师和注册建筑师。市政基础设施工程的专家成员应包括与招标项目相应的工程设计类主导专业注册资格专家。

（二）评标委员会中的招标人代表应当熟悉评标操作要求且能胜任本项目评标工作，不得与投标人、主体工程分包单位存在利害关系。招标人没有符合条件的代表，应当全部从省综合评标专家库中抽取专家。

六、电子化招标投标

工程总承包招标项目推行电子招标投标，适时推行技术文件（承包人建议书和承包人实施方案）远程异地评标。开评标工作应在省级或设区市公共资源交易中心进行。

七、招投标监管

（一）招投标监管部门通过省公共资源交易电子行政监督平台实施监督，对招标文件设置不合理条款、串通投标、弄虚作假、评标专家未按照评标办法和标准评审等行为予以重点监管。

（二）住建主管部门应当加强标后管理，严厉打击转包、违法分包、挂靠等违法行为。建立健全工程项目后评估制度，建设单位或委托的全过程工程咨询单位在竣工验收合格后应当对项目实施情况以及工程总承包单位履约情况进行评估并报告项目所在地的住建主管部门。各级住建主管部门会同发改、财政部门按照“双随机”检查机制，结合评估报告情况抽查工程总承包实施情况（包括实际工期、造价控制、工程质量、建设标准和功能）是否符合投标承诺和合同约定，将抽查结果向社会公开并纳入市场各方主体信用评价体系，形成奖优罚劣的市场氛围。省厅结合工程总承包实施情况，健全完善适应工程总承包发展的信用评价体系。

（三）2020 年 2 月 1 日起发布招标公告或发出投标邀请书的招标项目，应当根据本通知的要求开展工程总承包招标投标活动。省厅将会同省发改委、财政厅总结本通知的实施情况，适时出台工程总承包招投标规范性文件。

附件：工程总承包招标文件要求（略）

湖　南　省

湖南省工程总承包相关政策文件清单

序号	发布时间	文　件　名　称	文　　号
1	2010 年 9 月	湖南省人民政府关于进一步促进建筑业改革和发展的意见（失效）	湘政发〔2010〕23 号
2	2014 年 5 月	株洲市人民政府关于鼓励和支持全市建筑业转型发展升级的意见	株政发〔2014〕1 号
3	2014 年 8 月	湖南省交通运输厅关于印发《湖南省公路工程设计施工总承包管理办法（试行）》的通知	湘交基建〔2014〕336 号
4	2017 年 5 月	湖南省住房和城乡建设厅关于印发《湖南省房屋建筑和市政基础设施工程总承包招标投标活动管理暂行规定》的通知	湘建监督〔2017〕76 号
5	2017 年 10 月	湖南省人民政府办公厅《关于推进工程总承包发展的指导意见》	湘政办发〔2017〕58 号
6	2018 年 3 月	湖南省住房和城乡建设厅《关于第三次征求〈湖南省房屋建筑和市政基础设施工程招标投标管理办法（征求意见稿）〉意见的函》	
7	2018 年 3 月	湖南省人民政府办公厅《关于促进建筑业持续健康发展的实施意见》	湘政办发〔2018〕21 号
8	2018 年 6 月	长沙市住房和城乡建设委员会关于印发《长沙市政府投资房屋建筑和市政基础设施工程总承包管理办法》（试行）的通知	长住建发〔2018〕51 号
9	2019 年 3 月	湖南省人民政府办公厅关于促进建筑业持续健康发展的实施意见	湘政办发〔2018〕21 号

扫码查看全部政策及解读

湖南部分

湖南省交通运输厅关于印发《湖南省公路工程设计施工总承包管理办法（试行）》的通知

湘交基建〔2014〕336 号　2014 年 8 月 19 日

第一章　总　　则

第一条　为加强我省公路工程管理，规范公路工程设计施工总承包工作，根据《中华人民共和国公路法》《中华人民共和国招标投标法》《中华人民共和国招标投标法实施条例》《中华人民共和国标准设计施工总承包招标文件》《湖南省高速公路条例》以及《湖南省实施〈中华人民共和国招标投标法〉办法》等法律法规规定，制定本办法。

第二条　本办法所称设计施工总承包（以下简称“总承包”），是指将公路建设项目的施工图勘察设计（以下简称“施工图设计”）、工程施工和缺陷责任期修复等工作，由具备相应资格的总承包单位组织实施，并对承包工程的质量、安全、工期、造价全面负责的建设管理模式。

总承包可以实行项目整体总承包，也可以按标段或分专业实行总承包。

第三条　初步勘察设计（以下简称“初步设计”）是公路建设项目实施设计施工总承包的基础。初步设计单位应加强专项技术研究，加深地质勘察，深化方案比选，做精做细，保证初步设计符合前期批复或核准的工程规模和技术标准，加强概算审查，合理控制投资。

第四条　本办法适用于湖南省行政区域范围内高速公路新建（改扩建）和独立特大桥、长大隧道项目。

其他公路项目实行总承包，可参照本办法执行。省交通运输厅鼓励采用设计施工总承包模式组织公路建设，促进设计与施工紧密融合。

第二章　总承包招标投标

第五条　总承包项目达到国家规定的规模标准，必须采取招标方式确定总承包单位，国家另有规定的除外。

第六条　总承包招标应当具备下列条件：

（一）建设单位已经依法成立；

（二）初步设计文件已被批准；

（三）有相应资金或者资金来源已经落实。

第七条　总承包招标由建设单位组织，招标文件应当根据招标项目的特点和需要，按照《标准设计施工总承包招标文件》（以下简称“范本”）编制。

总承包招标应当向投标人提供前期已完成的勘察资料、初步设计文件以及项目有关批复文件。

第八条 总承包单位的资格条件：

（一）具备符合要求的勘察设计和施工资质的独立法人；或分别具有符合要求的勘察设计、施工资质的单位组成的联合体；

（二）具有与招标工程相适应的业绩、人员、财务能力及信誉；

（三）总承包单位（含联合体各成员）不得与建设单位、初步设计单位、监理单位存在可能影响招标公正性的利害关系。

第九条 总承包招标应当在初步设计批准概算范围内明确投标最高限价，指导投标单位在最高限价内竞价投标。

第十条 总承包投标报价应包括施工图勘察设计费、建筑安装工程费、设备购置费、缺陷责任期维修养护费、保险费、安全生产费、总承包风险费。

总承包风险费用于支付应由总承包单位承担的全部风险所计列的费用，建设单位应根据工程风险水平，分专业合理设置总承包风险费比例，总承包单位的风险费报价比例应不低于建设单位设置的比例。

第十一条 总承包项目缺陷责任期不少于2年。缺陷责任期维修养护费用应当在投标报价中单列，作为竞争性报价内容。

第十二条 总承包招标应当合理划分总承包工程风险。应当由建设单位承担的风险，总承包合同价应予调整；应当由总承包单位承担的风险，总承包合同价不予调整。

建设单位应当承担的风险包括：

（一）建设单位提出的初步设计基础上的路线调整、路基宽度及路面结构型式变化、桥梁和隧道数量及结构型式变化、互通立交的调整、通道涵洞和天桥的调整、收费车道数变化和服务区规模变化等建设标准或工程规模的调整；

（二）建设单位提出的工期变化；

（三）在详细勘察符合规范要求并经过验收后，工程实施中出现无法预见的滑坡、突泥、涌水、溶洞、有毒气体等重大地质变化，单项损失或处治费用超过合同总价的1%或500万元人民币的，其损失与处治费用除保险公司赔付外，原则上由建设单位和总承包单位各承担50%；

（四）钢材、水泥、汽柴油、沥青等主要工程材料价格与招标时基价相比，价格涨落超过合同约定幅度的部分；

（五）因税收等政策调整引起的费用变化；

（六）发生不可抗力时，应由建设单位承担的风险。

凡未列入建设单位承担的工程风险，由总承包单位承担。

第十三条 总承包投标文件应当采用双信封形式，第一信封为商务及技术文件，第二信封为投标报价文件。投标文件编制时间不少于60天。

第十四条 投标文件中提交的施工图勘察设计方案至少应包括以下内容：路线平纵面图、桥隧结构形式、初步设计方案比选及优化、预算编制执行标准、新技术新工艺新材料等科研成果的应用。

第十五条 总承包招标评标应当遵循以下原则：

（一）评标应采用经评审的合理低价法或综合评估法；

（二）评标应当对总承包建议书、资信业绩、总承包实施方案等因素进行综合评分；

（三）投标文件中的施工图设计方案对初步设计技术方案提出修改意见，评标委员会认为属于合理优化或技术创新，符合项目实际的，可以将其纳入评标范围并酌情予以加分；否则，应酌情予以减分；严重违背初步设计方案的投标文件应予以否决；

（四）评标委员会组成成员应当包含勘察设计、施工和合同管理等方面的专家，总人数不少于9人。其中，勘察设计评标专家不少于3人，专家总人数不少于评标委员会总人数的三分之二。评标专家抽取当符合有关法律法规的规定。

第三章　施工图勘察设计

第十六条　总承包单位应当按照初步设计批复和相关规定进行详勘和施工图设计。设计标准和工程规模应符合初步设计批复的要求；详勘深度及施工图设计内容应符合《公路工程地质勘察规范》和《公路工程基本建设项目设计文件编制办法》等有关规定和要求。

第十七条　总承包单位应当按照合同规定分阶段提交详勘资料和施工图设计文件，然后按照审查意见进行修改完善，并对提交的详勘资料、设计文件及中间成果的质量负责。施工图设计经初步设计单位和建设单位审查后报有关交通运输主管部门审批，该审批不免除总承包单位对施工图设计所承担的责任。

第十八条　初步设计单位依据初步设计批复对施工图设计和设计变更进行咨询监督，并提供咨询监督意见书。建设单位应督促初步设计单位和总承包单位密切协作、履行合同义务。

初步设计单位在施工图设计咨询监督过程中，咨询意见与总承包单位意见有重大分歧时，建设单位应当及时组织专家进行复审，审查意见报有关交通运输主管部门审定。

第十九条　各级交通运输主管部门、公路行业管理局应严格地质勘察验收工作，根据工程进度分阶段审查审批施工图设计，确保施工图设计满足相关技术规范的要求，符合初步设计确定的工程质量、安全技术标准和工程规模。

第四章　施工阶段职责

第二十条　总承包单位应当按照批准的施工图设计组织施工，并履行以下职责：

（一）对建设单位的征地拆迁工作予以必要协助；

（二）建立、健全质量保证体系，落实工程质量岗位责任制。按照交通运输部及省交通运输厅有关施工标准化管理的规定，优化施工工艺，严格工艺管理，提高施工效率和实体工程质量。规范质量检验与控制，强化各类验证试验和标准试验。加强对隐蔽工程、关键工序的过程控制，确保工程各项指标抽检合格率达到规范要求；

（三）严格执行监理单位批准的施工进度计划，积极采取措施确保工程在预定的工期内交工；

（四）健全施工安全管理制度，配备安全人员和经费，落实安全责任和安全管理目标，对施工安全负责；

（五）在缺陷责任期内，组建或委托专业养护机构负责工程的维修、养护工作，确保公路技术状况符合有关要求，所需费用在投标报价范围内支取，并承担不足部分费用；

（六）按照规定编制和提交竣工文件，配合建设单位完成交竣工验收工作。

第二十一条　监理单位应当加强总承包项目工程质量、进度、费用和施工安全监理，对总承包单位编制的施工组织设计、专项技术方案、临时工程实施方案、施工进度计划、施工质量安全措施、工程变更等进行审核，并建立独立试验室，按照规定抽检工程质量。

第二十二条　建设单位应加强全过程管理，加强投资控制和质量安全管理。

第二十三条　总承包单位通过优化设计和施工组织、采用新工艺新材料新技术等，完成合同规定的各项任务，实现节约用地、缩短工期，或为建设单位提高经济效益的，建设单位可设立奖励基金予以奖励。

第二十四条　由于总承包单位原因，导致合同约定的工作内容不能按时完成，或存在重大质量安全隐患的，建设单位应当按照合同约定及有关规定，追究总承包单位的违约责任，直至终止总承包合同。

总承包合同终止后，建设单位应当按照规定另行选择其他单位完成剩余工程，由此引起的费用及损失由原总承包单位承担。

第五章　计量支付管理

第二十五条　总承包工程采用工程量清单方式进行计量管理。总承包单位依据经交通运输主管部门批准的施工图设计文件，调整工程量清单各分项工程数量和价格，总价与合同价保持一致。建设单位负责对调整的工程量清单进行审定，最终审定后的清单作为计量支付的依据。工程实施中，对符合质量标准的已完工程，经监理签字认可，按照工程量清单明确的数量和价格进行计量支付。

第二十六条　总承包工程实施过程中需要设计变更的，应当按照以下方式处理：

（一）设计变更按部、省《公路工程设计变更管理办法》规定，由建设单位报有关交通运输主管部门审批；

（二）一般变更由总承包单位报初步设计单位、监理单位审核后，报建设单位批准；

（三）设计变更引起的工程费用变化，按风险划分的原则处理。属于总承包单位风险范围的设计变更，工程量清单中工程数量调整的，单项支付价格不变，增加部分在风险费中支付，合同总价不变。属于建设单位风险范围的设计变更，工程量清单中工程数量与支付价格均调整的，合同总价相应进行调整。

第六章　附　　则

第二十七条　各级交通运输主管部门、公路行业管理局及建设单位在本办法实施过程中，应注意总结，如遇到重大问题应及时向上级主管部门报告。

第二十八条　本办法自发布之日起试行。

湖南省住房和城乡建设厅关于印发《湖南省房屋建筑和市政基础设施工程总承包招标投标活动管理暂行规定》的通知

湘建监督〔2017〕76 号 2017 年 5 月 3 日

第一条 为规范房屋建筑和市政基础设施工程总承包招标投标活动，根据《中华人民共和国建筑法》《中华人民共和国招标投标法》及其实施条例、《湖南省实施〈中华人民共和国招标投标法〉办法》，以及住房城乡建设部《关于进一步推进工程总承包发展的若干意见》等法律法规文件，制定本暂行规定。

第二条 本暂行规定所称工程总承包，是指工程总承包企业受建设单位委托，按照合同约定，对工程建设项目的设计采购施工等实行全过程的承包，并对工程的质量、安全、工期和造价等全面负责的建设项目组织实施方式。

第三条 在本省行政区域内全部使用国有资金或国有资金投资为主的新建、改建、扩建的房屋建筑和市政基础设施工程采用总承包模式实施的招标投标活动适用本暂行规定。

第四条 房屋建筑和市政基础设施工程总承包招标投标活动应当遵循公开、公平、公正、择优和诚实信用的原则。

第五条 县级以上住房城乡建设行政主管部门按照其职责权限，负责本行政区域范围内工程总承包招投标活动的监督管理；省住房城乡建设厅负责全省房屋建筑和市政基础设施工程总承包招标投标活动的监督管理。

第六条 房屋建筑和市政基础设施工程实行总承包方式招标的，应当先取得初步设计或方案设计批复文件。

第七条 投标人资格要求：

（一）具有与工程规模相适应的工程设计资质或建筑业企业资质；

（二）具有相应的财务与风险承担能力，同时具有相应的组织机构、项目管理体系、项目管理专业人员和工程业绩。

第八条 招标人可以根据招标工程需要，对投标申请人进行资格审查，资格审查的方法分为合格制和有限数量制。

第九条 招标文件应当使用标准设计施工总承包招标文件，至少载明以下内容：

（一）建设规模、建设标准和建设内容，经批准的投资概算；

（二）投标报价由设计费、建筑安装工程费、设备购置费、总承包管理费、工程检测费、工程保险费、财务费以及税金等组成；

（三）采用新技术、新工艺，如 BIM 技术、装配式建筑、绿色建筑等加分因素；

（四）投标人在其投标文件中明确分包内容的要求。

第十条 编制项目申请书、项目建议书和可行性研究报告，以及初步设计文件或方案设计的工程咨询服务单位或其附属机构参与投标的，在购买招标文件的同时，将与该招标工程相关的图纸及技术资料（含电子文件）等提交招标人公布，供所有潜在投标人参考。

第十一条　招标文件合同条款应当按照权利义务对等的原则，约定招标人和承包人双方承担的风险以及风险费用的计算方法。

招标人承担的风险至少包括：

（一）招标人提供的文件，包括环境保护、气象水文、地质条件，初步设计、方案设计等前期工作的相关文件不准确、不及时，造成费用增加和工期延误的风险；

（二）在经批复的初步设计或方案设计之外，提出增加建设内容；在初步设计或方案设计之内提出调整或改变工程功能，以及提高建设标准等要求，造成设备材料和人工费用增加的风险；

（三）招标人提出的工期调整要求，或其前期工作进度而影响的工程实施进度的风险；

（四）主要设备、材料市场价格波动超过合同约定幅度的风险。

承包人承担的风险至少包括：

（一）未充分理解招标文件要求而产生的人员、设备、费用和工期变化的风险；

（二）未充分认识和理解通过查勘现场及周边环境（除招标人提供文件和资料之外）取得的可能对项目实施产生不利影响或作用的风险；

（三）投标文件的遗漏和错误，以及含混不清等，引起的成本及工期增加的风险。

第十二条　工程总承包项目招标人可以委托招标代理机构办理招标事宜。对于不具备编制招标文件和组织评标能力的招标人，应当将招标代理事宜予以委托。

第十三条　资格审查文件和招标公告发布前，招标人应将文件资料报送相关建设行政主管部门或其委托的招标投标监管机构备案。

第十四条　招标人应当合理确定投标文件的编制时间。投标文件编制时间自招标文件开始发出之日起至投标人提交投标文件截止之日止，一般不少于 30 日，其中大中型建设工程以及工艺复杂的有特殊要求的工程不少于 45 日。

第十五条　招标人要求投标人提交投标保证金的额度不得超过项目估算价的百分之二，最高不超过八十万元。

第十六条　招标人应当根据工程地质条件、技术特点和设计施工难度确定评标办法。评审主要因素包括投标报价、项目管理组织方案、设计文件、设备采购方案、施工组织设计和施工计划、质量安全保障措施、工程业绩、分包方案等。

第十七条　招标人应当根据工程特点和需要依法组建评标委员会。评标委员会由招标人代表，以及建筑、结构、给排水、电气、暖通等设计、施工、经济和设备等方面专家组成。成员人数为不少于 7 人以上单数。招标人代表总人数不超过总人数的三分之一。

技术特别复杂、专业性要求特别高或者国家有特殊要求的招标项目，采取随机抽取方式确定专家难以胜任评标实际需要的，经行政监管部门批准后可以由招标人直接确定。

第十八条　房屋建筑和市政基础设施工程总承包项目招标投标纳入统一的公共资源交易平台。本级房屋建筑和市政基础设施工程总承包评标专家的专业类别及专家数量难以满足招标项目评标要求的，应当上移一级公共资源交易平台交易。

第十九条　县级以上住房城乡建设部门按照职责权限负责评标专家评标活动的行政监管。省住房城乡建设厅负责全省房屋建筑和市政基础设施工程总承包评标专家的认定和监督管理。

第二十条 评标完成后，评标委员会应当向招标人提交书面评标报告，并按照招标文件的要求，推荐不超过3名有排序的合格的中标候选人，由招标人按照中标候选人的排序确定中标人；也可以推荐3名不排序的合格中标候选人由招标人择优确定中标人。

第二十一条 以暂估价形式包括在总承包范围内的工程、货物、服务属于依法必须进行招标的项目范围且达到国家规定规模标准的，应当依法进行招标。

第二十二条 招标人应当自确定中标人之日起15日内，向有关建设行政监督部门或其委托的招标投标监管机构提交招标投标情况的书面报告。

第二十三条 招标人和中标人应当自中标通知书发出之日起45日内，按照招标文件和中标人的投标文件订立书面合同。

第二十四条 潜在投标人或者其他利害关系人对资格审查文件有异议的，应当在提交资格审查申请文件截止时间2日前向招标人提出；对招标文件有异议的，应当在投标截止时间10日前提出，否则视为认可资格审查文件和招标文件的内容和条款。投标人对开标有异议的，应当在开标现场提出，招标人应当当场答复，并制作记录。

潜在投标人或者其他利害关系人对评标结果有异议的，应当在中标候选人公示期间提出。招标人作出答复前，应当暂停招标投标活动。

第二十五条 投标人或者其他利害关系人认为招标投标活动不符合法律、法规规定的，可以自知道或者应当知道之日起10日内向有关行政监督部门投诉。

第二十六条 全部使用非国有资金或不以国有资金投资为主的新建、改建、扩建的房屋建筑和市政基础设施工程总承包招标投标活动可参照本暂行规定执行。

第二十七条 本暂行规定自2017年7月1日起施行。

湖南省住房和城乡建设厅关于第三次征求《湖南省房屋建筑和市政基础设施工程招标投标管理办法（征求意见稿）》意见的函

2018年3月21日

第一章　总　　则

第一条　（目的和依据）

为规范房屋建筑和市政基础设施工程招标投标活动，保护国家利益、社会公共利益和招标投标活动各方当事人的合法权益，根据《中华人民共和国招标投标法》《中华人民共和国招标投标法实施条例》及相关法律法规，结合本省实际，制定本办法。

第二条　（适用范围）

在本省行政区域内，依法必须进行招标的房屋建筑和市政基础设施工程，进行勘察设计、施工、监理以及全过程咨询、工程总承包、与工程有关的货物等招标投标活动，实施对工程招标投标活动的监督管理，适用本办法。

依法必须进行招标的房屋建筑和市政基础设施工程项目（以下简称“工程”），包括国有资金投资工程，以及大型基础设施、公用事业等涉及社会公共利益、公众安全的工程。

国有资金投资工程包括政府投资工程，以及国有资金（含国家融资资金）占投资总额50%以上的，虽不足50%但国有投资者实质上拥有控股权的工程。

本办法所称的政府投资工程是指全部或部分使用下列资金（或资产）投资的工程：

（一）财政预算安排的建设资金；

（二）纳入财政预算管理的专项建设资金；

（三）政府融资以及利用国债的资金；

（四）国际金融组织和外国政府的贷款、赠款；

（五）法律、法规规定的其他政府性资金。

第三条　（管理职责）

省住房城乡建设部门负责指导、监督全省的工程招标投标活动，并直接对国家部委以及省本级立项的工程招标投标活动实施监督管理；

市州住房城乡建设部门负责指导、监督本行政区域内的工程招标投标活动，并直接对市州本级立项的工程招标投标活动实施监督管理；

区县住房城乡建设部门负责对本行政区域内区县级立项的工程招标投标活动实施监督管理。

第四条　（进场交易范围）

本办法适用范围内的工程招标应当进入公共资源交易平台进行交易，招标人可以根据工程实际情况就近选择公共资源交易场所。自愿进入平台交易的其他工程，可以向公共资源交易平台提出申请。

第五条　（电子招标投标）

省住房城乡建设部门应当牵头建立和完善全省统一的工程电子招标投标制度和标准，实现招标投标全过程电子化，推行网上异地评标。

第二章　招标与投标

第六条　（招标人负责制）

工程招标实行招标人负责制。招标人应当建立健全招标投标活动内部约束监督机制，在制定招标方案、组织招标活动、处理异议和配合处理投诉等重点环节加强内部监管。

禁止任何单位和个人以任何方式非法干预招标投标活动。

第七条　（工程招标类型）

招标人可以对工程的勘察、设计、施工、监理等分别进行招标，也可以进行全过程咨询、工程总承包招标。

第八条　（设计招标）

工程设计招标可以根据项目特点和实际需要，采用设计方案招标或者设计团队招标。

采用设计方案招标的，评标委员会应当在符合城乡规划、城市设计以及安全、绿色、节能、环保要求的前提下，重点对功能、技术、经济和美观等进行评审。

采用设计团队招标的，评标委员会应当对投标人拟从事项目设计的人员构成、人员业绩、人员从业经历、项目解读、设计构思、投标人信用情况和业绩等进行评审。

第九条　（全过程咨询）

鼓励采用全过程工程咨询组织项目建设，根据项目特点和实际需要，选取项目策划、可行性研究、环境影响评价报告、工程勘察、工程设计、工程监理、造价咨询及招标代理等工程咨询服务业务中的全部或多项委托给一家企业。

企业依法通过招投标方式取得全过程工程咨询服务的，可在其经营范围内承担工程咨询业务。按照合同约定或者经招标人同意，可将部分工程咨询业务进行分包，非主要咨询业务的分包可以不通过招标方式。

建设单位与咨询企业在合同中约定全过程工程咨询服务费，可根据各项咨询服务费用叠加控制合同价，也可采用费率或总价方式。新增咨询服务费应由建设单位与咨询企业协商确定。

第十条　（工程总承包招标）

采用装配式技术的工程，原则上采用工程总承包方式招标，其他工程鼓励采用工程总承包方式招标。

采用工程总承包招标的工程，招标人应当根据工程地质条件、技术特点和设计施工难度确定评标办法。招标文件合同条款应当按照权利义务对等的原则，约定招标人和承包人双方承担的风险以及风险费用的计算方法。工程总承包对评标专家、公共资源交易平台等有特殊要求的，应当按照有关规定申请。

工程总承包的投标人应当具有与工程规模相适应的工程设计资质或施工总承包资质；具有相应的财务、风险承担能力，同时具有相应的组织机构、项目管理体系、项目管理专业人员以及与发包工程类似的工程业绩。

第十一条 （招标启动）

招标人可以自行决定开始招标活动，并自行承担因项目各种条件发生变化而导致招标失败的风险。工程招标开始前，招标人应当向相关住房城乡建设部门提交风险承诺书。

政府投资工程进行施工招标应当具备施工图设计文件，进行监理招标应当具备经批准的初步设计文件。

招标人应当在招标文件中明确已经具备的条件及可能存在的风险。

第十二条 （工程总承包再发包）

工程总承包单位将承包合同范围内的勘察、设计或者施工依法分包给具有相应资质企业的，可以采用招标发包或者直接发包；相应的设计、施工总承包企业可以依法将部分专业工程分包。

第十三条 （集中审查）

应急工程、技术（组织）方案不作评审的简单工程，以及经常发生的房屋修缮、市政设施维修等工程，可以采用集中的方式进行资格审查。即在政府投资项目招标投标过程中，取消单个项目的资格审查，由招标人组织对各类投标人进行定期、集中、规范的资格审查，确定入围企业，在具体项目招标时，由入围企业进行竞标。

相关住房城乡建设部门按照管理权限对集中审查过程进行监管。

第十四条 （标段划分）

招标人应当根据工程特点合理划分标段，不得利用标段划分降低投标人资格条件。工程招标标段划分不合理的，由相关住房城乡建设部门责令改正。

第十五条 （邀请招标情形）

招标人采用邀请招标方式的，应当向三个以上具备承担招标项目的能力、资信良好的特定的法人或者其他组织发出投标邀请书。投标邀请书应当按照法律法规载明相应事项。

第十六条 （不招标情形）

建设单位（含代建单位）具有勘察、设计、施工资质并由其自行进行该项目勘察、设计、施工的，该项目的勘察、设计、施工可免于招标。

依法必须进行招标的工程，有下列情形之一且原中标人仍具备承包能力的，可以不进行招标：

（一）已建成工程进行改、扩建或者技术改造，需由原中标人进行勘察、设计，否则将影响项目功能配套性的；

（二）在建工程追加的附属小型工程或者主体加层工程，需由原中标人进行勘察、设计、施工、监理的，追加的全部附属小型工程在原项目审批范围内的；

（三）与在建工程结构紧密相连，受施工场地限制且安全风险大，须由原中标人进行勘察、设计、施工、监理，并经省综合专家库中抽取的专家论证的；

（四）法律、法规、规章规定的其他情形。

招标人弄虚作假规避招标的，按照有关规定进行处理。

第十七条 （招标代理）

招标代理机构在其代理的招标项目中应当明确项目负责人。招标代理机构应当在招标人委托的范围内，办理招标事宜。

第十八条 （资格预审）

政府投资工程原则上不实行资格预审，但是大型复杂项目和采用工程总承包方式的除外。

第十九条 （投标人筛选）

采用资格后审方式招标的，招标人可以选择是否采用投标人筛选方式进行招标。未采用投标人筛选方式，投标人少于3人的，招标人应当重新招标。采用投标人筛选方式，经筛选入围的投标人少于15人的，应当重新招标。

投标筛选条件限于投标人的信用评价、行政处罚、行贿犯罪记录以及投标人在招标人之前的工程中的履约评价。投标筛选条件以及履约评价不合格的名单应当在招标公告中予以明示。

第二十条 （招标文件编制）

省住房城乡建设部门应当制定标准资格预审文件示范文本和标准招标文件示范文本。

依法必须招标的工程应当使用住房城乡建设部门制定的标准资格预审文件和标准招标文件。招标文件和资格预审文件中不得出现住房城乡建设部门发布的禁止条款，不得以带资、垫资等不合理条件限制或者排斥潜在投标人。

招标人对工期和质量等有特殊要求的，应当在招标文件中注明，并在招标文件中明确工期、质量奖励的相关条款。

政府投资的工程项目，应当严格执行工程价款结算的相关规定，并在招标文件中明确工程预付款支付比例不低于10%，以及工程结算时间和方式。

第二十一条 （投标人资格条件设置）

招标人可以根据工程规模和难易程度，在投标人资格条件中合理设置业绩要求。对于工程所需企业资质级别已是最低资质等级的，不得设置业绩要求（专业工程及不需要资质要求的除外）。

对信用良好、具有相关专业技术能力、能够提供足额担保的企业，招标人可以根据工程实际情况，适当放宽与招标工程资质类别一致的企业资质和业绩要求。

第二十二条 （投标担保）

招标人可以在招标文件中要求投标人提交投标担保，投标担保可以是现金、银行出具的银行保函、担保（保险）公司出具的投标担保（保险）等。招标人不得以任何理由拒绝投标人提交的有效投标担保。担保额度不得超过招标项目估算价或招标控制价的2%，采用现金转账方式时最高不得超过80万元。投标担保有效期应当与投标有效期一致。

鼓励招标人对信用良好的投标人，实行投标人承诺方式代替投标担保。

第二十三条 （第三方担保）

采用经评审的最低投标价法招标的工程，招标人可以要求中标人在按照不超过中标价10%的比例提交履约担保的同时，提交第三方保证。第三方保证的额度不超过中标价与招标控制价的差额。

以上担保和保证可以是现金、银行保函、担保（保险）公司担保（保险）等。履约担保和第三方保证的比例和有效期应当在招标文件中明确告知。

中标人未按要求及时提交履约担保和第三方保证的，招标人可以取消其中标资格，并依序选取第二、第三中标候选人为中标人。

第二十四条　（否决性条款）

招标人应当在招标文件中，将否决性条款集中予以载明。补充招标文件中增加或者删除否决性条款的，招标人应当将修改后完整的否决性条款集中载明。未集中载明的否决性条款，在评标中不予认可。

否决性条款应当意思表示明确、易于判断，不得含有评标委员会难以界定的条款。

第二十五条　（评标办法）

依法必须招标的工程，招标人应当按照省住房城乡建设部门的规定，根据不同工程类别，在招标文件中明确相应的评标办法。

评标办法包括经评审的最低投标价法、综合评估法以及法律法规允许的其他评标办法。

第二十六条　（投标文件和资格预审申请文件编制时间）

招标人应当按照国家和省的有关规定，合理确定投标人编制资格预审申请文件和投标文件所需要的时间。

第二十七条　（资格预审文件及招标文件备案）

招标人对资格预审文件或者招标文件的内容负责，因资格预审文件或者招标文件内容导致的风险和责任由招标人承担。资格预审文件或者招标文件内容不符合法律法规规定的，招标人应当及时纠正。

招标人（招标代理机构）应当依法依规编制、发布资格预审文件或者招标文件，并将资格预审文件或者招标文件报送相关住房城乡建设部门进行告知性备案，文件发布前住房城乡建设部门将不再对其内容进行审查。

第二十八条　（暂估价招标）

以暂估价方式包括在工程总承包或者施工总承包范围内，且达到法定招标规模标准的部分，应当采用招标方式发包。

建设单位、总承包单位或者招标人与总承包单位的联合体均可作为暂估价工程的招标人。建设单位在总承包招标文件中，应当明确暂估价工程的招标主体以及双方的权利义务。

进场交易的工程，其暂估价工程的招标投标活动应当在招标投标交易场所进行。暂估价工程结算，应当以暂估价招标的中标价作为结算依据。

第二十九条　（禁止投标）

承担过招标人委托的单独造价咨询业务的单位，不得参加该工程包含施工的工程总承包投标。

招标人应当将前款规定纳入资格预审文件或者招标文件中。

第三十条　（招标人、投标人禁止行为）

招标人不得有下列行为：

（一）以不合理的条件限制或者排斥潜在投标人；

（二）对潜在投标人实行歧视待遇；

（三）与投标人串通投标；

（四）强制投标人组成联合体共同投标；

（五）限制投标人之间的竞争。

投标人不得有下列行为：

（一）与其他投标人相互串通投标；

（二）与招标人串通投标；

（三）弄虚作假或者以其他方式骗取中标。

招标人或者投标人有上述行为的，依照相关法律法规进行处理。

第三章　开标、评标和定标

第三十一条　（开标人员）

开标由招标人或者其委托的招标代理机构主持。投标人参加开标的人员应当符合招标文件的要求。招标人可以在招标文件中邀请投标人的法定代表人、授权委托的技术负责人或者拟任该项目的负责人参加开标。

第三十二条　（招标人拒收条款）

投标文件递交时出现下列情形之一的，招标人应当拒绝接受该投标文件并在招标文件中予以载明：

（一）投标文件截止时间以后送达的或者未送达指定地点的；

（二）投标文件未按招标文件规定要求密封的；

（三）采用资格预审的工程，未通过资格预审的申请人提交的投标文件；

（四）采用电子招标投标的工程，投标文件未按规定加密的；

（五）采用电子招标投标的工程，投标文件未能按照规定解密的。

第三十三条　（评标委员会组成）

招标人应当依法组建评标委员会。评标委员会由招标人代表和有关技术、经济等方面的专家组成，进入评标委员会的招标人代表应当具备评标专家相应的或者类似的条件和水平。

评标委员会成员一般为5人以上单数，其中技术、经济等方面的专家不得少于成员总数的三分之二。采用工程总承包招标的，其评标委员会成员为9人以上单数，其中招标人代表总人数不得超过评标委员会总人数的三分之一。

政府投资工程原则上不派业主评委，确有需要的，所派业主评委应当符合有关法律法规对评审专家的要求。

第三十四条　（专家抽取）

评标委员会的专家成员应当按照相关规定，从省综合评标专家库中随机抽取；省综合评标专家库不能满足项目需求的，经申请，招标人可以直接确定评标专家。

第三十五条　（评标委员会要求）

评标委员会成员应当严格遵守评标工作纪律，主动接受、协助、配合相关住房城乡建设部门的监督、检查等。

评标委员会成员与投标人有利害关系的，应当主动回避。

评标过程中，除评标委员会成员、1名招标人监督代表、招标人授权委托的招标代理机构工作人员及招标投标行政监督人员以外，其他人员不得进入评标现场。

第三十六条　（重新招标）

有下列情形之一的，在分析招标失败的原因并采取相应措施后，招标人应当依法重新招标：

（一）获取资格预审文件或者招标文件的潜在投标人少于3个的；

（二）在投标截止时间之前提交投标文件的投标人少于3人的；

（三）通过资格预审的申请人少于3人的；

（四）经评标委员会评审，所有投标文件均被否决的；

（五）有效投标文件不足三个，使得投标明显缺乏竞争，评标委员会否决本次招标的；

（六）所有中标候选人依法均不能确定为中标人的。

因前款第（一）、（二）项原因重新招标后，投标人仍少于3人的，属于审批（核准）的项目，经原项目审批（核准）部门批准，可以不再进行招标；属于无需审批（核准）的项目，招标人可自行决定是否重新招标。

投标人在本工程招标投标活动中存在违法违规行为或者无正当理由放弃投标、中标资格，造成招标人重新招标的，重新招标时不得再参加该工程的投标。

第三十七条　（评审过程复核）

评标结果汇总完成后，除下列情形外，任何人不得修改评标结果：

（一）分值计算错误的；

（二）分项评分超出评分标准范围的；

（三）评标委员会成员对客观评审因素评分有误的；

（四）经评标委员会认定评分畸高、畸低的。

评标专家签署评标报告前，评标委员会主任评委应当组织评标专家对评审过程进行复核。经复核发现存在以上情形之一的，评标委员会应当场修正评标结果，并在评标报告中记载；评标报告签署后，招标人（招标代理机构）发现存在以上情形之一的，应当向相关住房城乡建设部门提出申请，再组织评标委员会进行复核（原评标委员会成员不少于2/3）。

投标人对评标结果提出异议的，应当提供有效证据或线索，并向招标人提出申请，经相关住房城乡建设部门同意后，由招标人组织评标委员会（原评标委员会成员不少于2/3）进行复核。

对评审过程进行复核时发现评标专家存在明显过失的，应当按照相关规定追究其责任。

第三十八条　（重新评标）

中标通知书发出后，在承包合同签订前，发现评标委员会或者其成员存在下列情形导致评标结果无效的，经相关住房城乡建设部门同意，招标人可以重新组建评标委员会进行评标：

（一）评标委员会组成不符合本办法规定的；

（二）评标委员会成员存在明显过失的；

（三）评标委员会及其成员独立评标受到非法干预的；

（四）评标委员会及其成员在此次评标活动中存在违法违规行为的。

有违法违规行为的原评标委员会成员不得参加重新组建的评标委员会，并按照相关规定追究责任。

第三十九条 （中标候选人公示）

依法必须进行招标的工程，应当在定标前公示中标候选人，公示内容应当包括：评标委员会推荐的中标候选人名单、中标候选人的投标价、中标候选人的得分情况、投标担保情况，以及其他应该公示的情况。

公示信息应当在发布招标公告的同一媒体发布，公示期不少于三个工作日。

第四十条 （招标人定标）

中标候选人排序的，中标候选人公示期满后，招标人可以确定排名第一的中标候选人为中标人（招标文件另有规定的除外）。排名第一的中标候选人放弃中标、因不可抗力不能履行合同、不按照招标文件要求提交履约保证金，或者被查实存在影响中标结果的违法行为等情形，不符合中标条件的，招标人可以按照评标委员会提出的中标候选人名单排序依次确定其他中标候选人为中标人，也可以重新招标。

大型复杂工程和采用工程总承包方式招标的工程，经相关住房城乡建设部门同意，招标人可以要求评标委员会推荐三名不排序的中标候选人。公示结束后，招标人根据招标文件规定的定标办法，在三名中标候选人中择优确定中标人。定标原则须在招标公告、招标文件中明确。

第四十一条 （招标投标情况书面报告与合同备案）

依法必须进行招标的工程，招标人应当自确定中标人之日起 15 日之内，向相关住房城乡建设部门提交招标投标情况的书面报告。

招标人与中标人应当自中标通知书发出之日起 30 日内，按照招标文件和中标人的投标文件内容签订承包合同。承包合同签订后，招标人应当及时将合同报送相关住房城乡建设部门备案。招标人不得在合同中出现背离招标文件实质性内容的条款，不得与中标人另行订立背离合同实质性内容的其他协议。

第四章 监 督 管 理

第四十二条 （建立统一市场）

打破市场准入壁垒，统一全省招标投标规则和评标办法。各地不得设置任何不合理准入条件，不得擅自设立或变相设立审批、备案事项，提供公平市场环境。

第四十三条 （诚信体系建设）

按照“守信激励，失信惩戒”的原则，加强招标投标市场信用体系建设，强化建筑市场主体及其执（从）业人员信用评价结果在招标投标中的运用；建立招标投标失信“黑名单”制度，实现联合惩戒。

推行市场主体承诺制度。招标人应当在招标公告（招标文件）中承诺没有排斥潜在投标人等违法违规行为；招标代理机构应当在招标文件中承诺没有暗箱操作等违法违规行为；投标人应当在投标文件中承诺未参与围标串标等违法违规行为。

对违背承诺的市场主体应及时依法依规处理、公示处理结果并实行联合惩戒，实现一处失信，处处受限。

第四十四条 （监督检查）

各级住房城乡建设部门应当加强对工程招标投标活动的监督，对招标人（招标代理机构）发布的招标公告和招标文件进行检查，发现违反法律法规规定的，应当责令相关当事人及时纠正，必要时可以暂停招标投标活动，并依法依规进行处理。

第四十五条 （事中事后检查）

各级住房城乡建设部门应当加强标后稽查工作，按照“双随机、一公开”原则对合同备案、承包范围、主要管理人员变更和现场履职等情况进行检查，查处挂靠、转包和违法分包等违法违规行为。

第四十六条 （评标专家管理）

各级住房城乡建设部门应当按照相关规定加强对评标专家评标活动的监管和日常考查工作。

评标专家的表扬和惩戒情况纳入社会信用体系核查。表扬和惩戒情况，在有关部门和公共资源交易平台网站予以公示，并通报其所在单位。

第四十七条 （异议和投诉）

投标人或者其他利害关系人对资格审查文件和招标文件、开标及评标结果等有异议的，可以书面形式向招标人提出。招标人应当自收到异议之日起 3 日内作出答复，作出答复前，应当暂停招标投标活动。

投标人或者其他利害关系人认为招标投标活动不符合法律、行政法规规定的，可以自知道或者应当知道之日起 10 日内向有关行政监督部门投诉。投诉应当有明确的请求和必要的证明材料。相关住房城乡建设部门应当依法依规进行处理。

就资格审查文件和招标文件、开标及评标结果等事项投诉的，应当先向招标人提出异议，异议答复期间不计算在前款规定的期限内。

投诉人如果对相关住房城乡建设部门作出的处理决定有异议的，可以依法申请行政复议或者提出行政诉讼。

第四十八条 （投诉处理）

各级住房城乡建设部门在处理投诉过程中涉及专业性或者技术性问题，可以按照以下方式处理：

（一）要求原评标委员会复核说明；

（二）组织专家或者委托专业机构评审；

（三）组织召开听证会。

专家或者专业机构出具的评审意见可以作为处理投诉的主要依据。

第四十九条 （住房城乡建设部门责任）

市州（区县）住房城乡建设部门应当严格按照国家和省有关要求，不得设置任何不合理准入条件，不得以纳税、设立分公司、强制成立联合体等条件变相排斥潜在投标人。

市州（区县）出台的招标投标规范性文件，违反规定设置各种不合理准入条件的，省住房城乡建设部门应当责令其限期改正。

第五十条 （联合执法）

各级住房城乡建设部门应当会同同级公安部门按照依法办事，各负其责的原则建立联合执法机制。对于社会关注度高、影响较大项目的串通投标等违法行为，住房城乡建设主管部门可联合公安部门共同查处，公安机关应予以协助。

第五章 附 则

第五十一条 （解释）

本办法由湖南省住房和城乡建设厅负责解释。

第五十二条 （施行时间）

本办法自 2018 年　月　日起施行，有效期到 2023 年　月　日止。

长沙市住房和城乡建设委员会关于印发《长沙市政府投资房屋建筑和市政基础设施工程总承包管理办法》（试行）的通知

长住建发〔2018〕51号　2018年6月6日

第一章　总　　则

第一条　为推进我市工程建设领域供给侧结构性改革，推动建筑业转型升级，推进工程总承包发展，根据《建筑法》《招标投标法》《国务院办公厅关于促进建筑业持续健康发展的意见》（国办发〔2017〕19号）《湖南省政府办公厅关于推进工程总承包发展的指导意见》（湘政办发〔2017〕58号）《湖南省房屋建筑和市政基础设施工程总承包招标投标活动管理暂行规定》（湘建监督〔2017〕76号）等法律法规、相关文件精神，结合我市实际，制定本办法。

第二条　本办法所指工程总承包是指从事工程总承包的企业受建设单位委托，按照合同约定对工程项目的设计、施工、采购等实行全过程或若干阶段的承包，并对工程的质量、安全、工期、造价等全面负责的承包方式。工程总承包的方式一般为设计—采购—施工总承包或者是设计—施工总承包，建设单位也可以根据项目特点和实际需要，按照风险分担原则采用其他工程总承包方式。

第三条　在我市范围内政府投资的房屋建筑和市政基础设施工程，采用工程总承包方式发包的项目，适用本办法。国有投资和社会投资的房屋建筑和市政基础设施工程采用工程总承包的，可以参照本办法执行。

2018—2020年，各建设行政主管部门选取一批具备相应工程业绩、社会信誉度高、项目管理能力强的设计施工企业作为总承包试点企业，供建设单位在依法发包时进行参考。

第四条　各级建设行政主管部门按照项目报建权属应在勘察设计，招投标、施工许可、质安监管等各个环节监督工程总承包的实施。

第二章　工程总承包项目的发包和承包

第五条　采用工程总承包的项目可以采取下列方式实施发包：

（一）项目可行性研究报告已获得批复（或取得企业投资项目备案证），项目范围、建设规模、建设标准、功能需求、设计方案、投资限额、工程质量和进度要求已确定的，进行工程总承包发包。

适用于前期条件充分或是对建设周期有特殊要求的项目，如装配式建筑；或者地质条件、工程造价、竣工时间已非常明确的学校、公园、景观绿化工程。进行工程总承包发包时，要明确投资估算对设计概算、合同签订价的各项控制指标。

（二）项目完成了完成初步设计批复，建设单位已委托相关单位完成地质勘探的，进行工程总承包发包。

适用于项目较为复杂，地质水文情况不明、地下管线迁改工程量大、工程方案不确定，拆迁移民、投资概算有较大变化的情况。此类项目，建设单位应已委托相关单位完成初步设计批复和地质勘探（根据实际情况分为初勘和详勘），建设单位只发包施工图设计、施工、设备采购。

第六条 建设单位应当依据经审批同意的工程估算（或工程概算）为经济控制指标，以限额设计为控制手段，以相关技术规范、标准和确定的建设规模、建设标准、功能需求及工程质量、工期进度要求为标的，开展工程总承包的招标工作。

工程总承包项目范围的设计、采购或者施工中有任一项属于依法必须招标的，应当采用招标的方式选择工程总承包单位。

以暂估价形式包括在总承包范围内的工程、货物、服务属于依法必须进行招标的项目范围且达到国家规定招标规模标准的，应当依法进行招标。暂估价招标可以由建设单位，或者工程总承包单位，或者建设单位和工程总承包单位联合作为招标人。

第七条 项目招标由招标人依法组织实施，政府投资项目工程总承包招标须进入公共资源交易平台进行，符合法定条件的可以依法进行邀请招标。

第八条 采取委托招标的工程总承包项目，工程总承包招标人应通过招投标方式择优确定招标代理机构。

第九条 招标应当具备下列条件：

（一）按照有关规定项目已立项，并取得招标方式批复；

（二）工程资金或者资金来源已经落实；

（三）有满足工程总承包招标需要的文件及其他技术资料；有明确的工程技术规范和工期要求；

（四）法律、法规、规章规定的其他条件。

第十条 招标文件编制

（一）发包前招标人已委托相关单位完成的水文、地勘、地下管线等勘察和地质资料，工程可行性研究报告、方案设计文件或者初步设计文件等基础资料；

（二）招标的内容和范围及投资限额，主要包括设计、采购和施工的内容及范围、规模、标准、功能、安全、工期、验收、设计概算等量化指标；

（三）对投标人的资质和业绩要求；

（四）招标人与中标人的责任和权利，主要包括工作范围、风险划分、项目目标、价格形式及调整、计量支付、变更程序及变更价款的确定、索赔程序、违约责任、工程保险、不可抗力处理条款等；招标过程中的争议处理方式；

（五）要求投标文件中明确分包的内容；

（六）采用装配式技术或者 BIM 技术的，招标文件中应当有明确要求；

（七）最高投标限价的计算方法。投标报价根据发包范围包括但不限于投标人自行补充勘探费、设计费、建筑安装工程费、设备购置费、总承包服务费、工程检测费、工程保险费、财务费以及税金等组成。要求采用 BIM 技术的应在总价中列入此项费用。按照

“质量强市”的要求明确“优质优价”“优质优先”的条款；

（八）要求提供的履约保证金额或者其他形式履约担保。

第十一条　工程总承包投标人要求

（一）应具备的条件：

1. 具备与发包工程规模相适应的工程设计资质或施工总承包资质，也可以是具有相应资质的设计单位与施工总承包单位组成的联合体；

2. 具有相应的财务、风险承担能力；

3. 具有相应的组织机构、项目管理体系、项目管理专业人员和工程业绩。工程总承包项目负责人应当具有相应工程建设类国家级注册执业资格（包括注册建筑师、勘察设计注册工程师、注册建造师或注册监理工程师），拥有与工程建设相关的专业技术知识，熟悉工程总承包项目管理知识和相关法律法规，具有工程总承包项目管理经验，并具备较强的组织协调能力和良好的职业道德；自行实施施工业务的工程总承包负责人还应当取得相应的安全生产考核合格证。

（二）投标人不得存在下列情形：

1. 不得是工程总承包项目的代建单位、项目管理单位、监理单位、造价咨询单位、招标代理单位。

2. 不得是与上述单位存在单位负责人为同一个或者有控股、管理关系的情形。

编制项目申请书、项目建议书和可行性研究报告，以及初步设计文件或方案设计的工程咨询服务单位或其附属机构参与投标的，应主动配合招标人进行答疑，供所有投标人参考。

第十二条　投标文件应当结合工程地质条件和技术特点，按照招标文件要求编制。投标文件应当包括并不限于以下内容：

（一）设计文件和招标文件要求的设计优化建议；

（二）项目管理组织方案；

（三）施工组织设计和施工计划；

（四）设备采购方案；

（五）拟再发包和分包专项工程；

（六）质量安全保障措施及扬尘污染防治措施；

（七）报价清单及说明；

（八）以联合体投标的，还应当提交联合体协议；

（九）建设单位要求提供的投标保函、履约保函或其他相应担保；

（十）类似工程业绩。

第十三条　湖南省人民政府、长沙市人民政府对于政府投资项目资格审查和业主评委有相关规定的从其规定。

第十四条　招标人应当合理确定投标文件的编制时间，一般项目自招标文件开始发出之日起至投标人提交投标文件截止之日止，最短不得少于30日；其中大中型建设项目和工艺复杂的项目一般不得少于45日。

招标文件要求提交设计成果的，鉴于其设计成果有可能局部或部分被最终设计方案采纳或引用，招标人应对被采纳或引用方案的未中标单位予以适当经济补偿。

第十五条 招标文件应载明新技术、新工艺的加分因素，如装配式建筑和 BIM 技术、绿色建筑等。

第十六条 工程总承包评标办法应采用综合评标法。技术标（含设计文件、项目组织管理、施工组织）、商务标和信誉分应按照合理比例制定。具体评标办法由建设行政主管部门另行制定。

第十七条 招标人应当与中标单位签订总承包合同。工程总承包合同可参照住房城乡建设部、国家工商总局联合印发的《建设项目工程总承包合同示范文本》（GF—2011—0216）或国家发展改革委等 9 部门联合印发的《标准设计施工总承包招标文件》（2012 年版）所附合同条款及格式制订。

第十八条 招标人和总承包单位应当在招标文件或者合同中约定总承包风险的合理分担及计算方法。风险分担可以参照以下因素约定：

（一）招标人承担的风险至少包括：

1. 招标人提供的文件，包括环境保护、气象水文、地质条件，初步设计、方案设计等前期工作的相关文件不准确、不及时，造成费用增加和工期延误的风险；

2. 因工程拆迁、移民、管线迁改（涉军、涉铁、涉及高压电、高压油气管）等前期工作进展导致的费用增加和工期延误风险；

3. 提出增加建设内容、调整或改变工程功能，以及提高建设标准等要求，超过双方约定由投标人承担部分而导致的费用增加和工期延误风险；

4. 主要设备、材料等价格调整超过合同约定调整幅度的风险。

（二）承包人承担的风险至少包括：

1. 未充分理解招标文件要求而产生的人员、设备、费用和工期变化的风险；

2. 未充分认识和理解查勘现场及周边环境而可能对项目实施产生不利影响的风险；

3. 投标文件的遗漏和错误，以及含混不清引起的成本及工期增加的风险。

第十九条 工程总承包应采用总价合同，除合同约定可以调整的内容外，合同总价一般不予调整。工程总承包计价办法由建设行政主管部门另行出台配套文件。

第三章 实施阶段项目管理

第二十条 项目的立项、概算报审、用地许可、规划许可、设计审批和备案、招投标、合同备案、施工许可、竣工验收备案等基本建设程序应由建设单位为主体办理。鼓励建设单位委托相应单位对工程总承包进行全过程咨询（设计咨询、监理、造价咨询）管理。全过程咨询服务费列入工程概算。

第二十一条 对实施工程总承包的建设项目，建设主管部门和施工图审查机构可以根据工程实施的实际情况，分阶段进行施工图审查和备案。建设单位可以在符合国家和本市相关规定的前提下，一次性申请领取工程总承包项目的施工许可证，也可以根据施工图审查进度分阶段申请领取施工许可证。

第二十二条 工程总承包企业应当自行实施其资质范围内的业务，不得将工程总承包项目转包和违法分包。工程总承包企业自行实施设计的，不得将工程总承包项目工程主体部分的设计业务分包给其他单位。工程总承包企业自行实施施工的，不得将工程总承包项目工程主体结构的施工业务分包给其他单位。

经建设单位同意并在工程总承包合同中明确，工程总承包单位可以不再通过招标再发包的业务应符合下列规定：

（一）仅具有相应工程设计资质的企业承接工程总承包项目时，应自行承担资质范围内的设计业务，并将全部施工业务发包给具有相应资质的施工总承包单位。

（二）仅具有相应工程施工资质的企业承接工程总承包项目时，应自行承担其资质范围内的施工业务，并将全部设计业务发包给具有相应资质的设计单位。

（三）由设计、施工单位组成联合体的工程总承包企业，应自行承担其资质范围内的设计、施工业务。

工程总承包企业按照工程总承包合同的约定，对总承包工程范围内的工程设计、施工质量、安全生产、施工工期、工程造价等负总责；各勘察、设计、施工和采购企业按照分包合同约定对工程总承包企业负责。各勘察、设计、施工和采购企业根据国家现行法律法规和规章对分包工程的设计、质量、安全生产等承担直接责任，工程总承包企业对总承包工程承担全面责任。

工程总承包企业应当配备项目负责人、项目设计负责人、项目勘察负责人、项目技术负责人、工程质量负责人、施工安全负责人、项目造价负责人等主要项目管理人员；再发包承包单位及分包单位应当按照国家及本省有关规定配备项目管理人员。工程总承包企业和再发包承包单位项目负责人不得同时在两个或两个以上的工程项目上担任项目负责人。工程总承包关键岗位人员配备细则由建设行政主管部门另行制定。

第二十三条 工程总承包合同和施工总承包合同、暂估价再发包合同、专业承包施工合同，发包方应当在签订合同之日起 30 日内，将合同备案资料报相应建设行政主管部门备案。

第二十四条 工程竣工验收由建设单位会同工程总承包企业共同组织。工程保修责任书由工程总承包企业签署。

第二十五条 建设单位要在工程完工后，组织对工程总承包项目的后评价工作，为今后工作推广积累经验。

第四章 监 督 管 理

第二十六条 项目实施过程中参与的各方责任主体，包括工程总承包企业，应按法律法规的规定接受相关部门的监督监管。

政府投资项目还应遵守项目立项审批、招投标、政府采购、建设资金预（结、决）算评审及支付、内部审计等相关管理规定。

第二十七条 建设行政主管部门应完善与工程总承包相适应的项目行政审批、招投标、质量安全监督管理、建设资金管理、审计监督等管理体系。

第二十八条 工程实施过程中的各类工程管理技术文件表格中应增加“工程总承包单位”一栏，由工程总承包企业签署意见。各方责任主体根据其实际承担的工程内容在管理技术文件相应的位置签署意见。相应行业主管部门要将工程总承包企业及其项目负责人作为工程建设责任主体，依法监督其应当履行的建设、勘察、设计、施工、采购的工程质量安全和建筑市场行为主体责任。

第二十九条 建设行政主管部门根据工程总承包合同、工程总承包企业发出的中标通知书或与勘察、设计、施工企业签订的分包合同办理建设工程质量、安全监督和施工许可等相关手续。

第三十条 建设行政主管部门在办理工程质量、安全监督和施工许可等相关手续时，可在“备注”一栏中注明工程总承包企业名称及项目负责人姓名；其他栏目按照各勘察、设计、施工和采购企业实际承担的工程内容填写。

第三十一条 建设行政主管部门应当对总承包合同相关当事方执行法律、法规、规章和强制性标准等情况进行督查检查，按照有关规定建立对总承包单位及总承包项目负责人的信用评价。

第五章 附 则

第三十二条 本办法自公布之日起实行。

广西壮族自治区

广西壮族自治区工程总承包相关政策文件清单

序号	发布时间	文件名称	文号
1	2007年12月	广西壮族自治区建设厅关于印发《广西建筑工程总承包和工程项目管理指导意见》的通知	
2	2016年6月	广西壮族自治区住房和城乡建设厅关于印发《广西壮族自治区房屋建筑和市政基础设施工程总承包试点工作方案》的通知	桂建管〔2016〕41号
3	2016年7月	广西壮族自治区发展和改革委员会《关于规范推进工程总承包工作的通知》	桂发改投资〔2016〕906号
4	2016年12月	广西壮族自治区住房城乡建设厅、财政厅《关于印发推进广西房屋建筑和市政基础设施工程总承包试点发展指导意见的通知》	桂建管〔2016〕117号
5	2017年1月	广西壮族自治区住房和城乡建设厅关于征求《广西壮族自治区房屋建筑和市政基础设施工程总承包标准招标文件（2017年版）》意见的函	桂建函〔2017〕117号
6	2017年8月	贵港市人民政府办公室关于印发《贵港市房屋建筑和市政基础设施工程总承包（EPC）项目操作流程》的通知	贵政办发〔2017〕24号
7	2017年9月	广西壮族自治区住房和城乡建建设厅关于印发《广西壮族自治区房屋建筑和市政基础设施工程总承包标准招标文件（2017年版）》的通知	桂建发〔2017〕14号
8	2017年11月	广西壮族自治区住房城乡建设厅《关于征求〈进一步完善房屋建筑和市政基础设施工程总承包管理的通知（第二次征求意见稿）〉意见的函》	桂建便函〔2017〕747号
9	2018年3月	广西壮族自治区人民政府办公厅《关于促进建筑业持续健康发展的实施意见》	桂政办发〔2018〕29号
10	2018年4月	南宁市人民政府关于印发南宁市房屋建筑和市政基础设施工程总承包管理实施细则（试行）的通知	南府规〔2018〕6号
11	2018年6月	广西壮族自治区水利厅《广西壮族自治区水利建设项目工程总承包指导意见（试行）（征求意见稿）》	
11	2018年7月	广西壮族自治区住房城乡建设厅《自治区住房城乡建设厅关于进一步加强房屋建筑和市政基础设施工程总承包管理的通知》	桂建发〔2018〕9号
12	2018年8月	广西壮族自治区水利厅关于印发《广西壮族自治区水利建设项目工程总承包指导意见（试行）》的通知	桂水规范〔2018〕4号

扫码查看全部政策及解读

广西部分

贵港市人民政府办公室关于印发贵港市房屋建筑和市政基础设施工程总承包（EPC）项目操作流程的通知

贵政办发〔2017〕24号　2017年8月25日

各县、市、区人民政府，各有关单位：

《贵港市房屋建筑和市政基础设施工程总承包（EPC）项目操作流程》已经市人民政府常务会议审议通过，现印发给你们，请认真贯彻执行。

贵港市人民政府办公室

2017年8月25日

贵港市房屋建筑和市政基础设施工程总承包（EPC）项目操作流程

为深化建设项目组织实施方式改革，规范我市房屋建筑和市政基础设施工程总承包项目管理，提升工程建设质量和效益，根据住房城乡建设部《关于进一步推进工程总承包发展的若干意见》（建市〔2016〕93号）、自治区住房城乡建设厅 财政厅《关于印发推进广西房屋建筑和市政基础设施工程总承包试点发展指导意见的通知》（桂建管〔2016〕117号）等文件精神，现制定贵港市房屋建筑和市政基础设施工程总承包项目操作流程。

工程总承包是指从事工程总承包的企业（以下简称“工程总承包企业”）按照与建设单位签订的合同，对工程项目的设计、采购、施工等实行全过程的承包（Engineering Procurement and Construction，简称“EPC”），并对工程的质量、安全、工期和造价等全面负责的承包方式。

一、适用主体

本操作流程所称的贵港市房屋建筑和市政基础设施工程总承包项目，指使用市本级财政投（融）资和国有资金的房屋建筑和市政基础设施工程总承包项目（以下简称：“项目”）。

二、操作流程

（一）工程总承包模式的申请。

建设单位根据项目特点，在项目储备阶段中提出采用EPC模式建设的需求，并在可行性研究报告中就项目是否采用EPC模式，以及选择可研后或初设后的发包模式进行论证比选。如项目列入市本级政府大额投资范畴的，在启动EPC模式招标前，需提请市政府大额投资项目管理委员会审议同意，并由市住建委审查项目招标等有关文件中EPC模式相关约定及要求。

（二）发包阶段的选择。

建设单位可以根据项目特点，在可行性研究或者初步设计审批后，以工程估算（或工程概算）为经济控制指标，以限额设计为控制手段，按照相关技术规范、标准和确定的建设规模、建设标准、功能需求、投资限额、工程质量和进度等要求，依法采用招标方式或直接发包的方式进行工程总承包发包。

直接发包方式仅限于《中华人民共和国招标投标法》规定的以下情形：

（1）涉及国家安全、国家秘密或者抢险救灾而不适宜招标的；

（2）利用扶贫资金实行以工代赈需要使用农民工的；

（3）建设项目的勘察、设计，采用特定专利或者专有技术的，或者其建筑艺术造型有特殊要求的；

（4）承包商、供应商或者服务提供者少于3家，不能形成有效竞争的；

（5）法律法规规定的不适宜招标的其他情形。

国务院发展和改革行政主管部门确定的国家重点项目不进行招标的，应当经国务院发展和改革行政主管部门批准；自治区人民政府确定的地方重点项目不进行招标的，应当经自治区人民政府批准。

全部使用国有资金投资或者国有资金投资占控股或者主导地位且需要审批的工程建设项目不进行招标的，应当经项目审批部门批准；但项目审批部门只审批立项的，由有关行政监督部门批准。

（三）招标上限价及合同价的确定。

为合理确定控制价，每个EPC项目须进行一次控制价评审，市财政局可评审概算或预算。如评审结果存在争议，由市政府成立的项目联合价格询价工作领导小组审核，终达成一致意见。

1. 采用初步设计批复后进行工程总承包招标的，如财政评审概算的，在设计单位编制初步设计及概算后，由市财政局负责评审概算，以财政评审后的工程概算为经济控制指标，在此范围内确定招标上限价；市发改委依据概算评审结果，批复初步设计及概算；建设单位办理工程总承包招标，签订工程总承包合同，中标价格为合同签约价。

如财政评审预算的，在初步设计批复的概算范围内，确定招标上限价。市财政局在施工图设计完成后，进行工程预算评审，以评审后的预算作为经济控制指标，经评审后的总承包费用乘以中标下浮系数后的总额与中标价比较，低价者作为工程总承包项目的实际合同签约价。

2. 采用可行性研究报告批复后进行工程总承包招标的，在市发改委批复可行性研究报告后（可行性研究报告批复的总投资称“估算”），以估算作为经济控制指标，在此范围内确定招标上限价，中标价格为暂定合同签约价。

初步设计单位依据土建工程概算定额编制概算（暂时套用全国定额，在自治区发布土建工程概算定额后，续套用自治区土建工程概算定额）。如财政评审概算的，在市发改委初步设计批复前，市财政局进行工程概算评审，经评审后的总承包费用乘以中标下浮系数后的总额与中标价比较，低价者作为工程总成包项目的实际合同签约价。

如财政评审预算的，市财政局在施工图设计完成后，进行工程预算评审，以评审后的预算作为经济控制指标，经评审后的总承包费用乘以中标下浮系数后的总额与中标价比较，低价者作为工程总承包项目的实际合同签约价。

3. 除招标文件或工程总承包合同的调价原则外，实际合同签约价一般不予调整。

（四）工程总承包企业的选择。

建设单位依法采用招标或者直接发包的方式选择工程总承包企业。工程总承包评标可以采用综合评估法，评审的主要因素包括工程总承包报价、项目管理组织方案、设计方案、设备采购方案、施工计划、工程业绩等。评标办法及评标委员的要求，具体参照《自治区住房城乡建设厅财政厅关于印发推进广西房屋建筑和市政基础设施工程总承包试点发展指导意见的通知》（桂建管〔2016〕117号）执行。

工程总承包企业应当具有与工程规模相适应的工程设计资质或者施工资质，相应的财务、风险承担能力，同时具有相应的组织机构、项目管理体系、项目管理专业人员和工程业绩。

（五）施工图审查及工程建设的实施。

1. 施工图审查、施工许可可依法分阶段办理：按照相关法规规定须进行施工图设计文件审查的工程总承包项目，在工程总承包企业招标确定后，由工程总承包企业组织设计、勘探人员，进行勘探及施工图设计。工程总承包企业可根据项目实施情况，将施工图按单体工程报施工图审查机构审查，市城乡建设主管部门和有关部门应根据工程总承包合同及分包合同，认定设计、施工企业，办理建设工程质量、安全监督和施工许可等相关手续。其中施工图审查、施工许可可依法分阶段办理。

2. 工程进度款支付：可按工程阶段节点付款，或以工程量付款，具体由建设单位在招标文件及合同中约定，但须明确在财政概算或预算评审后，确定实际合同签约价的前提下，进行计价支付。工程总承包企业依据批准的施工图设计文件，按照各分项、各阶段工程合计总价与实际合同签约价相一致的原则，提供节点完成证明证书或阶段工程量清单，交由监理单位、建设单位审定，建设单位向市财政局申请支付工程进度款。

（六）设计变更的组织。

1. 合同价内的设计变更：原则上，除市委、市政府书面提出的设计变更外，其他原因引起的设计变更，应在不降低建设标准和质量的前提下，在合同签约价内（可行性研究报告批复后开展EPC模式招标的项目，称“实际合同签约价”，下同）优化设计方案。在合同签约价内的设计变更审核由总承包单位与项目管理企业、监理单位负责。

建设单位在招标文件及签订合同中，需明确因地质勘察工作失误，导致施工后发现溶洞等地质问题需追加工程投资的，属于工程总承包单位责任，建设单位不再承担该部分追加工程费用。

2. 市委、市政府书面同意的设计变更：依据市委、市政府书面同意的设计变更（含已严格履行地质勘探职责，在施工前未发现而在施工过程中突发难以预见的地质自然灾害、不可预知的地下溶洞、采空区或障碍物、有毒气体等重大地质变化引起的设计变更），建设单位委托设计单位出具初步变更设计图；建设单位组织施工、监理、设计（或勘察）等单位现场确认并开会研究决定（工期、费用），监督部门负责审查技术方面的合理性。变更方案中涉及施工技术要求的，报住建部门（质监站）审批；如有合同外新增项的，市财政局评审变更工程部分的预算。同时，根据《贵港市本级政府大额投资项目暂行管理办法》要求，增加工程费用达相应比例的，按程序报市政府大额投资项目管理委员会审议，在同意增加工程费用后，方可开展变更设计追加的工程施工。

（七）工程竣工的结算。

1. 除市委、市政府提出设计变更要求引起的追加工程投资外，工程竣工结算总价高于合同实际签约价的，超出部分由工程总承包单位自行承担。

2. 市委、市政府提出设计变更要求引起的追加工程投资的情况，工程竣工结算总价高于合同实际签约价与市政府大额投资项目管理委员会审议同意追加款之和的，超出部分由工程总承包单位自行承担。

三、强化项目管理

（一）加强跟踪审计。

建设单位应当加强工程总承包项目全过程管理，督促工程总承包企业履行合同义务。

同时，根据《广西壮族自治区政府投资建设项目审计办法》规定，对投资较大、建设周期较长或者关系国计民生的重大建设项目实行全程监督、跟踪审计。审计机关依法对所管辖的建设项目总预算或者概算的执行情况、年度预算执行情况和年度决算、单项工程结算、项目竣工决算实施审计监督。审计机关对建设项目进行审计时，可以直接对建设单位实施审计，也可以对直接有关的勘察、设计、施工、监理、检测、咨询、供货等单位取得建设项目资金的真实性、合法性进行调查。对于跟踪审计发现的重大问题，由市纪委监察局介入监察。

（二）引入项目管理企业。

建设单位可自行开展工程总承包项目管理，或根据实际需求，引入项目管理企业进行全过程或分阶段工程管理，由市政府大额投资项目管理委员会指定监督部门，依法通过政府采购方式确认、委托项目管理企业。项目管理企业在工程发包前介入，协助建设单位与工程总承包企业签订合同，并监督工程项目总承包合同的履行，与监理单位形成双重监督。项目管理企业侧重于在保证质量、不降标准的前提下，监督工程项目总承包合同的履行，控制投资，节约成本；监理单位侧重于监督工程质量。

项目管理企业由市政府大额投资项目管理委员会指定监督部门负责委托。项目管理企业的具体管理方式及服务内容、权限、收费和责任等，由监督部门商建设单位，与项目管理企业在合同中约定。项目管理企业的费用可从项目工程建设其他费用—项目建设管理费中列支。

（三）规范项目分包管理，严禁转包和违法分包。

工程总承包企业应当加强对分包的管理，可以在其资质证书许可的工程项目范围内自行实施勘察、设计、采购和施工，也可以根据合同约定或者经建设单位同意，不再通过招标方式直接将工程项目的勘察、设计或施工分包给具有相应资质的企业，但不得将工程总承包项目转包，不得把设计和施工一并或分别分包给其他单位。

仅具有设计资质的企业承接工程总承包项目时，应当将工程总承包项目中的施工业务依法分包给具有相应施工资质的企业。工程总承包企业自行实施设计的，不得将工程总承包项目工程主体部分的设计业务分包给其他单位。仅具有施工资质的企业承接工程总承包业务时，应当将工程总承包项目中的勘察、设计业务依法分包给具有相应资质的勘察设计企业。工程总承包企业自行实施施工的，不得将工程总承包项目工程主体结构的施工业务分包给其他单位。

工程总承包企业对工程总承包项目的质量和安全全面负责。工程总承包企业按照合同约定对建设单位负责，分包企业按照分包合同的约定对工程总承包企业负责。工程分包不能免除工程总承包企业的合同义务和法律责任，工程总承包企业和分包企业就分包工程对建设单位承担连带责任。

（四）建立项目结余分成机制。

工程通过优化设计及科技创新管理后，在不降低建设标准和质量的前提下，工程竣工结算总价低于合同签约价的，工程总承包企业、项目管理企业等可按分级参与结余资金的分成。

1. 项目结余资金为实际合同签约价10％以内的，项目结余资金的40％为工程总承包企业所得，其余60％为建设单位所得（若为政府投资项目应返还财政）；

2. 项目结余资金为实际合同签约价10％～20％的，项目结余资金的50％为工程总承包企业所得，其余50％为建设单位所得（若为政府投资项目应返还财政）；

3. 项目结余资金为实际合同签约价20％以上的，项目结余资金的60％为工程总承包企业所得，其余40％为建设单位所得（若为政府投资项目应返还财政）。

四

四、涉及贵港市政府投资房屋建筑和市政基础设施工程总承包项目有关未决事项按照自治区住房城乡建设厅 财政厅《关于印发推进广西房屋建筑和市政基础设施工程总承包试点发展指导意见的通知》（桂建管〔2016〕117号）等有关规范性文件要求执行。

五

五、本操作流程由市发展改革委、市住建委、市财政局负责解释，自印发之日起施行。

广西壮族自治区住房城乡建设厅《关于征求〈进一步完善房屋建筑和市政基础设施工程总承包管理的通知（第二次征求意见稿）〉意见的函》

桂建便函〔2017〕747号　2017年11月14日

各设区市住房城乡建设委（局）：

为进一步贯彻落实《国务院办公厅关于促进建筑业持续健康发展的意见》（国办发〔2017〕19号）和《住房城乡建设部关于进一步推进工程总承包发展的若干意见》（建市〔2016〕93号）等有关文件精神，在出台了《自治区住房城乡建设厅　财政厅关于印发推进广西房屋建筑和市政基础设施工程总承包试点发展指导意见的通知》（桂建管〔2016〕117号）的基础上，为进一步加强我区房屋建筑和市政基础设施工程总承包的管理，现就有关事项通知如下：

一、加强工程总承包承、发包管理

（一）装配式建筑、政府和国有投资工程项目，工程估算价总金额在5000万元人民币以上的非盈利公益性项目，原则上应带头采用工程总承包模式。其他建设项目，由业主自主决定是否采用工程总承包建设模式。

（二）申请在项目可行性研究报告批复后方案设计完成前进行工程总承包招标的，有外观要求的公共建筑、园林景观及市政项目，应提交经过论证的概念设计方案（具体定义详见附件1）作为申报材料。

从我区实践看，除有特殊工期要求的项目及部分重点项目外，工程总承包项目宜从方案设计批复后或初步设计批复后再进行工程总承包招标。

（三）为严格落实工程总承包单位在工程质量安全、进度控制、成本管理等方面的责任，切实做到由工程总承包单位负总责，工程总承包项目应由符合条件的设计或施工总承包企业中的一家承揽，不得采用联合体方式承揽。仅具有设计资质的企业承接工程总承包项目时，应当将工程总承包项目中的施工业务依法分包给具有相应施工资质的企业。仅具有施工资质的企业承接工程总承包业务时，应当将工程总承包项目中的勘察、设计业务依法分包给具有相应资质的勘察设计企业。工程总承包企业自行实施设计的，不得将工程总承包项目工程主体部分的设计业务分包给其他单位。工程总承包企业自行实施施工的，不得将工程总承包项目工程主体结构的施工业务分包给其他单位。

（四）工程总承包项目的招标人可根据评标委员会提出的书面评标报告和推荐的中标候选人确定中标人。依法必须进行招标的项目，招标人应制订相应的定标方案和定标程序，根据评标委员会提出的书面评标报告和推荐的三名中标候选人，自行确定中标人，并在向有关行政监督部门提交的招标投标情况书面报告中，说明确定中标人的理由。

（五）工程总承包项目招标内容及发包范围应完整，确保工程项目的整体交付。多个单独立项批文的项目，不能打包成一个招标项目后进行工程总承包招标。

房屋建筑工程发包的工程内容应当包括地基与基础、主体结构、建筑屋面、装修装饰、建筑幕墙、附建人防工程以及给水排水及供暖、通风与空调、电气、消防、智能、防雷等配套工程。市政基础设施工程包括给水工程、排水工程、燃气工程、热力工程、城市道路工程、城市桥梁工程、城市隧道工程、公共交通工程、轨道交通工程、环境卫生工程、照明工程、绿化工程。发包的工程内容应当包括上述内容。

（六）投标报价由勘察设计费、建筑安装工程费、设备购置费和暂列费用等组成。

暂列费用指建设单位为工程总承包项目预备的用于建设期内不可预见的费用。包括工程招标或签订合同（协议）时尚未确定的内容或不可预见的变更设计、施工等增加的费用，以及一般自然灾害处理、地下障碍物处理、超规超限设备运输等发生的费用。暂列费用使用权归属建设单位，签订总承包项目合同时，合同总价不包括暂列费用，暂列费用单独列项，为不可竞争费用。

（七）工程总承包项目的建设单位可在项目立项后委托全过程工程咨询企业对工程总承包项目实行全过程或分阶段项目管理咨询服务。

依法必须招标的工程建设项目，在项目立项后即可进行招投标，择优选择全过程项目管理咨询企业。

从可行性研究完成后开始工程总承包招标的项目，应委托开展全过程工程咨询服务工作。

（八）工程总承包项目的投标人不能由工程总承包项目的代建单位、全过程工程咨询单位、监理单位、第三方项目管理单位、招标代理单位或者与前述单位有控股或者被控股关系的机构或单位承担。

编制项目申请书、项目建议书和可行性研究报告，以及初步设计文件或方案设计的工程咨询服务单位或者与前述单位有控股或者被控股关系的机构或单位可以参与工程总承包投标。项目申请书、项目建议书和可行性研究报告，以及初步设计文件或方案设计文件等与该招标工程相关的图纸及技术资料（含电子文件），由招标人在发售招标文件时，全部公开提供给所有潜在投标人参考。

（九）工程总承包企业应根据项目需要，建立总承包项目部，配备工程总承包项目经理、项目设计负责人、项目施工负责人、项目造价负责人、采购负责人等主要项目管理人员；分包单位应当按照有关规定配备项目管理人员。

工程总承包项目经理应为注册建筑师、注册结构工程师、注册一级建造师和高级专业技术职称，熟悉工程总承包项目管理知识、相关法律法规和标准，并具备较强的组织协调能力和良好的职业道德。工程总承包项目经理还应当承担过工程总承包项目负责人，或承担过大中型工程项目的设计项目负责人、代建项目负责人或者施工项目负责人。

工程总承包项目经理、项目设计负责人、项目施工负责人实施诚信卡管理，工程总承包项目经理、项目设计负责人不得同时在四个或四个以上的工程总承包项目上任职。

（十）建设单位和工程总承包企业应当在招标文件以及工程总承包合同中约定总价包干范围以及合同价格调整的变更范围、价格调整办法等事项。建设单位承担的风险包括：

1. 在经批复的可行性研究报告或初步设计或方案设计之外，提出增加建设内容；在方案设计或初步设计或施工图设计中提出调整或改变工程功能，以及提高建设标准等要求，造成设备材料和人工费用增加的风险；

2. 招标人提出工期调整要求，或因前期工作进度而影响工程实施进度的风险；

3. 因国家政策、法律法规变化引起的工程费变化；

4. 主要工程材料价格和招标时基价相比，波动幅度超过总承包合同约定幅度的部分；

5. 难以预见的地质自然灾害、不可预知的地下溶洞、采空区或障碍物、有毒气体等重大地质变化，其损失与处置费由建设单位承担；因总承包单位施工组织、措施不当等造成上述问题，其损失和处置费由工程总承包企业承担；

6. 保护周边建筑物、构筑物及地下设施等费用由建设单位承担；

7. 其他不可抗力所造成的工程费的增加。

除上述建设单位承担的风险外，其他风险可以在工程总承包合同中约定由工程总承包企业承担。

二、完善工程总承包项目的监督管理

（一）按照法规规定进行施工图设计审查的工程总承包项目，施工图审查机构可以根据实际情况按照基坑支护、主体结构地下部分与主体结构地上部分分阶段进行施工图设计文件审查。符合施工许可条件的，建设主管部门依法允许分阶段办理施工许可证。

（二）工程总承包项目在办理施工图审查、工程质量安全监督和施工许可等相关手续时，应在相应的表格中增加“工程总承包单位”和“工程总承包项目经理”栏目；其他栏目可以根据工程总承包合同及分包合同，按照各勘察、设计、施工企业实际承担的工程内容填写。

（三）住房城乡建设主管部门在对工程总承包项目实施监督管理时，除建设、勘察、设计、施工、监理（或全过程工程咨询）等五方主体外，应将工程总承包企业及其项目负责人作为工程建设责任主体，纳入建筑工程责任主体项目负责人质量终身责任追究办法监管范围，在法人授权书、质量终身责任承诺书、永久性标牌、质量终身责任信息表中增加工程总承包单位（详见附件 2～附件 5）。

（四）监理单位（或全过程工程咨询单位）应当对工程总承包范围内的工程质量和施工安全实施监督管理，配备与监理工作相适应的项目监理机构人员，并承担相应监理责任。项目监理机构（全过程工程咨询机构）在项目实施过程中发现勘察、设计、施工行为违反法律法规、强制性技术标准或者合同约定的，应当要求工程总承包企业予以改正；工程总承包企业拒不改正的，应当及时报告建设单位。

三、完善工程总承包计价及结算管理

（一）建设单位在投资主管部门批准的工程估算（设计概算已批准的为工程概算）范围内确定最高投标限价进行工程总承包招标，与中标单位签订工程总承包合同，中标价格为暂定合同价，并以暂定合同价作为依据进行工程款支付。

（二）由多个单体组成的工程总承包项目在招标阶段宜仅设定一个总的招标控制价，完成施工图预算后确定项目总的实际合同价，项目结算时需进行总体结算。

（三）建设单位不得随意改变已经通过审批的建设内容，在不影响项目实际使用功能的情况下，建设单位不得随意提高项目建设标准。

（四）各项目应按以下规则进行项目变更管理。

1. 工程总承包单位应优化设计再进行施工，原则上政府投资工程除政策、规划出现重大调整外，不再进行设计变更，特殊情况的变更按现行政策执行。

2. 项目初步设计批复后不得擅自修改，经批准的初步设计概算不得随意变更和突破，属新增建设内容应重新立项建设（新增建设内容指原初步设计中不包含、非施工必要措施、且不影响原项目建设完成和发挥使用功能的内容）。

（五）工程竣工结算评审。工程总承包单位完成竣工图后，按财政投资评审要求送财政部门进行竣工结算评审。评审后的核定价应区分核定合同内外造价。

1. 合同内造价

（1）在合同约定的范围内，工程结算价未超过财政部门审定的实际合同总价 10%（含 10%）的建设项目，财政部门不再进行工程竣工结算评审。工程结算价低于实际合同总价的建设项目，按实际结算费用予以工程结算。如果满足“项目结余分成”条件，则按“项目结余分成”条款进行分成。工程结算价格超过实际合同总价、但未超过 10%（含 10%）的建设项目，建设单位按实际合同总价予以工程结算，超出实际合同总价部分由工程总承包单位自行承担（除招标文件或工程总承包合同中约定的调价原则外）。

（2）在合同约定的范围内，工程结算价超过实际合同总价 10%以上的建设项目，需送财政部门进行工程竣工结算评审。经审定的工程结算金额超出实际合同总价 10%（含 10%）以内的建设项目，建设单位按实际合同总价予以工程结算，超出部分由工程总承包单位自行承担（除招标文件或工程总承包合同中约定的调价原则外）。经审定的工程结算金额超出实际合同总价 10%以上的建设项目，超出实际合同总价 10%（含 10%）以内部分由工程总承包单位承担（除招标文件或工程总承包合同中约定的调价原则外），超出实际合同总价 10%以上部分由建设单位承担。

2. 合同外造价

核定合同外造价应明确风险责任方，以非工程总承包单位责任方涉及造价作为实际合同外造价。包括但不限于暂列费用，超出暂列费用金额的合同外造价应按实结算。

最终实际合同内造价与实际合同外造价之和为最终结算价。在施工过程中，不再对进度款进行评审，依据实际完成的工程量按实拨付。

（六）项目结余分成。工程总承包单位通过优化设计及科技创新管理后，工程竣工结算总价（不包括减少原施工图纸的规模、内容和降低装修标准和安全系数）低于实际合同总价时，竣工结算总价与实际合同总价的差额为该工程总承包项目的结余资金。工程总承包单位应按分级累进法参与结余资金的分成。

1. 项目结余资金为实际合同价 10%以内部分，项目结余资金的 40%为工程总承包单位所得，其余 60%为建设单位所得（若为政府投资项目应返还财政）；

2. 项目结余资金为实际合同价 10%～20%部分，项目结余资金的 50%为工程总承包单位所得，其余 50%为建设单位所得（若为政府投资项目应返还财政）；

3. 项目结余资金为实际合同价 20%以上部分，项目结余资金的 60%为工程总承包单位所得，其余 40%为建设单位所得（若为政府投资项目应返还财政）。

（七）建设单位可以根据项目实际情况，在合同中对预付款的支付方式进行约定，可以在合同签订后立即支付预付款也可以根据项目实际推进进度分阶段（如基坑支护施工、地下部分施工、主体部分施工）支付预付款。

附件：

1. 概念性设计方案（略）
2. 法定代表人授权书（略）
3. 工程总承包单位项目负责人工程质量终身责任承诺书（略）
4. 工程竣工永久性标牌（略）
5. 工程质量终身责任信息表（略）

南宁市人民政府《关于印发南宁市房屋建筑和市政基础设施工程总承包管理实施细则（试行）的通知》

南府规〔2018〕6号 2018年4月13日

各县、区人民政府，市政府各部门，各管委会，市级各双管单位，市直各事业、企业单位：

《南宁市房屋建筑和市政基础设施工程总承包管理实施细则（试行）》已经市十四届人民政府第31次常务会议审议通过，现印发给你们，请认真贯彻执行。

南宁市人民政府

2018年3月29日

南宁市房屋建筑和市政基础设施工程总承包管理实施细则（试行）

为深化建设工程组织实施方式改革，推动建筑业转型发展，根据《中华人民共和国建筑法》《中华人民共和国招标投标法》和住房城乡建设部《关于推进建筑业改革和发展的若干意见》（建市〔2014〕92号）、《关于进一步推进工程总承包发展的若干意见》（建市〔2016〕93号），以及自治区住房和城乡建设厅、财政厅《关于印发推进广西房屋建筑和市政基础设施工程总承包试点发展指导意见的通知》（桂建管〔2016〕117号，以下简称《指导意见》）等文件精神，结合我市实际，制定本实施细则。

第一条 本《实施细则》所指工程总承包是指从事工程总承包的企业按照与建设单位签订的合同，对工程项目的设计、采购、施工等实行全过程的承包，并对工程的质量、安全、工期和造价等全面负责的承包方式。工程总承包一般采用“设计—采购—施工”总承包或者“设计—施工”总承包模式。建设单位也可以根据项目特点和实际需要，按照风险合理分担原则和承包工作内容采用其他工程总承包模式。

第二条 凡南宁市行政区域范围内采用工程总承包模式的房屋建筑和市政基础设施项目均适用于本《实施细则》。

第三条 市建设行政管理部门负责市本级项目工程总承包活动的监督管理，各县、城区建设行政管理部门及各开发区管委会按照其职责权限，负责管辖范围内工程总承包活动的监督管理。

发展改革管理部门按照其职责权限，负责对项目进行审批，对其招标方式进行核准，同时应根据项目特点，在可行性研究、初步设计完成后，确定并细化建设规模、建设标准、投资限额。

财政部门按照其职责权限，负责对财政投资的工程总承包项目在可行性研究、初步设计阶段的投标限价按照程序进行核准。

审计部门按照其职责权限，根据工程总承包特点，负责对工程总承包项目进行审计。

第四条　建设单位在完成项目建议书批复、项目核准或备案管理后，按照以下方式纳入工程总承包试点：

（一）国有资金投资（含财政投融资资金）为主的工程项目，由建设单位依我市建设工程分级管理权限向项目管辖地建设行政主管部门提出纳入工程总承包建设模式试点的书面申请。建设范围、建设规模、建设标准、功能需求等前期条件较明确的国有资金投资（含财政投融资资金）为主的工程项目，装配式建筑工程项目，经项目审批部门核准的工程估算价总金额在5000万元人民币以上的非盈利公益性项目，原则上应采用工程总承包模式。

（二）非国有投资的企业投资项目，由建设单位自主决定采用工程总承包建设模式，并依我市建设工程分级管理权限向项目管辖地建设行政主管部门提交纳入工程总承包建设模式试点的书面报告。

（三）采用工程总承包模式依法必须进行招标的装配式建筑项目，并适用于技术复杂、有特殊要求且只有少量潜在投标人可供选择的情形的，经项目管辖地建设行政主管部门组织论证后，依法可以邀请招标。

第五条　工程总承包项目应当按照相关法规的规定进行施工图审查。建设单位可以根据项目实施情况，将施工图分阶段进行审查报备。房屋建筑工程原则上可分为基坑、主体、装修等三个阶段，市政工程原则上分主体和附属工程两个阶段。

第六条　工程项目所在地建设行政主管部门和有关部门应根据工程总承包合同及分包合同，办理建设工程质量、安全监督和施工许可等相关建设手续。

建设单位可根据项目实施情况申请一本施工许可证，也可以分基坑支护、地下室（含地基与基础分部工程）、地上部分等阶段申请多本施工许可证。

第七条　建设单位可在可行性研究报告批复后、设计方案批复后或初步设计批复后三个阶段进行工程总承包发包。

第八条　建设单位在项目发包前应做好前期论证和设计把关工作，主要有：

（一）项目可研和方案设计阶段应进行方案比选；

（二）招标需求应按不低于自治区住房和城乡建设厅、财政厅《指导意见》明确的项目建设规模和建设标准进行编制，同时应明确是否采取装配式建造、是否采用建筑信息模型（BIM）技术等；

（三）建设单位原则上不得随意要求变更初步设计，如有此类情况导致设计存在质量问题影响财政部门无法及时审定项目工程总承包概算数，延误前期工作时间的，由建设单位承担相关责任。

第九条　建设单位可根据需求委托具有相应资质和能力的项目管理公司进行第三方全过程管理咨询服务，相应费用列入工程建设成本。

第三方全过程工程咨询服务机构在工程总承包项目中承担以下工作职责：

（一）做好项目前期工作，确保项目能够按照预定目标和工程项目建设程序顺利推进。

（二）协助建设单位加强对总承包企业的合同管理，加强设计进度和施工进度的控制，加强设计质量和施工质量的把关，确保工期、质量、安全等项目目标的实现。根据项目实际情况，建设单位亦可要求第三方全过程工程咨询服务机构对项目建造全过程的质量、安全情况进行全面评估。

（三）协助建设单位实行全过程投资管理，通过深入开展项目论证、大力推动设计优化和限额设计、严格控制变更签证、认真做好工程造价的审核工作，确保投资估算、初步设计概算、施工图预算、工程款支付、竣工结算的合理性，最大限度地避免“三超”（决算超预算、预算超概算、概算超估算）现象。

第十条　建设单位应合理确定工程总承包项目招投标的最高投标限价，按资金来源分为以下几种情形确定：

（一）拟在初步设计批复前招标的国有资金投资（含财政投融资资金）为主的工程项目，由建设单位委托具备相应资质的造价机构编制最高投标限价，且应当在招标文件中明确最高投标限价或者最高投标限价的计算方法。最高投标限价应在项目审批部门批复的工程估算范围内。

（二）拟在初步设计批复后招标的以财政投融资资金为主的政府投资工程项目，由财政部门审核最高投标限价；除财政投融资资金外的国有资金投资工程项目，由建设单位委托具备相应资质的造价机构编制最高投标限价。

（三）非国有投资的企业投资项目的最高投标限价的确定可参照上述两种方式确定。

第十一条　国有资金投资（含财政投融资资金）为主的工程项目实施工程总承包的，项目计价原则为总价包干。

（一）在初步设计批复前进行工程总承包发包并采用预算后审方式的，按如下方法确定实际合同价：

1．建设单位在项目审批部门批准的工程估算范围内确定最高投标限价进行工程招标，与中标单位签订工程总承包合同，中标价格为暂定合同价格，暂定合同价格与最高投标限价之比为中标下浮系数。

2．工程总承包企业完成施工图审查手续并完成施工图预算后，按财政投资评审要求送财政部门进行工程施工图预算评审（施工图预算造价不含货物和服务的费用，采用的信息价原则上以施工图审查备案后第一个月的《南宁建设工程造价信息》的信息价为准）。涉及货物和服务采购的按《中华人民共和国政府采购法》及其实施条例等法律法规执行，招标中标结果作为结算审核的依据。

3．评审后总承包费用（不含货物和服务的费用）乘以中标下浮系数后的数额与货物和服务采购招标中标结果合计即为实际合同价。

4．除招标文件或工程总承包合同约定的调价原则外，实际合同价一般不予调整，但可计取一定的总价风险系数。

（二）在初步设计批复后进行工程总承包发包，按如下方法确定实际合同价：

1．在项目审批部门完成初步设计文件及概算批复后，建设单位将项目工程总承包招标范围对应的、满足概算编审深度的初步设计图纸及概算报财政部门进行评审，审定的工程总承包概算金额，作为项目工程总承包招标的上限控制数，由建设单位按第十条第（二）项确定并出具项目最高投标限价进行工程招标，中标价即为实际合同价；

2．项目中如有需按《中华人民共和国政府采购法》规定进行采购的货物和服务，则应按政府采购程序进行。

第十二条 工程建设单位可根据项目实际特点，在可行性研究、方案设计或者初步设计批复后，按照确定的建设规模、建设标准、投资限额、工程质量和进度要求等进行工程总承包项目招标。

以国有资金投资（含财政投融资资金）为主的政府投资工程项目，应在方案设计批复后或者初步设计批复后招标。

第十三条 项目具备以下条件方可进行发包：

（一）招标人已依法成立；

（二）已办理土地使用批准手续；

（三）按照国家、自治区、南宁市有关规定需要履行项目审批、核准或备案手续的，已经履行并取得批准或已备案；

（四）委托负责全过程管理咨询服务的项目管理公司（如有）；

（五）已确定采用工程总承包的建设模式；

（六）工程建设资金已落实；

（七）法律、法规、规章规定的其他条件。

第十四条 投标人应具有与招标项目相适应的资质条件，如投标人采用联合体形式投标的，组成联合体的各方一般不宜超过两家。

第十五条 招标人编制的招标文件应当使用标准的工程总承包范本。招标人应当合理确定投标文件的编制时间，在方案设计完成前开始进行招标的，不应少于25个日历天；在方案设计完成后开始进行招标的，不应少于30个日历天。

第十六条 工程总承包评标应采用综合评估法，综合评估因素主要包括工程总承包报价、项目管理组织方案、勘察设计技术方案、设备采购方案、施工组织设计或者施工计划、质量安全保证措施、工程总承包项目业绩及信用等。属应采用建筑信息模型（BIM）技术、装配式建筑的试点项目，招标人应当设置采用装配式建造方式、建筑信息模型（BIM）技术等科技应用评分内容，并鼓励非试点项目采用以上评分内容。

第十七条 评标委员会组成应满足以下规定：评标委员会总人数应为9人以上单数，其中业主评标专家原则上不得超过2人。在方案设计完成后初步设计完成前，或初步设计完成后施工图设计完成前开展工程总承包招标的，招标项目评标委员会成员应当包含设计、施工和工程经济等方面的专家，其中设计和施工的评标专家均至少为2人（房屋建筑工程中的设计评标专家应包括建筑设计和结构设计）。

第十八条 工程总承包企业可以在其资质许可范围内自行实施工程的勘察、设计、采购和施工，也可以根据合同约定或经建设单位同意，不再通过招标方式将工程的勘察、设计或施工分包给具有相应资质的勘察、设计或施工企业。依法进行工程分包的，工程总承包企业应向项目所在地建设行政主管部门办理分包合同备案。

第十九条 工程总承包企业按照工程总承包合同的约定，对总承包工程范围内的工程设计、施工质量、安全生产、施工工期、工程造价等负总责；各勘察、设计、施工和采购企业按照分包合同约定对工程总承包企业负责。

各勘察、设计、施工和采购企业根据国家现行法律法规和规章对分包工程的设计、质量、安全生产等承担直接责任，工程总承包企业承担连带责任。

第二十条 工程总承包企业应按以下标准组织工程项目部进行管理：

（一）工程总承包项目应当配备相应的项目管理班子，包括项目负责人、设计负责人、施工负责人等，符合资格要求的项目负责人可兼任本项目的设计负责人或施工负责人。

（二）工程总承包项目负责人应为注册建筑师、注册结构工程师、注册一级建造师或具有工程类高级专业技术职称。

第二十一条 参建单位应遵循以下要求管理项目进度：

（一）工程总承包项目负责人应组织编制总体进度计划及勘察、设计、采购、施工计划，并按合同要求提交给建设单位及其服务咨询机构。

（二）因工程总承包企业责任造成工期严重延误的，按照信用体系有关管理办法，扣减工程总承包企业及工程总承包项目相关责任从业人员的信用分。

第二十二条 参建单位应遵循以下要求管理项目质量安全：

（一）工程总承包企业应建立并且落实质量安全管理体系。

（二）工程总承包企业应积极配合监理、项目管理公司、政府有关部门的质量安全监督。

（三）各企业应将设计安全和现场安全管理进行有效整合，保证项目安全可靠的进行。

（四）明确细化安全管理责任制，建立和落实安全生产责任制，把“管生产必须管安全”和“谁主管谁负责”的原则在制度上固定下来，加强安全责任制宣传，明确各级管理人员安全管理的职责。

（五）工程总承包企业，应明确分包单位的安全生产责任，并督促其落实，对分包施工工程的安全承担连带责任。

（六）建设单位委托具有相应资质的检测机构进行工程检测，检测机构应依据国家有关法律、法规和工程建设强制性标准实施检测。

（七）由工程总承包企业造成严重质量安全问题的，按照信用体系有关管理办法，扣减工程总承包企业及工程总承包项目相关责任从业人员的信用分，并追究其法律责任。

第二十三条 各项目应按以下规则进行项目变更管理：

（一）工程总承包企业应优化设计再进行施工，原则上政府投资工程除政策、规划出现重大调整外，不再进行设计变更，特殊情况的变更按现行政策执行。

（二）项目初步设计批复后不得擅自修改，经批准的初步设计概算不得随意变更和突破，属新增建设内容应重新立项建设（新增建设内容指原初步设计中不包含、非施工必要措施、且不影响原项目建设完成和发挥使用功能的内容）。

第二十四条 工程总承包项目的各类工程管理技术性文件、报验表格等资料应按工程总承包项目特点和相关规定进行调整，增加“工程总承包企业”一栏，由工程总承包企业签署意见，各勘察、设计、施工企业根据其实际承担的工程内容在管理技术文件、报验表格的相应位置签署意见。

第二十五条 各项目应按以下规则对项目工程款进行支付管理。

（一）工程实施过程中，工程总承包企业应当依据住房城乡建设主管部门批准的施工图设计文件，按照各分项、各阶段工程合计总价与实际合同价相一致的原则提供阶段工程量清单，经监理单位及建设单位审定后，建设单位应依据合同约定的条款进行计量支付。

（二）建设单位应当确保建设资金及时到位，宜采用按比例或按月度约定额度支付方式并在合同中予以明确。

（三）工程总承包企业完成合同约定的全部工程并且符合质量安全标准，在履行完缺陷责任期内规定的义务后，建设单位应付清全部工程款。

第二十六条　项目工程应按以下规则实施竣工验收：

（一）工程竣工验收由建设单位组织，工程总承包企业、勘察、设计、施工、监理等参建各方主体参加。

（二）工程保修责任书由工程总承包企业签署，并由其负责向建设单位移交全套工程技术资料。项目前期资料由建设单位负责收集，并由建设单位向城建档案管理部门移交建设工程档案。项目采用BIM技术或装配式建筑技术的，鼓励建设单位将其BIM模型数据及装配式建筑技术数据，在移交城建档案管理部门的同时，一并移交建设行政主管部门。

第二十七条　项目工程应分为以下两种情形进行竣工结算：

（一）国有资金投资（含财政投融资资金）为主工程项目竣工结算

1. 工程竣工验收完成后，由工程总承包企业编制竣工结算文件并报建设单位审核。

2. 在合同约定的范围内，工程结算价未超过审定的实际合同总价10%（不含）的建设项目，不再进行工程竣工结算评审，建设单位按实际结算费用予以工程结算。工程结算价格最高不超过施工图预算评审价的10%（含），超过部分的费用由工程总承包企业自行承担（除招标文件或工程总承包合同中约定的调价原则外）。

（二）其他工程项目的竣工结算

不属于国有资金投资的其他工程项目，依据工程总承包合同的约定进行结算。

第二十八条　建设行政管理部门在对工程总承包项目实施监督管理时，除建设、勘察、设计、施工、监理等五方主体外，还应将工程总承包企业及其项目负责人作为工程建设责任主体，依法监督其履行勘察、设计、施工、采购的工程质量安全和建筑市场行为主体责任。如工程发生质量事故或施工安全事故、建设违法违规行为时，应依法对责任单位予以责任追究。

第二十九条　工程开工建设前，建设、勘察、设计、工程总承包施工、监理单位法定代表人应当签署授权书，明确本单位项目负责人。

项目负责人应当在办理工程质量监督手续前签署工程质量终身责任承诺书，连同法定代表人授权书，报工程质量监督机构备案。项目负责人如有更换的，应当按规定办理变更程序，重新签署工程质量终身责任承诺书，连同法定代表人授权书，报工程质量监督机构备案。

建设、勘察、设计、工程总承包施工、监理单位应严格按照《建筑工程五方责任主体项目负责人质量终身责任追究暂行办法》有关规定落实五方责任主体项目负责人质量终身责任。存在相应质量责任时，建设主管部门应当依法追究项目负责人的质量终身责任。

第三十条　本《实施细则》自2018年4月1日起实施，有效期2年。

自治区住房城乡建设厅《关于进一步加强房屋建筑和市政基础设施工程总承包管理的通知》

桂建发〔2018〕9号　2018年7月27日

各设区市住房城乡建设委（局）：

为贯彻落实《国务院办公厅关于促进建筑业持续健康发展的意见》（国办发〔2017〕19号）精神，进一步加强我区房屋建筑和市政基础设施工程总承包管理，现就有关事项通知如下：

一、加强工程总承包承、发包管理

（一）建设范围、建设规模、建设标准、功能需求等前期条件较明确的政府和国有投资工程项目、装配式建筑、工程估算价总金额在5000万元人民币以上的非盈利公益性项目，原则上应带头采用工程总承包建设模式。其他建设项目，由业主自主决定是否采用工程总承包建设模式。

（二）申请在项目可行性研究报告批复后方案设计完成前进行工程总承包招标的，有明确外观要求的公共建筑、园林景观及市政项目，应提交经过论证的概念性方案设计（具体定义详见附件1）作为申报材料。

除有特殊工期要求的项目及部分重点项目外，工程总承包项目宜从初步设计批复后或方案设计批复后再进行工程总承包招标。

（三）工程总承包单位应当具有与工程规模相适应的工程设计资质（仅具有建筑工程设计事务所资质除外）或者施工总承包资质。严格落实工程总承包单位在工程质量安全、进度控制、成本管理等方面的责任，切实做到由工程总承包单位负总责，鼓励工程总承包项目由符合条件的一家设计或施工总承包企业承揽。

（四）采用工程总承包模式依法必须进行招标的装配式建筑项目，并适用于技术复杂、有特殊要求且只有少量潜在投标人可供选择的情形的，依法可以邀请招标。

（五）工程总承包项目招标内容及发包范围应完整，确保工程项目的整体交付。

房屋建筑工程发包的工程内容应当包括地基与基础、主体结构、建筑屋面、装修装饰、建筑幕墙、附建人防工程、给水排水及供暖、通风与空调、电气、智能、电梯、室外工程等配套工程。

市政基础设施工程发包的工程内容应当包括给水工程、排水工程、燃气工程、热力工程、城市道路工程、城市桥梁工程、城市隧道工程、公共交通工程、轨道交通工程、环境卫生工程、地下综合管廊工程、照明工程、园林绿化工程等，当工程中无该项内容的，可不包括。

（六）工程总承包项目的建设单位可在项目立项后委托全过程工程咨询企业对工程总承包项目实行全过程工程咨询服务。

依法必须招标的工程建设项目，在项目立项后即可进行招投标，择优选择全过程工程咨询企业。

从可行性研究完成后实施工程总承包招标的项目，应委托开展全过程工程咨询服务工作。

（七）工程总承包项目的投标人不能由工程总承包项目的代建单位、全过程工程咨询企业、监理单位、第三方项目管理单位、招标代理单位或者与前述单位有控股或者被控股关系的机构或单位承担。

在工程发包前为招标人编制项目建议书、可行性研究报告以及勘察设计文件的工程咨询服务单位或者与前述单位有控股或者被控股关系的机构或单位，可以参与工程总承包投标。图纸及技术资料等前期勘察设计咨询成果材料必须在招标时公布，供所有潜在投标人参考。

（八）工程总承包项目原则上采用固定总价合同，投标报价由勘察设计费、建筑安装工程费、设备购置费和暂列费用等组成。除招标文件或者工程总承包合同约定的调价原则以及应当由建设单位承担的风险费用外，工程总承包合同价格一般不予调整。过程中涉及应由建设单位缴纳的规费由建设单位缴纳。

暂列费用指建设单位为工程总承包项目预备的用于建设期内不可预见的费用。暂列费用为工程总承包项目可行性研究报告批复或初步设计批复中的预备费，其额度不超过总造价的10%，使用权归属建设单位，签订总承包项目合同时，合同总价不包括暂列费用，暂列费用单独列项，为不可竞争费用。

（九）建设单位和工程总承包单位应当在招标文件以及工程总承包合同中约定总价包干范围以及合同价格调整的变更范围、价格调整办法等事项。建设单位承担的风险可以参照如下因素进行约定：

建设单位承担的主要风险一般包括：

1. 建设单位提出的建设范围、建设规模、建设标准、功能需求、工期或者质量要求的调整；

2. 提供的环境保护、气象水文、地质资料、地下管线、规划设计条件、方案设计、初步设计等前期工作相关文件不准确、不及时，造成工程费用增加和工期延误；

3. 因国家政策、法律法规变化引起的合同价格的变化；

4. 难以预见的地质自然灾害、不可预知的地下溶洞、采空区或障碍物、有毒气体等重大地质变化，其损失与处置费由建设单位承担；因工程总承包单位施工组织、措施不当等造成的上述问题，其损失和处置费由工程总承包单位承担；

5. 其他不可抗力所造成的工程费用的增加。

除上述建设单位承担的风险外，其他风险可以在工程总承包合同中约定由工程总承包单位承担。

建设单位要求工程总承包单位出具履约担保的，建设单位也应当向工程总承包单位出具支付担保。

二、完善工程总承包项目实施阶段的管理

（一）工程总承包单位应当建立与工程总承包相适应的组织机构和管理制度，形成项目设计管理、采购管理、施工管理、试运行以及质量、安全、工期、造价等工程总承包综合管理能力。

工程总承包单位应当按照《建设项目工程总承包管理规范》(GB/T 50358—2017) 要求，在施工现场设立项目管理机构，并配备相应管理人员，加强设计、采购与施工的协调，完善和优化设计，改进施工方案，实现对工程总承包项目的有效控制。

(二) 工程总承包项目可以根据实际情况分阶段进行施工图设计文件审查。符合施工许可条件的，建设主管部门依法允许分阶段办理施工许可证。

(三) 住房城乡建设主管部门在对工程总承包项目实施监督管理时，除建设、勘察、设计、施工、监理等五方主体外，应将工程总承包单位及其项目经理作为工程建设责任主体，纳入建筑工程责任主体项目负责人质量终身责任追究办法监管范围，在法人授权书、质量终身责任承诺书、永久性标牌、质量终身责任信息表中增加工程总承包单位（详见附件 2～附件 5)，在施工图审查、工程质量安全监督和施工许可等相应的表格中增加“工程总承包单位”和“工程总承包项目经理”栏目；其他栏目可以根据工程总承包合同及分包合同，按照各勘察、设计、施工企业实际承担的工程内容填写。

(四) 工程总承包单位可根据合同约定或者经建设单位同意，将工程总承包合同中的设计或者施工业务分包给具有相应资质的单位。

工程总承包单位同时具有相应的设计和施工资质的，可以将工程的设计或者施工业务分包给具备相应资质的单位，但不得将工程总承包项目中设计和施工全部业务一并或者分别分包给其他单位。工程总承包单位自行实施施工的，不得将工程主体结构的施工分包给其他单位；自行实施设计的，不得将工程主体部分的设计分包给其他单位。

工程总承包单位仅具有相应设计资质的，应当将工程总承包项目中的全部施工业务分包给具有相应施工资质的单位，不得将主体部分的设计分包给其他单位。工程总承包单位仅具有相应施工资质的，应当将工程总承包项目中的全部设计业务分包给具有相应设计资质的单位，不得将工程主体结构的施工分包给其他单位。

工程总承包单位可以将工程的全部勘察业务分包给具备相应资质条件的勘察单位。

(五) 各项目应按以下规则进行项目变更管理：

1. 工程总承包单位应先优化设计再进行施工，原则上政府投资工程除政策、规划出现重大调整外，不再进行设计变更，特殊情况的变更按现行政策执行。

2. 项目初步设计批复后不得擅自修改，经批准的初步设计概算不得随意变更和突破，属新增建设内容，在建设前，必须原审批部门重新核定新增内容、标准和概算，在落实投资来源时可直接增补，相对独立的也可重新立项建设（新增建设内容指原初步设计中不包含、非施工必要措施、且不影响原项目建设完成和发挥使用功能的内容)。

(六) 建设单位可以根据项目实际情况，在合同中对预付款的支付方式进行约定，可以在合同签订后立即支付预付款也可以根据项目实际推进进度分阶段支付预付款。

本通知与《自治区住房城乡建设厅关于推进广西房屋建筑和市政基础设施工程总承包试点发展的指导意见》(桂建管〔2016〕117 号) 不一致的，以本通知为准。

广西壮族自治区水利厅关于印发《广西壮族自治区水利建设项目工程总承包指导意见（试行）》的通知

桂水规范〔2018〕4号　2018年8月24日

为贯彻落实《国务院办公厅关于促进建筑业持续健康发展的意见》（国办发〔2017〕19号）、《广西壮族自治区人民政府办公厅关于促进建筑业持续健康发展的实施意见》（桂政办发〔2018〕29号）和《水利部关于深化水利改革的指导意见》等文件精神，规范我区水利建设项目工程总承包管理，结合我区水利工程建设实际，提出如下指导意见。

一、充分认识实行工程总承包的重要意义

（一）水利建设项目实行工程总承包，有利于实现设计、采购、施工、试运行等各阶段工作的深度融合，优化配置技术、人力、资金和管理资源，提高工程建设效率；有利于挖掘设计单位与施工单位的协作潜力，提高技术服务质量与水平，缩短水利工程建设周期，有效控制工程造价；有利于解决项目法人或项目业主技术力量薄弱、管理能力不足、管理水平不高等突出问题，简化合同关系，激发总承包单位的主动性、积极性和创造性，促进新技术、新工艺、新方法的应用，提高建设管理水平。

二、准确把握实行工程总承包的总体要求

（二）水利建设项目工程总承包（以下简称工程总承包），是指从事工程总承包的企业（或者联合体，下同）按照与项目法人签订的合同，对工程项目的设计、采购、施工等实行全过程或者若干阶段承包，并对工程的质量、安全、工期和造价等全面负责的工程建设组织实施方式。

（三）政府投资或者以政府投资为主的水利建设项目实行工程总承包，适用本指导意见。

（四）工程总承包一般采用设计—采购—施工总承包（EPC）或者设计—施工总承包（D—B）方式。也可以根据项目特点和实际需要，按照风险合理分担原则采用其他工程总承包方式。

工程总承包可以实行项目总体总承包，也可以对其中若干阶段的工程、单项工程或者专项工程实行总承包。工程征（占）地、拆迁、移民搬迁安置、工程监理、第三方质量检测等不列入工程总承包范围。

项目法人可以根据水利建设项目的规模和复杂程度，结合自身的管理能力水平和建设周期等因素，自行选择工程总承包建设管理模式。

（五）采用工程总承包的建设项目，前期工作（可行性研究报告或者初步设计报告）应达到编制规范规程要求的相应设计深度，符合地质勘察和设计质量要求，明确重大技术方案、建设标准、主要工程量和概（估）算投资并获得批复。

（六）实行工程总承包的建设项目，由项目法人负责建设管理、监理单位负责控制、工程总承包单位负责建设实施、水行政主管部门等政府部门负责监督管理。

三、规范工程总承包项目发包与承包行为

（七）实行工程总承包的建设项目，可以从项目可行性研究报告、环境影响评价文件等批准后发包，也可以从初步设计报告（或者实施方案）批准后发包。

（八）工程总承包应当依法采用公开招标或者经批准的其他方式选择工程总承包单位。

工程总承包项目范围内的设计、采购或者施工中有任一项属于依法必须招标的，应当采用招标的方式选择工程总承包单位。

（九）工程总承包招标文件，应当使用国务院发展和改革部门会同有关行政主管部门制定的标准文本或者水行政主管部门制定的招标文件范本。

（十）工程总承包项目评标一般采用综合评估法，评审的主要因素包括工程总承包报价、承包人建议方案（设计方案、设备采购方案等）、承包人实施方案（总体实施方案、施工组织设计）、企业资信（工程业绩、财务、信誉）等。

（十一）工程总承包单位应当具备与工程规模相适应的勘察设计和施工资质，或者由具备相应资质的勘察设计单位和施工企业组成联合体，具有相应的财务、风险承担能力，同时具有相应的组织机构、项目管理体系、项目管理专业人员。

由单独资质单位组成联合体承担项目工程总承包的，必须签订明确的联合体协议书，确定牵头单位，明确联合体各成员单位的责任和义务等。

工程总承包单位不得是工程总承包项目的代建单位、项目管理单位、监理单位、造价咨询单位、招标代理单位，也不得是与上述单位有利害关系的关联单位。同时，也不得与第三方质量检测单位有隶属关系或者其他利害关系。

招标人必须依法依规公开项目可行性研究报告或者初步设计报告（或者实施方案），项目可行性研究报告或者初步设计报告（或者实施方案）编制单位方可参加该项目的工程总承包投标。

（十二）工程总承包项目经理应当具有水利水电工程类注册执业资格或者水利水电工程类高级职称，熟悉工程技术和工程总承包项目管理知识以及相关法律法规，具备较强的组织协调能力和良好的职业道德，担任过与拟建项目相类似工程的总承包项目经理或者设计项目负责人或者施工项目经理。

（十三）项目法人和工程总承包单位应当加强风险管理，在招标文件、合同中约定公平、合理分担风险。项目法人承担的主要风险一般包括：

1. 项目法人提出的功能需求、工期调整等重大设计变更。

2. 因工程征地、移民等发生重大变化引起的调整。

3. 柴油、汽油、钢材（含钢制品等）、水泥、火工材料、砂石料等主要工程材料价格和招标时基价材料价格相比，波动幅度超过合同约定幅度的部分。

4. 因国家法律法规政策变化引起的合同价格的变化。

5. 项目建设实施期间难以预见的滑坡、泥石流、突泥、涌水、地下溶洞、断层带、采空区或者障碍物、有毒气体等重大地质变化，其损失和处置费用由项目法人承担；因工程总承包单位施工组织、措施不当等造成的上述问题，其损失和处置费由工程总承包单位承担。

6. 发生超过设计洪水标准的洪水及其他不可抗力所造成的工程费用的增加。

除上述项目法人承担的风险外，其他风险可以在合同中约定由工程总承包单位承担。

（十四）工程总承包项目一般采用固定总价合同，也可以采用总价控制、单价结算方式。项目法人和工程总承包单位依据水行政主管部门制定的计价依据和规则，在合同中约定工程总承包计价方式和计价方法。

依法必须招标的工程项目的招标控制价严格按照国家和自治区制定的水利工程造价计价依据计算，合同固定价格应当在充分竞争的基础上合理确定。除合同约定的变更调整部分外，合同固定价格一般不予调整，超支不补，结余资金分配由发承包双方依法依规在合同中约定。在结算评审时，可以只对合同价款调整约定的内容进行评审。

四、强化工程总承包项目实施与管理

（十五）项目法人对工程建设全过程负责。主要包括：

1. 工程建设前期工作，包括项目建议书、可行性研究报告、初步设计、设计变更的报批以及资金筹措等前期及工程准备阶段（工程总承包范围外）的工作。

2. 通过公开招标或者经上级部门批（核）准的其他方式选择工程总承包单位、监理单位，并签订工程总承包合同、监理合同。

3. 按相关规定和工程总承包合同约定，落实工程征地拆迁以及其他建设条件，在工程现场设立管理机构并派驻专职负责人，及时提供工程总承包合同约定的各项建设条件、协调各方关系，确保工程正常实施。

4. 按规定办理工程质量与安全监督手续以及项目划分报审和项目开工备案等手续，统筹项目各参建单位加强质量管理，落实质量终身责任制。

5. 加强合同管理，督促监理单位、工程总承包单位履行合同义务。项目法人对监理单位、工程总承包单位在合同履行中存在过失或者偏差行为，可能造成重大损失或者严重影响合同目标实现的，应当对监理单位、工程总承包单位及时采取有效措施，必要时可以依据合同约定，终止合同。

6. 严格按照基本建设会计制度核算，严格执行《基本建设财务规则》等规定，资金做到专款专用，不得挪用、滞留项目资金，确保资金安全。严格按合同约定，按工程进度报告，及时、足额向工程总承包单位支付工程进度款项。工程项目完工验收后，合同双方应及时进行工程完工结算、支付。不得将未完成审计作为延期工程结算、拖欠工程款的理由。

7. 加强设计变更、设计优化管理。设计变更按照水利部或者广西壮族自治区水利厅水利工程设计变更管理的有关规定办理相关手续，任何设计变更不得低于初步设计批复的质量安全标准，不得降低工程质量、耐久性和安全度。设计变更引起的工程投资、工期变化，按照合同约定处理。

8. 及时组织工程验收、结算。

9. 法律法规规定或者合同约定的项目法人其他职责。

（十六）项目法人应当加强对工程总承包项目的全过程管理，履行合同和法定义务。具有全过程项目管理能力的项目法人可以自行对工程总承包项目进行管理，也可以根据需求委托项目管理单位对工程总承包过程提供管理咨询服务；不具有全过程项目管理能力的项目法人可以委托项目管理单位对工程总承包项目进行管理。项目管理单位不得与工程总承包单位具有利害关系。

（十七）工程总承包单位按合同约定，对项目的建设实施过程负责。主要包括：

1.按照国家法律法规、相关强制性标准、规程规范和合同约定，组织实施勘测设计、设备采购、施工和试运行，承担合同约定的相关工作，配备满足工程总承包需要的项目管理专业人员。

2.按照相关规程规范要求，组建与工程总承包项目相适应的管理机构，建立涵盖设计、采购、施工、试运行全过程的工程成本控制体系、质量管理体系、职业健康安全管理体系及环境管理体系，保证质量、安全、环境、职业健康所需资金的投入使用，落实各项保障措施，规范、有序地开展各项管理工作，确保实现工程总承包合同约定的工程成本、进度、质量、安全等建设目标。

3.按时完成合同约定的工程勘测设计、设备采购、工程施工、调试、试运行等工作，对工程质量和安全负责，并保证试运行期工程安全和档案资料完整。

4.配合做好各项工程验收和工程移交工作。工程总承包项目的验收按照水利部《水利工程建设项目验收管理规定》和《水利水电建设工程验收规程》及相关规定执行，工程实施过程中各类工程管理技术文件、报验表格等应作相应调整，在相关表格中增加“工程总承包企业”栏目，由工程总承包单位签署意见。

5.工程总承包项目各参建单位应积极配合政府相关部门的检查、稽察、审计等工作，及时整改存在的问题。

6.按合同约定，承担工程总承包项目保修期内的保修任务。

7.法律法规规定的工程总承包单位的其他职责。

（十八）工程总承包单位应当建立与工程总承包项目相适应的组织机构和管理制度，形成项目设计管理、采购管理、施工管理、试运行以及质量、安全、工期、造价管理等工程总承包综合管理能力。

工程总承包单位应当在施工现场设立项目管理机构，设置项目经理以及技术、质量、安全、进度、费用、设备和材料等现场管理岗位，配备相应管理人员，加强设计、采购与施工的协调，完善和优化设计及施工方案，实现对工程总承包项目的有效管控。

采用联合体承包方式的，应由牵头单位人员担任项目经理。

工程总承包单位的项目经理不得同时在两个或者两个以上工程项目上任职。

（十九）对于依法承揽的工程总承包项目，工程总承包单位可以在其资质证书许可范围内自行实施工程项目的勘测设计、设备采购和施工，也可以根据合同约定或者经项目法人单位同意，将工程总承包合同中非主体部分的设计和非主体结构的施工业务分包给具有相应资质、能力的单位。不得将工程总承包项目转包和违法分包。

工程总承包项目的工程主体部分设计和主体结构施工不得分包。

（二十）工程总承包的分包，应当符合国家现行法律法规和相关政策的规定。以暂估价形式包含在总承包范围内的工程、货物、服务分包时，属于依法必须招标的项目范围且达到国家规定应当招标规模标准的，应当依法招标。暂估价内容的招标可以由项目法人或者工程总承包单位单独招标，也可以由项目法人和工程总承包单位联合招标，具体由项目法人在工程总承包招标文件中明确。

（二十一）监理单位应当依据有关规定和合同约定，对工程总承包工程质量、施工安全、进度、水保、环保、计量支付和缺陷责任期工程修复等进行监理，对总承包单位编制的设计、采购与施工的组织实施计划、专项技术方案、项目实施进度计划、质量安全保障措施、计量支付、工程变更等进行审核。

监理单位应当依据监理合同约定，组建现场监理机构，配备满足监理工作需要的监理人员。

（二十二）各级水行政主管部门应认真履行监管职责，加强对工程总承包项目的监督检查和指导，发现问题及时提出整改意见，跟踪落实整改。

（二十三）本指导意见由自治区水利厅负责解释。

（二十四）本指导意见自 2018 年 10 月 1 日起执行。

河 北 省

河北省工程总承包相关政策文件清单

序号	发布时间	文 件 名 称	文 号
1	2010年6月	河北省住房和城乡建设厅关于发布《建设工程项目管理规程》的通知	冀建质〔2010〕302号
2	2017年8月	河北省建设工程招投标管理办公室《关于征求EPC总承包招标文件等示范文本意见的通知》	
3	2017年9月	唐山市住房和城乡建设局关于印发《关于政府及国有投资房屋建筑和市政基础设施工程实行工程总承包的意见（试行）》的通知	
4	2018年8月	邯郸市人民政府办公厅关于印发邯郸市建筑工程总承包管理暂行办法（试行）的通知	邯政办规〔2018〕25号
5	2018年11月	《河北省房屋建筑和市政基础设施工程总承包招标文件示范文本》	
6	2019年1月	河北雄安新区管理委员会关于印发《雄安新区工程建设项目招标投标管理办法（试行）》的通知	
7	2019年8月	廊坊市住房和城乡建设局关于印发《EPC工程总承包招标工作指导规则》的通知	

扫码查看全部政策及解读

河北部分

唐山市住房和城乡建设局关于印发《关于政府及国有投资房屋建筑和市政基础设施工程实行工程总承包的意见（试行）》的通知

2017 年 9 月 30 日

为贯彻落实国务院《关于促进建筑业持续健康发展的意见》（国办发〔2017〕19 号）的有关要求，规范我市房屋建筑和市政基础设施政府及国有投资工程总承包的实施，根据《住房和城乡建设部关于进一步推进工程总承包发展的若干意见》（建市〔2016〕93 号），结合我市实际，提出以下意见。

一、工程总承包适用范围

（一）采用装配式或 BIM 建造技术的项目；

（二）对建设周期有特别要求的项目；

（三）其他前期条件充分且功能技术符合工程总承包发包的项目。

二、采用工程总承包发包应具备的条件

项目审批（核准、备案）手续已经完成，且方案设计已经市城乡规划委员会审议通过。

三、采用工程总承包发包招标应具备的条件

（一）按照国家及省、市有关规定，已完成项目审批（核准、备案）手续；

（二）建设资金来源已经落实；

（三）有招标所需的基础资料；

（四）满足法律、法规及其他有关规定。

四、承包人资格条件

（一）工程总承包企业应当具备与发包工程规模相适应的工程设计资质（工程设计专项资质和事务所资质除外）或施工总承包资质，相应的财务、风险承担能力，同时具有相应的组织机构、项目管理体系、项目管理专业人员和工程业绩；

（二）工程总承包项目负责人应当具有相应工程建设类注册执业资格（包括注册建筑师、勘察设计注册工程师、注册建造师、注册监理工程师），并具有工程总承包项目管理经验、较强的组织协调能力和良好的职业道德。

五、工程总承包项目的分包

工程总承包企业可以在其资质证书许可的工程项目范围内自行实施设计和施工，也可以根据合同约定或者经建设单位同意，直接将工程项目的设计或者施工业务择优分包给具有相应资质的企业。仅具有设计资质的企业承接工程总承包项目时，应当将工程总承包项目中的施工业务依法分包给具有相应施工资质的企业。仅具有施工资质的企业承接工程总承包项目时，应当将工程总承包项目中的设计业务依法分包给具有相应设计资质的企业。

六、招标文件编制

工程总承包项目招标文件的编制应按照国家及省相关规定执行。

（一）招标文件中应当明确招标的内容及范围，主要包括：设计、勘察、设备采购以及施工的内容及范围、功能、质量、安全、工期、进度、验收等量化指标；

（二）招标文件中应当明确招标人和中标人的责任和权利，主要包括：工作范围、现场管理人员、风险划分、项目目标、奖惩条款、计量支付条款、变更程序、价款调整及工程结算等条款；

（三）招标文件中应当要求投标人在其投标文件中明确分包内容；

（四）招标人应在招标文件中明确最高投标限价；

（五）评标办法宜采用综合评估法，评审因素主要包括工程总承包报价、项目管理组织方案、勘察设计技术方案、设备采购方案、施工组织设计或者施工计划、质量安全保证措施、工程总承包项目业绩及信用等；

（六）工程总承包合同应采用国家或省印发的建设项目工程总承包合同示范文本；

（七）工程总承包项目可以采用固定总价合同或成本加酬金合同，合同价格应当在充分竞争的基础上合理确定。采用固定总价合同的应在招标文件和总承包合同中约定双方承担的风险范围及调价原则。采用成本加酬金方式的项目，应当严格执行限额设计，按照风险共担原则加强工程项目总投资及各个阶段造价控制，在招标文件和总承包合同中约定计价方法及审核程序。

七、监督管理

（一）住建部门应优化招投标监督、施工图审查、合同备案、质量安全监督、施工许可、工程竣工验收备案、城建档案移交等环节的管理制度和流程。项目单位必须接受财政和审计部门对工程总承包项目资金使用情况的监督；

（二）住建部门应与发改、财政、审计等有关部门密切配合，共同加强对工程总承包项目的监督管理。

本《意见》自印发之日起执行，有效期一年。各县（市、区）可参照执行。

邯郸市人民政府办公厅《关于印发邯郸市建筑工程总承包管理暂行办法（试行）的通知》

邯政办规〔2018〕25号　2018年8月8日

为深化建筑工程组织方式改革，规范推进房屋与市政基础设施工程总承包（EPC），促进工程设计、采购、施工等各阶段的深度融合，提高工程建设效率，依据《中华人民共和国建筑法》《中华人民共和国招标投标法》《国务院办公厅关于促进建筑业持续健康发展的意见》（国办发〔2017〕19号）、《住房城乡建设部关于进一步推进工程总承包发展的若干意见》（建市〔2016〕93号）等相关法律、法规，结合我市工作实际，制定本办法。

第一条　本办法所称工程总承包是指建筑工程总承包，从事工程总承包的企业按照与建设单位签订的合同，对工程项目的设计、采购、施工等实行全过程的承包，并对工程的质量、安全、工期和造价等全面负责的承包方式。

第二条　在本市行政区域内政府投资或国有资金占控股或者主导地位的房屋建筑和市政基础设施项目，经政府批准后，可采用工程总承包模式；采用装配式建造方式的项目原则上采用工程总承包模式。

建设范围、建设规模、建设标准、功能需求不明确等前期条件不充分的项目不宜采用工程总承包方式。

第三条　市建设行政管理部门负责市本级工程总承包活动的监督管理，市行政审批、发展改革、财政、规划、环境保护、国土资源、审计等部门按照职责权限，负责做好工程总承包相关工作。

各县（市、区）政府（管委会）及其相关部门依职责做好本级工程总承包活动的监督管理工作。

第四条　采用工程总承包模式招标的，应具备下列条件：

（一）招标人已依法成立；

（二）项目可行性研究、方案设计或者初步设计已经批准，项目范围、建设规模、建设标准、功能需求、工程概算、工程质量和进度等要求已确定；

（三）招标方案已经核准；

（四）用地（预审）意见已经确定；

（五）明确使用工程总承包模式；

（六）资金或资金来源已经落实；

（七）法律、法规规定的其他条件。

第五条　招标文件应包含内容：

（一）发包前完成的水文、地勘、地形等勘察和地质资料，工程可行性研究报告、方案设计文件或者初步设计文件等基础资料；

（二）招标的内容及范围，主要包括设计、采购和施工的内容及范围、规模、标准、功能、质量、安全、工期、验收、供货方式等量化指标；

（三）招标人与中标人的责任和权利，主要包括工作范围、风险划分、项目目标、价格形式及调整、计量支付、变更程序及变更价款的确定、索赔程序、违约责任、工程保险、不可抗力处理条款等；

（四）要求投标文件中明确分包的内容；

（五）采用建筑信息模型或者装配式技术的，招标文件中应当有明确要求；

（六）投标人工程报价的计算方式；

（七）要求提供的履约保证金或者其他形式履约担保。

招标文件参照河北省住房和城乡建设厅制定的工程总承包招标文件示范文本。

第六条 招标人应当确定投标人编制投标文件所需要的合理时间。依法必须招标的工程项目，自招标文件开始发出之日起至投标人提交投标文件截止之日止，不得少于20日，可根据项目具体情况适当延长。

第七条 工程总承包项目可实行全过程项目管理，其费用可列入工程总承包估算或概算内。

第八条 工程总承包一般采用公开招标方式，采用装配式建造方式的项目，装配率达到市政府要求的，可采用邀请招标方式。

第九条 经批准的可研报告（或初步设计）确定的工程总承包部分的估算价（或概算价）为最高投标限价。

第十条 工程总承包项目宜采用固定总价合同。建设单位和工程总承包单位依据河北省住房和城乡建设厅制定的计价规则，在合同中约定工程总承包计价方式和计价办法。

依法必须招标的工程项目，合同固定价格应当在充分竞争的基础上合理确定。除合同约定的变更调整部分外，合同固定价格一般不予调整。

第十一条 工程总承包项目评标一般采用综合评估法，评审的主要因素包括工程总承包报价、项目管理组织方案、设计方案、设备采购方案、施工组织或者施工计划、工程质量安全专项方案、工程业绩、项目经理资格条件等。

第十二条 评标委员会总人数应为7人及以上单数，评标委员会成员应当依据项目特点由从事设计、采购、施工和工程经济等方面的专家组成，评标专家一般从专家库中随机抽取。

技术比较复杂、专业性要求比较高或者国家有特殊要求，采取随机抽取方式确定专家难以胜任评标实际需要的项目，招标人可另行选择合适的评标专家。

第十三条 工程总承包单位应当具有与工程规模相适应的工程设计资质或者施工总承包资质，相应的财务、风险承担能力，同时具有相应的组织机构、项目管理体系、项目管理专业人员等条件。工程总承包单位也可以组成联合体进行投标，联合体成员数量一般不超过3家，联合体协议需明确牵头人，并按协议分工分别在其资质证书许可范围内开展工程总承包业务。

工程总承包单位不得是工程总承包项目的代建单位、项目管理单位、监理单位、造价咨询单位、招标代理单位，也不得是与上述单位有利害关系的关联单位。

招标人公开发包前完成可行性研究报告、勘察设计文件的，发包前的可行性研究报告编制单位、勘察设计文件编制单位可以参与工程总承包项目的投标。

第十四条 工程总承包项目经理是具备法律法规及本办法规定条件，并经工程总承包单位任命或者授权，在任命或者授权范围内负责工程总承包合同履行和项目管理的项目负责人。

工程总承包项目经理应当具有相应工程建设类注册执业资格，包括注册建筑师、勘察设计注册工程师、注册建造师、注册监理工程师，熟悉工程技术和总承包项目管理知识以及相关法律法规，具备较强的组织协调能力和良好的职业道德，担任过与拟建项目相类似的工程总承包项目经理、设计项目负责人或者施工总承包项目经理。

第十五条 工程总承包合同的签订。建设项目的建设单位和工程总承包单位应依法签订工程总承包合同，合同应对工程总承包模式、内容、价款、工期、现场管理人员、质量管理和安全生产以及双方的责任、权利义务进行约定。工程总承包合同的制定参照《建设项目工程总承包合同示范文本》（GF—2011—0216），并将其作为招标文件的组成部分。工程总承包企业按照合同约定向建设单位出具合同履约担保的，建设单位应向工程总承包企业出具支付担保。

第十六条 工程总承包单位可根据合同约定或者经建设单位同意，将工程总承包合同中的设计或者施工业务分包给具有相应资质的单位。

工程总承包单位同时具有相应的设计和施工资质的，可以将工程的设计或者施工业务分包给具备相应资质的单位，但不得将工程总承包项目中设计和施工全部业务一并或者分别分包给其他单位。工程总承包单位自行实施施工的，不得将工程主体结构的施工分包给其他单位；自行实施设计的，不得将工程主体部分的设计分包给其他单位。

工程总承包单位仅具有相应设计资质的，应当将工程总承包项目中的全部施工业务分包给具有相应施工资质的单位，不得将主体部分的设计分包给其他单位。工程总承包单位仅具有相应施工资质的，应当将工程总承包项目中的全部设计业务分包给具有相应设计资质的单位，不得将工程主体结构的施工分包给其他单位。

第十七条 以暂估价形式包含在工程总承包招标范围内的，达到国家规定应当招标规模标准的重要设备、材料以及专业工程，应当依法进行招标。

第十八条 工程总承包项目应当按照相关法规的规定进行施工图审查。建设单位可以根据项目实施情况，将施工图分阶段进行审查报备。房屋建筑工程原则上可分为基坑、主体、装修等三个阶段，市政工程原则上分主体和附属工程两个阶段。

第十九条 工程项目所在地行政审批部门可根据工程总承包合同及分包合同，办理建设工程质量、安全监督和施工许可等相关建设手续。建设单位可根据项目实施情况分阶段（房屋建筑按基坑、主体、装修三个阶段，市政工程按主体、附属工程两个阶段）申请多本施工许可证。

第二十条 工程总承包项目的各类工程管理技术性文件、报验表格等资料应按工程总承包项目特点和相关规定进行调整；工程资料由建设单位、工程总承包企业、监理单位负责人根据各自职能签署意见。

第二十一条 工程总承包企业、监理单位等工程总承包参建单位应参与建设单位组织的工程竣工验收；工程竣工验收中总承包范围内涉及勘察、设计、施工等由工程总承包企业全面负责。

第二十二条　工程总承包项目在实施过程中，有违反《中华人民共和国建筑法》《中华人民共和国招标投标法》《建设工程勘察设计管理条例》《建设工程质量管理条例》《建设工程安全管理条例》等建筑业相关法律、法规的，依法追究工程总承包企业和工程总承包项目负责人的法律责任。

第二十三条　本办法自发布之日起施行，有效期2年。

河北雄安新区管理委员会关于印发《雄安新区工程建设项目招标投标管理办法（试行）》的通知

2019 年 1 月 11 日

第一章　总　　则

第十三条　项目可行性研究批复后，招标人可以开展工程总承包项目招标。

装配式建筑、超低能耗建筑及技术复杂项目原则上应采用工程总承包方式发包。

第十四条　工程总承包招标接受联合体投标的，牵头人应为设计单位或施工单位。

前期咨询资料、成果对潜在投标人全部公开的，工程建设项目的可行性研究报告编制单位和方案编制单位可以参与工程总承包项目的投标。

工程总承包单位可以直接发包总承包合同中涵盖的专业工程，但暂估价达到招标数额标准的除外。

第二十四条　承担全过程工程咨询服务的单位应具备相应业务的甲级及以上工程咨询资信评价等级或甲级工程设计资质的基本能力，同时还应具备基本能力以外的工程咨询资信评价、工程勘察、设计、监理、造价咨询和招标采购中的一项或一项以上资质或相应能力。

承担全过程工程咨询服务的单位不能与本项目的工程总承包单位、施工单位以及建筑材料、构配件和设备供应单位之间存在控股、参股、隶属或其他管理等利益关系，不能为同一法定代表人。

廊坊市住房和城乡建设局关于印发《EPC工程总承包招标工作指导规则》的通知

2019年8月30日

EPC工程总承包招标工作指导规则

为进一步开展EPC工程总承包招标相关工作，提高工程投资效益，降低合同风险，确保房屋建筑和市政基础设施工程项目公平、节约、高效运行，根据住建部《关于进一步推进工程总承包发展的若干意见》（建市〔2016〕93号）、《建设项目工程总承包合同》（GF—2017—0216）、国务院办公厅《关于促进建筑业持续健康发展的意见》（国办发〔2017〕19号）、河北省人民政府办公厅《关于促进建筑业持续健康发展的实施意见》（冀政办字〔2017〕143号）、《河北省房屋建筑和市政基础设施工程总承包招标文件示范文本》（冀建招办〔2018〕14号）等文件精神，特制定本指导规则。

一、EPC工程总承包的定义

EPC（Engineering-Procurement-Construction），即“设计采购和施工”模式，又称交钥匙工程总承包模式。招标人与工程总承包单位签定工程总承包合同，工程总承包单位承担工程项目的设计、采购、施工等工作，并对承包工程的质量、安全、工期、造价全面负责。招标人只负责整体的、原则的、目标的管理和控制。设计、采购和施工的组织实施采用统一策划、统一组织、统一指挥、统一协调和全过程控制。

二、EPC工程总承包的适用范围

招标人对建设范围、建设规模、建设标准、功能需求有明确需求的下列项目，可采用EPC工程总承包模式：

（一）使用国有企事业单位自有（融资、贷款）资金，工程规模达到大中型的工程项目；

（二）使用财政性资金的建设工程项目（例如新建改扩建学校、保障性安居房等房建工程，市政道路、市政配套设施等市政工程）；

（三）对建设周期有特殊要求的专业工程项目（例如园林绿化、照明等工程）；

（四）应用BIM技术建造的工程项目或采用装配式建造方式的建筑。

对个性化要求较高、情况较复杂、建设需求和标准存在较多变数的项目（例如地下工程为主的建设工程、纪念性建筑、文体场馆等工程项目）不宜采用工程总承包模式。

三、EPC工程总承包的投标条件

目前EPC工程总承包在设置投标条件时，主要是依据《关于进一步推进工程总承包发展的若干意见》（建市〔2016〕93号）。招标人可要求EPC工程总承包单位应当具有与工程规模相适应的工程设计资质或者施工资质，也可要求一体化招标，满足项目所要求的所有资质要求，在人员、设备、业绩、资金等方面具备相应的设计、施工能力。要求一体化招标时可要求潜在投标人组成联合体，在开标时提交联合体协议并明确一个具有设计或施工资质的单位作为牵头人。所有联合体成员均应遵守联合体协议，并承担各自的直接责任和相关连带责任。

同时，项目经理应当取得工程建设类注册执业资格，担任过工程总承包项目经理、设计项目负责人或者施工项目经理，熟悉工程建设相关法律法规和标准，同时具有相应工程业绩。

四、规范 EPC 工程总承包招投标内容

（一）招标条件

招标人可以根据项目特点，在完成可行性研究、方案设计或者初步设计后，具备了相应阶段的项目批准文件，有相应资金或资金来源已经落实，有招标所需的基础资料后，以工程投资估算或者概算为经济控制指标，以限额设计为控制手段，按照相关技术规范、标准和确定的建设规模、建设标准、功能需求、投资限额、工程质量和进度要求等，进行 EPC 工程总承包项目招标。

（二）招标文件编制

招标人一般应根据《河北省房屋建筑和市政基础设施工程总承包招标文件示范文本》（冀建招办〔2018〕14 号）及工程实际内容编制招标文件。现阶段招标文件一般不得少于以下主要内容：

1. 投标须知：包括工程概况、总承包类型及相应的工作内容、规模、资金来源及落实情况、建设周期、质量要求、设计限额等。

2. 总承包任务书：包括工程的规模、范围和目的及性能或产能保证指标、建设周期要求、主要技术要求和标准规范要求等。

工程规模上：房屋建筑工程需明确地上建筑面积、地下建筑面积、层高、户型及户数、开间大小与比例、停车位数量或比例等；市政工程需明确道路宽度、道路地下所有管线（给水、雨污水、电力、燃气、热力等）及附属设施位置、桥梁长度及跨度、污水处理能力等。

工程标准上：房屋建筑工程需明确屋顶、地板、墙面各种装饰面材的材质种类、规格和品牌档次，机电系统包含的类别、机电设备材料的主要参数、指标和品牌档次，各区域末端设施的密度，家具配置数量和标准，以及室外工程、园林绿化的标准；市政工程需明确各种结构层、面层的构造方式、材质、厚度等。

3. 勘察、设计范围及有关的基础资料和技术参数，对勘察、设计的进度、阶段和深度及知识产权等要求。

4. 采购范围及有关的基础资料，对采购设备和材料的质量、供货方式、设备安装进度等要求。

5. 施工范围，对土建、道路及设备安装的技术要求，对试运行的要求。

（三）总承包价款的计价方式

EPC 工程总承包招标在需求统一、明确的前提下，由投标人根据给定的招标范围、基础资料以及建设规模和建设标准，按照投标报价的限额进行设计，自行编制估算工程量清单并报价，一般采用固定总价的计价模式，工程总承包单位对其招标范围内的内容实行总价包干，该报价为完成工程设计所有内容，并验收合格，可交付使用的全部费用。最终结算价格以招标人和总承包单位共同认可的第三方造价咨询机构审定价格为准，在招标人无重大设计变更（工程范围、规模、主要技术标准、特殊地质处理）要求的前提下，结算价款不应突破项目审批确认投资概算中相应费用的限额。

（四）评标委员会的组建

EPC工程总承包招标评标由招标人依法组建的评标委员会负责，其评标委员会由招标人代表和有关专家组成。评标委员会人数为5人以上单数，其中技术（设计、勘察、施工）、经济（施工）等方面的专家不得少于成员总数2/3。评标专家一般从专家库中随机抽取，抽取的专家需严格执行回避制度。

（五）评标办法及评审要点

EPC工程总承包招标评标一般采用综合评估法。评审因素主要包括工程设计图纸、设计方案、设计理念、投标人及主要人员的业绩、建安工程投标报价、设备采购方案、施工组织实施方案、总承包组织管理方案等。其中建安工程投标报价、施工组织实施方案、设备采购方案和设计方案应作为主要评审因素，由评标委员会对投标人的工程总承包管理能力与履约能力、设计深化程度、深化设计是否符合招标需求的规定、编制的估算工程量清单是否较为详细、估算工程量清单与其深化的设计方案是否相匹配、投标单价是否合理等进行综合打分，确定总承包单位。

五、EPC工程总承包招标注意事项

传统招标模式由招标人提供设计图纸和工程量清单，投标人按规定进行投标和报价，而EPC工程总承包招标时只提供基础资料、建设规模和建设标准，不提供工程量清单，投标人需自行编制用于报价的清单，因此招标时应注意以下事项：

（一）确定合理的招标时间，确保投标人有足够时间对招标文件进行仔细研究、核查招标人需求、进行必要的深化设计、风险评估和估算。

（二）总承包合同主要条款，设计、施工一体化招标合同条件可参考《建设项目工程总承包合同》（GF—2017—0216）拟定合同条款。

（三）招标人应明确总包招标范围，报价范围，列出详细的工作量清单，避免出现工作的遗漏。投标人应按招标人提供的资料，满足招标人要求，自行设计图纸并计算工程量报价，该工程量应为完成图纸中所有工作的总工程量，该报价为完成工程设计所有内容，并验收合格，可交付使用的全部费用。

（四）招标人在工程标准上明确材料品牌、档次的，应当在参照后面加上“或相当于”的字样，参照品牌一般不少于3个。包含在总承包范围内，以暂估价形式存在的材料、设备、工程，达到省规定限额的，按照《中华人民共和国招标投标法实施条例》第二十九条规定，依法进行招标。

（五）加强合同风险管理。工程总承包单位和招标人应当加强风险管理，公平合理分担风险。工程总承包单位按照合同约定向招标人出具银行履约保函，使用非财政性资金的招标人向工程总承包单位出具银行支付保函。

（六）工程款支付不宜采用传统的按实计量与支付方式，可采用按比例或按月度约定额度支付方式。

六、加强对 EPC 工程总承包的监管

（一）实施项目报批管理

招标人据项目特点，在完成建筑工程设计方案阶段或者初步设计阶段开始的 EPC 工程总承包招标后，应及时将方案设计、初步设计文件报市规划部门审批，项目可行性研究报告和初步概算报市发改部门审批。

（二）实施设计审查管理

EPC 工程总承包合同备案后，项目总承包单位或分包单位应立即进行方案的优化及施工图设计，完成后进行施工图审查及备案工作。施工图审查可以根据实际情况按照单体工程进行审查。施工图审查完成后，招标人和总承包单位即可委托有资质的第三方评价机构对合同中约定的工程节点和进度款拨付情况进行审核。

（三）加强基本建设程序手续的监管

根据工程总承包合同及分包合同确定的设计、施工单位，应按照相关规定，依法办理工程建设相关手续。建设行政主管部门相关科室，应依法履行监督职责，维护工程质量安全，确保工程项目顺利进行。

（四）严格工程变更管理

工程建设过程中，原则上不再进行变更、签证，若因特殊原因发生或招标人另行增加工作内容，设计变更超过初步设计概算限额，招标人应同时追加估算、概算，并经市发改部门核准后方能生效。若因设计原因造成投资成本增加，由总承包人自行承担相关费用。合同文件中要明确变更工程量的条件和计算方式，约定材料价格风险范围及调整办法。

（五）加强工程转包和违法分包的管理

建设行政主管部门应加强施工现场工程转包和违法分包行为的检查，对工程总承包单位转让工程总承包全部设计和施工业务或者分别分包给其他单位的进行查处。工程总承包单位自行实施设计的，不得将工程总承包项目工程主体部分的设计业务分包给其他单位。工程总承包单位自行施工的，不得将工程总承包项目工程主体结构的施工业务分包给其他单位。

本指导规则自印发之日起执行，有效期 5 年。原《EPC 工程总承包招标工作指导规则（试行）》（廊建市〔2017〕18 号）同时废止。

天 津 市

天津市工程总承包相关政策文件清单

序号	发布时间	文 件 名 称	文 号
1	2017年7月	天津市人民政府办公厅印发《关于大力发展装配式建筑实施方案的通知》	津政办函〔2017〕66号
2	2017年10月	天津市人民政府办公厅《转发市建委关于促进我市建筑业持续健康发展实施意见的通知》	津政办函〔2017〕114号
3	2017年12月	天津市建委《关于天津市建设项目推行工程总承包试点工作有关事项的通知》	津建筑〔2017〕477号
4	2018年1月	天津市建委关于印发《天津市装配式建筑“十三五”发展规划》的通知	津建科〔2018〕477号

扫码查看全部政策及解读

天津部分

天津市建委关于《天津市建设项目推行工程总承包试点工作有关事项的通知》

津建筑〔2017〕477号　2017年12月4日

滨海新区建交局、各区建委、各有关单位：

为进一步深化我市建设项目组织实施方式改革，提高全市工程管理水平，提升工程质量和投资效益，按照《住房城乡建设部关于进一步推进工程总承包发展的若干意见》（建市〔2016〕93号）和《天津市人民政府办公厅转发市建委关于促进我市建筑业持续健康发展实施意见的通知》（津政办函〔2017〕114号），依据《中华人民共和国建筑法》等有关法律法规的规定，结合我市建设项目组织、管理、实施的现状，决定在部分建设项目开展工程总承包试点工作。现将具体事项和有关要求通知如下：

一、工程总承包试点模式

工程总承包试点主要围绕“设计—采购—施工”总承包（EPC）和“设计—施工”总承包（D—B）两种方式开展。其中：设计—采购—施工总承包是指工程总承包企业受业主单位委托，按照合同约定对工程建设项目的设计、采购、施工等实行全过程承包。设计—施工总承包是指工程总承包企业受业主单位委托，按照合同约定对工程建设项目的设计、施工等项目建设过程承包。

二、工程总承包企业和项目负责人的条件

（一）工程总承包企业应同时具有与工程相适应的工程设计资质和施工资质，或具有与工程相适应资质的设计企业与施工企业组成的联合体。工程总承包企业应具有相应的财务风险承担能力，具有相应的组织机构、项目管理体系、项目管理专业人员和工程业绩。

（二）工程总承包项目负责人应当具有相应工程建设类注册执业资格（包括：注册建筑师、勘察设计类注册工程师、注册建造师、注册监理工程师、注册造价工程师），具备工程总承包项目管理能力，从事过工程总承包项目管理，具有较强的组织协调能力和良好的职业道德，熟悉建筑业和建筑市场管理相关法律法规。

（三）工程总承包企业不得是工程总承包项目的代建单位、项目管理单位、监理单位、招标代理机构，或与上述单位有直接或间接股权关系，或其他利害关系的机构、单位。

三、工程总承包试点项目范围

在本市行政区域内的房屋建筑和市政基础设施工程建设项目，可开展工程总承包试点。鼓励下列项目优先开展工程总承包试点：

（一）装配式建筑项目；

（二）绿色建筑项目；

（三）海绵城市建设项目；

（四）地下综合管廊建设项目；

（五）市重点工程建设项目。

四、工程总承包项目的发包

（一）工程总承包试点项目的业主单位应依法通过招标选择工程总承包企业，对不适于招标发包的可以直接发包。工程总承包的具体方式、工作内容和责任等，招标人应在招标文件中明确。

（二）工程总承包招标可在下列阶段开始实施：

1. 项目依法履行审批制的，应在初步设计文件或总体设计文件获得批准后开展工程总承包招标。

2. 项目依法履行核准或者备案制的，应在设计方案、功能需求、技术标准、工艺路线、投资限额及主要设备规格性能等满足发包要求后，开展工程总承包招标。

（三）工程总承包招标应当具备下列条件：

1. 招标人已经依法成立；

2. 已履行项目审批、核准或者备案手续；

3. 有相应资金或资金来源已经落实；

4. 法律法规规定的其他条件。

五、工程总承包合同的签订

建设项目的建设单位和工程总承包单位应依法签订工程总承包合同，合同应对工程总承包模式、内容、价款、工期、现场管理人员、质量管理和安全生产以及双方的责任、权利与义务进行约定。合同的制订可参照住房城乡建设部、工商总局联合印发的建设项目工程总承包合同示范文本。合同签订 15 日内，工程总承包单位应到市或区建设行政主管部门办理合同备案。

工程总承包企业按照合同约定向建设单位出具合同履约担保的，建设单位应向工程总承包企业出具支付担保。

六、工程总承包项目的分包

（一）工程总承包企业承包建设工程后，应当确定与工程规模和技术复杂程度相适应的项目负责人、施工管理负责人和技术负责人，并对工程的合同履行、进度控制、主要施工设备、工程材料供应、工程质量、施工安全、文明施工、工程造价、劳务用工等进行管理。

（二）工程总承包企业应自主完成工程设计和施工，经建设单位同意并在工程总承包合同中予以明确后，可将施工专业工程和劳务作业分包给具有相应资质的企业，不再招标。

（三）工程总承包企业不得将工程总承包项目的设计或施工总承包业务以分包的名义转包给其他单位或个人。

七、质量监督登记和安全施工措施

建设单位在申办质量监督登记、安全施工措施备案手续过程中，工程总承包单位为上述审批所需的建筑施工企业，联合体组成工程总承包单位中的施工企业为建筑施工企业。

八、工程总承包项目试点申请

工程总承包试点从 2017 年 12 月 1 日开始，至 2019 年年底结束。工程总承包项目试点实行项目库管理，依据项目实施计划时间分为：2017 年工程总承包实施项目库，2018

年、2019 年工程总承包储备项目库。建设项目的业主单位拟选用工程总承包模式实施工程建设，应向市建委工程总承包试点工作领导小组申请工程总承包试点项目入库。2017 年工程总承包实施项目应在 12 月 1 日前申请入库；储备项目在 2017 年 12 月 31 日前申请入库，以后每年 1 月和 7 月可申请增补入库。

九、工作要求

为进一步加强试点工作的组织领导，市建委成立工程总承包试点工作领导小组，由主要领导任组长，分管领导任副组长，委建筑业处、招投标处、节能科技处、标准设计处、质安处、工程建设处及市质安总队为领导小组成员单位。领导小组下设办公室在市建委建筑业处。建立联席会议制度，各部门依职能支持和推进工程总承包的试点工作，并形成合力，共同解决在试点工作中遇到的问题。为开展好试点工作，具体要求如下：

1. 各区建设管理部门要高度重视工程总承包试点工作，成立区工程总承包试点工作领导小组，按照职责权限，积极推行工程总承包工作，严禁以审批、备案等形式，限制建设单位采用工程总承包模式实施项目；协调好工程总承包试点过程中出现的各类问题，创出好经验、好做法。同时，要依法做好本区域内工程总承包活动的监督管理。

2. 各建设单位要积极尝试工程总承包试点，具备条件的项目按时申请试点项目入库，遇到政策障碍及时向市或区工程总承包试点工作领导小组反馈。各建设单位要发挥项目实施过程中的主导作用，提高项目建设管理水平，全面提升工程质量和投资效益。

3. 各工程总承包单位要抓住试点机遇，加快设计、采购、施工能力的深度融合，不断提高工程管理水平，为进一步开拓外埠和境外工程总承包市场创造条件。

江 西 省

江西省工程总承包相关政策文件清单

序号	发布时间	文 件 名 称	文 号
1	2016年8月	江西省人民政府《关于推进装配式建筑发展的指导意见》	赣府发〔2016〕34号
2	2016年11月	德兴市人民政府《关于德兴市重大建设项目在预选承包商名录内实行工程总承包暂行意见》	德府字〔2016〕171号
3	2017年11月	江西省人民政府办公厅《关于促进建筑业持续健康发展的实施意见》	赣府厅发〔2017〕93号
4	2017年12月	江西省水利厅《关于征求〈江西省水利工程建设项目总承包指导意见（试行）〉意见的函》	
5	2018年6月	江西省水利厅关于印发《江西省水利建设项目推行工程总承包办法（试行）》的通知	赣水建管字〔2018〕35号

扫码查看全部政策及解读

江西部分

江西省水利厅关于印发《江西省水利建设项目推行工程总承包办法（试行）》的通知

赣水建管字〔2018〕35号　2018年6月1日

第一条　为深化我省水利改革，创新水利工程建设管理模式，提高水利工程建设管理水平，缓解基层建设管理力量不足，规范水利工程建设项目总承包行为，促进工程设计、采购、施工等各阶段深度融合，根据《中华人民共和国招标投标法》《江西省人民政府办公厅关于促进建筑业持续健康发展的实施意见》等有关规定，结合我省水利工程建设实际，制定本办法。

第二条　在专业人员缺乏、技术力量薄弱的设区市、县（市、区），使用政府投资、政府融资、国际组织或者外国政府贷款、援助资金合计超过投资总额50%及以上的水利建设项目，应当采用工程总承包方式组织实施。

第三条　本办法所称水利建设项目工程总承包，是指从事水利工程总承包的企业按照与建设单位签订的合同，对工程项目的设计、采购、施工等实行全过程的承包，并对工程的质量、安全、工期和造价等全面负责的承包方式。水利工程建设项目实行总承包可以从项目可行性研究报告批准后开始，也可从项目建议书或项目初步设计报告批准后开始，可以采用设计—采购—施工（EPC）或设计—施工总承包（D—B）等方式。

第四条　工程征占地、拆迁、移民搬迁安置、工程监理、第三方质量检测不列入总承包范围。中、小型水利工程建设项目可以采取分类打捆的方式实行总承包。

第五条　水利建设项目工程总承包应严格遵守《中华人民共和国招标投标法》《中华人民共和国招标投标法实施条例》等法律法规，采用公开招标或经批准的其他方式，选择满足工程总承包要求、符合相应资质条件的工程总承包单位。采用工程总承包的水利建设项目，应当进入公共资源交易市场，并在江西省公共资源交易网（http：//www.jxsggzy.cn/web/）上进行电子招投标。

第六条　工程总承包单位应当具备与工程规模相适应的设计资质或者施工总承包资质，也可以是由具有相应设计、施工资质单位组成的联合体，联合体协议中应明确成员单位的责任和权利。招标人公开发包前已完成可行性研究报告、勘察设计文件编制的，其可行性研究报告编制单位、勘察设计文件编制单位可以参与工程总承包项目的投标。

工程总承包项目经理应当具备与工程主要专业相符的高级技术职称或注册执业资格，担任过设计项目负责人或者施工项目经理，熟悉工程建设相关法律法规和技术标准。

第七条　工程总承包单位可以根据合同约定或者经建设单位同意，将工程总承包合同中的设计或者施工业务分包给具有相应资质的单位。

工程总承包单位同时具有相应的设计和施工资质的，可以将工程的设计或者施工业务分包给具备相应资质的单位，但不得将工程总承包项目中主体工程的设计和施工同时分包给其他单位。工程总承包单位自行实施施工的，不得将主体工程的施工分包给其他单位；

自行实施设计的，不得将主体工程的设计分包给其他单位。

工程总承包单位仅具有相应设计资质的，应当将工程总承包项目中的全部施工业务分包给具有相应施工资质的单位，不得将主体工程的设计分包给其他单位。工程总承包单位仅具有相应施工资质的，应当将工程总承包项目中的全部设计业务分包给具有相应设计资质的单位，不得将主体工程的施工分包给其他单位。

第八条 工程总承包应采用综合评估法评标，综合评估因素主要包括工程总承包报价、承包人建议书（设计方案、设计文件）、承包人实施方案（总体实施方案、采购方案、施工组织设计）、承包人资信（业绩、财务、荣誉、信用等级）等。建设单位应根据工程特点和要求合理设置评分权重和评标办法。

第九条 投标报价一般由总承包管理费、勘察设计费、施工费组成，也可以不要求总承包管理费单独报价，评分权重分别设置，总权重不得低于评标总分值的50%。报价方式依据项目特点和已完成的前期工作确定，技术简单或者前期工作精度高的，采用报币值方式；技术复杂或者前期工作精度不高的，采用报计价系数方式。

第十条 全国水利建设市场主体信用等级和市场行为必须作为评标赋分点，其中：

（一）全国水利建设市场主体信用等级分不得低于评标总分值的10%。投标人为联合体的，以联合体中信用等级较低者计分。

（二）市场行为分不得低于评标总分值的10%。投标人为联合体的，以联合体中市场行为分较低者计分。

投标人为施工单位的，市场行为分以履行合同评价成果为依据。投标人为设计单位的，以最近一次全国水利建设市场主体信用等级评价履行合同分计算市场行为分。

（三）投标截至日前6个月，被全省各级水行政主管部门处以警告、通报批评（以作出决定之日为准）的投标人（含联合体组成单位），扣评标总分值的1%/次。投标截至日前12个月，被全省各级水行政主管部门处以罚款、没收违法所得、责令停业整顿（以作出决定之日为准）的投标人（含联合体组成单位），扣总分值的2%/次。

（四）排序第一的中标候选人（含联合体组成单位）在开标当日前1年内（以作出决定之日为准）有下列行为的，取消中标资格，以“信用中国”网站、全国水利建设市场信用信息平台、全国水利建设市场监管服务平台、“信用江西”网站和各级各行业行政部门公布为准。招标人收到关于中标候选人上述行为的投诉举报后，应立即调查核实，如属实，应取消中标资格并重新公示中标候选人。

1. 出借、借用资质证书进行投标或承接工程的；

2. 围标、串标的；

3. 转包或违法分包所承揽工程的；

4. 对重（特）大质量事故、生产安全事故负有直接责任的；

5. 企业或企业法定代表人被列为失信被执行人。

第十一条 工程总承包招标文件应按国家现行的《标准设计施工总承包招标文件》和其他系列标准招标文件编制。工程总承包合同文本可参考现行的《建设项目工程总承包合同示范文本》，工程总承包一般采用总价控制，单价结算，也可以采用总价合同方式。

第十二条 建设单位和工程总承包单位应当加强风险管理，公平合理分担风险。工程总承包单位按照合同约定向建设单位出具履约担保，建设单位同时向工程总承包单位出具支付担保。工程总承包合同可根据建设项目的风险情况合理设置激励和风险对等分担条款，明确项目主要材料价差的风险额度、调整范围及调整办法。建设单位承担的风险一般包括：

（一）建设单位提出的工期调整、重大设计变更、建设标准或者工程规模的调整；

（二）因工程征地、移民等发生重大变化引起的调整；

（三）因国家税收等政策调整引起的税费变化；

（四）柴油、汽油、钢筋、水泥、炸药、砂石料等主要工程材料价格与招标时基价相比，波动幅度超过合同约定幅度的部分；

（五）工程总承包实施时发现的在前期工作阶段（可行性研究报告或初步设计报告）难以预见的滑坡、泥石流、突泥、涌水、溶洞、断层带、采空区、有毒气体等重大地质变化，其损失与治理费用可以约定由建设单位承担，或者约定建设单位和工程总承包单位的分担比例。因工程施工组织、措施不当造成的上述问题，其损失与治理费用由工程总承包单位承担；

（六）发生超过设计标准的洪水及其他不可抗力所造成的工程费用的增加。

除建设单位承担的风险外，其他风险可以约定由工程总承包单位承担。

第十三条　工程总承包企业对工程总承包项目的质量、安全、工期全面负责。

工程总承包企业按照合同约定对建设单位负责，分包企业按照分包合同的约定对工程总承包企业负责。工程分包不能免除工程总承包企业的合同义务和法律责任。

第十四条　工程总承包单位应当对其承包的全部建设工程质量负责，分包不免除工程总承包单位对全部建设工程所负的质量责任。分包单位对其分包工程的质量负直接责任。

建设单位存在迫使工程总承包单位以低于成本的价格承包，任意压缩合理工期，要求工程总承包单位违反工程建设强制性标准、降低建设工程质量等情形并导致工程质量事故的，建设单位应当承担质量责任。

第十五条　工程总承包单位对施工现场的安全生产负总责。

建设单位存在对工程总承包单位提出不符合建设工程安全生产法律、法规和强制性标准规定的要求，任意压缩合理工期等情形并导致工程安全生产事故的，建设单位应当承担安全生产责任。

分包单位应当服从工程总承包单位的安全生产管理，分包单位不服从管理导致生产安全事故的，由分包单位承担主要责任。

第十六条　工程总承包单位对工期全面负责。工程总承包单位应当对项目总进度和各阶段的进度进行管理，通过设计、采购、施工、试运行各阶段的协调、配合与合理交叉，科学制定、实施、控制进度计划，确保工程按期竣工。

第十七条　工程保修责任书由建设单位与工程总承包单位签署，保修期内工程总承包单位应当根据法律规定以及合同约定承担保修责任，工程总承包单位不得以其与分包单位之间保修责任划分而拒绝履行保修责任。

第十八条　工程总承包单位应当按合同约定，履行下列职责：

（一）按国家法律法规、相关强制性标准、规程规范和合同约定，组织实施勘测设计、设备采购、施工和试运行，承担合同约定的相关工作；

（二）按相关规程规范要求，组建与总承包项目相适应的管理机构，建立覆盖设计、采购、施工、试运行全过程的工程质量安全管理体系和职业健康及环境管理体系，保证质量、安全、环境、职业健康所需资金的投入使用，落实各项保障措施，规范、有序地开展各项管理工作，确保实现总承包合同约定的工程进度、质量、安全等建设目标；

（三）按时完成合同约定的工程勘测设计、设备采购、工程施工、调试、试运行工作，对工程质量和安全负责，并保证试运行期工程安全和档案资料完整；

（四）配合做好各项工程验收和工程移交工作。工程总承包项目的验收按照水利部《水利工程建设项目验收管理规定》和《水利水电建设工程验收规程》执行，工程实施过程中各类工程管理技术文件、报验表格等应作相应调整，在相关表格中增加“工程总承包企业”栏目，由工程总承包单位签署意见；

（五）积极配合政府相关部门的检查、稽察、审计等工作，及时整改存在问题；

（六）法律法规规定的工程总承包单位的其他职责。

第十九条 监理单位应当依据有关规定和合同约定，对总承包工程质量、施工安全、进度、水保、环保、计量支付和缺陷责任期工程修复等进行监理，对总承包单位编制的采购与施工的组织实施计划、专项技术方案、项目实施进度计划、质量安全保障措施、计量支付、工程变更等进行审核。

第二十条 各级水行政主管部门应当加强对工程总承包项目的监督检查和指导，发现问题应及时提出整改意见，跟踪落实整改。

第二十一条 工程项目总承包遇到不可抗力影响合同继续执行时，由合同双方协商签订补充协议或申请第三方调解仲裁。

第二十二条 本办法由江西省水利厅负责解释。

第二十三条 本办法自2018年7月1日起施行。

辽　宁　省

辽宁省工程总承包相关政策文件清单

序号	发布时间	文 件 名 称	文　号
1	2017年8月	辽宁省人民政府办公厅《关于促进建筑业持续健康发展的实施意见》	辽政办发〔2017〕89号
2	2017年9月	沈阳市建委市发改委市财政局关于印发《沈阳市工程总承包试点项目管理办法》的通知	沈建发〔2017〕171号
3	2018年1月	沈阳市人民政府办公厅关于印发《沈阳市促进建筑业持续健康发展工作方案》的通知	沈政办发〔2018〕27号
4	2018年1月	沈阳市人民政府办公厅关于印发《沈阳市大力发展装配式建筑工作方案》的通知	沈政办发〔2018〕28号
5	2018年4月	沈阳市建设工程招标投标管理办公室关于发布《沈阳市工程总承包试点项目管理办法》的通知	
6	2018年6月	大连市人民政府办公厅《关于促进建筑业持续健康发展的实施意见》	大政办发〔2018〕70号
7	2018年12月	大连市城乡建设委员会关于印发《进一步规范大连市房屋建筑和市政基础设施工程招投标工作的有关规定（试行）》的通知	大建委发〔2018〕415号

扫码查看全部政策及解读

辽宁部分

沈阳市建委市发改委市财政局关于印发《沈阳市工程总承包试点项目管理办法》的通知

沈建发〔2017〕171号 2017年9月8日

各区、县（市）人民政府，市政府各部门、各直属单位：

为落实《国务院办公厅关于促进建筑业持续健康发展的意见》（国办发〔2017〕19号）和《住房城乡建设部关于进一步推进工程总承包发展的若干意见》（建市〔2016〕93号）文件精神，深化建设项目组织实施方式改革，推进现代工程管理，结合我市工程建设实际，制定本办法。我市定于2017—2018年开展工程总承包试点工作。凡是建设标准、功能需求明确的标准化项目、中小项目、采用装配式或者BIM技术等对建设周期有特殊要求的项目，均适用本办法。通过工程总承包试点过程摸索，培育工程总承包企业，积累工程总承包管理经验，完善工程总承包管理制度，并将于2019年以后进一步推广工程总承包制，提升现代工程管理水平。

沈阳市城乡建设委员会

沈阳市发展和改革委

沈阳市财政局

2017年9月8日

沈阳市工程总承包试点项目管理办法（试行）

第一章 总 则

第一条 为促进本市建设工程设计、采购与施工等各阶段工作的深度融合，推进现代工程管理，依据有关法律、行政法规结合本市实际情况，制定本办法。

第二条 本办法所称工程总承包，是指从事工程总承包的企业按照与建设单位签订的合同，对工程项目的设计、采购与施工等实行全过程或部分工作的承包，并对工程的质量、安全、工期和造价等全面负责的承包方式。

工程总承包一般采用设计—采购—施工总承包或者设计—施工总承包模式。建设单位也可以根据项目特点和实际需要，按照风险合理分担原则和承包工作内容采用其他工程总承包模式

第三条 经发改部门会同有关行政主管部门确定的试点项目，采用工程总承包组织建设和监督管理的，适用本办法政府投资项目、采用装配式或者BIM建造技术的项目应当积极采用工程总承包模式国家部委对于专业工程的工程总承包另有规定的，从其规定。

第四条 市有关行政主管部门负责本市工程总承包活动的监督管理；区（县）有关行政管理部门按照其职责权限，负责本行政区域内工程总承包活动的监督管理。

第二章　承包招标管理

第五条　工程总承包项目需在审批部门立项批复中明确，项目招标阶段可采用以下两种方式之一：

（一）项目审批、核准或者备案手续完成；其中政府投资项目的可行性研究报告已经获得批准本阶段招标的工程项目的建设规模、设计方案、功能需求技术标准、工艺路线、投资限额及主要设备规格等均应确定，并符合下列情形之一：

1. 新建、改扩建道路、给排水、燃气及园林绿化项目；

2. 其他前期条件充分且功能需求及建设标准符合总承包招标的项目。

（二）执行国家规定的建设工程勘察、设计发包程序，初步设计文件获得批准或者总体设计文件通过审查。

本阶段的招标项目应符合下列情形之一：

1. 经核定的重点产业项目；

2. 建设标准明确的一般工业项目；

3. 功能需求可由国家或者行业技术标准、规模确定的市政基础设施及维修项目；

4. 采用装配式或者 BIM 建造技术的中，小型房屋建筑项目；

5. 列入市级重大工程且对建设周期有特殊要求的项目；

6. 其他前期条件充分且功能需求及建设标准符合总承包招标的项目。

第六条　采用工程总承包方式招标的，同时还应具备下列条件：

（一）建设资金来源已经落实；

（二）有招标所需的基础资料；

（三）满足法律、法规及本市其他相关规定。

第七条　工程总承包单位应当具备以下要求：

（一）同时具备与招标工程规模相适应的设计和施工资质或者由具备相应资质的设计和施工单位组成的联合体；

（二）具有与招标工程相适应的财务、风险承担能力，同时具有相应的组织机构、项目管理体系、项目管理专业人员和工程业绩；

（三）以联合体投标的，应当根据项目的特点和复杂程度合理确定牵头单位，并在联合体协议中明确联合体成员单位的责任和权利；

（四）工程总承包单位（包括联合体成员单位，下同）不得是工程总承包项目的代建单位、项目管理单位、监理单位、招标代理单位或者与以上单位有控股或者被控股关系的机构或单位。

采用本办法第五条（二）项情形招标的，工程总承包企业还不得是项目的初步设计文件或者总体设计文件的设计单位或者与其有控股或者被控股关系的机构或单位。

第八条　工程总承包项目负责人应当取得工程建设类注册执业资格（包括注册建筑师、勘察设计注册工程师或注册建造师）拥有与工程建设相关的专业技术知识，熟悉工程建设相关法律法规和标准，同时具有相应工程业绩。

第九条　以暂估价形式包括在总承包范围内的工程、货物服务，属于依法必须进行招标的项目范围且达到国家规定规模标准的，应当依法进行招标。

第十条 工程总承包项目招标文件使用国务院发展改革委会有关行政监督部门制定的《标准设计施工总承包招标文件（2012年版）》。

（一）招标文件中应当向投标人提供完备、准确的水文、地质等基础资料、前期咨询意见和有关批复文件，以保证投标方案的深度、准确度、针对性以及对工程风险的合理评估；

（二）招标文件中应当明确招标内容，对设计，采购及施工的范围、使用功能、质量、安全、工期、验收等量化指标做出明确规定；

（三）招标文件中应当明确招标人和中标人的责任和权利，主要包括：工作范围、分包要求、风险划分、奖惩条款、计量支付、变更条款、价格调整、索赔程序、工程保险及不可抗力处理条款等；

（四）招标人在招标文件中明确中标人有权使用未中标人的技术方案的，一般应当同时明确给予相应的费用补偿；

（五）采用装配式技术或BIM技术的，招标文件中应当有明确要求；建设单位对承诺采用装配式技术或BIM技术的投标人应当适当设置加分条件；

（六）建设单位应当在招标文件中明确最高投标限价，政府投资项目采用工程总承包招标的，以审批部门批复项目的投资限额为最高投标限价。

第十一条 招标人应当根据工程规模、技术复杂程度及施工管理要求合理确定评标办法。国有投资项目招标人应当确定排名第一的中标候选人为中标人。

第十二条 评标委员会由招标人代表和有关技术、经济等方面专家组成，总人数为不少于9人的单数。评标专家应当从辽宁省综合评标专家库中随机抽取。

第十三条 招标人应当合理确定投标文件的编制时间，自招标文件开始发售之日起至投标人提交投标文件截止时间止，采用本办法第五条第（一）项情形招标的不得少于45日；采用本办法第五条第（二）项情形发包的，不得少于30日。

第三章 合同支付及结算管理

第十四条 工程总承包合同的制订可以参照住房和城乡建设部、工商总局联合印发的建设项目工程总承包合同示范文本。

第十五条 工程总承包项目宜采用总价包干的固定总价合同。合同价格应当在充分竞争的基础上合理确定，除招标文件或者工程总承包合同中约定的调价原则外，工程总承包合同价格一般不予调整。政府投资的工程总承包项目应采用总价包干的固定总价合同，除重大事项报市政府审批外，原则上政府投资的工程总承包合同价格一般不予调整。

第十六条 建设单位和工程总承包单位应当在招标文件和工程总承包合同中约定合理的风险分担原则。建设单位承担的风险，一般包括：

（一）建设单位提出的工期、建设标准或者工程规模的调整重大或者较大设计变更；

（二）因国家税收等政策调整引起的税费变化；

（三）不可预见的自然地质灾害、工程实施中出现重大地质变化的，其损失与处置费用由建设单位承担，因总承包单位施工组织、措施不当等造成的上述问题，其损失和处置费由工程总承包单位承担。

除建设单位承担的风险外，其他风险可以约定由工程总承包单位承担。

第四章　总承包管理

第十七条　建设单位应当依据合同加强工程总承包项目全过程管理，督促总承包企业履行合同义务。加强工程设计和施工的管理和验收，严格对工程质量、安全、进度、投资和环保等环节进行把关。

第十八条　建设单位根据自身资源和能力，可以自行对工程总承包项目进行管理，也可以委托项目管理单位，依照合同对工程总承包项目进行管理。项目管理单位可以是本项目的可行性研究、方案设计或者初步设计单位、也可以是其他工程的设计，施工或者监理等单位，但项目管理单位不得与工程总承包企业有利害关系。委托项目管理单位付费标准不应超过财政部规定的管理费限额。

第十九条　总承包单位应当根据合同约定和项目特点，制定项目管理计划和项目实施计划，建立工程管理与协调制度，加强设计、采购与施工的协调，完善和优化设计，改进施工方案，合理调配设计、采购和施工力量，实现对工程总承包项目的有效控制。

第二十条　总承包单位应当对总承包工程范围内的工程设计、施工质量、现场安全生产和工程进度负总责，总承包单位可以将设计和施工非主体结构业务分包给具有相应资质的企业，严禁转包和违法分包。分包单位按照分包合同的约定对总承包单位负责。工程分包不能免除总承包单位的合同义务和法律责任，总承包单位和分包单位就分包工程对建设单位承担连带责任。

第二十一条　监理单位应当依据有关规定和合同，对工程总承包范围内的工程质量、施工安全、进度、环保、计量支付等实施监督管理。项目监理单位在项目实施过程中发现勘察、设计施工行为违反法律法规、强制性技术标准或者合同约定的，应当要求工程总承包单位改正。

第五章　监督管理

第二十二条　工程总承包项目按照有关规定应当进行施工图审查的，建设单位根据项目实际情况，可以按照单体工程报项目所在地有关行政主管部门审查。施工图设计经审查批准后方可组织实施。

第二十三条　工程总承包项目的参建单位，可以根据工程总承包合同、分包合同和相关规定到有关行政主管部门办理工程质量和安全监督等相关备案手续。

第二十四条　建设单位可以在符合国家和省市相关规定的前提下，一次性申请工程总承包项目的施工许可证，也可以根据施工图审查进度分标段申请领取施工许可证。

第二十五条　工程总承包项目的各类工程技术管理文件和备案报表等资料，应按工程总承包项目特点和相关规定进行调整。建设单位、工程总承包单位、监理单位等参建单位及相关人员人应按照各自的职能签署意见。

第二十六条　总承包单位、监理单位等参建单位应参加建设单位组织的工程竣工验收，总承包单位对工程竣工验收范围内的设计和施工等工作以及竣工验收资料负总责。

第二十七条 工程总承包项目各方主体和参建单位，有违反《中华人民共和国招标投标法》《中华人民共和国建筑法》《中华人民共和国招标投标法实施条例》《建设工程勘察设计管理条例》《建设工程质量管理条例》《建设工程安全管理条例》等建筑业相关法律法规的，依法承担相应法律责任。

第二十八条 本办法自发布之日起实施。

沈阳市建设工程招标投标管理办公室关于发布《沈阳市工程总承包试点项目管理办法》的通知

2018 年 4 月 9 日

各有关单位：

《沈阳市工程总承包试点项目管理办法》已于 2017 年 9 月 8 日正式实施。为了方便招投标各方主体对文件的获取，特此在本网发布。同时设立了咨询电话，解答关于工程总承包的相关问题。

附件：市建委市发改委市财政局关于印发《沈阳市工程总承包试点项目管理办法》的通知（略）

关于发布《沈阳市工程总承包试点项目管理办法》的通知（略）

安 徽 省

安徽省工程总承包相关政策文件清单

序号	发布时间	文 件 名 称	文 号
1	2016年6月	池州市本级投资项目采用EPC工程总承包模式招投标管理试行办法	
2	2016年12月	安徽省人民政府办公厅《关于大力发展装配式建筑的通知》	皖政办秘〔2016〕240号
3	2017年7月	蚌埠市人民政府办公室《关于印发蚌埠市建设工程招标投标管理办法》的通知	蚌政办秘〔2017〕145号
4	2017年12月	安徽省人民政府办公厅《关于推进工程建设管理改革促进建筑业持续健康发展的实施意见》	皖政办〔2017〕97号
5	2018年1月	淮南市公共资源交易监督管理局关于印发《淮南市政府投资项目工程总承包招标投标管理办法（试行）》的通知	淮公管〔2018〕10号
6	2018年7月	亳州市公共资源交易监督管理局关于印发《亳州市国有资金投资建设项目工程总承包招标投标活动管理办法（试行）》的通知（试行期1年）	
7	2018年9月	安徽省住房和城乡建设厅、发展和改革委员会、公安厅、财政厅、交通运输厅、水利厅和通信管理局《关于推进工程总承包发展的指导意见》	建市〔2018〕139号
8	2019年4月	安徽省水利厅关于印发《安徽省水利建设项目工程总承包工作意见（试行）》的通知	皖水建设函〔2019〕367号
9	2019年4月	宿州市水利局《关于进一步加强全市水利工程建设管理的指导意见》	
10	2019年9月	安徽省住建厅、省发改委、省科技厅、省财政厅等16个部门联合发布《关于进一步培育和壮大建筑业企业的若干意见》	建市〔2019〕93号

扫码查看全部政策及解读

安徽部分

安徽省住房和城乡建设厅、发展和改革委员会、公安厅、财政厅、交通运输厅、水利厅和通信管理局联合印发了《关于推进工程总承包发展的指导意见》

建市〔2018〕139号　2018年9月30日

各市住房城乡建设委（城乡建设委、城乡规划建设委）、发展改革委、公安局、财政局、交通运输局、水利（水务）局、重点工程局、公共资源交易监督管理局（办），广德、宿松县住房城乡建设委（局）、发展改革委、公安局、财政局、交通运输局、水利局、重点工程局、公共资源交易监督管理局：

为加快我省建筑业改革发展，完善工程建设组织模式，提高工程项目管理水平，根据《住房城乡建设部关于进一步推进工程总承包发展的若干意见》（建市〔2016〕93号）、《安徽省人民政府办公厅关于推进工程建设管理改革促进建筑业持续健康发展的实施意见》（皖政办〔2017〕97号）等文件要求，现就推进工程总承包发展提出以下指导意见：

一、总体要求

（一）指导思想

深入贯彻党的十九大精神，以习近平新时代中国特色社会主义思想为指导，牢固树立新发展理念，以确保工程质量安全为前提，以改革创新为动力，大力推进工程总承包发展，促进建筑业产业转型升级，提升建筑业企业综合竞争力，为建设现代化五大发展美好安徽提供有力支撑。

（二）基本原则

政府推动，市场主导。各地要加大工程总承包支持力度，出台具体配套政策。充分发挥市场在工程建设资源配置中的决定性作用，鼓励和引导建设单位按照质量可靠、效率优先的要求，积极采用工程总承包，形成质量效益明显提升、企业合作共赢的良好局面。

改革创新，健全制度。改革当前不适应建筑业发展的体制机制，完善工程建设组织模式，转变监管方式，优化营商环境，推动工程技术创新，建立工程总承包招标投标、质量安全监管等制度，规范市场秩序，推进设计施工一体化融合发展。

试点先行，逐步推进。选择一批政府投资建设项目及骨干企业，先行开展工程总承包试点。在试点过程中培育一批工程总承包企业和专业技术人才队伍，提高工程总承包企业的供给质量和能力，形成示范效应，推动全省工程总承包有序发展。

（三）工作目标

通过完善政策制度、健全监管体系、配套服务支撑，逐步构建以工程总承包为主的工程建设市场。2018—2020年，政府投资和使用国有资金新建项目应逐步采用工程总承包，装配式建筑原则上采用工程总承包，鼓励和支持社会资本投资新建项目采用工程总承包。2021—2025年，政府投资和使用国有资金新建项目应全面推广工程总承包，在社会资本投资新建项目中推广工程总承包。

二、重点任务

（四）深化建设方式改革。把推行工程总承包作为全省工程建设管理改革的重要任务，打破分段碎片式的工程承包方式，引导和支持建设单位采用工程总承包实施项目建设。各市、县（市）要结合工程建设市场实际，编制本地工程总承包推广计划，逐步释放工程总承包市场需求，通过需求牵引工程总承包市场供给，积极稳妥地推进工程建设组织方式改革。

（五）完善招标投标制度。建设单位可以根据项目特点，在可行性研究、方案设计或者初步设计完成后，按照确定的建设规模、建设标准、投资限额、工程质量和进度等要求，组织开展工程总承包发包工作。鼓励工程总承包项目同时实施全过程工程咨询服务。工程总承包企业应当具有与工程规模相适应的施工总承包资质或工程设计资质，以及相应的财务、风险承担能力，同时具有相应的组织机构、项目管理体系、项目管理专业人员、施工或工程设计业绩。工程总承包评标应采用综合评估法，评审的主要因素包括工程总承包报价、项目管理组织方案、设计方案、设备采购方案、施工计划、工程业绩等。根据合同约定，由工程总承包企业负责材料、设备等采购的，建设单位不得指定生产厂家、供应商。

（六）严格分包管理。工程总承包企业可以在其资质许可的工程项目范围内自行实施设计和施工，也可以根据合同约定或者经建设单位同意，直接将工程项目的设计或者施工业务择优分包给具有相应资质的企业。仅具有设计资质的企业承接工程总承包项目时，应当将工程总承包项目中的施工业务依法分包给具有相应施工资质的企业；仅具有施工资质的企业承接工程总承包项目时，应当将工程总承包项目中的设计业务依法分包给具有相应设计资质的企业。工程总承包企业自行实施设计的，不得将工程总承包项目工程主体部分的设计业务分包给其他单位。工程总承包企业自行实施施工的，不得将工程总承包项目工程主体结构的施工业务分包给其他单位。严禁工程总承包企业将承接的工程总承包项目转包。

（七）推进设计施工融合发展。鼓励工程勘察、设计、施工、制造企业跨行业、跨专业兼并重组，支持勘察、设计、施工、制造企业相互参股、融合发展。鼓励工程设计企业申请建筑业企业资质，已取得工程设计综合资质、行业甲级资质的企业，可以直接申请相应类别施工总承包二级资质。具有一级及以上施工总承包资质的企业可直接申请同类别或相近类别的工程设计乙级资质（不设乙级的除外）企业完成的工程总承包业绩中的工程设计业绩可以作为其代表业绩申报设计资质，完成的工程总承包业绩中的工程施工业绩可以作为其代表业绩申报施工资质。具体规定由省住房城乡建设厅会同省相关行业主管部门制定。

（八）加强工程总承包项目管理。工程总承包企业应当根据合同约定和项目特点，制定工程总承包管理计划和项目实施计划建立工程总承包管理与协调制度，加强设计、采购与施工的协调完善和优化设计，改进施工方案，合理调配设计、采购和施工力量，实现对工程总承包项目的有效控制。住房城乡建设部门应完善工程总承包质量安全报监、施工许可等程序，在相关许可和备案表格中增加工程总承包企业、工程总承包项目经理等栏目。

（九）落实工程总承包各方主体责任。全面落实各方主体的质量安全责任，特别要强化建设单位的首要责任。工程总承包企业对工程总承包项目的质量安全全面负责。工程总承包企业按照合同约定对建设单位负责，分包企业按照分包合同约定对工程总承包企业负责。工程分包不能免除工程总承包企业的合同义务和法律责任，工程总承包企业和分包企业就分包工程对建设单位承担连带责任。工程总承包企业和建设单位应当加强风险管理，公平合理分担风险。其余各方责任主体按现行法律法规落实责任。

（十）建立技术创新激励机制。推进工程总承包项目信息化管理，加快 BIM 技术在规划、勘察、设计、施工和运维全过程的集成应用。引导工程总承包企业建立以市场为导向、产学研相结合的技术创新体系，鼓励企业开发拥有自主知识产权的专利和专有技术。工程总承包企业应采用先进工程技术进行设计、施工、运维优化，组织编制优化方案，报建设单位审核同意后方可应用工程实践。对优化方案有效提高工程质量、缩短工期、节省投资降低运维费用以及延长设计寿命的，建设单位可根据所产生效益给予相应的奖励。

（十一）推进工程总承包担保工作。推行工程总承包企业采用以银行保函为主的多种担保形式，向建设单位提供履约担保。鼓励保险公司针对工程总承包开展保险业务创新，为建设单位、工程总承包企业、分包企业、供货企业、制造企业提供全方位的工程保险服务。

（十二）加强人才队伍建设。落实工程总承包企业培训主体责任，支持行业协会、高等院校、职业院校采取合作共建、订单培养、市场运作等方式，培养一批符合工程总承包业务需求的项目经理及从事项目控制、设计管理、采购管理、施工管理、合同管理、成本管理、质量安全管理和风险管理等方面人才。鼓励相关高校与地方政府、企业共建各类创新创业载体，推动工程总承包高层次人才向工程总承包企业聚集。建立健全工程总承包相关职业技能和认定标准体系，为工程总承包快速发展提供制度保障。

（十三）强化监督管理。大力推进信用体系建设，规范工程总承包市场各方主体行为。建立工程总承包试点项目、试点企业信息公开制度，接受社会监督。住房城乡建设等部门应按照“双随机、一公开”原则，适时开展工程总承包项目监督检查，严肃查处违法违规行为。

三、工作措施

（十四）加强组织领导。各地要把工程建设项目组织方式改革纳入本地区重要改革事项，制定推进工程总承包实施方案，明确目标和任务，进一步建立健全工作机制，完善配套政策，确保各项任务落到实处。省住房城乡建设厅会同省有关部门把各市推进工程总承包情况纳入建筑业发展目标绩效考核。

（十五）压实工作责任。政府投资和使用国有资金新建项目的建设单位负责确定一批采用工程总承包模式的试点项目。住房城乡建设部门负责指导推进房屋建筑和市政公用领域工程总承包；交通部门负责指导推进公路、水运领域工程总承包；水利部门负责指导推进水利（水电）领域工程总承包；通信部门负责指导推进通信领域工程总承包；住房城乡建设部门会同统计部门，做好工程总承包相关产值统计工作。

（十六）加强示范引领。以使用国有资金项目和装配式建筑为重点，督促和引导建设单位积极开展工程总承包试点工作。工程总承包试点企业名单应按照公开、公正、竞争、择优的原则确定，具体确定办法由省相关行业主管部门制定。各地应加强工程总承包试点宣传力度，提高社会认知度，适时组织开展经验交流，充分调动各方面积极性，共同推动工程总承包，营造工程总承包快速发展的良好氛围。

（十七）加大支持力度。各级财政部门对采用工程总承包的项目，应依法依规切实做好支付保障。各级财政科技计划（项目），按规定支持工程总承包企业构建产学研企业创新体系，加快科技成果研发转化。相关部门在安排涉及工程建设的试点示范中，应明确要求推进工程总承包。

安徽省水利厅关于印发《安徽省水利建设项目工程总承包工作意见（试行）》的通知

皖水建设函〔2019〕367号　2019年4月6日

各市水利（水务）局，厅直各单位，各有关单位：

为创新水利工程建设管理模式，提高水利工程建设管理水平，规范水利工程建设项目总承包行为，我厅制定了《安徽省水利建设项目工程总承包工作意见（试行）》，现印发给你们，请遵照执行。

安徽省水利建设项目工程总承包工作意见（试行）

第一条　为深化我省水利改革，创新水利工程建设管理模式，提高水利工程建设管理水平，规范水利工程建设项目工程总承包行为，促进工程设计、采购、施工等各阶段深度融合，根据国家有关规定，结合我省水利工程建设实际，制定本工作意见。

第二条　本工作意见所称工程总承包是指工程总承包单位按照合同约定对工程项目的设计、采购、施工等实行全过程或若干阶段的承包，并对其质量、安全、工期和造价等全面负责的承包方式。

第三条　全省各级水行政主管部门应认真组织开展水利建设项目工程总承包试点工作，2019—2021年为试点期。省直有关单位负责建设的水利工程应优先采用工程总承包方式，各市开展试点项目1～3个，试点项目应具有一定的代表性。在总结试点经验的基础上，全面推进全省水利建设项目工程总承包。

第四条　水利工程建设项目实行工程总承包一般从项目可行性研究阶段开始，也可从项目初步设计或施工图阶段开始，采用设计—采购—施工（EPC）或设计—施工总承包（D—B）等方式。

工程总承包范围包括：工程项目可研、初设等阶段的勘测设计、设备采购、施工、试运行、项目法人单位需要开展的各项验收组织、工程移交等全过程服务。

工程总承包范围不包括：工程征地拆迁、移民安置、工程监理、第三方质量检测等。

大中型水利工程建设项目工程总承包一般实行整体总承包，也可以对其中若干阶段、单项工程或专业工程实行总承包。小型水利工程建设项目宜采取分类打捆方式总承包。

第五条　水利建设项目工程总承包应严格遵守《中华人民共和国招标投标法》等法律法规，采用公开招标选择满足工程总承包要求、符合相应资质条件的单位。

第六条　工程总承包单位应当具有相应设计资质或施工总承包资质，具有相应组织机构、项目管理体系、项目管理专业人员、工程施工或工程设计业绩以及相应财务、风险承担能力。或具有相应设计、施工资质单位组成的联合体，联合体协议中应明确成员单位的责任和权利。

对于技术较为复杂、专业交叉多的项目（如水库枢纽、泵站、水闸等建筑物类）宜由具有相应设计资质的单位作为工程总承包单位。

招标人公开发包前已完成可行性研究报告、勘测设计文件编制的，招标过程中应将已完成的可研报告、初步设计报告等作为招标文件的附件进行公布，前期参加该工程可研报告、初步设计报告编制的单位可以参与该项目工程总承包的投标。

总承包项目经理应具备水利水电类高级技术职称或相应注册执业资格，且担任过类似工程设计项目负责人或者施工项目经理，熟悉工程建设相关法律法规和技术标准。

第七条 工程总承包单位可以根据合同约定或经项目法人同意，将工程总承包合同中的设计或施工业务分包给具有相应资质的单位。

工程总承包单位同时具有相应设计和施工资质的，可将工程设计或施工业务分包给具备相应资质的单位，但不得将设计和施工同时分包。工程总承包单位仅具有设计资质的，应将总承包项目全部施工业务分包给具有相应施工资质的单位。工程总承包单位仅具有施工资质的，应将总承包项目全部设计业务分包给具有相应设计资质的单位。拟分包方案应在投标文件中明确，选定的分包单位应报项目法人备案。

第八条 水利建设项目工程总承包应采用综合评估法评标，综合评估因素主要包括承包人工程总承包报价、规划设计方案、组织实施方案、资信业绩情况等。

项目法人应根据工程特点合理设置评分权重和评标办法。工程总承包招标文件按照《安徽省水利建设项目工程总承包招标示范文本》编制，合同文本可参考《建设项目工程总承包合同示范文本（GF—2017—0216）。工程总承包可采用总价合同或单价合同，合同总价原则上不超过初步设计批复概算。合同须明确项目造价编制依据、原则，以及价款结算、价格调整等办法。

第九条 工程总承包投标报价一般由总承包管理费、勘察设计费、设备采购费、施工费等组成，报价方式可采用固定值方式或以批准初步设计概算为基数的优惠比例方式。

在试点期，已确定可研、初步设计编制单位的项目采用工程总承包模式，计价模式宜采用单价承包方式。

第十条 项目法人和工程总承包单位应当加强风险管理，公平合理分担风险。工程总承包单位按照合同约定向项目法人出具履约担保，履约担保推荐采用银行保函形式。项目法人向工程总承包单位出具支付担保。总承包合同可根据建设项目的风险情况设置激励和风险对等分担条款。项目法人承担的风险一般包括：

（一）项目法人提出的工期调整、重大设计变更、建设标准或者工程规模调整。

（二）因工程征地、移民等发生重大变化引起的调整。

（三）因国家税收等政策调整引起的税费变化。

（四）柴油、汽油、钢筋、水泥、炸药、砂石料等主要工程材料价格与招标时的工程材料价格相比，波动幅度超过合同约定幅度的部分。

（五）工程总承包实施时发现的在前期工作阶段难以预见的滑坡、泥石流、涌水、溶洞、断层带、采空区、有毒气体等重大地质变化，其损失与治理费用可约定由项目法人承担，或由项目法人和工程总承包单位按比例分担。

（六）发生超标准洪水及其他不可抗力增加的工程费用。

除项目法人承担的风险外，按照对等、共担原则，在招标文件及合同中明确工程总承包单位应承担的风险。

第十一条　项目法人对工程建设全过程负总责，主要责任包括：

（一）工程建设前期工作，包括项目建议书、可行性研究报告、初步设计、设计变更报批及资金筹措等工作。

（二）按相关规定选择工程总承包单位、监理单位、第三方检测等单位。

（三）协调各方关系，落实工程征地拆迁、移民安置及其他建设条件，保障工程正常实施。

（四）按规定办理工程质量与安全监督手续，办理开工备案，落实质量终身责任制。

（五）加强合同管理，督促工程总承包单位严格履行合同义务。对工程总承包单位在合同履行中存在过失或者偏差行为，可能造成重大损失或者严重影响合同目标实现的，应当及时采取有效措施，必要时可以依据合同约定，终止合同。

（六）严格执行水利基本建设财务管理相关规定，及时按合同约定结算、支付工程进度款项。

（七）做好验收相关工作，配合政府相关部门的检查、稽察、审计等。

（八）设计优化引起的工程价款结算变化，按合同约定的激励条款和风险分担原则处理。采用总价合同的，除应当由项目法人承担的风险费用外，合同总价一般不予调整，超支不补，结余归总承包单位；采用单价合同的，项目法人按合同约定的激励和风险条款执行。

第十二条　工程总承包单位应加强工程项目实施管理，根据合同约定和项目特点，对工程项目进行有效控制。主要责任包括：

（一）按国家法律法规、相关强制性标准条文、规程规范和合同约定，组织实施设计、设备采购、施工和试运行，承担合同约定相关工作。

（二）按相关规程规范要求，组建与工程总承包项目相适应的管理机构，建立覆盖设计、采购、施工、试运行全过程的工程质量安全管理体系和职业健康及环境管理体系，保证质量、安全、环境、职业健康所需资金投入，落实各项保障措施，规范、有序地开展各项管理工作，确保实现合同约定的工程进度、质量、安全、效益等目标。

（三）协助项目法人办理项目审批、核准或备案手续，配合项目法人开展征迁工作，配合办理项目用地手续。

（四）工程总承包单位对工程质量和安全负责，并保证试运行期间工程安全和档案资料完整。

（五）工程总承包单位对工程进度负责，按照合同约定的勘察设计、采购、施工、调试、试运行时间节点完成各项工作。

（六）工程总承包单位合理合规使用工程建设项目资金，项目建设期间不得挪用、挤占项目建设资金，不得为追求投资结余而擅自缩小工程范围、减少工程建设内容、降低工程质量标准。

（七）按合同约定做好各项工程验收和工程移交工作。

（八）工程总承包项目各参建单位应积极配合政府相关部门的检查、稽察、审计等工作，及时整改各类问题。

第十三条 各级水行政主管部门应当加强对工程总承包项目的监督检查和指导，发现问题及时提出整改意见，跟踪落实整改。项目法人和工程总承包单位应及时总结有关经验，为全省全面推行水利建设项目工程总承包提供经验借鉴。

第十四条 工程总承包项目遇到不可抗力影响合同继续执行时，由合同双方协商签订补充协议或申请第三方调解仲裁。

云　南　省

云南省工程总承包相关政策文件清单

序号	发布时间	文 件 名 称	文　号
1	2014 年 5 月	云南省水利厅《关于印发云南省水利建设工程设计采购施工总承包指导意见的通知》	云水建管〔2014〕45 号
2	2017 年 3 月	昆明市人民政府办公厅关于印发《昆明市工程建设招标投标管理办法》的通知	昆政办〔2017〕36 号
3	2017 年 6 月	云南省人民政府办公厅《关于大力发展装配式建筑的实施意见》	云政办发〔2017〕65 号
4	2017 年 7 月	云南省人民政府办公厅《关于促进建筑业持续健康发展的实施意见》	云政办发〔2017〕85 号

扫码查看全部政策及解读

云南部分

云南省水利厅《关于印发云南省水利建设工程设计采购施工总承包指导意见的通知》

云水建管〔2014〕45号 2014年5月3日

第一章 总 则

第一条 为贯彻落实《中共中央 国务院关于加快水利改革发展的决定》《水利部关于深化水利改革的指导意见》精神，深化我省水利改革，创新水利工程建设管理模式，提高水利工程建设管理水平，根据《中华人民共和国建筑法》、国家发展改革委等9部委《关于印发简明标准施工招标文件和标准设计施工总承包招标文件的通知》等有关规定，结合本省水利建设实际，制定本指导意见。

第二条 本省各级政府投资或以政府投资为主的水利工程建设项目的工程勘测设计、设备采购和施工的总承包，适用本指导意见。

第三条 本指导意见所称水利工程建设项目总承包，是指项目法人单位通过公开招标或经核准的其他方式，将水利工程建设项目的整体或部分建设内容委托给具有相应资质和能力的工程总承包单位（或联合体，下同），工程总承包单位按合同约定，承担工程勘测设计、设备采购、施工等工作，并对承包工程的质量、安全、进度、造价全面负责。

第四条 水利工程建设项目总承包可以实行整体总承包，也可以对其中单项工程或专业工程实行总承包。工程监理、第三方质量检测不列入总承包范围。工程征占地、拆迁、移民搬迁安置等方面的工作内容由项目法人单位负责实施，不列入工程总承包范围。

鼓励中小型水利工程建设项目采取集中建设、分类打捆的方式实行总承包。

第五条 水利工程建设项目实行总承包从项目可行性研究报告或初步设计报告批准后开始。项目实行总承包由项目法人或主管项目的水行政主管部门提出申请，按照分级管理原则，报项目审批部门批准。

第六条 实施总承包的水利工程建设项目，采用项目法人单位负责建设管理、工程总承包单位负责建设实施、水行政主管部门等政府部门负责监督管理的建设方式。

第二章 总承包有关职责

第七条 项目法人单位对工程建设全过程负总责，主要包括：

（一）工程规划、项目建议书、可行性研究、初步设计、设计变更的报批以及工程准备阶段（工程总承包范围外）的工作。

（二）按相关规定和工程总承包合同约定，落实工程征地拆迁以及其他建设条件，协调建设相关各方关系，按合同约定按时向总承包单位提供场地及相关建设条件。

（三）通过公开招标或经上级部门批准的其他方式选择工程总承包单位，并签订工程总承包合同。

（四）负责与相关的水行政主管部门或质量、安全监督机构办理工程质量监督及安全监督手续。

（五）按合同约定，及时支付工程相关款项。

（六）组织工程验收、结算。

（七）按合同约定应由项目法人负责的其他职责。

第八条　总承包单位按合同约定，对项目建设实施过程负责，主要包括：

（一）按国家法律法规、相关强制性标准、规程规范和合同约定，组织实施设计、采购和施工，承担合同约定的相关工作。

（二）建立工程总承包项目的质量、安全、环境保护保证体系，保证所需资金投入。

（三）按时完成合同约定的工程设计，并对工程设计质量负责。

（四）按时完成合同约定的工程施工，并对工程施工质量和施工安全负责。

（五）按时完成合同约定的工程设备采购、调试工作，并保证工程设备和工程调试质量。

（六）配合工程验收单位组织的各项工程验收。

（七）按合同约定，承担工程总承包项目保修期内的保修任务。

（八）按水利工程档案管理规定，将符合要求的相关工程建设资料移交项目法人归档。

（九）按合同约定应由总承包单位负责的其他职责。

第九条　水行政主管部门按照分级管理原则，负责水利工程建设项目立项审批工作，对项目实施过程进行监督管理。

第三章　总承包单位的确定

第十条　水利工程建设项目总承包应采用公开招标或经批准的其他方式，选择满足工程总承包要求、符合相应资质条件的工程总承包单位。采用公开招标方式的，除具备法定条件并按有关规定和管理权限经核准可自行组织招标外，项目法人应委托招标代理机构进行招标。

第十一条　设计施工总承包项目，其招标文件应根据国家发展改革委等9部委印发的《标准设计施工总承包招标文件》编制。

第十二条　总承包单位可以是满足所有资质要求的独立法人单位，也可以是具备单独资质单位组成的联合体。工程项目总承包单位应同时具备下列条件：

（一）具备与工程项目总承包的工程等级相适应的水利水电行业勘测设计、施工承包资质。

（二）具有与工程项目总承包相适应的工程勘测设计、施工、项目管理能力和财务能力。

（三）单独资质单位组成联合体承担工程项目总承包的，应签订联合协议，并在投标文件中明确主体责任单位和其余各单位责任。

（四）总承包招标文件约定的其他条件。

第十三条　工程项目总承包的招标宜采用综合评估法评标，项目法人应根据工程特点和要求合理设置评分权重和评标办法。联合体投标时，以信用等级较低投标主体的信用等级作为联合体的信用等级计分。

第十四条 工程招标投标工作，按照分级管理原则，进入各级公共资源交易中心进行招投标。

第四章 总承包管理

第十五条 总承包单位应按相关规程规范要求，组建与总承包项目相适应的管理机构，建立覆盖设计、采购、施工、试运行全过程的工程质量安全管理体系和职业健康及环境管理体系，规范、有序地开展各项管理工作，确保实现总承包合同约定的工程进度、质量、安全等建设目标。

总承包单位不得将工程转包及违法分包。

第十六条 项目法人单位应在工程现场设立项目部或派驻专职的项目法人代表，及时提供工程总承包合同约定的各项建设条件、协调各方关系，确保工程正常实施。

第十七条 项目法人应严格执行水利基本建设财务管理相关规定，确保资金安全，不得挪用、滞留中央补助资金、省级补助资金，并积极筹措配套资金。

第十八条 总承包可采用总价合同或单价合同方式，合同应根据总承包单位承担的风险情况合理设置激励条件，明确项目在合同工期内建筑主要材料价格变动和设计变更等引起的投资变化的具体处理方式，工程的风险额度、调整范围及调整方法。

工程项目总承包发包价应以批准的概（估）算总价或单价为控制原则，合同价应在发包价的基础上适当下浮。批准的概（估）算价未明确的总价或单价，可按照相应水利定额或合同约定价格确定。

第十九条 设计变更按合同约定和水利部《水利工程设计变更管理暂行办法》《云南省水利工程设计变更管理实施细则（试行）》等管理办法办理相关手续。总价合同项目的一般设计变更列入工程风险管理范畴。

第二十条 项目法人单位应按合同约定，及时、足额向工程总承包单位支付工程进度款项。实行总价合同的，按工程建设实际进度支付；实行单价合同的，按实际完成工程量支付。工程总承包单位不得拖欠农民工工资。

第二十一条 对投标人有融资要求的，应当在总承包招标文件中明确融资建设方案。融资建设方案应包括融资责任主体、项目筹资方案及融资额度、还款年限、融资财务费用及贷款利息处理方法。融资建设方案由项目法人组织编制，报组建项目法人的同级地方人民政府审批。

第二十二条 总承包工程项目通过完工验收后，合同双方应及时进行工程完工结算、支付。完工结算应依据相关法律法规及合同约定执行并接受审计。实行总价合同的，按合同约定总价结算；实行单价合同的，按实际完成的工程量结算。

第二十三条 总承包项目实行质量安全监督制度，县级以上水行政主管部门质量安全监督机构对工程建设质量安全实施监督。

第二十四条 水行政主管部门应加强对工程总承包项目的监督检查和指导，发现问题应及时提出整改意见，跟踪落实整改。

总承包项目各参建单位应积极配合政府相关部门的检查、稽察、审计等工作，及时整改存在问题。

第二十五条　总承包项目应按照《水利水电工程单元工程施工质量验收评定标准》《水利水电工程施工质量检验与评定规程》检验和评定施工质量。受委托的质量监督单位应对工程质量安全进行跟踪监督，及时对工程质量的评定进行复核认定。

第二十六条　总承包工程项目应按照水利部《水利工程建设项目验收管理规定》《水利水电建设工程验收规程》及时组织法人验收和政府验收。

第二十七条　工程项目总承包应引入《建设项目总承包管理规范》相关要求进行管理。

第二十八条　工程项目总承包遇到不可抗力影响合同继续执行时，由合同双方协商签订补充协议或申请第三方调解仲裁。

第五章　附　　则

第二十九条　各级水行政主管部门应积极引导和培育规范有序的水利建设工程总承包市场。

第三十条　本指导意见由云南省水利厅负责解释。

第三十一条　本指导意见自 2014 年 5 月 10 日起施行。

重　庆　市

重庆市工程总承包相关政策文件清单

序号	发布时间	文　件　名　称	文　　号
1	2017年12月	重庆市人民政府办公厅《关于大力发展装配式建筑的实施意见》	渝府办发〔2017〕185号
2	2018年5月	重庆市永川区人民政府办公室《关于规范政府投资工程总承包项目管理的通知》	永川府办发〔2018〕54号
3	2018年7月	重庆市人民政府办公厅《关于进一步促进建筑业改革与持续健康发展的实施意见》	渝府办发〔2018〕95号
4	2018年10月	重庆市住房和城乡建设委员关于公布我市工程总承包试点企业名（第一批）的通知	渝建〔2018〕603号

扫码查看全部政策及解读

重庆部分

重庆市永川区人民政府办公室关于规范政府投资工程总承包项目管理的通知

永川府办发〔2018〕54号　2018年5月14日

各镇人民政府、街道办事处，区政府各部门，有关单位：

为有效控制政府投资，提高工程建设管理水平，保障政府投资效益，根据《住房城乡建设部关于进一步推进工程总承包发展的若干意见》（建市〔2016〕93号）、《公路工程设计施工总承包管理办法》（交通运输部10号令）等规定，现就规范我区政府投资工程总承包项目（以下简称"工程总承包项目"）管理有关事项通知如下：

一、严格项目准入条件

建设单位应当根据政府投资项目的建设规模、复杂程度、工程进度等特点和实际需要，合理选择项目组织实施方式。建设单位拟采用工程总承包方式的，在符合下列对应的工程总承包发包条件后，要按程序报区长办公会研究同意。

（一）房屋建筑和市政基础设施项目发包条件。项目完成可行性研究、方案设计或者初步设计，且确定了发包的项目范围、建设规模、建设标准、功能需求、投资限额、工程质量和进度要求等工程总承包内容。

（二）公路工程项目发包条件。项目初步设计文件获得批准并落实了建设资金。

（三）其他项目发包条件。其他项目按照国家有关规定执行；鼓励其他项目在取得初步设计及概算批准文件后，进行工程总承包项目发包。

建设范围、建设规模、建设标准、功能需求不明确等前期条件不充分的政府投资项目，不得采用工程总承包方式。

二、严格项目审批管理

建设单位应当按照政府投资管理办法、建设基本程序等规定，认真开展水文、地勘、地形、可行性研究等前期工作，深入研究项目建设技术方案，完善和优化设计深度，确保工程总承包项目基础资料真实、完整、准确。

区发展改革、规划、城乡建设等行政主管部门应当按照规定的职责分工，严格审核可行性研究、方案设计、初步设计等工程总承包项目资料，严格把关设计深度和技术方案，严格核定工程量和概算，在法定时限内办理完结工程总承包项目法定审批事项。

三、严格项目建设管理

（一）实行全过程造价咨询制度。建设单位可依法委托工程造价咨询机构对工程总承包项目的工程造价、投资控制等提供全过程咨询服务，严格执行投资概算控制工程预算和竣工财务决算的规定，实际投资严格控制在批准概算范围内。

（二）实行工程成果文件审查制度。工程总承包项目按照法律、法规、规章和强制性标准等规定应当进行施工图设计文件审查的，经建设单位同意后，按照规定报有关行政主管部门审批；按照政府投资管理办法规定应当向区财政部门报送工程预算的，经建设单位同意后，按照规定报送区财政部门。

工程总承包项目应当按照批准的施工图设计组织施工，严禁出现“三边工程”（边勘测、边设计、边施工）。

（三）实行合同总价控制制度。工程总承包项目的合同宜采用总价包干的固定总价合同，合同固定价格应当在充分竞争的基础上合理确定。工程总承包项目应依据重庆市和永川区行政主管部门制定或执行的计价规则，在招标文件和合同中约定工程总承包计价方式和计价方法，并符合政府投资管理办法的有关规定。除招标文件或者合同中约定应由发包人承担的风险费用外，工程总承包合同总价一般不予调整。建设单位在确定工程总承包项目计价方式和计价方法前，要征求区财政部门意见；工程变更应当严格遵守政府投资管理办法、基本建设程序的有关规定。

建设单位应当加强对中标总承包企业依法分包的管理，工程总承包项目严禁转包和违法分包。

（四）实行工程竣工验收制度。建设单位应当依据合同加强总承包管理，督促中标总承包单位履行合同义务，严格对工程质量、安全、进度、投资和环保等环节进行把关；严格按照法定程序和合同约定组织实施工程竣工验收。未经验收或者验收不合格的，建设单位不得接收工程、不得支付工程尾款、不得进行结算审核、不得进行工程审计、不得办理竣工财务决算。

（五）实行工程结算审核制度。建设单位可依法委托工程造价咨询机构对工程总承包项目的工程结算实施审核，并对审核结果的真实性、完整性、合法性负责。

区审计部门应当按照《重庆市公共投资建设项目审计办法》（重庆市人民政府令第319号）的规定，合理确定审计计划，对纳入年度审计计划的工程总承包项目实施审计。

四、严肃责任追究

工程总承包项目在实施过程中，有违反《中华人民共和国建筑法》《中华人民共和国招标投标法》《建设工程勘察设计管理条例》《建设工程质量管理条例》《建设工程安全管理条例》《重庆市招标投标条例》等相关法律、法规的，依法依规从严从重追究有关单位及有关人员的责任。

五、其他

本通知自印发之日起施行。原有关规定与本通知不一致的，按本通知规定执行。

贵 州 省

贵州省工程总承包相关政策文件清单

序号	发布时间	文 件 名 称	文 号
1	2017 年 7 月	贵州省住房城乡建设厅《关于开展工程总承包试点工作的通知》	黔建建通〔2017〕266 号
2	2017 年 9 月	贵州省人民政府办公厅《关于大力发展装配式建筑的实施意见》	黔府办发〔2017〕54 号
3	2017 年 12 月	贵州省人民政府办公厅《关于促进建筑业持续健康发展的实施意见》	黔府办发〔2017〕73 号

扫码查看全部政策及解读

贵州部分

山 西 省

山西省工程总承包相关政策文件清单

序号	发布时间	文 件 名 称	文 号
1	2017 年 6 月	山西省人民政府办公厅《关于大力发展装配式建筑的实施意见》	晋政办发〔2017〕62 号
2	2017 年 10 月	山西省人民政府办公厅《关于促进建筑业持续健康发展的实施意见》	晋政办发〔2017〕135 号
3	2018 年 12 月	山西省住房和城乡建设厅《关于推进山西省房屋建筑和市政基础设施工程总承包的指导意见》	晋建市字〔2018〕341 号

扫码查看全部政策及解读

山西部分

山西省住房和城乡建设厅《关于推进山西省房屋建筑和市政基础设施工程总承包的指导意见》

晋建市字〔2018〕341号　2018年12月20日

各市住房城乡建设局（建委）、省直有关厅、局，各有关单位：

为深化我省工程建设项目组织实施方式改革，提升建筑业企业项目组织管理能力和水平，根据国务院办公厅《关于促进建筑业持续健康发展的意见》、山西省人民政府办公厅《关于促进建筑业持续健康发展的实施意见》和《关于大力发展装配式建筑的实施意见》等文件精神，参照先进省份经验，现就推进我省工程总承包工作，提出以下指导意见。

一、工程总承包主要模式及推广适用范围

（一）工程总承包的主要模式。工程总承包是指从事工程总承包的单位（以下简称"工程总承包单位"）按照与建设单位签订的合同，对工程项目的设计、采购、施工等实行全过程的承包或者若干阶段承包，并对工程的质量、安全、工期和造价等全面负责的工程建设组织实施方式。工程总承包主要采用设计—采购—施工总承包（Engineering Procurement and Construction，简称"EPC"）或者设计—施工总承包（Design—Build，简称"D—B"）模式。建设单位也可以根据项目特点和实际需要，按照风险合理分担原则和承包工作内容采用其他工程总承包方式。

（二）推广适用范围。对装配式建筑项目原则上应采用工程总承包模式；对政府或国有资金投资项目，以及应用BIM建造技术的项目应优先采用工程总承包模式；对社会投资项目可以根据项目特点和实际需要，本着质量可靠、效率优先的原则，积极采用工程总承包模式。

二、规范工程总承包招标投标管理

（三）工程总承包发包阶段。建设单位可以在项目可行性研究、方案设计或者初步设计完成后，以工程估算（或工程概算）为经济控制指标，以限额设计为控制手段，组织开展工程总承包招标工作。

1. 项目审批、核准或者备案、环境评价手续完成，其中政府投资项目的工程可行性研究报告已获得批准，可以进行工程总承包发包；

2. 初步设计文件获得批准或者总体设计文件通过审查，并已完成依法必须进行的勘察和初步设计招标，可以进行工程总承包发包。

采用上述第1项情形发包的，工程项目的建设规模、设计方案、功能需求、技术标准、质量和进度要求、投资限额及主要设备规格等均应确定。

（四）工程总承包发包条件。采用工程总承包方式招标的，应具备下列条件：

1. 招标人已依法成立；

2. 已办理土地使用批准手续；

3. 需要履行项目审批、核准或备案手续的，已经取得批准、核准或备案；

4. 已获得有关部门出具的项目规划设计条件；

5. 工程建设资金签订已落实承诺书；

6. 法律、法规、规章规定的其他条件。

（五）工程总承包招标方式。对于政府和国有资金控股或者占主导地位的建筑工程项目，建设单位应依法采用公开招标（或邀请招标）的方式确定总承包单位；对于非国有资金投资的建筑工程项目，建设单位可采用自主发包的方式选择工程总承包单位。

（六）工程总承包单位资格。工程总承包单位应当具备与发包工程规模相适应的甲级工程设计资质（仅具有建筑工程设计事务所资质除外），或者施工总承包特、一级资质，或者二者同时具备的联合体，且具有相应的组织机构、项目管理体系、项目管理专业人员，以及与发包工程相类似的工程业绩。发包人不得将工程总承包业绩设定为承包人的资格条件。

工程总承包单位不得是工程总承包项目的代建单位、项目管理单位、监理单位、造价咨询单位、招标代理单位，也不得是与上述单位有利害关系的关联单位。

招标人公开发包前完成的可行性研究报告、勘察设计文件的，发包前的可行性研究报告编制单位、勘察设计文件编制单位可以参与工程总承包项目的投标。

（七）工程总承包项目负责人要求。工程总承包项目负责人应当具有工程建设类注册执业资格或者工程类高级专业技术职称，担任过与拟建项目相类似的工程总承包项目经理、设计项目负责人或者施工总承包项目经理，熟悉工程建设相关法律法规和标准规范。

（八）工程总承包招标文件。招标文件的编制应当按照国家示范文本及省级相关规定执行，至少满足以下要求：

1. 发包前完成的水文、地勘、地形、工程可行性研究报告、方案设计文件或者初步设计文件；

2. 明确招标的内容及范围，主要包括设计、设备采购以及施工的内容及范围、规模、标准、功能、质量、安全、工期、验收等量化指标；

3. 载明采用新技术、新工艺，如 BIM 技术、装配式建筑、绿色建筑等加分因素；

4. 明确招标人和中标人的权利和义务，主要包括：工作范围、风险划分、项目目标、奖励和违约条款、计量支付条款、变更程序及变更价款的确定条款、价格调整条款、索赔程序及条款、工程保险、不可抗力处理条款等；

5. 投标人在其投标文件中明确分包内容的要求；

6. 明确最高投标限价。

（九）投标文件编制期限。依法必须招标的工程总承包项目，自招标文件发出之日起至投标人提交投标文件截止之日止，不宜少于 30 日；国家重大建设项目以及技术复杂、有特殊要求的项目，不宜少于 45 日。

（十）工程总承包评标办法。评标可以采用综合评估法。投标文件提出的建设规模、建设标准、建设内容、合同价格等应当控制在招标人提供的可行性研究、方案设计或初步设计文件范围内。评审主要因素包括工程总承包报价、项目管理组织方案、设计文件、采购方案、施工组织设计或者施工计划、质量安全保障措施、工程业绩和信用、分包方案等。同时具有设计和施工资质的投标人可将其作为加分项。

（十一）工程总承包合同范本。招标人与中标人签订总承包合同。工程总承包合同可参照住房城乡建设部、国家工商总局联合印发的《建设项目工程总承包合同示范文本》（GF—2011—0216）或国家发展改革委等9部门联合印发的《标准设计施工总承包招标文件》（2012年版）所附合同条款及格式制订。

（十二）工程总承包合同计价形式。工程总承包项目宜采用固定总价合同，合同价格应当在充分竞争的基础上合理确定，除合同约定的变更调整部分外，合同固定价格一般不予调整。

（十三）工程总承包暂估价。在工程总承包招标工程量清单中给定的材料、设备、专业工程，达到国家规定应当招标规模标准的，按照《建设工程工程量清单计价规范》（GB 50500—2013）的有关规定，应当依法进行招标。招标人应在工程总承包招标文件中明确暂估价招标的具体安排。

除以暂估价形式包括在工程总承包范围内且必须进行招标的项目外，工程总承包单位可以直接发包总承包合同中涵盖的其他专业业务。

三、完善工程总承包管理制度

（十四）鼓励工程总承包项目采用全过程咨询管理。工程总承包项目的建设单位可在项目立项后，委托全过程工程咨询企业对工程总承包项目实行全过程或分阶段项目管理咨询服务。依法必须招标的工程建设项目，在项目立项后即可进行招标。择优选择全过程项目管理咨询企业，全过程咨询单位不得与工程总承包单位具有利害关系。

（十五）工程总承包项目分包管理制度。工程总承包单位可以在其资质证书许可的工程项目范围内自行实施设计、采购和施工，也可以根据合同约定或者经建设单位同意，直接将工程项目的设计或施工分包给具有相应资质的企业。但工程总承包企业不得将工程总承包项目进行转包，也不得将工程总承包项目中设计、施工业务全部分包给其他单位。仅具有工程设计资质的企业承接工程总承包项目时，不得将工程总承包项目中主体工程的设计分包给其他单位。仅具有工程施工资质的企业承接工程总承包项目时，不得将工程总承包项目中主体工程的施工分包给其他单位。

（十六）工程总承包单位的责任和义务

1. 工程总承包单位应当实施工程总承包合同范围内的设计、采购、施工、性能检测、试运行、验收配合和交付等工程内容的总协调、总集成，督促再发包承包单位和分包单位加强现场管理，全面履行工程总承包项目管理职责。

2. 工程总承包单位应当按照工程总承包合同的约定，对总承包工程范围内的工程设计、施工质量、施工现场安全生产和工程进度等负总责；分包单位应当按照合同的约定对工程总承包单位负责；工程总承包单位对分包的工程承担连带责任。

3. 工程总承包单位应当具备与工程总承包项目相适应的管理能力，建立与工程总承包项目相适应的项目团队。应当配备项目经理、项目设计负责人、项目施工负责人、工程质量负责人、施工安全负责人、项目造价负责人等主要项目管理人员。

（十七）工程总承包项目风险管理。建设单位和工程总承包单位应当在招标文件以及工程总承包合同中约定总承包风险的合理分担。建设单位承担的风险包括：

1. 建设单位提出的工期或建设标准调整、设计变更、主要工艺标准或者工程规模的调整；

2. 因国家政策、法律法规变化引起的工程费变化；

3. 主要工程材料价格和招标时基价相比，波动幅度超过总承包合同约定幅度的部分；

4. 难以预见的地质自然灾害及其他不可抗力因素所造成的工程费的增加。

除上述建设单位承担的风险外，其他风险可以在工程总承包合同中约定。

（十八）工程总承包费用或投标报价范围。工程总承包费用或投标报价应按照招标范围或工程总承包工作内容，包括相应工程的设计费、建筑安装工程费、设备购置费、缺陷责任期维修费、工程总承包项目建设管理费、保险费等。

（十九）基本建设程序办理。项目的方案设计和初步设计审查、工程总承包招标核准备案、施工图设计文件审查、工程质量安全监督与施工许可办理、竣工验收备案等基本建设程序应以建设单位为主体办理。

（二十）施工图设计文件审查。按照有关规定须进行施工图设计文件审查的工程总承包项目，建设单位可根据项目实施情况，将施工图设计文件委托施工图审查机构进行审查，审查合格后报项目所在地行政管理部门备案。

（二十一）安全生产许可证管理。工程总承包单位自行实施工程总承包项目施工的，应当依法取得安全生产许可证；将工程总承包项目中的施工依法分包给具有相应资质的施工单位完成的，施工单位应当依法取得安全生产许可证。工程总承包单位不具备施工资质和安全生产许可证时，工程总承包单位主要负责人、项目经理和专职安全生产管理人员应当取得相应的安全生产考核合格证。

（二十二）工程质量安全监督手续与施工许可证办理。工程总承包项目开工前，建设单位可以在符合法律法规的情况下，一次性或分阶段向工程所在地的县级以上地方人民政府住房城乡建设主管部门申请办理工程质量安全监督手续和施工许可证。

工程总承包项目的建设单位在办理上述相应手续时，可以提交建设单位与具备相应施工资质的工程总承包单位签订的工程总承包合同，或者工程总承包单位与施工单位签订的施工分包合同，作为已经确定建筑施工单位的条件。可以提交当前阶段按规定经审查合格的施工图设计文件，作为申请领取施工许可证所需的图纸。可以提交由工程总承包单位组织编制的施工组织设计文件，作为保证工程质量和安全的具体措施。

（二十三）工程总承包项目验收。工程竣工验收由建设单位会同工程总承包单位共同组织。工程竣工验收中总承包范围内涉及的设计、施工等方面内容，由工程总承包单位全面负责，并向建设单位移交全套工程技术和档案资料。建设单位应当按照法定程序和合同约定期限组织各参建单位进行工程竣工验收，验收合格后应当在法定期限内向有关主管部门备案。

（二十四）工程质量和施工安全责任。工程总承包单位应加强管理，确保工程质量和施工安全。工程总承包单位按照工程总承包合同的约定，对总承包范围内的工程质量和施工安全负总责，分包单位对其分包工程的质量和安全生产负直接责任，当工程总承包企业为联合体时，由联合体牵头人负总责。如工程发生质量事故或施工安全事故，应依法同时对工程总承包企业和具体分包单位予以责任追究。当工程总承包企业为联合体时，应依法同时对联合体中的牵头单位、直接责任单位以及专业分包单位予以责任追究。

建设单位向工程总承包单位提出违反工程建设和安全生产法律、法规及强制性标准规定，降低建设工程质量，任意压缩合理工期等不合法要求，导致工程质量和安全生产事故的，建设单位应当承担质量和安全生产责任。

（二十五）保修责任。工程保修责任书由建设单位与工程总承包单位签署，保修期内工程总承包单位应当根据法律规定以及合同约定承担保修责任，工程总承包单位不得以其与分包单位之间保修责任划分而拒绝履行保修责任。

四、切实推进工程总承包工作

（二十六）加强组织领导。各级住房城乡建设行政主管部门要加强对该项工作的组织领导，切实加大工程总承包的推进力度。要结合本地实际，从有利于推行工程总承包的角度出发，创新建设工程管理机制，通过试点引领，形成可复制的经验和模式。要加强与发改、财政、税务、审计等有关部门的沟通协调，积极解决制约工程总承包项目实施过程中的有关问题。

（二十七）保证项目落地。各级住房城乡建设行政主管部门要加快推进工程总承包模式在建筑工程项目中的应用，要全面推行装配式建筑采用工程总承包模式进行建设，要确保新建政府投资建筑工程项目中采用工程总承包模式的建设比例不低于20%。要尽快完善工程总承包建设组织实施方式与现行招投标、施工图设计文件审查、质量安全监督与施工许可等各环节的配套制度，确保总承包项目顺利实施。

（二十八）提升管理水平。各级住房城乡建设行政主管部门要引导企业调整和完善组织机构、专业设置、人员结构，形成集设计、采购、施工各阶段项目管理于一体的工程总承包组织体系。要加强人才培养，造就一支符合工程总承包业务需求的专业人才队伍。要建立完善工程总承包项目管理标准体系，努力提升企业工程总承包能力和水平。

甘 肃 省

甘肃省工程总承包相关政策文件清单

序号	发布时间	文 件 名 称	文 号
1	2017 年 8 月	甘肃省人民政府办公厅《关于大力发展装配式建筑的实施意见》	甘政办发〔2017〕132 号
2	2017 年 8 月	甘肃省住房和城乡建设厅关于印发《大力推进装配式建筑试点实施方案》的通知	甘建科〔2017〕373 号
3	2017 年 10 月	甘肃省住房和城乡建设厅关于征求《甘肃省人民政府办公厅关于推进建筑业持续健康发展的实施意见（征求意见稿）》	
4	2018 年 7 月	甘肃省人民政府办公厅《关于推进建筑业持续健康发展的实施意见》	甘政办发〔2018〕142 号

扫码查看全部政策及解读

甘肃部分

吉　林　省

吉林省工程总承包相关政策文件清单

序号	发布时间	文　件　名　称	文　　号
1	2016 年 12 月	吉林省住房和城乡建设厅《关于加快推进工程总承包发展的实施意见》	吉建管〔2016〕50 号
2	2017 年 7 月	吉林省住房和城乡建设厅关于征求《关于促进建筑业持续健康发展的实施意见（征求意见稿）》意见的函	
3	2017 年 7 月	吉林省人民政府办公厅《关于大力发展装配式建筑的实施意见》	吉政办发〔2017〕55 号
4	2017 年 8 月	吉林省住房和城乡建设厅《关于进一步明确工程总承包管理有关事项的通知》	吉建办〔2017〕50 号
5	2018 年 4 月	吉林省人民政府《关于促进建筑业改革发展的若干意见》	吉政办发〔2018〕12 号
6	2019 年 3 月	吉林省住房和城乡建设厅关于印发《吉林省房屋建筑和市政基础设施工程直接发包管理规定（试行）》的通知	吉建招〔2019〕6 号

扫码查看全部政策及解读

吉林部分

吉林省住房和城乡建设厅《关于加快推进工程总承包发展的实施意见》

吉建管〔2016〕50号 2016年12月31日

各市（州）建委（住房城乡建设局）、长白山管委会住房城乡建设局，各县（市）住房城乡建设局：

为贯彻落实《中共中央国务院关于进一步加强城市规划建设管理工作的若干意见》（中发〔2016〕6号）、住房城乡建设部《关于进一步推进工程总承包发展的若干意见》（建市〔2016〕93号）、《吉林省人民政府关于加快发展建筑支柱产业的意见》（吉政发〔2014〕42号）文件精神，进一步深化我省建筑业改革发展，推动工程项目组织实施方式改革，提高工程项目管理水平，实现传统建筑产业向现代建筑产业的转变，充分发挥市场对资源配置的决定作用，明确项目建设主体责任，加快推行工程总承包发展，现提出以下实施意见。

一、工程总承包覆盖范围

工程总承包是指从事工程总承包的企业受建设单位委托，按照合同约定对工程项目的勘察、设计、采购、施工、运行、维护等实行全过程或若干阶段的承包模式，并对承包工程的质量、安全、工期、造价等全面负责。

建设单位在选择建设项目组织实施方式时，应当本着质量可靠、效率优先的原则，优先采用工程总承包模式。国有资金投资（含以国有资金投资为主）项目、装配式建筑应当积极采用工程总承包模式，木结构公共建筑应采用以设计为龙头的工程总承包模式。

二、工程总承包主要方式

（一）设计—采购—施工（EPC）/交钥匙总承包。工程总承包企业按照合同约定，承担工程项目的勘察、设计、采购、施工、试运行等工作，最终向建设单位提交一个满足使用功能、具备使用条件的工程项目。

（二）设计—施工总承包（D—B）。工程总承包企业按照合同约定，承担工程项目的勘察、设计和施工。

（三）其他工程总承包模式。建设单位也可以根据项目特点和实际需要，按照风险合理分担原则和承包工作内容采用其他工程总承包模式。

三、工程总承包发包管理

（一）工程总承包企业基本条件

1. 具有甲级设计资质或一级以上施工总承包资质的企业，并在其资质证书许可范围内开展工程总承包业务；

2. 具有与工程总承包业务相适应的组织机构、项目管理体系、专业技术管理人员；

3. 具有相应的财务、风险承担能力；

4. 具有相应的工程业绩；

5. 具有工程项目实施全过程管理的相关制度。

（二）工程总承包项目经理基本条件

1. 具有工程建设类注册执业资格（包括注册建筑师、勘察设计注册工程师或注册建造师）和高级专业技术职称；

2. 担任过相应项目的工程总承包项目经理或者设计项目负责人、施工项目经理；

3. 熟悉工程建设相关法律法规、标准和工程总承包项目管理知识。

（三）工程总承包发包条件

建设单位可以根据项目特点，在完成项目可行性研究报告、方案设计或者初步设计后，按照确定的建设规模、建设标准、投资限额、工程质量、进度要求等进行工程总承包项目发包。

（四）工程总承包评标办法

依据国家有关规定，建设单位可以依法采用招标或者直接发包的方式选择工程总承包企业。评标宜采用综合评估法，综合评估因素主要包括工程总承包报价、项目管理组织方案、设计技术方案、设备采购方案、施工组织设计或施工计划、工程业绩等。

（五）工程总承包计价方式

工程总承包项目计价方式应在合同中明确规定，宜采用总价合同或者成本加酬金合同。工程总承包合同可以参照住房城乡建设部、工商总局联合印发的建设项目工程总承包合同示范文本制订。

四、工程总承包分包管理

（一）工程总承包企业可以在其资质证书许可范围内自行完成工程项目的勘察、设计、采购、施工和试运行，也可以根据合同约定或者经建设单位同意，直接将工程项目的勘察、设计、施工、采购分包给具有相应资质的企业。

（二）工程总承包项目严禁转包和违法分包，工程总承包企业应当加强对分包的管理，不得将工程总承包项目转包，也不得将工程总承包项目中设计和施工业务一并或者分别分包给其他单位。工程总承包企业自行实施设计的，不得将工程总承包项目工程主体部分的设计业务分包给其他单位。工程总承包企业自行实施施工的，不得将工程总承包项目工程主体结构的施工业务分包给其他单位。

五、工程总承包监督管理

（一）落实工程总承包项目管理责任，建设单位应当加强工程总承包管理，全面履行有关规定和合同约定的责任、义务。工程总承包企业应当加强对工程总承包项目的管理，制定针对性强的项目管理计划，完善和优化设计，改进施工方案，建立协调机制，加强勘察、设计、采购与施工的协调，实现对工程总承包项目的有效控制。工程总承包企业对工程总承包项目的质量、安全、工期、造价全面负责。分包企业按照分包合同约定对工程总承包企业负责，工程总承包企业和分包企业应当就分包工程对建设单位承担连带责任。工程总承包企业应当组织相关分包企业，配合建设单位完成工程竣工验收，并签署工程质量保修书。

（二）加强工程总承包风险管理，工程总承包企业和建设单位应加强风险管理，公平合理分担风险。工程总承包企业按照合同约定向建设单位出具履约担保或者工程保险的，建设单位应向工程总承包企业出具支付担保。

（三）按照法规规定进行施工图设计文件审查的工程总承包项目，可以根据实际情况，按照单体工程进行施工图设计文件审查。

（四）工程总承包项目所在地住房城乡建设主管部门可以根据工程总承包企业向分包企业发出的中标通知书或与勘察、设计、采购、施工企业签订的分包合同，依法办理建设工程质量、安全监督和施工许可等相关手续。相关许可和备案表格中应增加工程总承包企业、工程总承包项目经理等栏目。

（五）在工程实施中，需要工程总承包企业签署意见的各类工程管理技术文件表格，应增加工程总承包企业、工程总承包项目经理栏目，由工程总承包企业、工程总承包项目经理签署意见；勘察、设计、采购、施工企业根据其实际承担的业务，在相应的文件表格中签署意见。

（六）建设单位可以根据自身资源和能力，自行或者委托第三方依照合同对工程总承包项目进行管理，第三方工程项目管理单位可以是项目的可行性研究、方案设计或者初步设计单位、工程监理单位，但不得与工程总承包企业有利害关系。

六、加快推进工程总承包发展

（一）各级住房城乡建设主管部门要高度重视推进工程总承包发展工作，依据职责加强对房屋建筑和市政工程的工程总承包活动的监督管理。积极与发改、财政、税务、审计等有关部门的沟通协调，解决制约工程总承包项目实施的有关问题。

（二）充分发挥示范引领作用，具备条件的地方、具体条件的企业，应积极在城市综合管廊、海绵城市、大型公共建筑建设中开展工程总承包试点工作，着力培育一批工程总承包骨干企业。全面总结试点经验，扩大工程总承包应用范围。

（三）工程总承包企业要建立健全适合工程总承包管理的企业组织机构、专业设置和人员结构，建立完善工程总承包项目管理标准体系，提高工程总承包的供给质量和能力。积极推广应用项目管理软件，建立与工程总承包管理相适应的信息网络平台，完善相关数据库，运用大数据进行统计、分析和管控水平。

吉林省住房和城乡建设厅《关于进一步明确工程总承包管理有关事项的通知》

吉建办〔2017〕50号　2017年8月25日

各市（州）建委（住房城乡建设局），长白山管委会住房城乡建设局，各县（市）住房城乡建设局，各有关单位：

为贯彻落实《国务院办公厅关于大力发展装配式建筑的指导意见》（国办发〔2016〕71号）、《国务院办公厅关于促进建筑业持续健康发展的意见》（国办发〔2017〕19号）、《吉林省人民政府办公厅关于推进木结构建筑产业化发展的指导意见》（吉政办发〔2017〕12号）、《吉林省人民政府办公厅关于大力发展装配式建筑的实施意见》（吉政办发〔2017〕55号）文件中关于加快推进工程总承包的要求，决定在全省推进工程总承包工作，现就有关事项通知如下：

一、政府投资（以政府投资为主）工程应带头推行工程总承包，装配式建筑应采用工程总承包模式，木结构公共建筑应以设计企业作为工程总承包单位。

二、具有甲级设计资质并在上一年度信用综合评价中获得AAA等级的设计企业，或具有一级及以上施工总承包资质并在上一年度信用综合评价中获得优良等级的施工总承包企业，可以在其资质证书许可范围内开展工程总承包业务。

三、为严格落实工程总承包单位在工程质量安全、进度控制、成本管理等方面的责任，切实做到由工程总承包单位负总责，确保工程投资不超投资限额，我省工程总承包项目应由符合条件的设计或施工总承包企业中的一家承揽，不得采用联合体方式承揽。

四、建设单位可以根据项目特点，在完成项目可行性研究报告、方案设计或者初步设计后，按照确定的建设规模、建设标准、投资限额、工程质量、进度要求等进行工程总承包项目发包。

五、政府投资（以政府投资为主）的装配式钢筋混凝土结构建筑（装配率超过50%）、钢结构住宅、木结构公共建筑，在试点示范推广发展阶段（2017—2020年），建设单位可以采用邀请招标的方式择优选择工程总承包单位。

六、承担工程项目方案设计或初步设计的企业，在全面公开方案设计或初步设计资料的前提下，可以参与该项目的工程总承包投标。

七、工程总承包宜采用总价包干的固定总价合同形式，除招标文件或工程总承包合同中约定的调价原则外，一般不予调整。

八、工程总承包单位应加强合同履约管理，以银行保函或担保机构担保保函方式，向建设单位提供履约担保。

吉林省住房和城乡建设厅关于印发《吉林省房屋建筑和市政基础设施工程直接发包管理规定（试行）》的通知

吉建招〔2019〕6号　2019年3月29日

第一条　为规范我省房屋建筑和市政基础设施工程（以下简称房屋市政工程）直接发包活动，提高工程发包效率，优化监管方式，根据《中华人民共和国建筑法》《中华人民共和国招标投标法》《吉林省建筑市场管理条例》等有关法律法规规定，结合我省实际，制定本规定。

第二条　有下列情形之一的，可以直接发包：

（一）不涉及大型基础设施、公用事业等关系社会公共利益、公众安全，且不属于全部或者部分使用国有资金投资、使用国家融资、使用国际组织或者外国政府贷款、援助资金的；

（二）涉及国家安全、国家秘密的；

（三）属于抢险救灾的；

（四）利用扶贫资金实行以工代赈、需要使用农民工的；

（五）需要采用不可替代的专利或者专有技术的；

（六）采购人依法能够自行建设、生产或者提供的；

（七）已通过招标方式选定的特许经营项目投资人依法能够自行建设、生产或者提供的；

（八）需要向原中标人采购工程、货物或者服务，否则将影响施工或者功能配套要求的；

（九）除本款（一）以外的民间投资的建筑工程。

第三条　采用直接发包方式的，建设单位应对其选择的勘察、设计、施工、监理、工程总承包、材料设备供应商等承包单位承担相应责任。

第四条　直接发包的工程除属于抢险救灾的以外，应当按照下列程序进行：

（一）建设单位应通过“吉林省建筑市场监管公共服务平台”（以下简称“公共服务平台”）完成工程项目登记备案后，在公共服务平台上按要求填写直接发包情况告知表，上传承包合同，并按系统指定格式打印《吉林省房屋建筑工程直接发包情况告知表》或《吉林省市政基础设施工程直接发包情况告知表》（以下简称《告知表》，两份，格式见附件）。

（二）建设单位填写的《告知表》被登记后，凭本单位签署意见并加盖单位公章的《告知表》办理质量安全、施工许可等手续。

第五条　承包人须具备与所承担的直接发包工程相适应的资质等级和能力。因发生质量、安全事故或者有违法违规行为，受到建设行政主管部门限制承接任务的行政处罚的建筑企业，不得作为直接发包工程的承包人。

第六条　建设单位未按照规定办理直接发包登记手续，或者未先登记擅自进行直接发包的，各级建设行政主管部门应责令改正。

第七条　本办法由省住房城乡建设厅负责解释。

第八条　本办法自 2019 年 5 月 1 日起施行。

附件：1. 吉林省房屋建筑工程直接发包情况告知表（略）

2. 吉林省市政基础设施工程直接发包情况告知表（略）

内 蒙 古 自 治 区

内蒙古自治区工程总承包相关政策文件清单

序号	发布时间	文 件 名 称	文 号
1	2015 年 6 月	内蒙古自治区水利厅《关于开展水利工程建设项目设计施工总承包（试点）工作的通知》	
2	2017 年 9 月	内蒙古自治区人民政府办公厅《关于大力发展装配式建筑的实施意见》	内政办发〔2017〕156 号
3	2017 年 11 月	内蒙古自治区人民政府办公厅《关于促进建筑业持续健康发展的实施意见》	内政办发〔2017〕173 号

扫码查看全部政策及解读

内蒙古部分

内蒙古自治区水利厅《关于开展水利工程建设项目设计施工总承包（试点）工作的通知》

2015 年 6 月 8 日

各盟市水务（水利）局、各有关单位：

为深化我区水利工程建设管理体制改革，创新水利工程建设管理新模式。贯彻落实《中共中央　国务院关于加快水利改革发展的决定》和《水利部关于深化水利改革的指导意见》精神，按照水利部因地制宜推行水利工程代建制、设计施工总承包等模式，实行专业化社会化建设管理的新要求。经研究，我厅决定选择部分水利工程建设项目进行设计施工总承包试点工作。为规范、统一设计施工总承包试点水利工程项目的建设管理，现将有关事项通知如下：

一、总承包的目的与意义

设计施工总承包是将工程项目的设计和施工合并招标，由中标人对工程的设计和施工实行总承包的一种工程项目管理模式。推广实施这一管理模式，能够促进设计与施工单位的紧密结合，充分挖掘设计、施工协作潜力，有效解决设计与施工相互脱节问题，有利于资源的优化和配置，缩短水利工程建设周期，更好地保证设计与施工质量，有效控制工程造价；简化合同关系，发挥总承包单位的主动性、积极性和创造性，促进新技术、新工艺、新方法的应用；明确责任追究，提高建设管理水平。

二、总承包试点范围与条件

为积极稳妥地推进试点工作，逐步积累经验，原则上按下列范围和条件选择试点项目：

（一）工程建设项目列入中央、自治区专项规划或已经获得立项批准；

（二）总承包试点范围以中小型水利工程建设项目为主，鼓励中小型水利工程建设项目采取集中建设、分类打捆的方式实行总承包。

（三）水利工程建设项目实行总承包从项目可行性研究报告或初步设计报告批准后开始。项目实行总承包由项目法人或主管项目的水行政主管部门提出申请，按照分级管理原则，报项目审批部门批准。

（四）实施总承包的水利工程建设项目，采用项目法人单位负责建设管理、工程总承包单位负责建设实施、水行政主管部门等政府部门负责监督管理的建设方式。

（五）水利工程建设项目总承包可以实行整体总承包，也可以对其中单项工程或专业工程实行总承包。工程监理、第三方质量检测不列入总承包范围。工程征占地、拆迁、移民搬迁安置等方面的工作内容由项目法人单位负责实施，不列入工程总承包范围。

（六）水利工程建设项目总承包由项目法人单位通过公开招标或经核准的其他方式，将水利工程建设项目的整体或部分建设内容委托给具有相应资质和能力的工程总承包单位（或联合体，下同），工程总承包单位按合同约定，承担工程勘测设计、设备采购、施工等工作，并对承包工程的质量、安全、进度、造价全面负责。

三、总承包有关职责

（一）项目法人单位对工程建设全过程负总责，主要包括：

1. 工程规划、项目建议书、可行性研究、初步设计、设计变更的报批以及工程准备阶段（工程总承包范围外）的工作。

2. 按相关规定和工程总承包合同约定，落实工程征地拆迁以及其他建设条件，协调建设相关各方关系，按合同约定按时向总承包单位提供场地及相关建设条件。

3. 通过公开招标或经上级部门批准的其他方式选择工程总承包单位，并签订工程总承包合同。

4. 负责与相关的水行政主管部门或质量、安全监督机构办理工程质量监督及安全监督手续。

5. 按合同约定，及时支付工程相关款项。

6. 组织工程验收、结算。

7. 按合同约定应由项目法人负责的其他职责。

（二）总承包单位按合同约定，对项目建设实施过程负责，主要包括：

1. 按国家法律法规、相关强制性标准、规程规范和合同约定，组织实施设计、采购和施工，承担合同约定的相关工作。

2. 建立工程总承包项目的质量、安全、环境保护保证体系，保证所需资金投入。

3. 按时完成合同约定的工程设计，并对工程设计质量负责。

4. 按时完成合同约定的工程施工，并对工程施工质量和施工安全负责。

5. 按时完成合同约定的工程设备采购、调试工作，并保证工程设备和工程调试质量。

6. 配合工程验收单位组织的各项工程验收。

7. 按合同约定，承担工程总承包项目保修期内的保修任务。

8. 按水利工程档案管理规定，将符合要求的相关工程建设资料移交项目法人归档。

9. 按合同约定应由总承包单位负责的其他职责。

（三）水行政主管部门按照分级管理原则，负责水利工程建设项目立项审批工作，对项目实施过程进行监督管理。

四、总承包单位的确定

（一）水利工程建设项目总承包应采用公开招标或经批准的其他方式，选择满足工程总承包要求、符合相应资质条件的工程总承包单位。采用公开招标方式的，除具备法定条件并按有关规定和管理权限经核准可自行组织招标外，项目法人应委托招标代理机构进行招标。

（二）设计施工总承包项目，其招标文件应根据国家发展改革委等9部委印发的《标准设计施工总承包招标文件》编制。

（三）总承包单位可以是满足所有资质要求的独立法人单位，也可以是具备单独资质单位组成的联合体。工程项目总承包单位应同时具备下列条件：

1. 具备与工程项目总承包的工程等级相适应的水利水电行业勘测设计、施工承包资质。

2. 具有与工程项目总承包相适应的工程勘测设计、施工、项目管理能力和财务能力。

3. 单独资质单位组成联合体承担工程项目总承包的，应签订联合协议，并在投标文件中明确主体责任单位和其余各单位责任。

4. 总承包招标文件约定的其他条件。

（四）工程项目总承包的招标宜采用综合评估法评标，项目法人应根据工程特点和要求合理设置评分权重和评标办法。联合体投标时，以信用等级较低投标主体的信用等级作为联合体的信用等级计分。

（五）工程招标投标工作，按照分级管理原则，进入各级公共资源交易中心进行招标投标。

五、总承包管理

（一）总承包单位应按相关规程规范要求，组建与总承包项目相适应的管理机构，建立覆盖设计、采购、施工、试运行全过程的工程质量安全管理体系和职业健康及环境管理体系，规范、有序地开展各项管理工作。并引入《建设项目总承包管理规范》（GB/T 50358—2005）的相关要求管理工程项目，确保实现总承包合同约定的工程进度、质量、安全等建设目标。

（二）项目法人单位应在工程现场设立项目部或派驻专职的项目法人代表，及时提供工程总承包合同约定的各项建设条件、协调各方关系，确保工程顺利实施。

（三）项目法人应严格执行水利基本建设财务管理相关规定，确保资金安全，不得挪用、滞留中央和自治区补助资金，并积极筹措配套资金。

（四）总承包可采用总价合同或单价合同方式，合同应根据总承包单位承担的风险情况合理设置激励条件，明确项目在合同工期内建筑主要材料价格变动和设计变更等引起的投资变化的具体处理方式，工程的风险额度、调整范围及调整方法。

工程项目总承包发包价应以批准的概（估）算总价或单价为控制原则，合同价应在发包价的基础上适当下浮。批准的概（估）算价未明确的总价或单价，可按照相应水利定额或合同约定价格确定。

（五）设计变更按合同约定和水利部《水利工程设计变更管理暂行办法》等管理办法办理相关手续。总价合同项目的一般设计变更列入工程风险管理范畴。

（六）项目法人单位应按合同约定，及时、足额向工程总承包单位支付工程进度款项。实行总价合同的，按工程建设实际进度支付；实行单价合同的，按实际完成工程量支付。

工程总承包单位不得拖欠农民工工资。

（七）总承包工程项目通过完工验收后，合同双方应及时进行工程完工结算、支付。完工结算应依据相关法律法规及合同约定执行并接受审计。实行总价合同的，按合同约定总价结算；实行单价合同的，按实际完成的工程量结算。

（八）总承包项目实行质量安全监督制度，按照分级管理原则，由旗县级以上水行政主管部门质量安全监督机构对工程建设质量安全实施监督。

（九）水行政主管部门应加强对工程总承包项目的监督检查和指导，发现问题应及时提出整改意见，跟踪落实整改。

总承包项目各参建单位应积极配合政府相关部门的检查、稽察、审计等工作，及时整改存在问题。

（十）总承包项目应按照《水利水电工程单元工程施工质量验收评定标准》《水利水电工程施工质量检验与评定规程》检验和评定施工质量。受委托的质量监督单位应对工程质量安全进行跟踪监督，及时对工程质量的评定进行复核认定。

（十一）总承包工程项目应按照水利部《水利工程建设项目验收管理规定》《水利水电建设工程验收规程》及时组织法人验收和政府验收。

（十二）工程项目总承包遇到不可抗力影响合同继续执行时，由合同双方协商签订补充协议或申请第三方调解仲裁。

六、试点工作要求

（一）各盟市水行政主管部门应积极稳妥推进水利建设工程总承包试点工作，加强组织领导，紧密结合实际，积极创造条件，认真做好各环节工作，确保试点工作顺利开展。在实施过程中，要加强沟通协调，动态跟踪项目实施情况，并给予技术指导和政策支持。

（二）试点项目应执行水利工程基本建设程序、工程建设法律法规、规程规范和有关技术标准，在实施过程中应加强相应环节的监督管理。

（三）各盟市应制订切实可行的试点工作方案，积极探索新的、有效的项目管理方法，提前制定化解建设风险的措施，做到超前管理和科学预防。在实施过程中，要及时对各环节进行详细的分析总结，发现问题及时改进。试点项目完工后，应对试点工作开展情况进行全面总结，分析利弊，提出切实可行的意见和建议，请及时反馈水利厅建设与管理处。

海　南　省

海南省工程总承包相关政策文件清单

序号	发布时间	文　件　名　称	文　　号
1	2012 年 8 月	海口市人民政府关于印发《市政府投资项目工程总承包建设管理暂行办法》的通知（有效期 2 年）	海府〔2012〕104 号
2	2017 年 12 月	海南省人民政府《关于大力发展装配式建筑的实施意见》	琼府〔2017〕100 号
3	2018 年 4 月	海南省人民政府办公厅《关于促进建筑业持续健康发展的实施意见》	琼府办〔2018〕32 号

扫码查看全部政策及解读

海南部分

黑 龙 江 省

黑龙江省工程总承包相关政策文件清单

序号	发布时间	文 件 名 称	文 号
1	2017 年 11 月	黑龙江省人民政府办公厅《关于推进装配式建筑发展的实施意见》	黑政办规〔2017〕66 号
2	2018 年 3 月	黑龙江省交通运输厅关于印发《黑龙江省重点公路工程建设项目设计施工总承包管理指南》的通知（试行期 1 年）	黑交规〔2018〕6 号
3	2018 年 10 月	黑龙江省人民政府办公厅《关于促进建筑业改革发展的实施意见》	黑政办规〔2018〕59 号
4	2019 年 5 月	黑龙江省住建厅发布《关于进一步推进装配式建筑工作的通知》	黑建科〔2019〕7 号

扫码查看全部政策及解读

黑龙江部分

宁夏回族自治区

宁夏回族自治区工程总承包相关政策文件清单

序号	发布时间	文件名称	文号
1	2017年4月	宁夏回族自治区人民政府办公厅关于大力发展装配式建筑的实施意见	宁政办发〔2017〕71号
2	2017年5月	宁夏回族自治区住房和城乡建设厅关于印发《宁夏回族自治区房屋建筑和市政基础设施工程招标投标评标办法》的通知	宁建（建）发〔2017〕33号
3	2018年4月	宁夏回族自治区人民政府办公厅关于促进建筑业持续健康发展的实施意见	宁政办规发〔2018〕5号

扫码查看全部政策及解读

宁夏部分

宁夏回族自治区住房和城乡建设厅关于印发《宁夏回族自治区房屋建筑和市政基础设施工程招标投标评标办法》的通知

宁建（建）发〔2017〕33 号　2017 年 5 月 9 日

第五条　在政府投资项目和装配式建筑项目中推行工程总承包模式。招标人可根据项目特点和实际需要采用设计—采购—施工总承包或者设计—施工总承包模式。

青　海　省

青海省工程总承包相关政策文件清单

序号	发布时间	文　件　名　称	文　号
1	2017 年 8 月	青海省人民政府办公厅《关于推进装配式建筑发展的实施意见》	青政办〔2017〕141 号
2	2018 年 2 月	青海省人民政府办公厅《关于促进建筑业持续健康发展的实施意见》	青政办〔2018〕10 号
3	2018 年 12 月	青海省住房和城乡建设厅、青海省发展和改革委员会、青海省财政厅、青海省政府服务监督管理局关于印发《青海省政府投资房屋建筑和市政基础设施项目工程总承包试点工作方案》的通知	青建工〔2018〕443 号

扫码查看全部政策及解读

青海部分

西 藏 自 治 区

西藏自治区工程总承包相关政策文件清单

序号	发布时间	文 件 名 称	文　　号
1	2017 年 11 月	西藏自治区人民政府办公厅《关于推进高原装配式建筑发展的实施意见》	藏政办发〔2017〕143 号
2	2017 年 12 月	西藏自治区人民政府办公厅《关于促进建筑业持续健康发展的实施意见》	藏政办发〔2017〕148 号

扫码查看全部政策及解读

西藏部分